LITUANO
VOCABULÁRIO

PORTUGUÊS BRASILEIRO

PORTUGUÊS
LITUANO

Para alargar o seu léxico e apurar
as suas competências linguísticas

9000 palavras

Vocabulário Português Brasileiro-Lituano - 9000 palavras

Por Andrey Taranov

Os vocabulários da T&P Books destinam-se a ajudar a aprender, a memorizar, e a rever palavras estrangeiras. O dicionário é dividido em temas, cobrindo todas as principais esferas de atividades quotidianas, negócios, ciência, cultura, etc.

O processo de aprendizagem, utilizando os dicionários baseados em temáticas da T&P Books dá-lhe as seguintes vantagens:

- Informação de origem corretamente agrupada predetermina o sucesso em fases subsequentes da memorização de palavras
- Disponibilização de palavras derivadas da mesma raiz, o que permite a memorização de unidades de texto (em vez de palavras separadas)
- Pequenas unidades de palavras facilitam o processo de estabelecimento de vínculos associativos necessários para a consolidação do vocabulário
- O nível de conhecimento da língua pode ser estimado pelo número de palavras aprendidas

T&P Books Publishing
www.tpbooks.com

Este livro também está disponível em formato E-book.
Por favor visite www.tpbooks.com ou as principais livrarias on-line.

VOCABULÁRIO LITUANO
palavras mais úteis

Os vocabulários da T&P Books destinam-se a ajudar a aprender, a memorizar, e a rever palavras estrangeiras. O vocabulário contém mais de 9000 palavras de uso comum organizadas tematicamente.

O vocabulário contém as palavras mais comummente usadas
Recomendado como adicional para qualquer curso de línguas
Satisfaz as necessidades dos iniciados e dos alunos avançados de línguas estrangeiras
Conveniente para o uso diário, sessões de revisão e atividades de auto-teste
Permite avaliar o seu vocabulário

Características especias do vocabulário

- As palavras estão organizadas de acordo com o seu significado, e não por ordem alfabética
- As palavras são apresentadas em três colunas para facilitar os processos de revisão e auto-teste
- As palavras compostas são divididas em pequenos blocos para facilitar o processo de aprendizagem
- O vocabulário oferece uma transcrição simples e adequada de cada palavra estrangeira

O vocabulário contém 256 tópicos incluindo:

Conceitos básicos, Números, Cores, Meses, Estações do ano, Unidades de medida, Roupas & Acessórios, Alimentos & Nutrição, Restaurante, Membros da Família, Parentes, Caráter, Sentimentos, Emoções, Doenças, Cidade, Passeios, Compras, Dinheiro, Casa, Lar, Escritório, Trabalho no Escritório, Importação & Exportação, Marketing, Pesquisa de Emprego, Esportes, Educação, Computador, Internet, Ferramentas, Natureza, Países, Nacionalidades e muito mais ...

TABELA DE CONTEÚDOS

GUIA DE PRONUNCIAÇÃO

Letra	Exemplo Lituano	Alfabeto fonético T&P	Exemplo Português
Aa	adata	[a]	chamar
Ąą	ąžuolas	[a:]	rapaz
Bb	badas	[b]	barril
Cc	cukrus	[ts]	tsé-tsé
Čč	česnakas	[tʃ]	Tchau!
Dd	dumblas	[d]	dentista
Ee	eglė	[æ]	semana
Ęę	vedęs	[æ:]	primavera
Ėė	ėdalas	[e:]	plateia
Ff	fleita	[f]	safári
Gg	gandras	[g]	gosto
Hh	husaras	[ɣ]	agora
I i	ižas	[i]	sinônimo
Į į	mįslė	[i:]	cair
Yy	vynas	[i:]	cair
J j	juokas	[j]	Vietnã
Kk	kilpa	[k]	aquilo
L l	laisvė	[l]	libra
Mm	mama	[m]	magnólia
Nn	nauda	[n]	natureza
Oo	ola	[o], [o:]	noite
Pp	pirtis	[p]	presente
Rr	ragana	[r]	riscar
Ss	sostinė	[s]	sanita
Šš	šūvis	[ʃ]	mês
Tt	tėvynė	[t]	tulipa
Uu	upė	[u]	bonita
Ųų	siųsti	[u:]	blusa
Ūū	ūmėdė	[u:]	blusa
Vv	vabalas	[ʋ]	fava
Zz	zuikis	[z]	sésamo
Žž	žiurkė	[ʒ]	talvez

Comentários

Um macron como em (ū), ou um ogonek como em (ą, ę, į, ų) podem ser usados para marcar a extensão de uma vogal em Letão oficial moderno. Os acentos Agudos como em (Áá Ą́ą́), graves como em (Àà), e til como em (Ãã Ą̃ą̃) são usados para indicar acentuações tonais. No entanto, essas acentuações tonais geralmente não se escrevem, exceto em dicionários, gramáticas e quando necessário, para maior clareza na diferenciação de palavras homônimas e no uso em dialetos.

ABREVIATURAS
usadas no vocabulário

Abreviaturas do Português

adj	-	adjetivo
adv	-	advérbio
anim.	-	animado
conj.	-	conjunção
desp.	-	esporte
etc.	-	Etcetera
ex.	-	por exemplo
f	-	nome feminino
f pl	-	feminino plural
fem.	-	feminino
inanim.	-	inanimado
m	-	nome masculino
m pl	-	masculino plural
m, f	-	masculino, feminino
masc.	-	masculino
mat.	-	matemática
mil.	-	militar
pl	-	plural
prep.	-	preposição
pron.	-	pronome
sb.	-	sobre
sing.	-	singular
v aux	-	verbo auxiliar
vi	-	verbo intransitivo
vi, vt	-	verbo intransitivo, transitivo
vr	-	verbo reflexivo
vt	-	verbo transitivo

Abreviaturas do Lituano

dgs	-	plural
m	-	nome feminino
m dgs	-	feminino plural
v	-	nome masculino
v dgs	-	masculino plural

CONCEITOS BÁSICOS

Conceitos básicos. Parte 1

1. Pronomes

eu	aš	['aʃ]
você	tù	['tu]
ele	jìs	[jɪs]
ela	jì	[jɪ]
nós	mẽs	['mʲæs]
vocês	jũs	['ju:s]
eles, elas	jiẽ	['jiɛ]

2. Cumprimentos. Saudações. Despedidas

Oi!	Sveĩkas!	['svʲɛɪkas!]
Olá!	Sveikì!	[svʲɛɪ'kʲɪ!]
Bom dia!	Lãbas rýtas!	['lʲa:bas 'rʲi:tas!]
Boa tarde!	Labà dienà!	[lʲa'ba dʲiɛ'na!]
Boa noite!	Lãbas vãkaras!	['lʲa:bas 'va:karas!]
cumprimentar (vt)	sveĩkintis	['svʲɛɪkʲɪntʲɪs]
Oi!	Lãbas!	['lʲa:bas!]
saudação (f)	linkéjimas (v)	[lʲɪŋ'kʲɛjɪmas]
saudar (vt)	sveĩkinti	['svʲɛɪkʲɪntʲɪ]
Tudo bem?	Kaĩp sẽkasi?	['kʌɪp 'sʲækasʲɪ?]
E aí, novidades?	Kàs naũjo?	['kas 'nɑʊjɔ?]
Tchau! Até logo!	Ikì pasimãtymo!	[ɪkʲɪ pasʲɪmatʲi:mɔ!]
Até breve!	Ikì greĩto susìtikimo!	[ɪ'kʲɪ 'grʲɛɪtɔ susʲɪtʲɪ'kʲɪmɔ!]
Adeus!	Lìkite sveikì!	['lʲɪkʲɪtʲɛ svʲɛɪ'kʲɪ!]
despedir-se (dizer adeus)	atsisveĩkinti	[atsʲɪ'svʲɛɪkʲɪntʲɪ]
Até mais!	Ikì!	[ɪ'kʲɪ!]
Obrigado! -a!	Ãčiũ!	['a:tʂʲu:!]
Muito obrigado! -a!	Labaĩ ãčiũ!	[lʲa'bʌɪ 'a:tʂʲu:!]
De nada	Prãšom.	['pra:ʃom]
Não tem de quê	Nevertà padėkõs.	[nʲɛver'ta padʲe:'ko:s]
Não foi nada!	Nẽrà ùž kã.	[nʲe:'ra 'ʊʒ ka:]
Desculpa!	Atléisk!	[at'lʲɛɪsk!]
Desculpe!	Atléiskite!	[at'lʲɛɪskʲɪtʲɛ!]
desculpar (vt)	atléisti	[at'lʲɛɪstʲɪ]
desculpar-se (vr)	atsiprašýti	[atsʲɪpra'ʃʲɪ:tʲɪ]

Me desculpe	Mãno atsiprãšymas.	['ma:nɔ atsʲɪ'pra:ʃɪ:mas]
Desculpe!	Atléiskite!	[at'lʲɛɪskʲɪtʲɛ!]
perdoar (vt)	atléisti	[at'lʲɛɪstʲɪ]
Não faz mal	Niẽko baisaũs.	['nʲɛkɔ bʌɪ'sɑʊs]
por favor	prãšom	['pra:ʃom]

Não se esqueça!	Nepamĩřškite!	[nʲɛpa'mʲɪrʃkʲɪtʲɛ!]
Com certeza!	Žìnoma!	['ʒʲɪnoma!]
Claro que não!	Žìnoma nè!	['ʒʲɪnoma nʲɛ!]
Está bem! De acordo!	Sutinkù!	[sʊtʲɪŋ'kʊ!]
Chega!	Užtèks!	[ʊʒ'tʲɛks!]

3. Como se dirigir a alguém

Desculpe ...	Atsiprašau, ...	[atsʲɪpra'ʃɑʊ, ...]
senhor	Põnas	['po:nas]
senhora	Põne	['po:nʲɛ]
senhorita	Panẽlẽ	[pa'nʲælʲe:]
jovem	Ponáiti	[po'nʌɪtʲɪ]
menino	Berniùk	[bʲɛr'nʲʊk]
menina	Mergáitẽ	[mʲɛr'gʌɪtʲe:]

4. Números cardinais. Parte 1

zero	nùlis	['nʊlʲɪs]
um	víenas	['vʲiɛnas]
dois	dù	['dʊ]
três	trìs	['trʲɪs]
quatro	keturì	[kʲɛtʊ'rʲɪ]

cinco	penkì	[pʲɛŋ'kʲɪ]
seis	šešì	[ʃɛ'ʃɪ]
sete	septynì	[sʲɛptʲi:'nʲɪ]
oito	aštuonì	[aʃtʊɑ'nʲɪ]
nove	devynì	[dʲɛvʲi:'nʲɪ]

dez	dẽšimt	['dʲæʃɪmt]
onze	vienúolika	[vʲiɛ'nʊɑlʲɪka]
doze	dvýlika	['dvʲi:lʲɪka]
treze	trýlika	['trʲi:lʲɪka]
catorze	keturiólika	[kʲɛtʊ'rʲolʲɪka]

quinze	penkiólika	[pʲɛŋ'kʲolʲɪka]
dezesseis	šešiólika	[ʃɛ'ʃolʲɪka]
dezessete	septyniólika	[sʲɛptʲi:'nʲolʲɪka]
dezoito	aštuoniólika	[aʃtʊɑ'nʲolʲɪka]
dezenove	devyniólika	[dʲɛvʲi:'nʲolʲɪka]

vinte	dvìdešimt	['dvʲɪdʲɛʃɪmt]
vinte e um	dvìdešimt víenas	['dvʲɪdʲɛʃɪmt 'vʲiɛnas]
vinte e dois	dvìdešimt dù	['dvʲɪdʲɛʃɪmt 'dʊ]
vinte e três	dvìdešimt trìs	['dvʲɪdʲɛʃɪmt 'trʲɪs]

trinta	trìsdešimt	['trʲɪsdʲɛʃɪmt]
trinta e um	trìsdešimt víenas	['trʲɪsdʲɛʃɪmt 'vʲiɛnas]
trinta e dois	trìsdešimt dù	['trʲɪsdʲɛʃɪmt 'dʊ]
trinta e três	trìsdešimt trìs	['trʲɪsdʲɛʃɪmt 'trʲɪs]

quarenta	kẽturiasdešimt	['kʲætʊrʲæsdʲɛʃɪmt]
quarenta e um	kẽturiasdešimt víenas	['kʲætʊrʲæsdʲɛʃɪmt 'vʲiɛnas]
quarenta e dois	kẽturiasdešimt dù	['kʲætʊrʲæsdʲɛʃɪmt 'dʊ]
quarenta e três	kẽturiasdešimt trìs	['kʲætʊrʲæsdʲɛʃɪmt 'trʲɪs]

cinquenta	peñkiasdešimt	['pʲɛŋkʲæsdʲɛʃɪmt]
cinquenta e um	peñkiasdešimt víenas	['pʲɛŋkʲæsdʲɛʃɪmt 'vʲiɛnas]
cinquenta e dois	peñkiasdešimt dù	['pʲɛŋkʲæsdʲɛʃɪmt 'dʊ]
cinquenta e três	peñkiasdešimt trìs	['pʲɛŋkʲæsdʲɛʃɪmt 'trʲɪs]

sessenta	šẽšiasdešimt	['ʃæʃæsdʲɛʃɪmt]
sessenta e um	šẽšiasdešimt víenas	['ʃæʃæsdʲɛʃɪmt 'vʲiɛnas]
sessenta e dois	šẽšiasdešimt dù	['ʃæʃæsdʲɛʃɪmt 'dʊ]
sessenta e três	šẽšiasdešimt trìs	['ʃæʃæsdʲɛʃɪmt 'trʲɪs]

setenta	septýniasdešimt	[sʲɛp'tʲiːnʲæsdʲɛʃɪmt]
setenta e um	septýniasdešimt víenas	[sʲɛp'tʲiːnʲæsdʲɛʃɪmt 'vʲiɛnas]
setenta e dois	septýniasdešimt dù	[sʲɛp'tʲiːnʲæsdʲɛʃɪmt 'dʊ]
setenta e três	septýniasdešimt trìs	[sʲɛptʲiːnʲæsdʲɛʃɪmt 'trʲɪs]

oitenta	aštúoniasdešimt	[aʃtʊɑnʲæsdʲɛʃɪmt]
oitenta e um	aštúoniasdešimt víenas	[aʃtʊɑnʲæsdʲɛʃɪmt 'vʲiɛnas]
oitenta e dois	aštúoniasdešimt dù	[aʃtʊɑnʲæsdʲɛʃɪmt 'dʊ]
oitenta e três	aštúoniasdešimt trìs	[aʃtʊɑnʲæsdʲɛʃɪmt 'trʲɪs]

noventa	devýniasdešimt	[dʲɛ'vʲiːnʲæsdʲɛʃɪmt]
noventa e um	devýniasdešimt víenas	[dʲɛ'vʲiːnʲæsdʲɛʃɪmt 'vʲiɛnas]
noventa e dois	devýniasdešimt dù	[dʲɛ'vʲiːnʲæsdʲɛʃɪmt 'dʊ]
noventa e três	devýniasdešimt trìs	[dʲɛ'vʲiːnʲæsdʲɛʃɪmt 'trʲɪs]

5. Números cardinais. Parte 2

cem	šim̃tas	['ʃɪmtas]
duzentos	dù šimtaì	['dʊ ʃɪm'tʌɪ]
trezentos	trìs šimtaì	['trʲɪs ʃɪm'tʌɪ]
quatrocentos	keturì šimtaì	[kʲɛtʊ'rʲɪ ʃɪm'tʌɪ]
quinhentos	penkì šimtaì	[pʲɛŋ'kʲɪ ʃɪm'tʌɪ]
seiscentos	šešì šimtaì	[ʃɛ'ʃɪ ʃɪm'tʌɪ]
setecentos	septynì šimtaì	[sʲɛptʲiːnʲɪ 'ʃɪmtʌɪ]
oitocentos	aštuonì šimtaì	[aʃtʊɑ'nʲɪ ʃɪm'tʌɪ]
novecentos	devynì šimtaì	[dʲɛvʲiːnʲɪ ʃɪm'tʌɪ]

mil	tū́kstantis	['tuːkstantʲɪs]
dois mil	dù tū́kstančiai	['dʊ 'tuːkstantʃʲɛɪ]
três mil	trỹs tū́kstančiai	['trʲiːs 'tuːkstantʃʲɛɪ]
dez mil	dẽšimt tū́kstančių	['dʲæʃɪmt tuːkstantʃʲuː]
cem mil	šim̃tas tū́kstančių	['ʃɪmtas 'tuːkstantʃʲuː]
um milhão	milijónas (v)	[mʲɪlʲɪ'joːnas]
um bilhão	milijárdas (v)	[mʲɪlʲɪ'jardas]

6. Números ordinais

primeiro (adj)	pìrmas	['pⁱɪrmas]
segundo (adj)	añtras	['antras]
terceiro (adj)	trẽčias	['trⁱætʂⁱæs]
quarto (adj)	ketvírtas	[kⁱɛt'vⁱɪrtas]
quinto (adj)	peñktas	['pⁱɛŋktas]
sexto (adj)	šẽštas	['ʃæʃtas]
sétimo (adj)	septiñtas	[sⁱɛp'tⁱɪntas]
oitavo (adj)	aštuñtas	[aʃ'tʊntas]
nono (adj)	deviñtas	[dⁱɛ'vⁱɪntas]
décimo (adj)	dešiñtas	[dⁱɛ'ʃɪmtas]

7. Números. Frações

fração (f)	trùpmena (m)	['trʊpmⁱɛna]
um meio	víena antrõji	['vⁱiɛna an'tro:jɪ]
um terço	víena trečiõji	['vⁱiɛna trⁱɛ'tʂⁱo:jɪ]
um quarto	víena ketvirtõji	['vⁱiɛna kⁱɛtvⁱɪr'to:jɪ]
um oitavo	víena aštuntõji	['vⁱiɛna aʃtʊn'to:jɪ]
um décimo	víena dešimtõji	['vⁱiɛna dⁱɛʃⁱɪm'to:jɪ]
dois terços	dvì trečioosios	[dvⁱɪ 'trⁱætʂⁱoosⁱos]
três quartos	trỹs ketvìrtosios	['trⁱi:s kⁱɛt'vⁱɪrtosⁱos]

8. Números. Operações básicas

subtração (f)	atimtìs (m)	[atⁱɪm'tⁱɪs]
subtrair (vi, vt)	atimti	[a'tⁱɪmtⁱɪ]
divisão (f)	dalýba (m)	[da'lⁱi:ba]
dividir (vt)	dalìnti	[da'lⁱɪntⁱɪ]
adição (f)	sudėjìmas (v)	[sʊdⁱe:'jɪmas]
somar (vt)	sudéti	[sʊ'dⁱe:tⁱɪ]
adicionar (vt)	pridéti	[prⁱɪ'dⁱe:tⁱɪ]
multiplicação (f)	daugýba (m)	[dɑʊ'gⁱi:ba]
multiplicar (vt)	dáuginti	['dɑʊgⁱɪntⁱɪ]

9. Números. Diversos

algarismo, dígito (m)	skaitmuõ (v)	[skʌɪt'mʊɑ]
número (m)	skaĩčius (v)	['skʌɪtʂⁱʊs]
numeral (m)	skaĩtvardis (v)	['skʌɪtvardⁱɪs]
menos (m)	mìnusas (v)	['mⁱɪnʊsas]
mais (m)	pliùsas (v)	['plⁱʊsas]
fórmula (f)	fòrmulė (m)	['formʊlⁱe:]
cálculo (m)	išskaičiãvimas (v)	[ɪʃskʌɪ'tʂⁱævⁱɪmas]
contar (vt)	skaičiúoti	[skʌɪ'tʂⁱʊɑtⁱɪ]

| calcular (vt) | apskaičiúoti | [apskʌɪ'tʂⁱuatⁱɪ] |
| comparar (vt) | sulýginti | [su'lⁱi:gⁱɪntⁱɪ] |

Quanto, -os, -as?	Kíek?	['kⁱiɛk?]
soma (f)	sumà (m)	[su'ma]
resultado (m)	rezultãtas (v)	[rⁱɛzulⁱ'ta:tas]
resto (m)	likùtis (v)	[lⁱɪ'kutⁱɪs]

alguns, algumas ...	kẽletas	['kⁱælⁱɛtas]
pouco (~ tempo)	nedaũg ...	[nⁱɛ'dɑug ...]
resto (m)	vìsa kìta	['vⁱɪsa 'kⁱɪta]
um e meio	pusañtro	[pu'santrɔ]
dúzia (f)	tùzinas (v)	['tuzⁱɪnas]

ao meio	peř pùsę	['pⁱɛr 'pusⁱɛ:]
em partes iguais	põ lýgiai	['po: lⁱi:gⁱɛɪ]
metade (f)	pùsė (m)	['pusⁱe:]
vez (f)	kártas (v)	['kartas]

10. Os verbos mais importantes. Parte 1

abrir (vt)	atidarýti	[atⁱɪda'rⁱi:tⁱɪ]
acabar, terminar (vt)	užbaĩgti	[uʒ'bʌɪktⁱɪ]
aconselhar (vt)	patarinéti	[patarⁱɪ'nⁱe:tⁱɪ]
adivinhar (vt)	atspéti	[at'spⁱe:tⁱɪ]
advertir (vt)	pérspéti	['pⁱɛrspⁱe:tⁱɪ]

ajudar (vt)	padéti	[pa'dⁱe:tⁱɪ]
almoçar (vi)	pietáuti	[pⁱɪɛ'tautⁱɪ]
alugar (~ um apartamento)	núomotis	['nuɑmotⁱɪs]
amar (pessoa)	myléti	[mⁱi:'lⁱe:tⁱɪ]
ameaçar (vt)	grasìnti	[gra'sⁱɪntⁱɪ]

anotar (escrever)	užrašinéti	[uʒraʃⁱɪ'nⁱe:tⁱɪ]
apressar-se (vr)	skubéti	[sku'bⁱe:tⁱɪ]
arrepender-se (vr)	gailétis	[gʌɪ'lⁱe:tⁱɪs]
assinar (vt)	pasirašinéti	[pasⁱɪraʃⁱɪ'nⁱe:tⁱɪ]
brincar (vi)	juokáuti	[juɑ'kautⁱɪ]

brincar, jogar (vi, vt)	žaĩsti	['ʒʌɪstⁱɪ]
buscar (vt)	ieškóti	[ɪɛʃ'kotⁱɪ]
caçar (vi)	medžióti	[mⁱɛ'dʒⁱotⁱɪ]
cair (vi)	krìsti	['krⁱɪstⁱɪ]
cavar (vt)	raũsti	['raustⁱɪ]
chamar (~ por socorro)	kviẽsti	['kvⁱɛstⁱɪ]

chegar (vi)	atvažiúoti	[atva'ʒⁱuatⁱɪ]
chorar (vi)	veřkti	['vⁱɛrktⁱɪ]
começar (vt)	pradéti	[pra'dⁱe:tⁱɪ]
comparar (vt)	lýginti	['lⁱi:gⁱɪntⁱɪ]
concordar (dizer "sim")	sutìkti	[su'tⁱɪktⁱɪ]

| confiar (vt) | pasitikéti | [pasⁱɪtⁱɪ'kⁱe:tⁱɪ] |
| confundir (equivocar-se) | suklýsti | [suk'lⁱi:stⁱɪ] |

conhecer (vt)	pažinóti	[paʒʲɪ'notʲɪ]
contar (fazer contas)	skaičiúoti	[skʌɪ'tʂʲʊɑtʲɪ]
contar com ...	tikétis ...	[tʲɪ'kʲeːtʲɪs ...]
continuar (vt)	tẽsti	['tʲɛːstʲɪ]

controlar (vt)	kontroliúoti	[kɔntro'lʲʊɑtʲɪ]
convidar (vt)	kviẽsti	['kvʲɛstʲɪ]
correr (vi)	bégti	['bʲe:ktʲɪ]
criar (vt)	sukùrti	[sʊ'kʊrtʲɪ]
custar (vt)	kainúoti	[kʌɪ'nʊɑtʲɪ]

11. Os verbos mais importantes. Parte 2

dar (vt)	dúoti	['dʊɑtʲɪ]
dar uma dica	užsimiñti	[ʊʒsʲɪ'mʲɪntʲɪ]
decorar (enfeitar)	puõšti	['pʊɑʃtʲɪ]
defender (vt)	giñti	['gʲɪntʲɪ]
deixar cair (vt)	numèsti	[nʊ'mʲɛstʲɪ]

descer (para baixo)	léistis	['lʲɛɪstʲɪs]
desculpar (vt)	atléisti	[at'lʲɛɪstʲɪ]
desculpar-se (vr)	atsiprašinéti	[atsʲɪpraʃɪ'nʲe:tʲɪ]
dirigir (~ uma empresa)	vadováuti	[vado'vɑʊtʲɪ]
discutir (notícias, etc.)	aptarinéti	[aptarʲɪ'nʲætʲɪ]

disparar, atirar (vi)	šáudyti	['ʃɑʊdʲiː'tʲɪ]
dizer (vt)	pasakýti	[pasa'kʲiːtʲɪ]
duvidar (vt)	abejóti	[abʲɛ'jotʲɪ]
encontrar (achar)	ràsti	['rastʲɪ]
enganar (vt)	apgaudinéti	[apgɑʊdʲɪ'nʲe:tʲɪ]

entender (vt)	supràsti	[sʊp'rastʲɪ]
entrar (na sala, etc.)	įeĩti	[iː'ɛɪtʲɪ]
enviar (uma carta)	išsiųsti	[ɪʃ'sʲuːstʲɪ]
errar (enganar-se)	klýsti	['klʲiːstʲɪ]
escolher (vt)	išsiriñkti	[ɪʃsʲɪ'rʲɪŋktʲɪ]

esconder (vt)	slẽpti	['slʲe:ptʲɪ]
escrever (vt)	rašýti	[ra'ʃɪːtʲɪ]
esperar (aguardar)	láukti	['lʲɑʊktʲɪ]
esperar (ter esperança)	tikétis	[tʲɪ'kʲe:tʲɪs]
esquecer (vt)	užmĩršti	[ʊʒ'mʲɪrʃtʲɪ]

estudar (vt)	studijúoti	[stʊdʲɪ'jʊɑtʲɪ]
exigir (vt)	reikaláuti	[rʲɛɪka'lʲɑʊtʲɪ]
existir (vi)	egzistúoti	[ɛgzʲɪs'tʊatʲɪ]
explicar (vt)	paáiškinti	[pa'ʌɪʃkʲɪntʲɪ]

falar (vi)	sakýti	[sa'kʲiːtʲɪ]
faltar (a la escuela, etc.)	praleidinéti	[pralʲɛɪdʲɪ'nʲe:tʲɪ]
fazer (vt)	darýti	[da'rʲiːtʲɪ]
ficar em silêncio	tyléti	[tʲiː'lʲe:tʲɪ]
gabar-se (vr)	gìrtis	['gʲɪrtʲɪs]
gostar (apreciar)	patìkti	[pa'tʲɪktʲɪ]

gritar (vi)	šaũkti	[ˈʃaʊktʲɪ]
guardar (fotos, etc.)	saũgoti	[ˈsaʊgotʲɪ]
informar (vt)	informúoti	[ɪnforˈmʊatʲɪ]
insistir (vi)	reikaláuti	[rʲɛɪkaˈlʲaʊtʲɪ]

insultar (vt)	įžeidinéti	[iːʒʲɛɪdʲɪˈnʲeːtʲɪ]
interessar-se (vr)	dométis	[doˈmʲeːtʲɪs]
ir (a pé)	eĩti	[ˈɛɪtʲɪ]
ir nadar	máudytis	[ˈmaʊdʲiːtʲɪs]
jantar (vi)	vakarieniáuti	[vakarʲɪɛˈnʲæʊtʲɪ]

12. Os verbos mais importantes. Parte 3

ler (vt)	skaitýti	[skʌɪˈtʲiːtʲɪ]
libertar, liberar (vt)	išláisvinti	[ɪʃˈlʲʌɪsvʲɪntʲɪ]
matar (vt)	žudýti	[ʒʊˈdʲiːtʲɪ]
mencionar (vt)	minéti	[mʲɪˈnʲeːtʲɪ]
mostrar (vt)	ródyti	[ˈrodʲiːtʲɪ]

mudar (modificar)	pakeĩsti	[paˈkʲɛɪstʲɪ]
nadar (vi)	plaũkti	[ˈplʲaʊktʲɪ]
negar-se a … (vr)	atsisakýti	[atsʲɪsaˈkʲiːtʲɪ]
objetar (vt)	prieštaráuti	[prʲɪɛʃtaˈraʊtʲɪ]

observar (vt)	stebéti	[steˈbʲeːtʲɪ]
ordenar (mil.)	nurodinéti	[nʊrodʲɪˈnʲeːtʲɪ]
ouvir (vt)	girdéti	[gʲɪrˈdʲeːtʲɪ]
pagar (vt)	mokéti	[moˈkʲeːtʲɪ]
parar (vi)	sustóti	[sʊsˈtotʲɪ]

parar, cessar (vt)	nustóti	[nʊˈstotʲɪ]
participar (vi)	dalyváuti	[dalʲiːˈvaʊtʲɪ]
pedir (comida, etc.)	užsakinéti	[ʊʒsakʲɪˈnʲeːtʲɪ]
pedir (um favor, etc.)	prašýti	[praˈʃɪːtʲɪ]
pegar (tomar)	im̃ti	[ˈɪmtʲɪ]

pegar (uma bola)	gáudyti	[ˈgaʊdʲiːtʲɪ]
pensar (vi, vt)	galvóti	[galʲˈvotʲɪ]
perceber (ver)	pastebéti	[pasteˈbʲeːtʲɪ]
perdoar (vt)	atléisti	[atˈlʲɛɪstʲɪ]
perguntar (vt)	kláusti	[ˈklʲaʊstʲɪ]

permitir (vt)	léisti	[ˈlʲɛɪstʲɪ]
pertencer a … (vi)	priklausýti	[prʲɪklʲaʊˈsʲiːtʲɪ]
planejar (vt)	planúoti	[plʲaˈnʊatʲɪ]
poder (~ fazer algo)	galéti	[gaˈlʲeːtʲɪ]
possuir (uma casa, etc.)	mokéti	[moˈkʲeːtʲɪ]

preferir (vt)	teĩkti pirmenýbę	[ˈtʲɛɪktʲɪ pʲɪrmʲɛˈnʲiːbɛː]
preparar (vt)	gamìnti	[gaˈmʲɪntʲɪ]
prever (vt)	numatýti	[nʊmaˈtʲiːtʲɪ]
prometer (vt)	žadéti	[ʒaˈdʲeːtʲɪ]
pronunciar (vt)	ištar̃ti	[ɪʃˈtartʲɪ]
propor (vt)	siū́lyti	[ˈsʲuːlʲiːtʲɪ]

punir (castigar)	baũsti	['baʊstʲɪ]
quebrar (vt)	láužyti	['lʲaʊʒʲiːtʲɪ]
queixar-se de ...	skųstis	['skuːstʲɪs]
querer (desejar)	noréti	[noˈrʲeːtʲɪ]

13. Os verbos mais importantes. Parte 4

ralhar, repreender (vt)	bárti	['bartʲɪ]
recomendar (vt)	rekomendúoti	[rʲɛkomʲɛnˈduatʲɪ]
repetir (dizer outra vez)	kartóti	[karˈtotʲɪ]
reservar (~ um quarto)	rezervúoti	[rʲɛzʲɛrˈvuatʲɪ]
responder (vt)	atsakýti	[atsaˈkʲiːtʲɪ]

rezar, orar (vi)	melstis	['mʲɛlˠstʲɪs]
rir (vi)	juõktis	['juaktʲɪs]
roubar (vt)	võgti	['voːktʲɪ]
saber (vt)	žinóti	[ʒʲɪˈnotʲɪ]
sair (~ de casa)	išeĩti	[ɪˈʃɛɪtʲɪ]

salvar (resgatar)	gélbéti	['gʲælʲbʲeːtʲɪ]
seguir (~ alguém)	sèkti ...	['sʲɛktʲɪ ...]
sentar-se (vr)	séstis	['sʲeːstʲɪs]
ser necessário	bũti reikalìngu	['buːtʲɪ rʲɛɪkaˈlʲɪŋgu]

ser, estar	bũti	['buːtʲɪ]
significar (vt)	réikšti	['rʲɛɪkʃtʲɪ]
sorrir (vi)	šypsótis	[ʃɪːpˈsotʲɪs]
subestimar (vt)	neįvértinti	[nʲɛɪˈvʲɛrtʲɪntʲɪ]
surpreender-se (vr)	stebétis	[stʲɛˈbʲeːtʲɪs]

tentar (~ fazer)	bandýti	[banˈdʲiːtʲɪ]
ter (vt)	turéti	[tʊˈrʲeːtʲɪ]
ter fome	noréti válgyti	[noˈrʲeːtʲɪ 'valʲgʲiːtʲɪ]

ter medo	bijóti	[bʲɪˈjotʲɪ]
ter sede	noréti gérti	[noˈrʲeːtʲɪ 'gʲærtʲɪ]
tocar (com as mãos)	čiupinéti	[tʂʲupʲɪˈnʲeːtʲɪ]
tomar café da manhã	pùsryčiauti	['pusrʲiːtʂʲɛʊtʲɪ]
trabalhar (vi)	dìrbti	['dʲɪrptʲɪ]
traduzir (vt)	versti	['vʲɛrstʲɪ]

unir (vt)	apjùngti	[aˈpjʊŋktʲɪ]
vender (vt)	pardavinéti	[pardavʲɪˈrʲnʲeːtʲɪ]
ver (vt)	matýti	[maˈtʲiːtʲɪ]
virar (~ para a direita)	sùkti	['sʊktʲɪ]
voar (vi)	skrìsti	['skrʲɪstʲɪ]

14. Cores

cor (f)	spalvà (m)	[spalʲˈva]
tom (m)	àtspalvis (v)	['aːtspalʲvʲɪs]
tonalidade (m)	tònas (v)	['tonas]

arco-íris (m)	vaivórykštė (m)	[vʌɪ'vorʲi:kʃtʲe:]
branco (adj)	balta	[balʲ'ta]
preto (adj)	juoda	[jʊɑ'da]
cinza (adj)	pilka	[pʲɪlʲ'ka]

verde (adj)	žalia	[ʒa'lʲæ]
amarelo (adj)	geltóna	[gʲɛlʲ'tona]
vermelho (adj)	raudóna	[rɑʊ'dona]

azul (adj)	mélyna	['mʲe:lʲi:na]
azul claro (adj)	žydra	[ʒʲi:d'ra]
rosa (adj)	rõžinė	['ro:ʒʲɪnʲe:]
laranja (adj)	oránžinė	[o'ranʒʲɪnʲe:]
violeta (adj)	violètinė	[vʲɪjɔ'lʲɛtʲɪnʲe:]
marrom (adj)	ruda	[rʊ'da]

| dourado (adj) | auksinis | [ɑʊk'sʲɪnʲɪs] |
| prateado (adj) | sidabrinis | [sʲɪda'brʲɪnʲɪs] |

bege (adj)	smélio spalvõs	['smʲe:lʲɔ spalʲ'vo:s]
creme (adj)	krèminės spalvõs	['krʲɛmʲɪnʲe:s spalʲ'vo:s]
turquesa (adj)	tuřkio spalvõs	['tʊrkʲɔ spalʲ'vo:s]
vermelho cereja (adj)	výšnių spalvõs	[vʲi:ʃnʲu: spalʲ'vo:s]
lilás (adj)	alývų spalvõs	[a'lʲi:vu: spalʲ'vo:s]
carmim (adj)	avietinės spalvõs	[a'vʲɛtʲɪnʲe:s spalʲ'vo:s]

claro (adj)	šviesi	[ʃvʲiɛ'sʲɪ]
escuro (adj)	tamsi	[tam'sʲɪ]
vivo (adj)	ryški	[rʲi:ʃkʲɪ]

de cor	spalvótas	[spalʲ'votas]
a cores	spalvótas	[spalʲ'votas]
preto e branco (adj)	juodaĩ báltas	[jʊɑ'dʌɪ 'balʲtas]
unicolor (de uma só cor)	vienspalvis	[vʲiɛns'palʲvʲɪs]
multicolor (adj)	įvairiaspalvis	[i:vʌɪrʲæs'palʲvʲɪs]

15. Questões

Quem?	Kàs?	['kas?]
O que?	Ką?	['ka:?]
Onde?	Kuř?	['kʊr?]
Para onde?	Kuř?	['kʊr?]
De onde?	Ìš kuř?	[ɪʃ 'kʊr?]
Quando?	Kada?	[ka'da?]
Para quê?	Kám?	['kam?]
Por quê?	Kodėl?	[kɔ'dʲe:lʲ?]

Para quê?	Kám?	['kam?]
Como?	Kaĩp?	['kʌɪp?]
Qual (~ é o problema?)	Kóks?	['koks?]
Qual (~ deles?)	Kuris?	[kʊ'rʲɪs?]

| A quem? | Kám? | ['kam?] |
| De quem? | Apiẽ ką? | [a'pʲɛ 'ka:?] |

| Do quê? | Apiẽ ką̃? | [a'pʲɛ 'ka:?] |
| Com quem? | Sù kuõ? | ['sʊ 'kʊɑ?] |

| Quanto, -os, -as? | Kíek? | ['kʲiɛk?] |
| De quem (~ é isto?) | Kienõ? | [kʲiɛ'no:?] |

16. Preposições

com (prep.)	sù ...	['sʊ ...]
sem (prep.)	bè	['bʲɛ]
a, para (exprime lugar)	ì̃	[i:]
sobre (ex. falar ~)	apiẽ	[a'pʲɛ]
antes de ...	ikì	[ɪ'kʲɪ]
em frente de ...	priẽš	['prʲɛʃ]

debaixo de ...	põ	['po:]
sobre (em cima de)	vírš	['vʲɪrʃ]
em ..., sobre ...	añt	['ant]
de, do (sou ~ Rio de Janeiro)	ìš	[ɪʃ]
de (feito ~ pedra)	ìš	[ɪʃ]

| em (~ 3 dias) | põ ..., ùž ... | ['po: ...], ['ʊʒ ...] |
| por cima de ... | per̃ | ['pʲɛr] |

17. Palavras funcionais. Advérbios. Parte 1

Onde?	Kur̃?	['kʊr?]
aqui	čià	['tʂʲæ]
lá, ali	teñ	['tʲɛn]

| em algum lugar | kažkur̃ | [kaʒ'kʊr] |
| em lugar nenhum | niẽkur | ['nʲɛkʊr] |

| perto de ... | priẽ ... | ['prʲɛ ...] |
| perto da janela | priẽ lángo | ['prʲɛ 'lʲangɔ] |

Para onde?	Kur̃?	['kʊr?]
aqui	čià	['tʂʲæ]
para lá	teñ	['tʲɛn]
daqui	ìš čià	[ɪʃ tʂʲæ]
de lá, dali	ìš teñ	[ɪʃ tʲɛn]

| perto | šalià | [ʃa'lʲæ] |
| longe | tolì | [to'lʲɪ] |

perto de ...	šalià	[ʃa'lʲæ]
à mão, perto	artì	[ar'tʲɪ]
não fica longe	netolì	[nʲɛ'tolʲɪ]

esquerdo (adj)	kairỹs	[kʌɪ'rʲi:s]
à esquerda	ìš kairẽs	[ɪʃ kʌɪ'rʲe:s]
para a esquerda	ì̃ kaĩrę	[i: 'kʌɪrʲɛ:]

direito (adj)	dešinỹs	[dˠɛʃɪ'nˠiːs]
à direita	ìš dešinė̃s	[ɪʃ deʃɪ'nˠe:s]
para a direita	į̃ dẽšinę	[i: 'dˠæʃɪnˠɛ:]

em frente	príekyje	['prˠiɛkˠiːjɛ]
da frente	príekinis	['prˠiɛkˠɪnˠɪs]
adiante (para a frente)	pirmỹn	[pˠɪr'mˠiːn]

atrás de ...	galè̃	[ga'lˠɛ]
de trás	ìš gãlo	[ɪʃ 'ga:lˠɔ]
para trás	atgal̃	[at'galˠ]

| meio (m), metade (f) | vidurỹs (v) | [vˠɪdu'rˠiːs] |
| no meio | per̃ vìdurį | ['pˠɛr 'vˠɪːdurˠɪː] |

do lado	šóne	['ʃonˠɛ]
em todo lugar	visur̃	[vˠɪ'sur]
por todos os lados	apliñkui	[ap'lˠɪŋkui]

de dentro	ìš vidaũs	[ɪʃ vˠɪ'dɑus]
para algum lugar	kažkur̃	[kaʒ'kur]
diretamente	tiẽsiai	['tˠiɛsˠɛɪ]
de volta	atgal̃	[at'galˠ]

| de algum lugar | ìš kur̃ nór̃s | [ɪʃ 'kur 'nors] |
| de algum lugar | ìš kažkur̃ | [ɪʃ kaʒ'kur] |

em primeiro lugar	pìrma	['pˠɪrma]
em segundo lugar	añtra	['antra]
em terceiro lugar	trẽčia	['trˠætʂlæ]

de repente	staigà	[stʌɪ'ga]
no início	pradžiõj	[prad'ʒˠoːj]
pela primeira vez	pìrmą kar̃tą	['pˠɪrma: 'karta:]
muito antes de ...	daũg laĩko prieš ...	['dɑug 'lˠʌɪkɔ 'prˠɛʃ ...]
de novo	ìš naũjo	[ɪʃ 'nɑujɔ]
para sempre	visám laĩkui	[vˠɪ'sam 'lˠʌɪkui]

nunca	niekadà	[nˠiɛkad'a]
de novo	vė̃l	['vˠe:lˠ]
agora	dabar̃	[da'bar]
frequentemente	dažnaĩ	[daʒ'nʌɪ]
então	tadà	[ta'da]
urgentemente	skubiaĩ	[sku'bˠɛɪ]
normalmente	įprastaĩ	[i:pras'tʌɪ]

a propósito, ...	bejè, ...	[bɛ'jæ, ...]
é possível	į̃manoma	[i:'ma:noma]
provavelmente	tikė́tina	[tˠɪ'kˠe:tˠɪna]
talvez	gãli bū́ti	['ga:lˠɪ 'bu:tˠɪ]
além disso, ...	bè tõ, ...	['bˠɛ to:, ...]
por isso ...	todė̃l ...	[to'dˠe:lˠ ...]
apesar de ...	nepaĩsant ...	[nˠɛ'pʌɪsant ...]
graças a ...	... dė̃kà	[... dˠe:'ka]
que (pron.)	kàs	['kas]
que (conj.)	kàs	['kas]

algo	kažkàs	[kaʒ'kas]
alguma coisa	kažkàs	[kaʒ'kas]
nada	niẽko	['nʲɛkɔ]

quem	kàs	['kas]
alguém (~ que ...)	kažkàs	[kaʒ'kas]
alguém (com ~)	kažkàs	[kaʒ'kas]

ninguém	niẽkas	['nʲɛkas]
para lugar nenhum	niẽkur	['nʲɛkʊr]
de ninguém	niẽkieno	['nʲɛ'kʲiɛnɔ]
de alguém	kažkienõ	[kaʒkʲiɛ'noː]

tão	taĩp	['tʌɪp]
também (gostaria ~ de ...)	taĩp pàt	['tʌɪp 'pat]
também (~ eu)	ĩrgi	['ɪrgʲɪ]

18. Palavras funcionais. Advérbios. Parte 2

Por quê?	Kodėl?	[kɔ'dʲeːlʲ?]
por alguma razão	kažkodėl	[kaʒko'dʲeːlʲ]
porque ...	,,, todėl, kàd	[.,, to'dʲeːlʲ, 'kad]
por qualquer razão	kažkodėl	[kaʒko'dʲeːlʲ]

e (tu ~ eu)	ĩr	[ɪr]
ou (ser ~ não ser)	arbà	[ar'ba]
mas (porém)	bèt	['bʲɛt]

muito, demais	pernelýg	[pʲɛrnʲɛ'lʲiːg]
só, somente	tiktaĩ	[tʲɪk'tʌɪ]
exatamente	tiksliaĩ	[tʲɪks'lʲɛɪ]
cerca de (~ 10 kg)	maždaũg	[maʒ'daʊg]

aproximadamente	apýtikriai	[a'pʲiːtʲɪkrʲɛɪ]
aproximado (adj)	apýtikriai	[a'pʲiːtʲɪkrʲɛɪ]
quase	beveĩk	[bʲɛ'vʲɛɪk]
resto (m)	vìsa kìta (m)	['vʲɪsa 'kʲɪta]

cada (adj)	kiekvíenas	[kʲiɛk'vʲiɛnas]
qualquer (adj)	bèt kurìs	['bʲɛt kʊ'rʲɪs]
muito, muitos, muitas	daũg	['daʊg]
muitas pessoas	daũgelis	['daʊgʲɛlʲɪs]
todos	visì	[vʲɪ'sʲɪ]

em troca de ...	mainaĩs į̃ ...	[mʌɪ'nʌɪs iː ..]
em troca	mainaĩs	[mʌɪ'nʌɪs]
à mão	rañkiniu būdù	['raŋkʲɪnʲʊ buː'dʊ]
pouco provável	kažì	[ka'ʒʲɪ]

provavelmente	tikriáusiai	[tʲɪk'rʲæʊsʲɛɪ]
de propósito	týčia	['tʲiːtʂʲæ]
por acidente	netýčia	[nʲɛ'tʲiːtʂʲæ]
muito	labaĩ	[lʲa'bʌɪ]
por exemplo	pãvyzdžiui	['pa:vʲiːzdʒʲʊi]

entre	tar̃p	['tarp]
entre (no meio de)	tar̃p	['tarp]
tanto	tiẽk	['tʲɛk]
especialmente	ýpač	['ɪːpatʂ]

Conceitos básicos. Parte 2

19. Opostos

rico (adj)	turtìngas	[tʊr'tʲɪngas]
pobre (adj)	skurdùs	[skʊr'dʊs]
doente (adj)	seȓgantis	['sʲɛrgantʲɪs]
bem (adj)	sveìkas	['svʲɛɪkas]
grande (adj)	dìdelis	['dʲɪdʲɛlʲɪs]
pequeno (adj)	mãžas	['maːʒas]
rapidamente	greìtai	['grʲɛɪtʌɪ]
lentamente	lėtaì	[lʲeː'tʌɪ]
rápido (adj)	greìtas	['grʲɛɪtas]
lento (adj)	lėtas	['lʲeːtas]
alegre (adj)	liȓksmas	['lʲɪŋksmas]
triste (adj)	liũdnas	['lʲuːdnas]
juntos (ir ~)	kártu	['kartʊ]
separadamente	atskiraì	[atskʲɪ'rʌɪ]
em voz alta (ler ~)	gaȓsiai	['garsʲɛɪ]
para si (em silêncio)	tỹliai	['tʲiːlʲɛɪ]
alto (adj)	aũkštas	['ɑʊkʃtas]
baixo (adj)	žėmas	['ʒʲæmas]
profundo (adj)	gilùs	[gʲɪ'lʲʊs]
raso (adj)	seklùs	[sʲɛk'lʲʊs]
sim	taĩp	['tʌɪp]
não	nė	['nʲɛ]
distante (adj)	tólimas	['tolʲɪmas]
próximo (adj)	aȓtimas	['artʲɪmas]
longe	tolì	[to'lʲɪ]
à mão, perto	artì	[ar'tʲɪ]
longo (adj)	ìlgas	['ɪlʲgas]
curto (adj)	trum̃pas	['trʊmpas]
bom (bondoso)	gẽras	['gʲæras]
mal (adj)	pìktas	['pʲɪktas]

casado (adj)	vēdęs	['vˡædˡɛ:s]
solteiro (adj)	nevēdęs	[nˡɛ'vˡædˡɛ:s]
proibir (vt)	uždraũsti	[ʊʒ'draʊstˡɪ]
permitir (vt)	leĩsti	['lˡɛɪstˡɪ]
fim (m)	pabaigà (m)	[pabʌɪ'ga]
início (m)	pradžià (m)	[prad'ʒˡæ]
esquerdo (adj)	kairỹs	[kʌɪ'rˡi:s]
direito (adj)	dešinỹs	[dˡɛʃɪ'nˡi:s]
primeiro (adj)	pìrmas	['pˡɪrmas]
último (adj)	paskutìnis	[paskʊ'tˡɪnˡɪs]
crime (m)	nusikaltìmas (v)	[nʊsˡɪkalˡ'tˡɪmas]
castigo (m)	bausmě̃ (m)	[baʊs'mˡe:]
ordenar (vt)	įsakýti	[i:sa'kˡi:tˡɪ]
obedecer (vt)	paklùsti	[pak'lˡʊstˡɪ]
reto (adj)	tiesùs	[tˡiɛ'sʊs]
curvo (adj)	kreĩvas	['krˡɛɪvas]
paraíso (m)	rõjus (v)	['ro:jʊs]
inferno (m)	prãgaras (v)	['pra:garas]
nascer (vi)	gìmti	['gˡɪmtˡɪ]
morrer (vi)	mĩrti	['mˡɪrtˡɪ]
forte (adj)	stiprùs	[stˡɪp'rʊs]
fraco, débil (adj)	sìlpnas	['sˡɪlˡpnas]
velho, idoso (adj)	sēnas	['sˡænas]
jovem (adj)	jáunas	['jaʊnas]
velho (adj)	sēnas	['sˡænas]
novo (adj)	naũjas	['naʊjas]
duro (adj)	kíetas	['kˡiɛtas]
macio (adj)	mìnkštas	['mˡɪŋkʃtas]
quente (adj)	šìltas	['ʃɪlˡtas]
frio (adj)	šáltas	['ʃalˡtas]
gordo (adj)	stóras	['storas]
magro (adj)	plónas	['plˡonas]
estreito (adj)	siaũras	['sˡɛʊras]
largo (adj)	platùs	[plˡa'tʊs]
bom (adj)	gēras	['gˡæras]
mau (adj)	blõgas	['blˡo:gas]
valente, corajoso (adj)	drąsùs	[dra:'sʊs]
covarde (adj)	bailùs	[bʌɪ'lˡʊs]

20. Dias da semana

segunda-feira (f)	pirmãdienis (v)	[pʲɪrˈmaːdʲiɛnʲɪs]
terça-feira (f)	antrãdienis (v)	[anˈtraːdʲiɛnʲɪs]
quarta-feira (f)	trečiãdienis (v)	[trʲɛˈt͡ʃʲlædʲiɛnʲɪs]
quinta-feira (f)	ketvirtãdienis (v)	[kʲɛtvʲɪrˈtaːdʲiɛnʲɪs]
sexta-feira (f)	penktãdienis (v)	[pʲɛŋkˈtaːdʲiɛnʲɪs]
sábado (m)	šeštãdienis (v)	[ʃɛʃˈtaːdʲiɛnʲɪs]
domingo (m)	sekmãdienis (v)	[sʲɛkˈmaːdʲiɛnʲɪs]

hoje	šiandien	[ˈʃændʲiɛn]
amanhã	rytój	[rʲiːˈtoj]
depois de amanhã	porýt	[poˈrʲiːt]
ontem	vãkar	[ˈvaːkar]
anteontem	užvakar	[ˈʊʒvakar]

dia (m)	dienà (m)	[dʲiɛˈna]
dia (m) de trabalho	dárbo dienà (m)	[ˈdarbɔ dʲiɛˈna]
feriado (m)	šveñtinė dienà (m)	[ˈʃvʲentʲɪnʲeː dʲiɛˈna]
dia (m) de folga	išeiginė dienà (m)	[ɪʃɛɪˈgʲɪnʲeː dʲiɛˈna]
fim (m) de semana	savaitgalis (v)	[saˈvʌɪtgalʲɪs]

o dia todo	vìsą dieną	[ˈvʲɪsa: ˈdʲɛna:]
no dia seguinte	sẽkančią dieną	[ˈsʲẽkantʃ̩ʲæ: ˈdʲɛna:]
há dois dias	priẽš dvì dienàs	[ˈprʲɛʃ ˈdvʲɪ dʲiɛˈnas]
na véspera	ìšvakarėse	[ˈɪʃvakarʲeːse]
diário (adj)	kasdiẽnis	[kasˈdʲɛnʲɪs]
todos os dias	kasdiẽn	[kasˈdʲɛn]

semana (f)	savãitė (m)	[saˈvʌɪtʲeː]
na semana passada	praėitą savãitę	[ˈpraʲɛɪta: saˈvʌɪtʲɛː]
semana que vem	atėinančią savãitę	[aˈtʲɛɪnantʃ̩ʲæ: saˈvʌɪtʲɛː]
semanal (adj)	kassavãitinis	[kassaˈvʌɪtʲɪnʲɪs]
toda semana	kàs savãitę	[ˈkas saˈvʌɪtʲɛː]
duas vezes por semana	dù kartùs peř savãitę	[ˈdʊ karˈtʊs pʲɛr saˈvʌɪtʲɛː]
toda terça-feira	kiekvíeną antrãdienį	[kʲiɛkˈvʲiːɛna: anˈtraːdʲɪːɛnʲɪː]

21. Horas. Dia e noite

manhã (f)	rýtas (v)	[ˈrʲiːtas]
de manhã	rytė	[rʲiːˈtʲɛ]
meio-dia (m)	vidùrdienis (v)	[vʲɪˈdʊrdʲiɛnʲɪs]
à tarde	popiẽt	[poˈpʲɛt]

tardinha (f)	vãkaras (v)	[ˈvaːkaras]
à tardinha	vakarė	[vakaˈrʲɛ]
noite (f)	naktìs (m)	[nakˈtʲɪs]
à noite	nãktį	[ˈnaːktiː]
meia-noite (f)	vidùrnaktis (v)	[vʲɪˈdʊrnaktʲɪs]

segundo (m)	sekùndė (m)	[sʲɛˈkʊndʲeː]
minuto (m)	minùtė (m)	[mʲɪˈnʊtʲeː]
hora (f)	valandà (m)	[valʲanˈda]

meia hora (f)	pùsvalandis (v)	['pʊsvalʲandʲɪs]
quarto (m) de hora	ketvírtis valandõs	[kʲɛt'vʲɪrtʲɪs valʲan'do:s]
quinze minutos	penkiólika minùčių	[pʲɛŋ'kʲolʲɪka mʲɪ'nʊtʂʲu:]
vinte e quatro horas	parà (m)	[pa'ra]

nascer (m) do sol	sáulės patekėjimas (v)	['sɑʊlʲe:s patʲɛ'kʲɛjɪmas]
amanhecer (m)	aušrà (m)	[ɑʊʃ'ra]
madrugada (f)	ankstývas rýtas (v)	[aŋk'stʲi:vas 'rʲi:tas]
pôr-do-sol (m)	saulélydis (v)	[sɑʊ'lʲe:lʲi:dʲɪs]

de madrugada	ankstì rytè	[aŋk'stʲɪ rʲi:'tʲɛ]
esta manhã	šiañdien rytè	['ʃændʲɪɛn rʲi:'tʲɛ]
amanhã de manhã	rytój rytè	[rʲi:'toj rʲi:'tʲɛ]

esta tarde	šiañdien diẽną	['ʃæn'dʲɛn 'dʲiɛna:]
à tarde	popiẽt	[po'pʲɛt]
amanhã à tarde	rytój popiẽt	[rʲi:'toj po'pʲɛt]

| esta noite, hoje à noite | šiañdien vakarè | ['ʃændʲɪɛn vaka'rʲɛ] |
| amanhã à noite | rytój vakarè | [rʲi:'toj vaka'rʲɛ] |

às três horas em ponto	lýgiai trẽčią vãlandą	['lʲi:gʲɛɪ 'trætsʲæ: 'va:landa:]
por volta das quatro	apiẽ ketvírtą vãlandą	[a'pʲɛ kʲɛtvʲɪrta: va:lʲanda:]
às doze	dvýliktai vãlandai	['dvʲi:lʲɪktʌɪ 'va:landʌɪ]

em vinte minutos	ùž dvidešimtiẽs minùčių	['ʊʒ dvʲɪdʲɛʃɪm'tʲɛs mʲɪ'nʊtʂʲu:]
em uma hora	ùž valandõs	['ʊʒ valʲan'do:s]
a tempo	laikù	[lʲʌɪ'kʊ]

... um quarto para	bè ketvírčio	['bʲɛ 'kʲɛtvʲɪrtʂʲɔ]
dentro de uma hora	valandõs bėgyje	[valʲan'do:s 'bʲe:gʲi:je]
a cada quinze minutos	kàs penkiólika minùčių	['kas pʲɛŋ'kʲolʲɪka mʲɪ'nʊtʂʲu:]
as vinte e quatro horas	vìsą pãrą (m)	['vʲɪsa: 'pa:ra:]

22. Meses. Estações

janeiro (m)	saũsis (v)	['sɑʊsʲɪs]
fevereiro (m)	vasãris (v)	[va'sa:rʲɪs]
março (m)	kovàs (v)	[kɔ'vas]
abril (m)	balañdis (v)	[ba'lʲandʲɪs]
maio (m)	gegužė (m)	[gʲɛgʊ'ʒʲe:]
junho (m)	biržẽlis (v)	[bʲɪr'ʒʲælʲɪs]

julho (m)	líepa (m)	['lʲiɛpa]
agosto (m)	rugpjũtis (v)	[rʊg'pju:tʲɪs]
setembro (m)	rugsėjis (v)	[rʊg'sʲɛjɪs]
outubro (m)	spãlis (v)	['spa:lʲɪs]
novembro (m)	lãpkritis (v)	['lʲa:pkrʲɪtʲɪs]
dezembro (m)	grúodis (v)	['grʊɑdʲɪs]

primavera (f)	pavãsaris (v)	[pa'va:sarʲɪs]
na primavera	pavãsarį	[pa'va:sarʲɪ:]
primaveril (adj)	pavasarìnis	[pavasa'rʲɪnʲɪs]
verão (m)	vãsara (m)	['va:sara]

| no verão | vãsarą | ['va:sara:] |
| de verão | vasarìnis | [vasa'rʲɪnʲɪs] |

outono (m)	ruduõ (v)	[rʊ'dʊɑ]
no outono	rùdenį	['rʊdʲɛnʲɪ:]
outonal (adj)	rudenìnis	[rʊdʲɛ'nʲɪnʲɪs]

inverno (m)	žiemà (m)	[ʒʲiɛ'ma]
no inverno	žiẽmą	['ʒʲɛma:]
de inverno	žiemìnis	[ʒʲiɛ'mʲɪnʲɪs]

mês (m)	ménuo (v)	['mʲe:nʊɑ]
este mês	šį̃ ménesį	[ʃɪ: 'mʲe:nesʲɪ:]
mês que vem	kìtą ménesį	['kʲɪ:ta: 'mʲe:nesʲɪ:]
no mês passado	pràeitą ménesį	['praʲɛɪta: 'mʲe:nesʲɪ:]

um mês atrás	priẽš ménesį	['prʲɪ:ɛʃ 'mʲe:nesʲɪ:]
em um mês	ùž ménesio	['ʊʒ 'mʲe:nesʲɔ]
em dois meses	ùž dvejų̃ ménesių	['ʊʒ dve'ju: 'mʲe:nesʲu:]
todo o mês	vìsą ménesį	['vʲɪsa: 'mʲe:nesʲɪ:]
um mês inteiro	vìsą ménesį	['vʲɪsa: 'mʲe:nesʲɪ:]

| mensal (adj) | kasménesìnis | [kasmʲe:ne'sʲɪnʲɪs] |
| mensalmente | kàs ménesį | ['kas 'mʲe:nesʲɪ:] |

| todo mês | kiekvíeną ménesį | [kʲiɛk'vʲi:ɛna: 'mʲe:nesʲɪ:] |
| duas vezes por mês | dù kartùs peř ménesį | ['dʊ kar'tʊs per 'mʲe:nesʲɪ:] |

| ano (m) | mẽtai (v dgs) | ['mʲætʌɪ] |
| este ano | šiaĩs mẽtais | ['ʃʲɛɪs 'mʲætʌɪs] |

| ano que vem | kitaĩs mẽtais | [kʲɪ'tʌɪs 'mʲætʌɪs] |
| no ano passado | praeitaĩs mẽtais | [praʲɛɪ'tʌɪs 'mʲætʌɪs] |

há um ano	priẽš metùs	['prʲɛʃ mʲɛ'tʊs]
em um ano	ùž mẽtų	['ʊʒ 'mʲætu:]
dentro de dois anos	ùž dvejų̃ mẽtų	['ʊʒ dvʲɛ'ju: 'mʲætu:]

| todo o ano | visùs metùs | [vʲɪ'sʊs mʲɛ'tʊs] |
| um ano inteiro | visùs metùs | [vʲɪ'sʊs mʲɛ'tʊs] |

| cada ano | kàs metùs | ['kas mʲɛ'tʊs] |
| anual (adj) | kasmetìnis | [kasmʲɛ'tʲɪnʲɪs] |

| anualmente | kàs metùs | ['kas mʲɛ'tʊs] |
| quatro vezes por ano | kẽturis kartùs peř metùs | ['kʲætʊrʲɪs kar'tʊs pʲɛr mʲɛ'tʊs] |

data (~ de hoje)	dienà (m)	[dʲiɛ'na]
data (ex. ~ de nascimento)	datà (m)	[da'ta]
calendário (m)	kalendõrius (v)	[kalʲɛn'do:rʲʊs]

meio ano	pùsė mẽtų	['pʊsʲe: 'mʲætu:]
seis meses	pùsmetis (v)	['pʊsmʲɛtʲɪs]
estação (f)	sezònas (v)	[sʲɛ'zonas]
século (m)	ámžius (v)	['amʒʲʊs]

23. Tempo. Diversos

tempo (m)	laĩkas (v)	['lʲʌɪkas]
momento (m)	akìmirka (m)	[a'kʲɪmʲɪrka]
instante (m)	momentas (v)	[mo'mʲɛntas]
instantâneo (adj)	staigùs	[stʌɪ'gʊs]
lapso (m) de tempo	laĩko tárpas (v)	['lʲʌɪkɔ 'tarpas]
vida (f)	gyvẽnimas (v)	[gʲiː'vʲænʲɪmas]
eternidade (f)	amžinýbė (m)	[amʒʲɪ'nʲiːbʲeː]

época (f)	epochà (m)	[ɛpo'xa]
era (f)	erà (m)	[ɛ'ra]
ciclo (m)	cìklas (v)	['tsʲɪklʲas]
período (m)	periòdas (v)	[pʲɛrʲɪ'jɔdas]
prazo (m)	laikótarpis (v)	[lʲʌɪ'kotarpʲɪs]

futuro (m)	ateitìs (m)	[atʲɛɪ'tʲɪs]
futuro (adj)	bùsimas	['busʲɪmas]
da próxima vez	kìtą kartą	['kʲɪta: 'karta:]
passado (m)	praeitìs (m)	[praʲɛɪ'tʲɪs]
passado (adj)	praẽjęs	[pra'e:jɛ:s]
na última vez	prãeitą kartą	['praʲɛɪta: 'karta:]

mais tarde	vėliaũ	[vʲe:'lʲɛʊ]
depois de ...	põ	['po:]
atualmente	dabar̃	[da'bar]
agora	dabar̃	[da'bar]
imediatamente	tuõj pàt	['tʊɑj 'pat]
em breve	greĩtai	['grʲɛɪtʌɪ]
de antemão	ìš añksto	[ɪʃ 'aŋkstɔ]

há muito tempo	seniaĩ	[sʲɛ'nʲɛɪ]
recentemente	neseniaĩ	[nʲɛsʲɛ'nʲɛɪ]
destino (m)	likìmas (v)	[lʲɪ'kʲɪmas]
recordações (f pl)	atminìmas (v)	[atmʲɪ'nʲɪmas]
arquivo (m)	archỹvas (v)	[ar'xʲiːvas]

durante ...	... metu	[... mʲɛ'tʊ]
durante muito tempo	ilgaĩ ...	[ɪlʲ'gʌɪ ...]
pouco tempo	neilgaĩ	[nʲɛɪlʲ'gʌɪ]
cedo (levantar-se ~)	ankstì	[aŋk'stʲɪ]
tarde (deitar-se ~)	vėlaĩ	[vʲe:'lʲʌɪ]

para sempre	visám laĩkui	[vʲɪ'sam 'lʲʌɪkʊi]
começar (vt)	pradėtì	[pra'dʲe:tʲɪ]
adiar (vt)	pérkelti	['pʲɛrkʲɛlʲtʲɪ]

ao mesmo tempo	tuõ pàt metù	['tʊɑ 'pat mʲɛ'tʊ]
permanentemente	vìsą laĩką	['vʲɪsa: 'lʲʌɪka:]
constante (~ ruído, etc.)	nuolatìnis	[nʊɑlʲa'tʲɪnʲɪs]
temporário (adj)	laĩkinas	['lʲʌɪkʲɪnas]

às vezes	kartaĩs	[kar'tʌɪs]
raras vezes, raramente	retaĩ	[rʲɛ'tʌɪ]
frequentemente	dažnaĩ	[daʒ'nʌɪ]

24. Linhas e formas

quadrado (m)	kvadrãtas (v)	[kvad'ra:tas]
quadrado (adj)	kvadrãtinis	[kvad'ra:t'ɪn'ɪs]
círculo (m)	skritulỹs (v)	[skr'ɪtʊ'l'i:s]
redondo (adj)	apvalùs	[apva'l'ʊs]
triângulo (m)	trìkampis (v)	['tr'ɪkamp'ɪs]
triangular (adj)	trikampìnis	[tr'ɪkam'p'ɪn'ɪs]
oval (f)	ovãlas (v)	[o'va:l'as]
oval (adj)	ovalùs	[ova'l'ʊs]
retângulo (m)	stačiãkampis (v)	[sta'tʂ'ækamp'ɪs]
retangular (adj)	stačiãkampis	[sta'tʂ'ækamp'ɪs]
pirâmide (f)	piramìdė (m)	[p'ɪra'm'ɪd'e:]
losango (m)	ròmbas (v)	['rombas]
trapézio (m)	trapècija (m)	[tra'p'ɛts'ɪjɛ]
cubo (m)	kùbas (v)	['kʊbas]
prisma (m)	prìzmė (m)	['pr'ɪzm'e:]
circunferência (f)	apskritìmas (v)	[apskr'ɪ't'ɪmas]
esfera (f)	sferà (m)	[sf'ɛ'ra]
globo (m)	rutulỹs (v)	[rʊtʊ'l'i:s]
diâmetro (m)	diãmetras (v)	[d'ɪ'jam'ɛtras]
raio (m)	spindulỹs (v)	[sp'ɪndʊ'l'i:s]
perímetro (m)	perìmetras (v)	[p'ɛ'r'ɪm'ɛtras]
centro (m)	ceñtras (v)	['ts'ɛntras]
horizontal (adj)	horizontalùs	[ɣor'ɪzonta'l'ʊs]
vertical (adj)	vertikalùs	[v'ɛrt'ɪka'l'ʊs]
paralela (f)	paralèlė (m)	[para'l'ɛl'e:]
paralelo (adj)	lygiagretùs	[l'i:g'ægr'ɛ'tʊs]
linha (f)	lìnija (m)	['l'ɪn'ɪjɛ]
traço (m)	brūkšnỹs (v)	[bru:kʃ'n'i:s]
reta (f)	tiesiòji (m)	[t'i ɛ's'o:jɪ]
curva (f)	kreivė̃ (m)	[kr'ɛɪ'v'e:]
fino (linha ~a)	plónas (v)	['pl'onas]
contorno (m)	kòntūras (v)	['kontu:ras]
interseção (f)	sánkirta (m)	['saŋk'ɪrta]
ângulo (m) reto	statùsis kam̃pas (v)	[sta'tʊs'ɪs 'kampas]
segmento (m)	segmeñtas (v)	[s'ɛg'm'ɛntas]
setor (m)	sèktorius (v)	['s'ɛktor'ʊs]
lado (de um triângulo, etc.)	pùsė (m)	['pʊs'e:]
ângulo (m)	kam̃pas (v)	['kampas]

25. Unidades de medida

peso (m)	svõris (v)	['svo:r'ɪs]
comprimento (m)	ìlgis (v)	[il'g'ɪs]
largura (f)	plótis (v)	['pl'o:t'ɪs]
altura (f)	aũkštis (v)	['ɑʊkʃt'ɪs]

33

profundidade (f)	gỹlis (v)	['gʲiːlʲɪs]
volume (m)	tūris (v)	['tuːrʲɪs]
área (f)	plótas (v)	['plʲotas]

grama (m)	grãmas (v)	['graːmas]
miligrama (m)	miligrãmas (v)	[mʲIlʲɪ'graːmas]
quilograma (m)	kilogrãmas (v)	[kʲɪlʲoʻgraːmas]
tonelada (f)	tonà (m)	[to'na]
libra (453,6 gramas)	svāras (v)	['svaːras]
onça (f)	ùncija (m)	['ʊntsʲɪjɛ]

metro (m)	mètras (v)	['mʲɛtras]
milímetro (m)	milimètras (v)	[mʲIlʲɪ'mʲɛtras]
centímetro (m)	centimètras (v)	[tsʲɛntʲɪ'mʲɛtras]
quilômetro (m)	kilomètras (v)	[kʲɪlʲo'mʲɛtras]
milha (f)	mylià (m)	[mʲiːlʲæ]

polegada (f)	cólis (v)	['tsolʲɪs]
pé (304,74 mm)	pédà (m)	[pʲeːˈda]
jarda (914,383 mm)	járdas (v)	[jardas]

| metro (m) quadrado | kvadrātinis mètras (v) | [kvad'raːtʲɪnʲɪs 'mʲɛtras] |
| hectare (m) | hektāras (v) | [ɣʲɛk'taːras] |

litro (m)	lìtras (v)	['lʲɪtras]
grau (m)	láipsnis (v)	['lʲʌɪpsnʲɪs]
volt (m)	vòltas (v)	['volʲtas]
ampère (m)	ampèras (v)	[am'pʲɛras]
cavalo (m) de potência	árklio galià (m)	['arklʲɔ ga'lʲæ]

quantidade (f)	kiẽkis (v)	['kʲɛkʲɪs]
um pouco de ...	nedaũg ...	[nʲɛ'dɑʊg ...]
metade (f)	pùsė (m)	['pʊsʲeː]
dúzia (f)	tùzinas (v)	['tʊzʲɪnas]
peça (f)	víenetas (v)	['vʲɪɛnʲɛtas]

| tamanho (m), dimensão (f) | dỹdis (v), išmatāvimai (v dgs) | ['dʲiːdʲɪs], [iʃma'taːvʲɪmʌɪ] |
| escala (f) | mastèlis (v) | [mas'tʲælʲɪs] |

mínimo (adj)	minimalùs	[mʲɪnʲɪma'lʲʊs]
menor, mais pequeno	mažiáusias	[ma'ʒʲæʊsʲæs]
médio (adj)	vidutìnis	[vʲɪdu'tʲɪnʲɪs]
máximo (adj)	maksimalùs	[maksʲɪma'lʲʊs]
maior, mais grande	didžiáusias	[dʲɪ'dʒʲæʊsʲæs]

26. Recipientes

pote (m) de vidro	stiklaĩnis (v)	[stʲɪk'lʲʌɪnʲɪs]
lata (~ de cerveja)	skardìnė (m)	[skar'dʲɪnʲeː]
balde (m)	kìbiras (v)	['kʲɪbʲɪras]
barril (m)	statìnė (m)	[sta'tʲɪnʲeː]

| bacia (~ de plástico) | dubenėlis (v) | [dʊbe'nʲeːlʲɪs] |
| tanque (m) | bākas (v) | ['baːkas] |

cantil (m) de bolso	kolba (m)	['kolʲba]
galão (m) de gasolina	kanistras (v)	[ka'nʲɪstras]
cisterna (f)	bãkas (v)	['ba:kas]

caneca (f)	puodėlis (v)	[pʊa'dʲælʲɪs]
xícara (f)	puodėlis (v)	[pʊa'dʲælʲɪs]
pires (m)	lėkštėlė (m)	[lʲe:kʃ'tʲælʲe:]
copo (m)	stiklas (v)	['stʲɪklʲas]
taça (f) de vinho	taurė (m)	[taʊ'rʲe:]
panela (f)	púodas (v)	['pʊɑdas]

garrafa (f)	butelis (v)	['bʊtʲɛlʲɪs]
gargalo (m)	kãklas (v)	['ka:klʲas]

jarra (f)	grafinas (v)	[gra'fɪnas]
jarro (m)	ąsõtis (v)	[a:'so:tʲɪs]
recipiente (m)	indas (v)	['ɪndas]
pote (m)	púodas (v)	['pʊɑdas]
vaso (m)	vaza (m)	[va'za]

frasco (~ de perfume)	butelis (v)	['bʊtʲɛlʲɪs]
frasquinho (m)	buteliùkas (v)	[bʊtʲɛ'lʲʊkas]
tubo (m)	tūba (m)	[tu:'ba]

saco (ex. ~ de açúcar)	maĩšas (v)	['mʌɪʃas]
sacola (~ plastica)	paketas (v)	[pa'kʲɛtas]
maço (de cigarros, etc.)	plúoštas (v)	['plʲʊaʃtas]

caixa (~ de sapatos, etc.)	dėžė (m)	[dʲe:'ʒʲe:]
caixote (~ de madeira)	dėžė (m)	[dʲe:'ʒʲe:]
cesto (m)	krepšỹs (v)	[krʲɛp'ʃɪ:s]

27. Materiais

material (m)	mēdžiaga (m)	['mʲædʒʲæga]
madeira (f)	mēdis (v)	['mʲædʲɪs]
de madeira	medinis	[mʲɛ'dʲɪnʲɪs]

vidro (m)	stiklas (v)	['stʲɪklʲas]
de vidro	stiklinis	[stʲɪk'lʲɪnʲɪs]

pedra (f)	akmuõ (v)	[ak'mʊa]
de pedra	akmenìnis	[akmʲɛ'nʲɪnʲɪs]

plástico (m)	plãstikas (v)	['plʲa:stʲɪkas]
plástico (adj)	plastikìnis	[plʲastʲɪ'kʲɪnʲɪs]

borracha (f)	guma (m)	[gʊ'ma]
de borracha	gumìnis	[gʊ'mʲɪnʲɪs]

tecido, pano (m)	audinỹs (v)	[aʊdʲɪ'nʲi:s]
de tecido	iš áudinio	[ɪʃ 'aʊdʲɪnʲɔ]
papel (m)	põpierius (v)	['po:pʲiɛrʲʊs]
de papel	popierìnis	[popʲiɛ'rʲɪnʲɪs]

| papelão (m) | kartónas (v) | [kar'tonas] |
| de papelão | kartóninis | [kar'tonʲɪnʲɪs] |

polietileno (m)	polietilénas (v)	[polʲiɛtʲɪ'lʲɛnas]
celofane (m)	celofánas (v)	[tsʲɛlʲo'fa:nas]
linóleo (m)	linoléumas (v)	[lʲɪno'lʲɛumas]
madeira (f) compensada	fanerà (m)	[fanʲɛ'ra]

porcelana (f)	porceliánas (v)	[portsʲɛ'lʲænas]
de porcelana	porceliáninis	[portsʲɛ'lʲænʲɪnʲɪs]
argila (f), barro (m)	mólis (v)	['molʲɪs]
de barro	molìnis	[mo'lʲɪnʲɪs]
cerâmica (f)	keramika (m)	[kʲɛ'ra:mʲɪka]
de cerâmica	keramikìnis	[kʲɛramʲɪ'kʲɪnʲɪs]

28. Metais

metal (m)	metãlas (v)	[mʲɛ'ta:lʲas]
metálico (adj)	metalìnis	[mʲɛta'lʲɪnʲɪs]
liga (f)	lydinỹs (v)	[lʲi:dʲɪ'nʲi:s]

ouro (m)	áuksas (v)	['ɑuksas]
de ouro	auksìnis	[ɑuk'sʲɪnʲɪs]
prata (f)	sidãbras (v)	[sʲɪ'da:bras]
de prata	sidabrìnis	[sʲɪda'brʲɪnʲɪs]

ferro (m)	geležìs (v)	[gʲɛlʲɛ'ʒʲɪs]
de ferro	geležìnis	[gʲɛlʲɛ'ʒʲɪnʲɪs]
aço (m)	pliénas (v)	['plʲɛnas]
de aço (adj)	plieninis	[plʲiɛ'nʲɪnʲɪs]
cobre (m)	vãris (v)	['va:rʲɪs]
de cobre	varìnis	[va'rʲɪnʲɪs]

alumínio (m)	aliumìnis (v)	[alʲʊ'mʲɪnʲɪs]
de alumínio	aliumìninis	[alʲʊ'mʲɪnʲɪnʲɪs]
bronze (m)	brònza (m)	['bronza]
de bronze	brònzinis	['bronzʲɪnʲɪs]

latão (m)	žálvaris (v)	['ʒalʲvarʲɪs]
níquel (m)	nìkelis (v)	['nʲɪkʲɛlʲɪs]
platina (f)	plãtinà (m)	[plʲa:tʲɪ'na]
mercúrio (m)	gývsidabris (v)	['gʲi:vsʲɪdabrʲɪs]
estanho (m)	ãlavas (v)	['a:lʲavas]
chumbo (m)	švìnas (v)	['ʃvʲɪnas]
zinco (m)	cìnkas (v)	['tsʲɪŋkas]

O SER HUMANO

O ser humano. O corpo

ser (m) humano	žmogùs (v)	[ʒmo'gʊs]
homem (m)	výras (v)	['vʲi:ras]
mulher (f)	móteris (m)	['motʲɛrʲɪs]
criança (f)	vaĩkas (v)	['vʌɪkas]
menina (f)	mergáitė (m)	[mʲɛr'gʌɪtʲe:]
menino (m)	berniùkas (v)	[bʲɛr'nʲʊkas]
adolescente (m)	paauglỹs (v)	[paʊ'glʲi:s]
velho (m)	sẽnis (v)	['sʲænʲɪs]
velha (f)	sẽnė (m)	['sʲænʲe:]

organismo (m)	organìzmas (v)	[orga'nʲɪzmas]
coração (m)	širdìs (m)	[ʃʲɪr'dʲɪs]
sangue (m)	kraũjas (v)	['krɑʊjas]
artéria (f)	artèrija (m)	[ar'tʲɛrʲɪjɛ]
veia (f)	venà (m)	[vʲɛ'na]
cérebro (m)	smẽgenys (v dgs)	['smʲægʲɛnʲi:s]
nervo (m)	nèrvas (v)	['nʲɛrvas]
nervos (m pl)	nèrvai (v dgs)	['nʲɛrvʌɪ]
vértebra (f)	slankstẽlis (v)	[slaŋk'stʲælʲɪs]
coluna (f) vertebral	stùburas (v)	['stʊburas]
estômago (m)	skrandìs (v)	['skrandʲɪs]
intestinos (m pl)	žarnýnas (v)	[ʒar'nʲi:nas]
intestino (m)	žarnà (m)	[ʒar'na]
fígado (m)	kẽpenys (v dgs)	['kʲæpʲɛnʲi:s]
rim (m)	ìnkstas (v)	['ɪŋkstas]
osso (m)	káulas (v)	['kɑʊlʲas]
esqueleto (m)	griáučiai (v)	['grʲæʊtʂʲɛɪ]
costela (f)	šónkaulis (v)	['ʃonkɑʊlʲɪs]
crânio (m)	káukolė (m)	['kɑʊkolʲe:]
músculo (m)	raumuõ (v)	[rɑʊ'mʊɑ]
bíceps (m)	bìcepsas (v)	['bʲɪtsʲɛpsas]
tríceps (m)	trìcepsas (v)	['trʲɪtsʲɛpsas]
tendão (m)	saũsgyslė (m)	['sɑʊsgʲi:slʲe:]
articulação (f)	sąnaris (v)	['sa:narʲɪs]

pulmões (m pl)	plaučiai (v)	['plʲautʃʲɛɪ]
órgãos (m pl) genitais	lytiniai organai (v dgs)	[lʲi:'tʲɪnʲɛɪ 'organʌɪ]
pele (f)	óda (m)	['oda]

31. Cabeça

cabeça (f)	galvà (m)	[galʲ'va]
rosto, cara (f)	véidas (v)	['vʲɛɪdas]
nariz (m)	nósis (m)	['nosʲɪs]
boca (f)	burnà (m)	[bʊr'na]

olho (m)	akìs (m)	[a'kʲɪs]
olhos (m pl)	ākys (m dgs)	['a:kʲi:s]
pupila (f)	vyzdỹs (v)	[vʲi:z'dʲi:s]
sobrancelha (f)	antakis (v)	['antakʲɪs]
cílio (f)	blakstíena (m)	[blʲak'stʲiɛna]
pálpebra (f)	vókas (v)	['vo:kas]

língua (f)	liežùvis (v)	[lʲiɛ'ʒʊvʲɪs]
dente (m)	dantìs (v)	[dan'tʲɪs]
lábios (m pl)	lūpos (m dgs)	['lʲu:pos]
maçãs (f pl) do rosto	skruostìkauliai (v dgs)	[skrʊa'stʲɪkaʊlʲɛɪ]
gengiva (f)	dantenõs (m dgs)	[dantʲɛ'no:s]
palato (m)	gomurỹs (v)	[gomʊ'rʲi:s]

narinas (f pl)	šnérvés (m dgs)	['ʃnʲærvʲe:s]
queixo (m)	smãkras (v)	['sma:kras]
mandíbula (f)	žandìkaulis (v)	[ʒan'dʲɪkaʊlʲɪs]
bochecha (f)	skrúostas (v)	['skrʊastas]

testa (f)	kaktà (m)	[kak'ta]
têmpora (f)	smilkinỹs (v)	[smʲɪlʲkʲɪ'nʲi:s]
orelha (f)	ausìs (m)	[aʊ'sʲɪs]
costas (f pl) da cabeça	pakáušis, sprándas (v)	[pa'kaʊʃɪs], ['sprandas]
pescoço (m)	kãklas (v)	['ka:klʲas]
garganta (f)	gerklě (m)	[gʲɛrk'lʲe:]

cabelo (m)	plaukaĩ (v dgs)	[plʲaʊ'kʌɪ]
penteado (m)	šukúosena (m)	[ʃʊ'kʊasʲɛna]
corte (m) de cabelo	kirpìmas (v)	[kʲɪr'pʲɪmas]
peruca (f)	perùkas (v)	[pʲɛ'rʊkas]

bigode (m)	ūsai (v dgs)	['u:sʌɪ]
barba (f)	barzdà (m)	[barz'da]
ter (~ barba, etc.)	nešióti	[nʲɛ'ʃʲotʲɪ]
trança (f)	kasà (m)	[ka'sa]
suíças (f pl)	žándenos (m dgs)	['ʒandʲɛnos]

ruivo (adj)	rùdis	['rʊdʲɪs]
grisalho (adj)	žìlas	['ʒʲɪlʲas]
careca (adj)	plìkas	['plʲɪkas]
calva (f)	plìkė (m)	['plʲɪkʲe:]
rabo-de-cavalo (m)	uodegà (m)	[ʊad'ɛ'ga]
franja (f)	kírpčiai (v dgs)	['kʲɪrptʃʲɛɪ]

32. Corpo humano

mão (f)	pláštaka (m)	['plʲaːʃtaka]
braço (m)	ranka (m)	[raŋ'ka]

dedo (m)	pĩrštas (v)	['pʲɪrʃtas]
polegar (m)	nykštys (v)	[nʲiːkʃtʲiːs]
dedo (m) mindinho	mažàsis pĩrštas (v)	[ma'ʒasʲɪs 'pʲɪrʃtas]
unha (f)	nãgas (v)	['naːgas]

punho (m)	kùmštis (v)	['kʊmʃtʲɪs]
palma (f)	délnas (v)	['dʲɛlʲnas]
pulso (m)	ríešas (v)	['rʲiɛʃas]
antebraço (m)	dìlbis (v)	['dʲɪlʲbʲɪs]
cotovelo (m)	alkũnė (m)	[alʲ'kuːnʲeː]
ombro (m)	petìs (v)	[pʲɛ'tʲɪs]

perna (f)	kója (m)	['koja]
pé (m)	pėdà (m)	[pʲeː'da]
joelho (m)	kẽlias (v)	['kʲælʲæs]
panturrilha (f)	blauzdà (m)	[blʲɑʊz'da]
quadril (m)	šlaunìs (m)	[ʃlʲɑʊ'nʲɪs]
calcanhar (m)	kulnas (v)	['kulʲnas]

corpo (m)	kũnas (v)	['kuːnas]
barriga (f), ventre (m)	pĩlvas (v)	['pʲɪlʲvas]
peito (m)	krūtìnė (m)	[kruː'tʲɪnʲeː]
seio (m)	krūtìs (m)	[kruː'tʲɪs]
lado (m)	šónas (v)	['ʃonas]
costas (dorso)	nùgara (m)	['nʊgara]
região (f) lombar	juosmuõ (v)	[jʊɑs'mʊɑ]
cintura (f)	liemuõ (v)	[lʲiɛ'mʊɑ]

umbigo (m)	bámba (m)	['bamba]
nádegas (f pl)	sédmenys (v dgs)	['sʲeːdmenʲiːs]
traseiro (m)	pastùrgalis, ùžpakalis (v)	[pas'tʊrgalʲɪs], ['ʊʒpakalʲɪs]

sinal (m), pinta (f)	ãpgamas (v)	['aːpgamas]
sinal (m) de nascença	ãpgamas (v)	['aːpgamas]
tatuagem (f)	tatuiruõtė (m)	[tatʊi'rʊɑtʲeː]
cicatriz (f)	rándas (v)	['randas]

Vestuário & Acessórios

33. Roupa exterior. Casacos

roupa (f)	apranga (m)	[apran'ga]
roupa (f) exterior	viršutiniai drabužiai (v dgs)	[vʲɪrʃʊ'tʲɪnʲɛɪ dra'bʊʒʲɛɪ]
roupa (f) de inverno	žieminiai drabužiai (v)	[ʒʲiɛ'mʲɪnʲɛɪ dra'bʊʒʲɛɪ]
sobretudo (m)	páltas (v)	['palʲtas]
casaco (m) de pele	kailiniai (v dgs)	[kʌɪlʲɪ'nʲɛɪ]
jaqueta (f) de pele	puskailiniai (v)	['pʊskʌɪlʲɪnʲɛɪ]
casaco (m) acolchoado	pūkinė (m)	[pu:'kʲɪnʲe:]
casaco (m), jaqueta (f)	striukė (m)	['strʲʊkʲe:]
impermeável (m)	apsiaūstas (v)	[ap'sʲɛʊstas]
a prova d'água	nepeŕšlampamas	[nʲɛ'pʲɛrʃlʲampamas]

34. Vestuário de homem & mulher

camisa (f)	marškiniai (v dgs)	[marʃkʲɪ'nʲɛɪ]
calça (f)	kélnės (m dgs)	['kʲɛlʲnʲe:s]
jeans (m)	džinsai (v dgs)	['dʒʲɪnsʌɪ]
paletó, terno (m)	švarkas (v)	['ʃvarkas]
terno (m)	kostiumas (v)	[kɔs'tʲʊmas]
vestido (ex. ~ de noiva)	suknėlė (m)	[sʊk'nʲælʲe:]
saia (f)	sijonas (v)	[sʲɪ'jɔ:nas]
blusa (f)	palaidinė (m)	[palʲʌɪ'dʲɪnʲe:]
casaco (m) de malha	susegamas megztinis (v)	['sʊsʲɛgamas mʲɛgz'tʲɪnʲɪs]
casaco, blazer (m)	žaketas, švarkelis (v)	[ʒa'kʲɛtas], [ʃvar'kʲælʲɪs]
camiseta (f)	futbolininko marškiniai (v)	['fʊtbolʲɪnʲɪŋkɔ marʃkʲɪ'nʲɛɪ]
short (m)	šortai (v dgs)	['ʃortʌɪ]
training (m)	sportinis kostiumas (v)	['sportʲɪnʲɪs kɔs'tʲʊmas]
roupão (m) de banho	chalātas (v)	[xa'lʲa:tas]
pijama (m)	pižama (m)	[pʲɪʒa'ma]
suéter (m)	nertinis (v)	[nʲɛr'tʲɪnʲɪs]
pulôver (m)	megztinis (v)	[mʲɛgz'tʲɪnʲɪs]
colete (m)	liemenė (m)	[lʲiɛ'mʲænʲe:]
fraque (m)	frākas (v)	['fra:kas]
smoking (m)	smokingas (v)	['smokʲɪngas]
uniforme (m)	uniforma (m)	[ʊnʲɪ'forma]
roupa (f) de trabalho	dárbo drabužiai (v)	['darbɔ dra'bʊʒʲɛɪ]
macacão (m)	kombinezonas (v)	[kɔmbʲɪnʲɛ'zonas]
jaleco (m), bata (f)	chalātas (v)	[xa'lʲa:tas]

35. Vestuário. Roupa interior

roupa (f) íntima	baltiniaĩ (v dgs)	[balʲtʲɪ'nʲɛɪ]
camiseta (f)	apatìniai marškinėliai (v dgs)	[apa'tʲɪnʲɛɪ marʃkʲɪ'nʲe:lʲɛɪ]
meias (f pl)	kójinės (m dgs)	['ko:jɪnʲe:s]
camisola (f)	naktìniai marškiniaĩ (v dgs)	[nak'tʲɪnʲɛɪ marʃkʲɪ'nʲɛɪ]
sutiã (m)	liemenėlė (m)	[lʲiɛme'nʲe:lʲe:]
meias longas (f pl)	gòlfai (v)	['golʲfʌɪ]
meias-calças (f pl)	pédkelnės (m dgs)	['pʲe:dkʲɛlʲnʲe:s]
meias (~ de nylon)	kójinės (m dgs)	['ko:jɪnʲe:s]
maiô (m)	máudymosi kostiumėlis (v)	['mɑʊdʲi:mosʲɪ kostʲʊ'mʲe:lʲɪs]

36. Adereços de cabeça

chapéu (m), touca (f)	kepùrė (m)	[kʲɛ'pʊrʲe:]
chapéu (m) de feltro	skrybėlė (m)	[skrʲi:bʲe:'lʲe:]
boné (m) de beisebol	beĩsbolo lazdà (m)	['bʲɛɪsbolʲɔ lʲaz'da]
boina (~ italiana)	kepùrė (m)	[kʲɛ'pʊrʲe:]
boina (ex. ~ basca)	berėtė (m)	[bʲɛ'rʲɛtʲe:]
capuz (m)	gobtùvas (v)	[gop'tʊvas]
chapéu panamá (m)	panamà (m)	[pana'ma]
touca (f)	megztà kepuráitė (m)	[mʲɛgz'ta kepʊ'rʌɪtʲe:]
lenço (m)	skarà (m), skarẽlė (m)	[ska'ra], [ska'rʲælʲe:]
chapéu (m) feminino	skrybėláitė (m)	[skrʲi:bʲe:'lʲʌɪtʲe:]
capacete (m) de proteção	šálmas (v)	['ʃalʲmas]
bibico (m)	pilòtė (m)	[pʲɪ'lʲotʲe:]
capacete (m)	šálmas (v)	['ʃalʲmas]
chapéu-coco (m)	katiliùkas (v)	[katʲɪ'lʲʊkas]
cartola (f)	cilìndras (v)	[tsʲɪ'lʲɪndras]

37. Calçado

calçado (m)	ãvalynė (m)	['a:valʲi:nʲe:]
botinas (f pl), sapatos (m pl)	bãtai (v)	['ba:tʌɪ]
sapatos (de salto alto, etc.)	batėliai (v)	[ba'tʲælʲɛɪ]
botas (f pl)	aulìniai bãtai (v)	[ɑʊ'lʲɪnʲɛɪ 'ba:tʌɪ]
pantufas (f pl)	šlepẽtės (m dgs)	[ʃlʲɛ'pʲætʲe:s]
tênis (~ Nike, etc.)	spòrtbačiai (v dgs)	['sportbatʂʲɛɪ]
tênis (~ Converse)	spòrtbačiai (v dgs)	['sportbatʂʲɛɪ]
sandálias (f pl)	sandãlai (v dgs)	[san'da:lʲʌɪ]
sapateiro (m)	batsiuvỹs (v)	[batsʲʊ'vʲi:s]
salto (m)	kulnas (v)	['kʊlʲnas]
par (m)	porà (m)	[po'ra]
cadarço (m)	bãtraištis (v)	['ba:trʌɪʃtʲɪs]

amarrar os cadarços	várstyti	['varstʲi:tʲɪ]
calçadeira (f)	šáukštas (v)	['ʃɑʊkʃtas]
graxa (f) para calçado	ãvalynės krèmas (v)	['a:valʲi:nʲe:s 'krʲɛmas]

38. Têxtil. Tecidos

algodão (m)	mẽdvilnė (m)	['mʲædvʲɪlʲnʲe:]
de algodão	ìš mẽdvilnės	[ɪʃ 'mʲædvʲɪlʲnʲe:s]
linho (m)	lìnas (v)	['lʲɪnas]
de linho	ìš lìno	[ɪʃ 'lʲɪnɔ]

seda (f)	šílkas (v)	['ʃɪlʲkas]
de seda	šilkìnis	[ʃɪlʲ'kʲɪnʲɪs]
lã (f)	vìlna (m)	['vʲɪlʲna]
de lã	vilnõnis	[vʲɪlʲ'no:nʲɪs]

veludo (m)	aksómas (v)	[ak'somas]
camurça (f)	zõmša (m)	['zomʃa]
veludo (m) cotelê	velvètas (v)	[vʲɛlʲ'vʲɛtas]

nylon (m)	nailònas (v)	[nʌɪ'lʲonas]
de nylon	ìš nailòno	[ɪʃ nʌɪ'lʲonɔ]
poliéster (m)	poliestéris (v)	[polʲiɛ'stʲærʲɪs]
de poliéster	ìš poliestéro	[ɪʃ polʲiɛ'stʲærɔ]

couro (m)	óda (m)	['oda]
de couro	ìš ódos	[ɪʃ 'odos]
pele (f)	káilis (v)	['kʌɪlʲɪs]
de pele	kailìnis	[kʌɪ'lʲɪnʲɪs]

39. Acessórios pessoais

luva (f)	pírštinės (m dgs)	['pʲɪrʃtʲɪnʲe:s]
mitenes (f pl)	kùmštinės (m dgs)	['kʊmʃtʲɪnʲe:s]
cachecol (m)	šãlikas (v)	['ʃa:lʲɪkas]

óculos (m pl)	akiniaĩ (dgs)	[akʲɪ'nʲɛɪ]
armação (f)	rẽmėliai (v dgs)	[rʲe:'mʲælʲɛɪ]
guarda-chuva (m)	skẽtis (v)	['skʲe:tʲɪs]
bengala (f)	lazdẽlė (m)	[laz'dʲælʲe:]
escova (f) para o cabelo	plaukų šepetỹs (v)	[plʲɑʊ'ku: ʃɛpʲɛ'tʲi:s]
leque (m)	vėduõklė (m)	[vʲe:'dʊɑklʲe:]

gravata (f)	kaklãraištis (v)	[kak'lʲa:rʌɪʃtʲɪs]
gravata-borboleta (f)	petelìškė (m)	[pʲɛtʲɛ'lʲɪʃkʲe:]
suspensórios (m pl)	pẽtnešos (m dgs)	['pʲætnʲɛʃos]
lenço (m)	nósinė (m)	['nosʲɪnʲe:]

pente (m)	šùkos (m dgs)	['ʃʊkos]
fivela (f) para cabelo	segtùkas (v)	[sʲɛk'tʊkas]
grampo (m)	plaukų segtùkas (v)	[plʲɑʊ'ku: sʲɛk'tʊkas]
fivela (f)	sagtìs (m)	[sak'tʲɪs]

| cinto (m) | dìřžas (v) | ['dʲɪrʒas] |
| alça (f) de ombro | dìřžas (v) | ['dʲɪrʒas] |

bolsa (f)	rankinùkas (v)	[raŋkʲɪ'nʊkas]
bolsa (feminina)	rankinùkas (v)	[raŋkʲɪ'nʊkas]
mochila (f)	kuprìnė (m)	[kʊ'prʲɪnʲe:]

40. Vestuário. Diversos

moda (f)	madà (m)	[ma'da]
na moda (adj)	madìngas	[ma'dʲɪngas]
estilista (m)	modeliùotojas (v)	[modʲɛ'lʲʊato:jɛs]

colarinho (m)	apýkaklė (m)	[a'pʲi:kaklʲe:]
bolso (m)	kišėnė (m)	[kʲɪ'ʃænʲe:]
de bolso	kišenìnis	[kʲɪʃɛ'nʲɪnʲɪs]
manga (f)	rankóvė (m)	[raŋ'kovʲe:]
ganchinho (m)	pakabà (m)	[paka'ba]
bragueta (f)	klỹnas (v)	['klʲi:nas]

zíper (m)	užtrauktùkas (v)	[ʊʒtrɑʊk'tukas]
colchete (m)	užsegìmas (v)	[ʊʒsʲɛ'gʲɪmas]
botão (m)	saga (f)	[sa'ga]
botoeira (casa de botão)	kìlpa (m)	['kʲɪlʲpa]
soltar-se (vr)	atplýšti	[at'plʲi:ʃtʲɪ]

costurar (vi)	siúti	['sʲu:tʲɪ]
bordar (vt)	siuvinéti	[sʲʊvʲɪ'nʲe:tʲɪ]
bordado (m)	siuvinéjimas (v)	[sʲʊvʲɪ'nʲɛjɪmas]
agulha (f)	ãdata (m)	['a:data]
fio, linha (f)	siúlas (v)	['sʲu:lʲas]
costura (f)	siúlė (m)	['sʲu:lʲe:]

sujar-se (vr)	išsitèpti	[ɪʃsʲɪ'tʲɛptʲɪ]
mancha (f)	dėmẽ (m)	[dʲe:'mʲe:]
amarrotar-se (vr)	susiglámžyti	[sʊsʲɪ'glʲa mʒʲi:tʲɪ]
rasgar (vt)	supléšyti	[sʊp'lʲe:ʃɪ:tʲɪ]
traça (f)	kañdis (v)	['kandʲɪs]

41. Cuidados pessoais. Cosméticos

pasta (f) de dente	dantų̃ pastà (m)	[dan'tu: pas'ta]
escova (f) de dente	dantų̃ šepetẽlis (v)	[dan'tu: ʃepe'tʲe:lʲɪs]
escovar os dentes	valýti dantìs	[va'lʲi:tʲɪ dan'tʲɪs]

gilete (f)	skustùvas (v)	[skʊ'stʊvas]
creme (m) de barbear	skutìmosi krèmas (v)	[skʊ'tʲɪmosʲɪ 'krʲɛmas]
barbear-se (vr)	skùstis	['skʊstʲɪs]

sabonete (m)	muìlas (v)	['mʊɪlʲas]
xampu (m)	šampū̃nas (v)	[ʃam'pu:nas]
tesoura (f)	žìrklės (m dgs)	['ʒʲɪrklʲe:s]

lixa (f) de unhas	dìldė (m) nagáms	['dɪlˡdˡe: na'gams]
corta-unhas (m)	gnybtùkai (v)	[gnˡi:p'tʊkʌɪ]
pinça (f)	pincètas (v)	[pˡɪn'tsˡɛtas]

cosméticos (m pl)	kosmètika (m)	[kɔs'mˡɛtˡɪka]
máscara (f)	kaùkė (m)	['kɑʊkˡe:]
manicure (f)	manikiŭras (v)	[manˡɪ'kˡu:ras]
fazer as unhas	darýti manikiŭrą	[da'rˡi:tˡɪ manˡɪ'kˡu:ra:]
pedicure (f)	pedikiŭras (v)	[pˡɛdˡɪ'kˡu:ras]

bolsa (f) de maquiagem	kosmètinė (m)	[kɔs'mˡɛtˡɪnˡe:]
pó (de arroz)	pudrà (m)	[pʊd'ra]
pó (m) compacto	pùdrinė (m)	['pʊdrˡɪnˡe:]
blush (m)	skaistalaĩ (v dgs)	[skʌɪsta'lˡaĩ]

perfume (m)	kvepalaĩ (v dgs)	[kvˡɛpa'lˡaĩ]
água-de-colônia (f)	tualètinis vanduõ (v)	[tʊa'lˡɛtˡɪnˡɪs van'dʊɑ]
loção (f)	losjònas (v)	[lˡo'sjɔ nas]
colônia (f)	odekolònas (v)	[odˡɛko'lˡonas]

sombra (f) de olhos	vokŭ šešéliai (v)	[vo'ku: ʃeˡʃe:lˡɛɪ]
delineador (m)	akiŭ pieštùkas (v)	[a'kˡu: pˡiɛʃ'tʊkas]
máscara (f), rímel (m)	tùšas (v)	['tʊʃas]

batom (m)	lũpŭ dažaĩ (v)	['lˡu:pu: da'ʒʌɪ]
esmalte (m)	nagŭ lãkas (v)	[na'gu: 'lˡa:kas]
laquê (m), spray fixador (m)	plaukŭ lãkas (v)	[plˡɑʊ'ku: 'lˡa:kas]
desodorante (m)	dezodorántas (v)	[dˡɛzodo'rantas]

creme (m)	krèmas (v)	['krˡɛmas]
creme (m) de rosto	véido krèmas (v)	['vˡɛɪdɔ 'krˡɛmas]
creme (m) de mãos	rañkŭ krèmas (v)	['raŋku: 'krˡɛmas]
creme (m) antirrugas	krèmas (v) nuõ raukšliŭ	['krˡɛmas nʊa rɑʊkʃˡlˡu:]
creme (m) de dia	dienìnis krèmas (v)	[dˡiɛ'nˡɪnˡɪs 'krˡɛmas]
creme (m) de noite	naktìnis krèmas (v)	[nak'tˡɪnˡɪs 'krˡɛmas]
de dia	dienìnis	[dˡiɛ'nˡɪnˡɪs]
da noite	naktìnis	[nak'tˡɪnˡɪs]

absorvente (m) interno	tampònas (v)	[tam'ponas]
papel (m) higiênico	tualètinis pòpierius (v)	[tʊa'lˡɛtˡɪnˡɪs 'po:pˡiɛrˡʊs]
secador (m) de cabelo	fènas (v)	['fˡɛnas]

42. Joalheria

joias (f pl)	brangenýbės (m dgs)	[brange'nˡi:bˡe:s]
precioso (adj)	brangùs	[bran'gʊs]
marca (f) de contraste	prabà (m)	[pra'ba]

anel (m)	žíedas (v)	['ʒˡiɛdas]
aliança (f)	vestùvinis žíedas (v)	[vˡɛs'tʊvˡɪnˡɪs 'ʒˡiɛdas]
pulseira (f)	apýrankė (m)	[a'pˡi:raŋkˡe:]

| brincos (m pl) | auskaraĩ (v) | [ɑʊska'rʌɪ] |
| colar (m) | vėrinỹs (v) | [vˡe:rˡɪ'nˡi:s] |

coroa (f)	karūnà (m)	[karu:'na]
colar (m) de contas	karõliai (v dgs)	[ka'ro:lʲɛɪ]

diamante (m)	briliántas (v)	[brʲɪlʲɪ'jantas]
esmeralda (f)	smarãgdas (v)	[sma'ra:gdas]
rubi (m)	rubìnas (v)	[rʊ'bʲɪnas]
safira (f)	safýras (v)	[sa'fʲi:ras]
pérola (f)	peŕlas (v)	['pʲɛrlʲas]
âmbar (m)	giñtaras (v)	['gʲɪntaras]

43. Relógios de pulso. Relógios

relógio (m) de pulso	laĩkrodis (v)	['lʲʌɪkrodʲɪs]
mostrador (m)	ciferblãtas (v)	[tsʲɪfʲɛr'blʲa:tas]
ponteiro (m)	rodỹklė (m)	[ro'dʲi:klʲe:]
bracelete (em aço)	apýrankė (m)	[a'pʲi:raŋkʲe:]
bracelete (em couro)	diržẽlis (v)	[dʲɪr'ʒʲælʲɪs]

pilha (f)	elemeñtas (v)	[ɛlʲɛ'mʲɛntas]
acabar (vi)	išsikráuti	[ɪʃsʲɪ'krɑʊtʲɪ]
trocar a pilha	pakeĩsti elemeñtą	[pa'kʲɛɪstʲɪ ɛlʲɛ'mʲɛnta:]
estar adiantado	skubéti	[skʊ'bʲe:tʲɪ]
estar atrasado	atsilìkti	[atsʲɪ'lʲɪktʲɪ]

relógio (m) de parede	síeninis laĩkrodis (v)	['sʲiɛnʲɪnʲɪs 'lʲʌɪkrodʲɪs]
ampulheta (f)	smėlio laĩkrodis (v)	['smʲe:lʲɔ 'lʲʌɪkrodʲɪs]
relógio (m) de sol	sáulės laĩkrodis (v)	['sɑʊlʲe:s 'lʲʌɪkrodʲɪs]
despertador (m)	žadintùvas (v)	[ʒadʲɪn'tʊvas]
relojoeiro (m)	laĩkrodininkas (v)	['lʲʌɪkrodʲɪnʲɪŋkas]
reparar (vt)	taisýti	[tʌɪ'sʲi:tʲɪ]

Alimentação. Nutrição

44. Comida

carne (f)	mėsa (m)	[mʲeˈsa]
galinha (f)	višta (m)	[vʲɪʃˈta]
frango (m)	viščiukas (v)	[vʲɪʃˈtɕʲʊkas]
pato (m)	ántis (m)	[ˈantʲɪs]
ganso (m)	žąsinas (v)	[ˈʒaːsʲɪnas]
caça (f)	žvėríena (m)	[ʒvʲeːˈrʲienа]
peru (m)	kalakutíena (m)	[kalʲakʊˈtʲiena]

carne (f) de porco	kiaulíena (m)	[kʲɛʊˈlʲiena]
carne (f) de vitela	veršíena (m)	[vʲɛrˈʃʲiena]
carne (f) de carneiro	avíena (m)	[aˈvʲiena]
carne (f) de vaca	jáutiena (m)	[ˈjɑʊtʲiena]
carne (f) de coelho	triùšis (v)	[ˈtrʲʊʃʲɪs]

linguiça (f), salsichão (m)	dešrà (m)	[dʲeʃˈra]
salsicha (f)	dešrėlė (m)	[dʲeʃˈrʲælʲeː]
bacon (m)	bekonas (v)	[bʲɛˈkonas]
presunto (m)	kumpis (v)	[ˈkʊmpʲɪs]
pernil (m) de porco	kumpis (v)	[ˈkʊmpʲɪs]

patê (m)	paštėtas (v)	[paʃˈtʲetas]
fígado (m)	kėpenys (m dgs)	[kʲɛpeˈnʲiːs]
guisado (m)	fáršas (v)	[ˈfarʃas]
língua (f)	liežùvis (v)	[lʲiɛˈʒʊvʲɪs]

ovo (m)	kiaušìnis (v)	[kʲɛʊˈʃʲɪnʲɪs]
ovos (m pl)	kiaušìniai (v dgs)	[kʲɛʊˈʃʲɪnʲɛɪ]
clara (f) de ovo	báltymas (v)	[ˈbalʲtʲiːmas]
gema (f) de ovo	trynỹs (v)	[trʲiːˈnʲiːs]

peixe (m)	žuvìs (m)	[ʒʊˈvʲɪs]
mariscos (m pl)	jűros gėrýbės (m dgs)	[ˈjuːros gʲeːˈrʲiːbʲeːs]
crustáceos (m pl)	vėžiágyviai (v dgs)	[vʲeːˈʒʲægʲiːvʲɛɪ]
caviar (m)	ìkrai (v dgs)	[ˈɪkrʌɪ]

caranguejo (m)	krãbas (v)	[ˈkraːbas]
camarão (m)	krevėtė (m)	[krʲɛˈvʲɛtʲeː]
ostra (f)	áustrė (m)	[ˈɑʊstrʲeː]
lagosta (f)	langùstas (v)	[lʲanˈgʊstas]
polvo (m)	aštuonkōjis (v)	[aʃtʊɑŋˈkoːjis]
lula (f)	kalmãras (v)	[kalʲmaːras]

esturjão (m)	eršketíena (m)	[ɛrʃkʲɛˈtʲiena]
salmão (m)	lašišà (m)	[lʲaʃɪˈʃa]
halibute (m)	ōtas (v)	[ˈoːtas]
bacalhau (m)	mėnkė (m)	[ˈmʲɛŋkʲeː]

cavala, sarda (f)	skumbrė (m)	['skʊmbrʲe:]
atum (m)	tunas (v)	['tʊnas]
enguia (f)	ungurỹs (v)	[ʊngʊ'rʲi:s]

truta (f)	upétakis (v)	[ʊ'pʲe:takʲɪs]
sardinha (f)	sardinė (m)	[sar'dʲɪnʲe:]
lúcio (m)	lydeka (m)	[lʲi:dʲɛ'ka]
arenque (m)	silkė (m)	['sʲɪlʲkʲe:]

pão (m)	duona (m)	['dʊɑna]
queijo (m)	suris (v)	['su:rʲɪs]
açúcar (m)	cukrus (v)	['tsʊkrʊs]
sal (m)	druska (m)	[drʊs'ka]

arroz (m)	rỹžiai (v)	['rʲi:ʒʲɛɪ]
massas (f pl)	makaronai (v dgs)	[maka'ro:nʌɪ]
talharim, miojo (m)	lakštiniai (v dgs)	['lʲa:kʃtʲɪnʲɛɪ]

manteiga (f)	sviestas (v)	['svʲiɛstas]
óleo (m) vegetal	augalinis aliėjus (v)	[ɑʊgalʲɪnʲɪs a'lʲɛjʊs]
óleo (m) de girassol	saulégrąžų aliėjus (v)	[sɑʊ'lʲe:gra:ʒu: a'lʲɛjʊs]
margarina (f)	margarinas (v)	[marga'rʲɪnas]

azeitonas (f pl)	alỹvuogės (m dgs)	[a'lʲi:vʊagʲe:s]
azeite (m)	alỹvuogių aliėjus (v)	[a'lʲi:vʊagʲu: a'lʲɛjʊs]

leite (m)	pienas (v)	['pʲiɛnas]
leite (m) condensado	sutirštintas pienas (v)	[sʊ'tʲɪrʃtʲɪntas 'pʲiɛnas]
iogurte (m)	jogurtas (v)	[jɔ'gʊrtas]
creme (m) azedo	grietinė (v)	[grʲiɛ'tʲɪnʲe:]
creme (m) de leite	grietinėlė (m)	[grʲiɛtʲɪ'nʲe:lʲe:]

maionese (f)	majonezas (v)	[majo'nʲɛzas]
creme (m)	kremas (v)	['krʲɛmas]

grãos (m pl) de cereais	kruopos (m dgs)	['krʊɑpos]
farinha (f)	miltai (v dgs)	['mʲɪlʲtʌɪ]
enlatados (m pl)	konservai (v dgs)	[kɔn'sʲɛrvʌɪ]

flocos (m pl) de milho	kukurūzų dribsniai (v dgs)	[kʊkʊ'ru:zu: 'drʲɪbsnʲɛɪ]
mel (m)	medus (v)	[mʲɛ'dʊs]
geleia (m)	džemas (v)	['dʒʲɛmas]
chiclete (m)	kramtomoji guma (m)	[kramto'mojɪ gʊ'ma]

45. Bebidas

água (f)	vanduõ (v)	[van'dʊɑ]
água (f) potável	geriamas vanduõ (v)	['gʲærʲæmas van'dʊɑ]
água (f) mineral	mineralinis vanduõ (v)	[mʲɪnʲɛ'ra:lʲɪnʲɪs van'dʊɑ]

sem gás (adj)	be gãzo	['bʲɛ 'ga:zɔ]
gaseificada (adj)	gazuotas	[ga'zʊɑtas]
com gás	gazuotas	[ga'zʊɑtas]
gelo (m)	ledas (v)	['lʲædas]

com gelo	sù ledaĩs	['sʊ lʲɛ'dʌɪs]
não alcoólico (adj)	nealkohòlonis	[nʲɛalʲko'ɣolonʲɪs]
refrigerante (m)	nealkohòlonis gérimas (v)	[nʲɛalʲko'ɣolonʲɪs 'gʲe:rʲɪmas]
refresco (m)	gaivùsis gérimas (v)	[gʌɪ'vʊsʲɪs 'gʲe:rʲɪmas]
limonada (f)	limonãdas (v)	[lʲɪmo'na:das]

bebidas (f pl) alcoólicas	alkohòliniai gérimai (v dgs)	[alʲko'ɣolʲɪnʲɛɪ 'gʲe:rʲɪmʌɪ]
vinho (m)	vỹnas (v)	['vʲi:nas]
vinho (m) branco	bàltas vỹnas (v)	['balʲtas 'vʲi:nas]
vinho (m) tinto	raudònas vỹnas (v)	[rɑʊ'donas 'vʲi:nas]

licor (m)	lìkeris (v)	['lʲɪkʲɛrʲɪs]
champanhe (m)	šampãnas (v)	[ʃam'pa:nas]
vermute (m)	vèrmutas (v)	['vʲɛrmʊtas]

uísque (m)	vìskis (v)	['vʲɪskʲɪs]
vodca (f)	degtìnė (m)	[dʲɛk'tʲɪnʲe:]
gim (m)	džìnas (v)	['dʒʲɪnas]
conhaque (m)	konjãkas (v)	[kɔn'ja:kas]
rum (m)	ròmas (v)	['romas]

café (m)	kavà (m)	[ka'va]
café (m) preto	juodà kavà (m)	[jʊɑ'da ka'va]
café (m) com leite	kavà sù píenu (m)	[ka'va 'sʊ 'pʲiɛnʊ]
cappuccino (m)	kapučìno kavà (m)	[kapu'tsɪnɔ ka'va]
café (m) solúvel	tirpì kavà (m)	[tʲɪr'pʲɪ ka'va]

leite (m)	píenas (v)	['pʲiɛnas]
coquetel (m)	koktèilis (v)	[kɔk'tʲɛɪlʲɪs]
batida (f), milkshake (m)	píeniškas koktèilis (v)	['pʲiɛnʲɪʃkas kok'tʲɛɪlʲɪs]

suco (m)	sùltys (m dgs)	['sʊlʲtʲi:s]
suco (m) de tomate	pomidòrų sùltys (m dgs)	[pomʲɪ'doru: 'sʊlʲtʲi:s]
suco (m) de laranja	apelsìnų sùltys (m dgs)	[apʲɛlʲ'sʲɪnu: 'sʊlʲtʲi:s]
suco (m) fresco	šviežiaĩ spàustos sùltys (m dgs)	[ʃvʲiɛ'ʒʲɛɪ 'spɑʊstos 'sʊlʲtʲi:s]

cerveja (f)	alùs (v)	[a'lʲʊs]
cerveja (f) clara	šviesùs alùs (v)	[ʃvʲiɛ'sʊs a'lʲʊs]
cerveja (f) preta	tamsùs alùs (v)	[tam'sʊs a'lʲʊs]

chá (m)	arbatà (m)	[arba'ta]
chá (m) preto	juodà arbatà (m)	[jʊɑ'da arba'ta]
chá (m) verde	žalià arbatà (m)	[ʒa'lʲæ arba'ta]

46. Vegetais

| vegetais (m pl) | daržòvės (m dgs) | [dar'ʒovʲe:s] |
| verdura (f) | žalumýnai (v) | [ʒalʲʊ'mʲi:nʌɪ] |

tomate (m)	pomidòras (v)	[pomʲɪ'doras]
pepino (m)	agur̃kas (v)	[a'gʊrkas]
cenoura (f)	morkà (m)	[mor'ka]
batata (f)	bùlvė (m)	['bʊlʲvʲe:]

| cebola (f) | svogūnas (v) | [svo'gu:nas] |
| alho (m) | česnãkas (v) | [tʂʲɛs'na:kas] |

couve (f)	kopūstas (v)	[kɔ'pu:stas]
couve-flor (f)	kalafiòras (v)	[kalʲa'fʲoras]
couve-de-bruxelas (f)	briùselio kopūstas (v)	['brʲusʲɛlʲɔ ko'pu:stas]
brócolis (m pl)	brokolių kopūstas (v)	['brokolʲu: ko'pu:stas]

beterraba (f)	ruñkelis, burõkas (v)	['rʊŋkʲɛlʲɪs], [bʊ'ro:kas]
berinjela (f)	baklažãnas (v)	[baklʲa'ʒa:nas]
abobrinha (f)	agurõtis (v)	[agʊ'ro:tʲɪs]
abóbora (f)	rópė (m)	['ropʲe:]
nabo (m)	moliũgas (v)	[mo'lʲu:gas]

salsa (f)	petrãžolė (m)	[pʲɛ'tra:ʒolʲe:]
endro, aneto (m)	krãpas (v)	['kra:pas]
alface (f)	salõta (m)	[sa'lʲo:ta]
aipo (m)	saliēras (v)	[sa'lʲɛras]
aspargo (m)	smìdras (v)	['smʲɪdras]
espinafre (m)	špinãtas (v)	[ʃpʲɪ'na:tas]

ervilha (f)	žìrniai (v dgs)	['ʒʲɪrnʲɛɪ]
feijão (~ soja, etc.)	pùpos (m dgs)	['pʊpos]
milho (m)	kukurūzas (v)	[kʊkʊ'ru:zas]
feijão (m) roxo	pupēlės (m dgs)	[pʊ'pʲælʲe:s]

pimentão (m)	pipìras (v)	[pʲɪ'pʲɪras]
rabanete (m)	ridìkas (v)	[rʲɪ'dʲɪkas]
alcachofra (f)	artišòkas (v)	[artʲɪ'ʃokas]

47. Frutos. Nozes

fruta (f)	vaĩsius (v)	['vaɪsʲʊs]
maçã (f)	obuolȳs (v)	[obʊɑ'lʲi:s]
pera (f)	kriáušė (m)	['krʲæʊʃʲe:]
limão (m)	citrinà (m)	[tsʲɪtrʲɪ'na]
laranja (f)	apelsìnas (v)	[apʲɛlʲ'sʲɪnas]
morango (m)	brãškė (m)	['bra:ʃkʲe:]

tangerina (f)	mandarìnas (v)	[manda'rʲɪnas]
ameixa (f)	slyvà (m)	[slʲi:'va]
pêssego (m)	pèrsikas (v)	['pʲɛrsʲɪkas]
damasco (m)	abrikòsas (v)	[abrʲɪ'kosas]
framboesa (f)	aviẽtė (m)	[a'vʲɛtʲe:]
abacaxi (m)	ananãsas (v)	[ana'na:sas]

banana (f)	banãnas (v)	[ba'na:nas]
melancia (f)	arbūzas (v)	[ar'bu:zas]
uva (f)	vȳnuogės (m dgs)	['vʲi:nʊɑgʲe:s]
ginja (f)	vyšnià (m)	[vʲi:ʃnʲæ]
cereja (f)	trẽšnė (m)	['trʲæʃnʲe:]
melão (m)	melionàs (v)	[mʲɛ'lʲonas]
toranja (f)	greĩpfrutas (v)	['grʲɛɪpfrutas]
abacate (m)	avokàdas (v)	[avo'kadas]

mamão (m)	papája (m)	[pa'pa ja]
manga (f)	mángo (v)	['mangɔ]
romã (f)	granãtas (v)	[gra'na:tas]

groselha (f) vermelha	raudoníeji serbeñtai (v dgs)	[raʊdo'nⁱɛji sⁱɛr'bⁱɛntʌɪ]
groselha (f) negra	juodíeji serbeñtai (v dgs)	[jʊɑ'dⁱɛjɪ sⁱɛr'bⁱɛntʌɪ]
groselha (f) espinhosa	agrãstas (v)	[ag'ra:stas]
mirtilo (m)	mėlỹnės (m dgs)	[mⁱe:'lⁱi:nⁱe:s]
amora (f) silvestre	gérvuogės (m dgs)	['gⁱɛrvʊagⁱe:s]

passa (f)	razìnos (m dgs)	[ra'zⁱɪnos]
figo (m)	figà (m)	[fⁱɪ'ga]
tâmara (f)	datùlė (m)	[da'tʊlⁱe:]

amendoim (m)	žẽmės riešutaì (v)	['ʒⁱæmⁱe:s rⁱiɛʃʊ'tʌɪ]
amêndoa (f)	migdõlas (v)	[mⁱɪg'do:lⁱas]
noz (f)	graìkinis ríešutas (v)	['grʌɪkⁱɪnⁱɪs 'rⁱiɛʃʊtas]
avelã (f)	ríešutas (v)	['rⁱiɛʃʊtas]
coco (m)	kòkoso ríešutas (v)	['kokosɔ 'rⁱiɛʃʊtas]
pistaches (m pl)	pistãcijos (m dgs)	[pⁱɪs'ta:tsⁱɪjɔs]

48. Pão. Bolaria

pastelaria (f)	konditèrijos gaminiaì (v)	[kɔndⁱɪ'tⁱɛrⁱɪjɔs gamⁱɪ'nⁱɛɪ]
pão (m)	dúona (m)	['dʊɑna]
biscoito (m), bolacha (f)	sausaìniai (v)	[saʊ'sʌɪnⁱɛɪ]

chocolate (m)	šokolãdas (v)	[ʃoko'lⁱa:das]
de chocolate	šokolãdinis	[ʃoko'lⁱa:dⁱɪnⁱɪs]
bala (f)	saldaìnis (v)	[sal'dʌɪnⁱɪs]
doce (bolo pequeno)	pyragáitis (v)	[pⁱi:ra'gʌɪtⁱɪs]
bolo (m) de aniversário	tòrtas (v)	['tortas]

| torta (f) | pyrãgas (v) | [pⁱi:'ra:gas] |
| recheio (m) | įdaras (v) | ['i:daras] |

geleia (m)	uogiẽnė (m)	[ʊɑ'gⁱɛnⁱe:]
marmelada (f)	marmelãdas (v)	[marmⁱɛ'lⁱa:das]
wafers (m pl)	vãfliai (v dgs)	['va:flⁱɛɪ]
sorvete (m)	ledaì (v dgs)	[lⁱɛ'dʌɪ]
pudim (m)	pùdingas (v)	['pʊdⁱɪngas]

49. Pratos cozinhados

prato (m)	pãtiekalas (v)	['pa:tⁱiɛkalⁱas]
cozinha (~ portuguesa)	virtùvė (m)	[vⁱɪr'tʊvⁱe:]
receita (f)	recèptas (v)	[rⁱɛ'tsⁱɛptas]
porção (f)	pòrcija (m)	['portsⁱɪjɛ]

salada (f)	salõtos (m)	[sa'lⁱo:tos]
sopa (f)	sriubà (m)	[srⁱʊ'ba]
caldo (m)	sultinỹs (v)	[sʊlⁱtⁱɪ'nⁱi:s]

sanduíche (m)	sumuštìnis (v)	[sʊmʊʃˈtʲɪnʲɪs]
ovos (m pl) fritos	kiaušiniẽnė (m)	[kʲɛʊʃɪˈnʲɛnʲeː]

hambúrguer (m)	mėsaĩnis (v)	[mʲeːˈsʌɪnʲɪs]
bife (m)	bifštèksas (v)	[bʲɪfʃtʲɛksas]

acompanhamento (m)	garnȳras (v)	[garˈnʲiːras]
espaguete (m)	spagèčiai (v dgs)	[spaˈgʲɛtʂʲɛɪ]
purê (m) de batata	bùlvių kõšė (m)	[ˈbʊlʲvʲu: ˈkoːʃeː]
pizza (f)	picà (m)	[pʲɪˈtsa]
mingau (m)	kõšė (m)	[ˈkoːʃeː]
omelete (f)	omlètas (v)	[omˈlʲɛtas]

fervido (adj)	vìrtas	[ˈvʲɪrtas]
defumado (adj)	rūkýtas	[ruːˈkʲiːtas]
frito (adj)	kẽptas	[ˈkʲæptas]
seco (adj)	džiovìntas	[dʒʲoˈvʲɪntas]
congelado (adj)	šáldytas	[ˈʃalʲdʲiːtas]
em conserva (adj)	marinúotas	[marʲɪˈnʊɑtas]

doce (adj)	saldùs	[salʲˈdʊs]
salgado (adj)	sūrùs	[suːˈrʊs]
frio (adj)	šáltas	[ˈʃalʲtas]
quente (adj)	kárštas	[ˈkarʃtas]
amargo (adj)	kartùs	[karˈtʊs]
gostoso (adj)	skanùs	[skaˈnʊs]

cozinhar em água fervente	vìrti	[ˈvʲɪrtʲɪ]
preparar (vt)	gamìnti	[gaˈmʲɪntʲɪ]
fritar (vt)	kèpti	[ˈkʲɛptʲɪ]
aquecer (vt)	pašìldyti	[paˈʃɪlʲdʲiːtʲɪ]

salgar (vt)	sū́dyti	[ˈsuːdʲiːtʲɪ]
apimentar (vt)	įbèrti pipìrų	[iːˈbʲɛrtʲɪ pʲɪˈpʲɪ:rʊ:]
ralar (vt)	tarkúoti	[tarˈkʊɑtʲɪ]
casca (f)	lúoba (m)	[ˈlʲʊaba]
descascar (vt)	lùpti bùlves	[ˈlʊptʲɪ ˈbʊlʲvʲɛs]

50. Especiarias

sal (m)	druskà (m)	[drʊsˈka]
salgado (adj)	sūrùs	[suːˈrʊs]
salgar (vt)	sū́dyti	[ˈsuːdʲiːtʲɪ]

pimenta-do-reino (f)	juodíeji pipìrai (v)	[jʊɑˈdʲiɛjɪ pʲɪˈpʲɪrʌɪ]
pimenta (f) vermelha	raudoníeji pipìrai (v)	[rɑʊdoˈnʲiɛjɪ pʲɪˈpʲɪrʌɪ]
mostarda (f)	garstýčios (v)	[garˈstʲiːtʂʲos]
raiz-forte (f)	krienaĩ (v dgs)	[krʲiɛˈnʌɪ]

condimento (m)	príeskonis (v)	[ˈprʲiɛskonʲɪs]
especiaria (f)	príeskonis (v)	[ˈprʲiɛskonʲɪs]
molho (~ inglês)	pãdažas (v)	[ˈpaːdaʒas]
vinagre (m)	ãctas (v)	[ˈaːtstas]
anis estrelado (m)	anýžius (v)	[aˈnʲiːʒʲʊs]

manjericão (m)	bazìlikas (v)	[ba'zʲɪlʲɪkas]
cravo (m)	gvazdìkas (v)	[gvaz'dʲɪkas]
gengibre (m)	im̃bieras (v)	['ɪmbʲiɛras]
coentro (m)	kaléndra (m)	[ka'lʲɛndra]
canela (f)	cinamònas (v)	[tsʲɪna'monas]

gergelim (m)	sezãmas (v)	[sʲɛ'zaːmas]
folha (f) de louro	láuro lãpas (v)	['lʲɑʊrɔ 'lʲaːpas]
páprica (f)	pãprika (m)	['paːprʲɪka]
cominho (m)	kmỹnai (v)	['kmʲiːnʌɪ]
açafrão (m)	šafrãnas (v)	[ʃaf'raːnas]

51. Refeições

comida (f)	val̃gis (v)	['valʲgʲɪs]
comer (vt)	válgyti	['valʲgʲiːtʲɪ]

café (m) da manhã	pùsryčiai (v dgs)	['pʊsrʲiːtʂʲɛɪ]
tomar café da manhã	pùsryčiauti	['pʊsrʲiːtʂʲɛʊtʲɪ]
almoço (m)	piẽtūs (v)	['pʲɛ'tuːs]
almoçar (vi)	pietáuti	[pʲiɛ'tɑʊtʲɪ]
jantar (m)	vakariẽnė (m)	[vaka'rʲɛnʲe:]
jantar (vi)	vakarieniáuti	[vakarʲiɛ'nʲæʊtʲɪ]

apetite (m)	apetìtas (v)	[apʲɛ'tʲɪtas]
Bom apetite!	Gẽro apetìto!	['gʲæro apʲɛ'tʲɪtɔ!]

abrir (~ uma lata, etc.)	atidarýti	[atʲɪda'rʲiːtʲɪ]
derramar (~ líquido)	išpìlti	[ɪʃpʲɪlʲtʲɪ]
derramar-se (vr)	išsipìlti	[ɪʃsʲɪ'pʲɪlʲtʲɪ]

ferver (vi)	vìrti	['vʲɪrtʲɪ]
ferver (vt)	vìrinti	['vʲɪrʲɪntʲɪ]
fervido (adj)	vìrintas	['vʲɪrʲɪntas]
esfriar (vt)	atvėsìnti	[atvʲeː'sʲɪntʲɪ]
esfriar-se (vr)	vėsìnti	[vʲeː'sʲɪntʲɪ]

sabor, gosto (m)	skõnis (v)	['skoːnʲɪs]
fim (m) de boca	príeskonis (v)	['prʲiɛskonʲɪs]

emagrecer (vi)	laikýti diẽtos	[lʲʌɪ'kʲiːtʲɪ 'dʲɛtos]
dieta (f)	dietà (m)	[dʲiɛ'ta]
vitamina (f)	vitamìnas (v)	[vʲɪta'mʲɪnas]
caloria (f)	kalòrija (m)	[ka'lʲorʲɪjɛ]

vegetariano (m)	vegetãras (v)	[vʲɛgʲɛ'taːras]
vegetariano (adj)	vegetãriškas	[vʲɛgʲɛ'taːrʲɪʃkas]

gorduras (f pl)	riebalaĩ (v dgs)	[rʲiɛba'lʲʌɪ]
proteínas (f pl)	baltymaĩ (v dgs)	[balʲtʲiˈmʌɪ]
carboidratos (m pl)	angliãvandeniai (v dgs)	[an'glʲævandʲɛnʲɛɪ]
fatia (~ de limão, etc.)	griežinỹs (v)	[grʲiɛʒʲɪ'nʲiːs]
pedaço (~ de bolo)	gãbalas (v)	['ga:balʲas]
migalha (f), farelo (m)	trupinỹs (v)	[trʊpʲɪ'nʲiːs]

52. Por a mesa

colher (f)	šáukštas (v)	[ˈʃɑʊkʃtas]
faca (f)	peîlis (v)	[ˈpʲɛɪlʲɪs]
garfo (m)	šakùtė (m)	[ʃaˈkʊtʲeː]
xícara (f)	puodùkas (v)	[pʊɑˈdʊkas]
prato (m)	lėkštė̃ (m)	[lʲeːkʃtʲeː]
pires (m)	lėkštẽlė (m)	[lʲeːkʃtʲælʲeː]
guardanapo (m)	servetė̃lė (m)	[sʲɛrveˈtʲeːlʲeː]
palito (m)	dantų krapštùkas (v)	[danˈtu: krapʃtʊkas]

53. Restaurante

restaurante (m)	restorãnas (v)	[rʲɛstoˈraːnas]
cafeteria (f)	kavìnė (m)	[kaˈvʲɪnʲeː]
bar (m), cervejaria (f)	bãras (v)	[ˈbaːras]
salão (m) de chá	arbãtos salõnas (v)	[arˈbaːtos saˈlʲʲonas]
garçom (m)	padavė́jas (v)	[padaˈvʲeːjas]
garçonete (f)	padavė́ja (m)	[padaˈvʲeːja]
barman (m)	bármenas (v)	[ˈbarmʲɛnas]
cardápio (m)	meniù (v)	[mʲɛˈnʲʊ]
lista (f) de vinhos	vỹnų žemė́lapis (v)	[ˈvʲiːnu: ʒeˈmʲeːlʲapʲɪs]
reservar uma mesa	rezervúoti staliùką	[rʲɛzʲɛrˈvʊatʲɪ staˈlʲʊkaː]
prato (m)	pãtiekalas (v)	[ˈpaːtʲiɛkalʲas]
pedir (vt)	užsisakýti	[ʊʒsʲɪsakʲiːtʲɪ]
fazer o pedido	padarýti užsãkymą	[padaˈrʲiːtʲɪ ʊʒˈsaːkʲiːmaː]
aperitivo (m)	aperitỹvas (v)	[apʲɛrʲɪˈtʲiːvas]
entrada (f)	ùžkandis (v)	[ˈʊʒkandʲɪs]
sobremesa (f)	desertas (v)	[dʲɛˈsʲɛrtas]
conta (f)	sąskaita (m)	[ˈsaːskʌɪta]
pagar a conta	apmokė́ti sąskaitą	[apmoˈkʲeːtʲɪ ˈsaːskʌɪtaː]
dar o troco	dúoti grąžõs	[ˈdʊatʲɪ graːˈʒoːs]
gorjeta (f)	arbãtpinigiai (v dgs)	[arˈbaːtpʲɪnʲɪgʲɛɪ]

Família, parentes e amigos

54. Informação pessoal. Formulários

nome (m)	vardas (v)	['vardas]
sobrenome (m)	pavardė (m)	[pavar'dʲe:]
data (f) de nascimento	gimìmo datà (m)	[gʲɪ'mʲɪmɔ da'ta]
local (m) de nascimento	gimìmo vietà (m)	[gʲɪ'mʲɪmɔ vʲiɛ'ta]
nacionalidade (f)	tautýbė (m)	[tɑʊ'tʲi:bʲe:]
lugar (m) de residência	gyvėnamoji vietà (m)	[gʲi:vʲæna'mojɪ vʲiɛ'ta]
país (m)	šalìs (m)	[ʃa'lʲɪs]
profissão (f)	profèsija (m)	[profʲɛsʲɪjɛ]
sexo (m)	lýtis (m)	['lʲi:tʲɪs]
estatura (f)	ū̃gis (v)	['u:gʲɪs]
peso (m)	svõris (v)	['svo:rʲɪs]

55. Membros da família. Parentes

mãe (f)	mótina (m)	['motʲɪna]
pai (m)	tévas (v)	['tʲe:vas]
filho (m)	sūnùs (v)	[su:'nʊs]
filha (f)	dukrà, duktė̃ (m)	[dʊk'ra], [dʊk'tʲe:]
caçula (f)	jaunesnióji duktė̃ (m)	[jɛʊnes'nʲo:jɪ dʊk'tʲe:]
caçula (m)	jaunesnýsis sūnùs (v)	[jɛʊnʲɛs'nʲi:sʲɪs su:'nʊs]
filha (f) mais velha	vyresnióji duktė̃ (m)	[vʲi:res'nʲo:jɪ dʊk'tʲe:]
filho (m) mais velho	vyresnýsis sūnùs (v)	[vʲi:rʲɛs'nʲi:sʲɪs su:'nʊs]
irmão (m)	brólis (v)	['brolʲɪs]
irmão (m) mais velho	vyresnýsis brólis (v)	[vʲi:rʲɛs'nʲi:sʲɪs 'brolʲɪs]
irmão (m) mais novo	jaunesnýsis brólis (v)	[jɛʊnʲɛs'nʲi:sʲɪs 'brolʲɪs]
irmã (f)	sesuõ (m)	[sʲɛ'sʊɑ]
irmã (f) mais velha	vyresnióji sesuõ (m)	[vʲi:rʲɛs'nʲo:jɪ sʲɛ'sʊɑ]
irmã (f) mais nova	jaunesnióji sesuõ (m)	[jɛʊnʲɛs'nʲo:jɪ sʲɛ'sʊɑ]
primo (m)	pùsbrolis (v)	['pʊsbrolʲɪs]
prima (f)	pùsseserė (m)	['pʊsseserʲe:]
mamãe (f)	mamà (m)	[ma'ma]
papai (m)	tė̃tis (v)	['tʲe:tʲɪs]
pais (pl)	tėvaĩ (v)	[tʲe:'vaɪ]
criança (f)	vaĩkas (v)	['vaɪkas]
crianças (f pl)	vaikaĩ (v)	[vaɪ'kaɪ]
avó (f)	senēlė (m)	[sʲɛ'nʲælʲe:]
avô (m)	senēlis (v)	[sʲɛ'nʲælʲɪs]
neto (m)	anūkas (v)	[a'nu:kas]

| neta (f) | anūkė (m) | [aˈnuːkʲeː] |
| netos (pl) | anūkai (v) | [aˈnuːkʌɪ] |

tio (m)	dėdė (v)	[ˈdʲeːdʲeː]
tia (f)	teta (m)	[tʲɛˈta]
sobrinho (m)	sūnénas (v)	[suːˈnʲeːnas]
sobrinha (f)	dukteréčia (m)	[dʊkteˈrʲeːtʂʲæ]

sogra (f)	úošvė (m)	[ˈʊɑʃvʲeː]
sogro (m)	úošvis (v)	[ˈʊɑʃvʲɪs]
genro (m)	žéntas (v)	[ˈʒʲɛntas]
madrasta (f)	pãmotė (m)	[ˈpaːmotʲeː]
padrasto (m)	patévis (v)	[paˈtʲeːvʲɪs]

criança (f) de colo	kũdikis (v)	[ˈkuːdʲɪkʲɪs]
bebê (m)	naujãgimis (v)	[nɑʊˈjaːgʲɪmʲɪs]
menino (m)	vaĩkas (v)	[ˈvʌɪkas]

mulher (f)	žmonà (m)	[ʒmoˈna]
marido (m)	výras (v)	[ˈvʲiːras]
esposo (m)	sutuoktìnis (v)	[sʊtʊɑkˈtʲɪnʲɪs]
esposa (f)	sutuoktìnė (m)	[sʊtʊɑkˈtʲɪnʲeː]

casado (adj)	vẽdęs	[ˈvʲædʲɛːs]
casada (adj)	ištekéjusi	[ɪʃtʲɛˈkʲeːjʊsʲɪ]
solteiro (adj)	viengũngis	[vʲiɛnˈgʊŋgʲɪs]
solteirão (m)	viengũngis (v)	[vʲiɛnˈgʊŋgʲɪs]
divorciado (adj)	išsiskýręs	[ɪʃsʲɪˈskʲiːrʲɛːs]
viúva (f)	našlė̃ (m)	[naʃˈlʲeː]
viúvo (m)	našlỹs (v)	[naʃˈlʲiːs]

parente (m)	gimináitis (v)	[gʲɪmʲɪˈnʌɪtʲɪs]
parente (m) próximo	artimas gimináitis (v)	[ˈartʲɪmas gʲɪmʲɪˈnʌɪtʲɪs]
parente (m) distante	tólimas gimináitis (v)	[ˈtolʲɪmas gʲɪmʲɪˈnʌɪtʲɪs]
parentes (m pl)	gìminės (m dgs)	[ˈgʲɪmʲɪnʲeːs]

órfão (m), órfã (f)	našláitis (v)	[naʃˈlʲʌɪtʲɪs]
tutor (m)	globéjas (v)	[glʲoˈbʲeːjas]
adotar (um filho)	įsū́nyti	[iːˈsuːnʲɪːtʲɪ]
adotar (uma filha)	įdùkrinti	[iːˈdʊkrʲɪntʲɪ]

56. Amigos. Colegas de trabalho

amigo (m)	draũgas (v)	[ˈdrɑʊgas]
amiga (f)	draugė̃ (m)	[drɑʊˈgʲeː]
amizade (f)	draugýstė (m)	[drɑʊˈgʲiːstʲeː]
ser amigos	draugáuti	[drɑʊˈgɑʊtʲɪ]

amigo (m)	pažį́stamas (v)	[paˈʒʲiːstamas]
amiga (f)	pažįstamà (m)	[paʒʲɪstaˈma]
parceiro (m)	pártneris (v)	[ˈpartnʲɛrʲɪs]

| chefe (m) | šèfas (v) | [ˈʃɛfas] |
| superior (m) | vĩršininkas (v) | [ˈvʲɪrʃɪnʲɪŋkas] |

proprietário (m)	savinin̄kas (v)	[savʲɪ'nʲɪŋkas]
subordinado (m)	pavaldinỹs (v)	[pavalʲdʲɪ'nʲiːs]
colega (m, f)	kolegà (v)	[kɔlʲɛ'ga]

conhecido (m)	pažį́stamas (v)	[pa'ʒʲɪːstamas]
companheiro (m) de viagem	pakeleĩvis (v)	[pakʲɛ'lʲɛɪvʲɪs]
colega (m) de classe	klasiõkas (v)	[klʲa'sʲoːkas]

vizinho (m)	kaimýnas (v)	[kʌɪ'mʲiːnas]
vizinha (f)	kaimýnė (m)	[kʌɪ'mʲiːnʲe:]
vizinhos (pl)	kaimýnai (v)	[kʌɪ'mʲiːnʌɪ]

57. Homem. Mulher

mulher (f)	móteris (m)	['motʲɛrʲɪs]
menina (f)	panẽlė (m)	[pa'nʲælʲe:]
noiva (f)	núotaka (m)	['nʊɑtaka]

bonita, bela (adj)	gražì	[gra'ʒʲɪ]
alta (adj)	aukštà	[ɑʊkʃ'ta]
esbelta (adj)	lieknà	[lʲiɛk'na]
baixa (adj)	neáukšto ū̃gio	[nʲɛ'ɑʊkʃtɔ 'uːgʲɔ]

| loira (f) | blondìnė (m) | [blʲon'dʲɪnʲe:] |
| morena (f) | brunetė̃ (m) | [brʲʊ'nʲɛtʲe:] |

de senhora	dā̃mų	['daːmu:]
virgem (f)	skaistuõlė (m)	[skʌɪs'tʊɑlʲe:]
grávida (adj)	nėščià	[nʲeːʃtʂʲæ]

homem (m)	výras (v)	['vʲiːras]
loiro (m)	blondìnas (v)	[blʲon'dʲɪnas]
moreno (m)	brunètas (v)	[brʲʊ'nʲɛtas]
alto (adj)	áukštas	['ɑʊkʃtas]
baixo (adj)	neáukšto ū̃gio	[nʲɛ'ɑʊkʃtɔ 'uːgʲɔ]

rude (adj)	grubùs	[grʊ'bʊs]
atarracado (adj)	petìngas	[pʲɛ'tʲɪngas]
robusto (adj)	tvìrtas	['tvʲɪrtas]
forte (adj)	stiprùs	[stʲɪp'rʊs]
força (f)	jėgà (m)	[je:'ga]

gordo (adj)	stambùs	[stam'bʊs]
moreno (adj)	tamsaũs gỹmio	[tam'sɑʊs 'gʲiːmʲɔ]
esbelto (adj)	liẽknas	['lʲiɛknas]
elegante (adj)	elegántiškas	[ɛlʲɛ'gantʲɪʃkas]

58. Idade

idade (f)	ámžius (v)	['amʒʲʊs]
juventude (f)	jaunỹstė (m)	[jɛʊ'nʲiːstʲe:]
jovem (adj)	jáunas	['jɑʊnas]

mais novo (adj)	jaunèsnis (-ě)	[jɛʊ'nʲɛsnʲɪs]
mais velho (adj)	vyrèsnis	[vʲi:'rʲɛsnʲɪs]

jovem (m)	jaunuõlis (v)	[jɛʊ'nʊɑlʲɪs]
adolescente (m)	paauglỹs (v)	[paɑʊ'glʲi:s]
rapaz (m)	vaikìnas (v)	[vʌɪ'kʲɪnas]

velho (m)	sẽnis (v)	['sʲænʲɪs]
velha (f)	sẽnė (m)	['sʲænʲe:]

adulto	suáugęs	[sʊ'ɑʊgʲɛ:s]
de meia-idade	vidutìnio ámžiaus	[vʲɪdʊ'tʲɪnʲɔ 'amʒʲɛʊs]
idoso, de idade (adj)	pagyvẽnęs	[pagʲi:'vʲænʲɛ:s]
velho (adj)	sẽnas	['sʲænas]

aposentadoria (f)	peñsija (m)	['pʲɛnsʲɪjɛ]
aposentar-se (vr)	išeìti į̃ peñsiją	[ɪ'ʃɛɪtʲɪ i: 'pʲɛnsʲɪja:]
aposentado (m)	peñsininkas (v)	['pʲɛnsʲɪnʲɪŋkas]

59. Crianças

criança (f)	vaĩkas (v)	['vʌɪkas]
crianças (f pl)	vaikaĩ (v)	[vʌɪ'kʌɪ]
gêmeos (m pl), gêmeas (f pl)	dvyniaĩ (v dgs)	[dvʲi:'nʲɛɪ]

berço (m)	lopšỹs (v)	[lʲop'ʃɪ:s]
chocalho (m)	barškalas (v)	['barʃkalʲas]
fralda (f)	výstyklas (v)	['vʲi:stʲi:klʲas]

chupeta (f), bico (m)	čiulptùkas (v)	[tʃʲʊlʲp'tʊkas]
carrinho (m) de bebê	vežimẽlis (v)	[vʲɛʒʲɪ'mʲe:lʲɪs]
jardim (m) de infância	vaikų̃ daržẽlis (v)	[vʌɪ'ku: dar'ʒʲælʲɪs]
babysitter, babá (f)	áuklė (m)	['ɑʊklʲe:]

infância (f)	vaikỹstė (m)	[vʌɪ'kʲi:stʲe:]
boneca (f)	lėlė̃ (m)	[lʲe:'lʲe:]
brinquedo (m)	žaĩslas (v)	['ʒʌɪslʲas]
jogo (m) de montar	konstrùktorius (v)	[kɔns'trʊktorʲʊs]

bem-educado (adj)	išáuklėtas	[ɪʃɑʊklʲe:tas]
malcriado (adj)	neišáuklėtas	[nʲɛɪ'ʃɑʊklʲe:tas]
mimado (adj)	išlẽpintas	[ɪʃ'lʲæpʲɪntas]

ser travesso	dū̃kti	['du:ktʲɪ]
travesso, traquinas (adj)	padū̃kęs	[pa'du:kʲɛ:s]
travessura (f)	išdáiga (m)	[ɪʃ'dʌɪga]
criança (f) travessa	padykė́lis (v)	[padʲi:'kʲe:lʲɪs]

obediente (adj)	paklusnùs	[paklʲʊs'nʊs]
desobediente (adj)	nepaklusnùs	[nʲɛpaklʲʊs'nʊs]

dócil (adj)	išmintìngas	[ɪʃmʲɪn'tʲɪngas]
inteligente (adj)	protìngas	[pro'tʲɪngas]
prodígio (m)	vùnderkindas (v)	['vʊndʲɛrkʲɪndas]

60. Casais. Vida de família

beijar (vt)	bučiúoti	[bʊˈtʂ⁺ʊɑt⁺ɪ]
beijar-se (vr)	bučiúotis	[bʊˈtʂ⁺ʊɑt⁺ɪs]
família (f)	šeimà (m)	[ʃɛɪˈma]
familiar (vida ~)	šeimýninis	[ʃɛɪˈmⁱiːnⁱɪnⁱɪs]
casal (m)	porà (m)	[poˈra]
matrimônio (m)	sántuoka (m)	[ˈsantʊɑka]
lar (m)	namų̃ židinỹs (v)	[naˈmu: ʒⁱɪdⁱɪˈnⁱiːs]
dinastia (f)	dinãstija (m)	[dⁱɪˈnaːstⁱɪjɛ]

| encontro (m) | pasimãtymas (v) | [pasⁱɪˈmaːtⁱiːmas] |
| beijo (m) | bučinỹs (v) | [bʊtʂⁱɪˈnⁱiːs] |

amor (m)	méilė (m)	[ˈmⁱɛilⁱeː]
amar (pessoa)	mylėti	[mⁱiːˈlⁱeːtⁱɪ]
amado, querido (adj)	mýlimas	[ˈmⁱiːlⁱɪmas]

ternura (f)	švelnùmas (v)	[ʃⁱvⁱɛlⁱˈnʊmas]
afetuoso (adj)	švelnùs	[ʃⁱvⁱɛlⁱˈnʊs]
fidelidade (f)	ištikimýbė (m)	[ɪʃⁱtⁱɪkⁱɪˈmⁱiːbⁱeː]
fiel (adj)	ìštikimas	[ˈɪʃⁱtⁱɪkⁱɪmas]
cuidado (m)	rū̃pestis (v)	[ˈruːpⁱɛstⁱɪs]
carinhoso (adj)	rūpestìngas	[ruːpⁱɛsˈtⁱɪŋgas]

recém-casados (pl)	jaunavedžiaĩ (v dgs)	[jɛʊnavⁱɛˈdʒⁱɛɪ]
lua (f) de mel	medaũs ménuo (v)	[mⁱɛˈdɑʊs ˈmⁱɛːnʊɑ]
casar-se (com um homem)	ištekéti	[ɪʃⁱtⁱɛˈkⁱeːtⁱɪ]
casar-se (com uma mulher)	vèsti	[ˈvⁱɛstⁱɪ]

casamento (m)	vestùvės (m dgs)	[vⁱɛsˈtʊvⁱeːs]
bodas (f pl) de ouro	auksìnės vestùvės (m dgs)	[ɑʊkˈsⁱɪnⁱeːs vɛˈstʊvⁱeːs]
aniversário (m)	mètinės (m dgs)	[ˈmⁱætⁱɪnⁱeːs]

| amante (m) | meilùžis (v) | [mⁱɛɪˈlⁱʊʒⁱɪs] |
| amante (f) | meilùžė (m) | [mⁱɛɪˈlⁱʊʒⁱeː] |

adultério (m), traição (f)	neištikimýbė (m)	[nⁱɛɪʃⁱtⁱɪkⁱɪˈmⁱiːbⁱeː]
cometer adultério	išdúoti	[ɪʃˈdʊɑtⁱɪ]
ciumento (adj)	pavydùs	[pavⁱiːˈdʊs]
ser ciumento, -a	pavyduliáuti	[pavⁱiːdʊˈlⁱæʊtⁱɪ]
divórcio (m)	skyrýbos (m)	[skⁱiːˈrⁱiːbos]
divorciar-se (vr)	išsiskìrti	[ɪʃⁱsⁱɪˈskⁱɪrtⁱɪ]

brigar (discutir)	bártis	[ˈbartⁱɪs]
fazer as pazes	susitáikyti	[susⁱɪˈtʌɪkⁱiːtⁱɪ]
juntos (ir ~)	kartù	[karˈtʊ]
sexo (m)	sèksas (v)	[ˈsⁱɛksas]

felicidade (f)	láimė (m)	[ˈlⁱʌɪmⁱeː]
feliz (adj)	laimìngas	[lⁱʌɪˈmⁱɪŋgas]
infelicidade (f)	nelaímė (m)	[nⁱɛˈlⁱʌɪmⁱeː]
infeliz (adj)	nelaimìngas	[nⁱɛlⁱʌɪˈmⁱɪŋgas]

Caráter. Sentimentos. Emoções

61. Sentimentos. Emoções

sentimento (m)	jaũsmas (v)	['jɛʊsmas]
sentimentos (m pl)	jausmaĩ (v)	[jɛʊs'mʌɪ]
sentir (vt)	jaũsti	['jaʊstʲɪ]
fome (f)	bãdas (v)	['ba:das]
ter fome	noréti válgyti	[no'rʲe:tʲɪ 'valʲgʲi:tʲɪ]
sede (f)	troškulỹs (v)	[troʃkʊ'lʲi:s]
ter sede	noréti gérti	[no'rʲe:tʲɪ 'gʲært'ɪ]
sonolência (f)	mieguistùmas (v)	[mʲiɛgʊis'tʊmas]
estar sonolento	noréti miegóti	[no'rʲe:tʲɪ mʲiɛ'gotʲɪ]
cansaço (m)	núovargis (v)	['nʊɑvargʲɪs]
cansado (adj)	pavar̃gęs	[pa'vargʲɛ:s]
ficar cansado	pavar̃gti	[pa'varktʲɪ]
humor (m)	núotaika (m)	['nʊɑtʌɪka]
tédio (m)	nuobodulỹs (v)	[nʊabodʊ'lʲi:s]
entediar-se (vr)	ilgétis	[ɪlʲ'gʲe:tʲɪs]
reclusão (isolamento)	atsiskyrìmas (v)	[atsʲɪskʲi:'rʲɪmas]
isolar-se (vr)	atsiskìrti	[atsʲɪ'skʲɪrtʲɪ]
preocupar (vt)	jáudinti	['jaʊdʲɪntʲɪ]
estar preocupado	jáudintis	['jaʊdʲɪntʲɪs]
preocupação (f)	jaudulỹs (v)	[jɛʊdʊ'lʲi:s]
ansiedade (f)	neramùmas (v)	[nʲɛra'mʊmas]
preocupado (adj)	susirū́pinęs	[sʊsʲɪ'ru:pʲɪnʲɛ:s]
estar nervoso	nèrvintis	['nʲɛrvʲɪntʲɪs]
entrar em pânico	panikúoti	[panʲɪ'kʊatʲɪ]
esperança (f)	viltìs (m)	[vʲɪlʲ'tʲɪs]
esperar (vt)	tikétis	[tʲɪ'kʲe:tʲɪs]
certeza (f)	pasitikéjimas (v)	[pasʲɪtʲɪ'kʲɛjɪmas]
certo, seguro de ...	įsitìkinęs	[i:sʲɪ'tʲɪ:kʲɪnʲɛ:s]
indecisão (f)	neaiškùmas (v)	[nʲɛʌɪʃ'kʊmas]
indeciso (adj)	neįsitìkinęs	[nʲɛɪ:sʲɪ'tʲɪ:kʲɪnʲɛ:s]
bêbado (adj)	gìrtas	['gʲɪrtas]
sóbrio (adj)	blaĩvas	['blʲʌɪvas]
fraco (adj)	sìlpnas	['sʲɪlʲpnas]
feliz (adj)	sėkmìngas	[sʲe:k'mʲɪngas]
assustar (vt)	išgą́sdinti	[ɪʃ'ga:sdʲɪntʲɪ]
fúria (f)	pasiutìmas (v)	[pasʲʊ'tʲɪmas]
ira, raiva (f)	įneršis (v)	[i:nʲɛrʃʲɪs]
depressão (f)	deprèsija (m)	[dʲɛp'rʲɛsʲɪjɛ]
desconforto (m)	diskomfòrtas (v)	[dʲɪskom'fortas]

conforto (m)	komfortas (v)	[kɔm'fortas]
arrepender-se (vr)	gailétis	[gʌɪ'lʲeːtʲɪs]
arrependimento (m)	gailestis (v)	['gʌɪlʲestʲɪs]
azar (m), má sorte (f)	nesėkmė̃ (m)	[nʲɛsʲeːk'mʲeː]
tristeza (f)	nusivylìmas (v)	[nʊsʲɪvʲiː'lʲɪmas]

vergonha (f)	géda (m)	['gʲeːda]
alegria (f)	linksmýbė (m)	[lʲɪŋks'mʲiːbʲeː]
entusiasmo (m)	entuziãzmas (v)	[ɛntʊzʲɪ'jazmas]
entusiasta (m)	entuziãstas (v)	[ɛntʊzʲɪ'jastas]
mostrar entusiasmo	paródyti entuziãzmą	[pa'rodʲiːtʲɪ ɛntʊzʲɪ'jazmaː]

62. Caráter. Personalidade

caráter (m)	charãkteris (v)	[xa'raːktʲɛrʲɪs]
falha (f) de caráter	trū́kumas (v)	['truːkʊmas]
mente (f)	prõtas (v)	['proːtas]
razão (f)	išmintìs (m)	[ɪʃmʲɪn'tʲɪs]

consciência (f)	sąžinė̃ (m)	['saːʒɪnʲeː]
hábito, costume (m)	íprotis (v)	['iːprotʲɪs]
habilidade (f)	gebėjimas (v)	[gʲɛ'bʲɛjɪmas]
saber (~ nadar, etc.)	mokéti	[mo'kʲeːtʲɪ]

paciente (adj)	kantrùs	[kant'rʊs]
impaciente (adj)	nekantrùs	[nʲɛkant'rʊs]
curioso (adj)	smalsùs	[smalʲ'sʊs]
curiosidade (f)	smalsùmas (v)	[smalʲ'sʊmas]

modéstia (f)	kuklùmas (v)	[kʊk'lʲʊmas]
modesto (adj)	kuklùs	[kʊk'lʲʊs]
imodesto (adj)	nekuklùs	[nʲɛkʊk'lʲʊs]

| preguiçoso (adj) | tingùs | [tʲɪn'gʊs] |
| preguiçoso (m) | tinginỹs (v) | [tʲɪngʲɪ'nʲiːs] |

astúcia (f)	gudrùmas (v)	[gʊd'rʊmas]
astuto (adj)	gudrùs	[gʊd'rʊs]
desconfiança (f)	nepasitikéjimas (v)	[nʲɛpasʲɪtʲɪ'kʲɛjɪmas]
desconfiado (adj)	nepatiklùs	[nʲɛpatʲɪk'lʲʊs]

generosidade (f)	dosnùmas (v)	[dos'nʊmas]
generoso (adj)	dosnùs	[dos'nʊs]
talentoso (adj)	talentìngas	[talʲɛn'tʲɪngas]
talento (m)	tãlentas (v)	['taːlʲɛntas]

corajoso (adj)	drąsùs	[drɑ:'sʊs]
coragem (f)	drąsà (m)	[drɑ:'sa]
honesto (adj)	sąžinìngas	[saːʒɪ'nʲɪngas]
honestidade (f)	sąžinė̃ (m)	['saːʒɪnʲeː]

prudente, cuidadoso (adj)	atsargùs	[atsar'gʊs]
valoroso (adj)	narsùs	[nar'sʊs]
sério (adj)	rìmtas	['rʲɪmtas]

severo (adj)	gríežtas	['grʲiɛʒtas]
decidido (adj)	ryžtìngas	[rʲiːʒ'tʲɪngas]
indeciso (adj)	neryžtìngas	[nʲɛrʲiːʒ'tʲɪngas]
tímido (adj)	drovùs	[dro'vʊs]
timidez (f)	drovùmas (v)	[dro'vʊmas]

confiança (f)	pasitikéjimas (v)	[pasʲɪtʲɪ'kʲɛjɪmas]
confiar (vt)	tikéti	[tʲɪ'kʲeːtʲɪ]
crédulo (adj)	patiklùs	[patʲɪk'lʲʊs]

sinceramente	nuoširdžiaĩ	[nʊɑʃɪr'dʒʲɛɪ]
sincero (adj)	nuoširdùs	[nʊɑʃɪr'dʊs]
sinceridade (f)	nuoširdùmas (v)	[nʊɑʃɪr'dʊmas]
aberto (adj)	ãtviras	['aːtvʲɪras]

calmo (adj)	ramùs	[ra'mʊs]
franco (adj)	ãtviras	['aːtvʲɪras]
ingênuo (adj)	naivùs	[nʌɪ'vʊs]
distraído (adj)	išsiblãškęs	[ɪʃsʲɪ'blʲaːʃkʲɛːs]
engraçado (adj)	juokìngas	[jʊɑ'kʲɪngas]

ganância (f)	gobšùmas (v)	[gop'ʃumas]
ganancioso (adj)	gobšùs	[gop'ʃʊs]
avarento, sovina (adj)	šykštùs	[ʃɪːkʃ'tʊs]
mal (adj)	pìktas	['pʲɪktas]
teimoso (adj)	užsispýręs	[ʊʒsʲɪs'pʲiːrʲɛːs]
desagradável (adj)	nemalonùs	[nʲɛmalʲo'nʊs]

egoísta (m)	egoìstas (v)	[ɛgo'ʲɪstas]
egoísta (adj)	egoìstiškas	[ɛgo'ʲɪstʲɪʃkas]
covarde (m)	bailỹs (v)	[bʌɪ'lʲiːs]
covarde (adj)	bailùs	[bʌɪ'lʲʊs]

63. O sono. Sonhos

dormir (vi)	miegóti	[mʲiɛ'gotʲɪ]
sono (m)	miẽgas (v)	['mʲɛgas]
sonho (m)	sãpnas (v)	['saːpnas]
sonhar (ver sonhos)	sapnúoti	[sap'nʊɑtʲɪ]
sonolento (adj)	mieguìstas	[mʲiɛ'gʊistas]

cama (f)	lóva (m)	['lʲova]
colchão (m)	čiužinýs (v)	[tʂʲʊʒʲɪ'nʲiːs]
cobertor (m)	užklótas (v)	[ʊʒ'klʲotas]
travesseiro (m)	pagálvė (m)	[pa'galʲvʲeː]
lençol (m)	paklõdė (m)	[pak'lʲoːdʲeː]

insônia (f)	nẽmiga (m)	['nʲæmʲɪga]
sem sono (adj)	bemiẽgis	[bʲɛ'mʲɛgʲɪs]
sonífero (m)	mìgdomieji (v)	['mʲɪgdomʲiɛji]
tomar um sonífero	išgérti mìgdomuosius	[ɪʃ'gʲɛrtʲɪ 'mʲɪgdomʊɑsʲʊs]

estar sonolento	noréti miegóti	[no'rʲeːtʲɪ mʲiɛ'gotʲɪ]
bocejar (vi)	žióvauti	['ʒʲovɑʊtʲɪ]

ir para a cama	eĩti miegóti	[ˈɛɪtⁱɪ mⁱɛˈgotⁱɪ]
fazer a cama	klóti lóvą	[ˈklʲotⁱɪ ˈlʲova:]
adormecer (vi)	užmìgti	[ʊʒˈmʲɪktⁱɪ]

pesadelo (m)	košmãras (v)	[koʃˈma:ras]
ronco (m)	knarkìmas (v)	[knarⁱkⁱɪmas]
roncar (vi)	knar̃kti	[ˈknarktⁱɪ]

despertador (m)	žadintùvas (v)	[ʒadⁱɪnˈtʊvas]
acordar, despertar (vt)	pažãdinti	[paˈʒa:dⁱɪntⁱɪ]
acordar (vi)	atsibùsti	[atsʲɪˈbʊstⁱɪ]
levantar-se (vr)	keĺtis	[ˈkⁱɛlⁱtⁱɪs]
lavar-se (vr)	praũstis	[ˈprɑʊstⁱɪs]

64. Humor. Riso. Alegria

humor (m)	hùmoras (v)	[ˈɣʊmoras]
senso (m) de humor	jaũsmas (v)	[ˈjɛʊsmas]
divertir-se (vr)	lìnksmintis	[ˈlⁱɪŋksmⁱɪntⁱɪs]
alegre (adj)	liñksmas	[ˈlⁱɪŋksmas]
diversão (f)	linksmýbė (m)	[lⁱɪŋksˈmⁱi:bⁱe:]

sorriso (m)	šỹpsena (m)	[ˈʃⁱɪ:psⁱɛna]
sorrir (vi)	šypsótis	[ʃⁱɪ:pˈsotⁱɪs]
começar a rir	nusijuõkti	[nʊsⁱɪˈjʊaktⁱɪ]
rir (vi)	juõktis	[ˈjʊaktⁱɪs]
riso (m)	juõkas (v)	[ˈjʊakas]

anedota (f)	anekdótas (v)	[anⁱɛkˈdotas]
engraçado (adj)	juokìngas	[jʊaˈkⁱɪngas]
ridículo, cômico (adj)	juokìngas	[jʊaˈkⁱɪngas]

brincar (vi)	juokáuti	[jʊaˈkɑʊtⁱɪ]
piada (f)	juõkas (v)	[ˈjʊakas]
alegria (f)	džiaũgsmas (v)	[ˈdʒⁱɛʊgsmas]
regozijar-se (vr)	džiaũgtis	[ˈdʒⁱɛʊktⁱɪs]
alegre (adj)	džiaugsmìngas	[dʒⁱɛʊgsˈmⁱɪngas]

65. Discussão, conversação. Parte 1

comunicação (f)	bendrãvimas (v)	[bⁱɛnˈdra:vⁱɪmas]
comunicar-se (vr)	bendráuti	[bⁱɛnˈdrɑʊtⁱɪ]

conversa (f)	pókalbis (v)	[ˈpokalⁱbⁱɪs]
diálogo (m)	dialògas (v)	[dⁱɪjaˈlⁱogas]
discussão (f)	diskùsija (m)	[dⁱɪsˈkʊsⁱɪjɛ]
debate (m)	giñčas (v)	[ˈgⁱɪntʃas]
debater (vt)	giñčytis	[ˈgⁱɪntʃⁱi:tⁱɪs]

interlocutor (m)	pašnekõvas (v)	[paʃnⁱɛˈko:vas]
tema (m)	temà (m)	[tⁱɛˈma]
ponto (m) de vista	póžiūris (v)	[ˈpoʒⁱu:rⁱɪs]

opinião (f)	núomoné (m)	['nʊɑmonʲe:]
discurso (m)	kalbà (m)	[kalʲˈba]

discussão (f)	aptarìmas (v)	[aptaˈrʲɪmas]
discutir (vt)	aptařti	[apˈtartʲɪ]
conversa (f)	pókalbis (v)	['pokalʲbʲɪs]
conversar (vi)	kalbétis	[kalʲˈbʲe:tʲɪs]
reunião (f)	susìtikimas (v)	[sʊˈsʲɪtʲɪkʲɪmas]
encontrar-se (vr)	susitikinéti	[sʊsʲɪtʲɪkʲɪˈnʲe:tʲɪ]

provérbio (m)	patarlě (m)	[patarˈlʲe:]
ditado, provérbio (m)	príežodis (v)	['prʲɪɛʒodʲɪs]
adivinha (f)	mįslě (m)	[mʲɪːsˈlʲe:]
dizer uma adivinha	įmiñti mįslę	[iːˈmʲɪntʲɪ 'mʲɪːslʲɛ:]
senha (f)	slaptãžodis (v)	[slʲapˈta:ʒodʲɪs]
segredo (m)	paslaptìs (m)	[paslʲapˈtʲɪs]

juramento (m)	príesaika (m)	['prʲɪɛsʌɪka]
jurar (vi)	prisiekinéti	[prʲɪsʲiɛkʲɪˈnʲe:tʲɪ]
promessa (f)	pãžadas (v)	['pa:ʒadas]
prometer (vt)	žadéti	[ʒa'dʲe:tʲɪ]

conselho (m)	patarìmas (v)	[pataˈrʲɪmas]
aconselhar (vt)	patařti	[paˈtartʲɪ]
escutar (~ os conselhos)	paklausýti	[paklʲaʊ'sʲiːtʲɪ]

novidade, notícia (f)	naujíena (m)	[naʊ'jiɛna]
sensação (f)	sensãcija (m)	[sʲɛn'sa:tsʲɪjɛ]
informação (f)	dúomenys (v dgs)	['dʊamʲɛnʲi:s]
conclusão (f)	ìšvada (m)	['ɪʃvada]
voz (f)	balsas (v)	['balʲsas]
elogio (m)	komplimeñtas (v)	[komplʲɪ'mʲɛntas]
amável, querido (adj)	mandagùs	[manda'gʊs]

palavra (f)	žõdis (v)	['ʒo:dʲɪs]
frase (f)	reãkcija (m)	[rʲɛ'a:ktsʲɪjɛ]
resposta (f)	atsãkymas (v)	[a'tsa:kʲiːmas]
verdade (f)	tiesà (m)	[tʲiɛ'sa]
mentira (f)	mẽlas (v)	['mʲælʲas]

pensamento (m)	mintìs (m)	[mʲɪn'tʲɪs]
ideia (f)	idéja (m)	[ɪ'dʲe:ja]
fantasia (f)	fantãzija (m)	[fan'ta:zʲɪjɛ]

66. Discussão, conversação. Parte 2

estimado, respeitado (adj)	gerbiamas	['gʲɛrbʲæmas]
respeitar (vt)	gerbti	['gʲɛrptʲɪ]
respeito (m)	pagarbà (m)	[pagar'ba]
Estimado ..., Caro ...	Gerbiamàsis ...	[gʲɛrbʲæ'masʲɪs ...]

apresentar (alguém a alguém)	supažìndinti	[sʊpa'ʒʲɪndʲɪntʲɪ]
conhecer (vt)	susipažìnti	[sʊsʲɪpa'ʒʲɪntʲɪ]

intenção (f)	ketìnimas (v)	[kʲɛ'tʲɪnʲɪmas]
tencionar (~ fazer algo)	ketìnti	[kʲɛ'tʲɪntʲɪ]
desejo (de boa sorte)	palinkéjimas (v)	[palʲɪŋ'kʲɛjɪmas]
desejar (ex. ~ boa sorte)	palinkéti	[palʲɪŋ'kʲɛ:tʲɪ]

surpresa (f)	núostaba (m)	['nʊɑstaba]
surpreender (vt)	stẽbinti	['stʲæbʲɪntʲɪ]
surpreender-se (vr)	stebétis	[ste'bʲe:tʲɪs]

dar (vt)	dúoti	['dʊɑtʲɪ]
pegar (tomar)	iṁti	['ɪmtʲɪ]
devolver (vt)	grąžìnti	[graː'ʒʲɪntʲɪ]
retornar (vt)	atidúoti	[atʲɪ'dʊɑtʲɪ]

desculpar-se (vr)	atsiprašinéti	[atsʲɪpraʃɪ'nʲe:tʲɪ]
desculpa (f)	atsiprãšymas (v)	[atsʲɪ'pra:ʃɪ:mas]
perdoar (vt)	atléisti	[at'lʲɛɪstʲɪ]

falar (vi)	kalbéti	[kalʲ'bʲe:tʲɪ]
escutar (vt)	klausýti	[klʲɑʊ'sʲiː:tʲɪ]
ouvir até o fim	išklausýti	[ɪʃklʲɑʊ'sʲiː:tʲɪ]
entender (compreender)	suprãsti	[sʊp'rastʲɪ]

mostrar (vt)	paródyti	[pa'rodʲi:tʲɪ]
olhar para ...	žiūréti į̀ ...	[ʒʲu:'rʲe:tʲɪ iː ..]
chamar (alguém para ...)	pakviésti	[pak'vʲɛstʲɪ]
perturbar, distrair (vt)	trukdýti	[trʊk'dʲi:tʲɪ]
perturbar (vt)	trukdýti	[trʊk'dʲi:tʲɪ]
entregar (~ em mãos)	pérduoti	['pʲɛrdʊɑtʲɪ]

pedido (m)	prãšymas (v)	['pra:ʃɪ:mas]
pedir (ex. ~ ajuda)	prašýti	[pra'ʃɪ:tʲɪ]
exigência (f)	reikalãvimas (v)	[rʲɛɪka'lʲa:vʲɪmas]
exigir (vt)	reikaláuti	[rʲɛɪka'lʲɑʊtʲɪ]

insultar (chamar nomes)	érzinti	['ɛrzʲɪntʲɪ]
zombar (vt)	šaipýtis	[ʃʌɪ'pʲi:tʲɪs]
zombaria (f)	pajuoka (m)	[pajʊɑ'ka]
alcunha (f), apelido (m)	pravardě̃ (m)	[pravar'dʲe:]

insinuação (f)	užúomina (m)	[ʊ'ʒʊɑmʲɪna]
insinuar (vt)	užsimiñti	[ʊʒsʲɪ'mʲɪntʲɪ]
querer dizer	numanýti	[nʊma'nʲi:tʲɪ]

descrição (f)	aprãšymas (v)	[ap'ra:ʃɪ:mas]
descrever (vt)	aprašýti	[apra'ʃɪ:tʲɪ]
elogio (m)	pagyrìmas (v)	[pagʲi:'rʲɪmas]
elogiar (vt)	pagìrti	[pa'gʲɪrtʲɪ]

desapontamento (m)	nusivylìmas (v)	[nʊsʲɪvʲi:'lʲɪmas]
desapontar (vt)	nuvìlti	[nʊ'vʲɪlʲtʲɪ]
desapontar-se (vr)	nusivìlti	[nʊsʲɪ'vʲɪlʲtʲɪ]

suposição (f)	príelaida (m)	['prʲiɛlʲʌɪda]
supor (vt)	numanýti	[nʊma'nʲi:tʲɪ]
advertência (f)	įspéjìmas (v)	[i:spʲe:'jɪmas]

| advertir (vt) | įspéti | [iːsˈpʲeːtʲɪ] |

67. Discussão, conversação. Parte 3

| convencer (vt) | įkalbéti | [iːkalʲˈbʲeːtʲɪ] |
| acalmar (vt) | ramìnti, gúosti | [raˈmʲɪntʲɪ], [ˈɡuɑstʲɪ] |

silêncio (o ~ é de ouro)	tyléjimas (v)	[tʲiːˈlʲɛjɪmas]
ficar em silêncio	tyléti	[tʲiːˈlʲeːtʲɪ]
sussurrar (vt)	sušnabždéti	[suʃnabʒˈdʲeːtʲɪ]
sussurro (m)	šnabždesỹs (v)	[ʃnabʒdʲɛˈsʲiːs]

| francamente | atviraĩ | [atvʲɪˈrʌɪ] |
| na minha opinião … | màno núomone … | [ˈmanɔ ˈnuɑmonʲɛ …] |

detalhe (~ da história)	išsamùmas (v)	[ɪʃsaˈmumas]
detalhado (adj)	išsamùs	[ɪʃsaˈmus]
detalhadamente	išsamiaĩ	[ɪʃsaˈmʲɛɪ]

| dica (f) | užúomina (m) | [ʊˈʒuɑmʲɪna] |
| dar uma dica | pasakinéti | [pasakʲɪˈnʲeːtʲɪ] |

olhar (m)	žvìlgsnis (v)	[ˈʒvʲɪlʲɡsnʲɪs]
dar uma olhada	žvìlgteléti	[ˈʒvʲɪlʲktelʲeːtʲɪ]
fixo (olhada ~a)	nèjudantis	[ˈnʲɛjudantʲɪs]
piscar (vi)	mirkséti	[mʲɪrkˈsʲeːtʲɪ]
piscar (vt)	mìrkteléti	[ˈmʲɪrktelʲeːtʲɪ]
acenar com a cabeça	lìnkteléti	[ˈlʲɪŋktelʲeːtʲɪ]

suspiro (m)	iškvėpis (v)	[ˈɪʃkvʲeːpʲɪs]
suspirar (vi)	įkvėpti	[iːkˈvʲeːptʲɪ]
estremecer (vi)	krũpčioti	[ˈkruːptʂʲotʲɪ]
gesto (m)	gèstas (v)	[ˈɡʲɛstas]
tocar (com as mãos)	prisiliẽsti	[prʲɪsʲɪˈlʲiɛstʲɪ]
agarrar (~ pelo braço)	griẽbti	[ˈɡrʲɛptʲɪ]
bater de leve	plekšnóti	[plʲɛkʃˈnotʲɪ]

Cuidado!	Atsargiaĩ!	[atsarˈɡʲɛɪ!]
Sério?	Nejaũgi?	[nʲɛˈjɛʊɡʲɪ?]
Tem certeza?	Tù įsitìkinęs?	[ˈtʊ iːsʲɪˈtʲiːkʲɪnʲɛːs?]
Boa sorte!	Sėkmẽs!	[sʲeːkˈmʲeːs!]
Entendi!	Áišku!	[ˈʌɪʃkʊ!]
Que pena!	Gaĩla!	[ˈɡʌɪlʲa!]

68. Acordo. Recusa

consentimento (~ mútuo)	sutikìmas (v)	[sʊtʲɪˈkʲɪmas]
consentir (vi)	sutìkti	[sʊˈtʲɪktʲɪ]
aprovação (f)	pritarìmas (v)	[prʲɪtaˈrʲɪmas]
aprovar (vt)	pritar̃ti	[prʲɪˈtartʲɪ]
recusa (f)	atsisãkymas (v)	[atsʲɪˈtsaːkʲiːmas]
negar-se a …	atsisakýti	[atsʲɪsaˈkʲiːtʲɪ]

Ótimo!	Puikù!	[pʊi'kʊ!]
Tudo bem!	Geraĩ!	[gʲɛ'rʌɪ!]
Está bem! De acordo!	Geraĩ!	[gʲɛ'rʌɪ!]

proibido (adj)	uždraustas	['ʊჳdrɑʊstas]
é proibido	negalimà	[nʲɛgalʲɪ'ma]
é impossível	nejmãnoma	[nʲɛɪ:'ma:noma]
incorreto (adj)	neteisìngas	[nʲɛtʲɛɪ'sʲɪngas]

rejeitar (~ um pedido)	atmèsti	[at'mʲɛstʲɪ]
apoiar (vt)	palaikýti	[palʲʌɪ'kʲi:tʲɪ]
aceitar (desculpas, etc.)	priim̃ti	[prʲɪ'imtʲɪ]

confirmar (vt)	patvìrtinti	[pat'vʲɪrtʲɪntʲɪ]
confirmação (f)	patvìrtinimas (v)	[pat'vʲɪrtʲɪnʲɪmas]
permissão (f)	leidìmas (v)	[lʲɛɪ'dʲɪmas]
permitir (vt)	léisti	['lʲɛɪstʲɪ]
decisão (f)	sprendìmas (v)	[sprʲɛn'dʲɪmas]
não dizer nada	nutyléti	[nʊtʲi:'lʲe:tʲɪ]

condição (com uma ~)	sąlyga (m)	['sa:lʲi:ga]
pretexto (m)	atsikalbinéjimas (v)	[atsʲɪkalʲbʲɪ'nʲɛjɪmas]
elogio (m)	pagyrìmas (v)	[pagʲi:'rʲɪmas]
elogiar (vt)	gìrti	['gʲɪrtʲɪ]

69. Sucesso. Boa sorte. Insucesso

êxito, sucesso (m)	sėkmě̃ (m)	[sʲe:k'mʲe:]
com êxito	sėkmìngai	[sʲe:k'mʲɪngʌɪ]
bem sucedido (adj)	sėkmìngas	[sʲe:k'mʲɪngas]

sorte (fortuna)	sėkmě̃ (m)	[sʲe:k'mʲe:]
Boa sorte!	Sėkmě̃s!	[sʲe:k'mʲe:s!]
de sorte	sėkmìngas	[sʲe:k'mʲɪngas]
sortudo, felizardo (adj)	sėkmìngas	[sʲe:k'mʲɪngas]

fracasso (m)	nesėkmě̃ (m)	[nʲɛsʲe:k'mʲe:]
pouca sorte (f)	nesėkmě̃ (m)	[nʲɛsʲe:k'mʲe:]
azar (m), má sorte (f)	nesėkmě̃ (m)	[nʲɛsʲe:k'mʲe:]

mal sucedido (adj)	nesėkmìngas	[nʲɛsʲe:k'mʲɪngas]
catástrofe (f)	katastrofà (m)	[katastro'fa]

orgulho (m)	išdidùmas (v)	[ɪʃdʲɪ'dʊmas]
orgulhoso (adj)	išdidùs	[ɪʃdʲɪ'dʊs]
estar orgulhoso, -a	didžiúotis	[dʲɪ'dʒʲʊatʲɪs]

vencedor (m)	nugalétojas (v)	[nʊga'lʲe:to:jɛs]
vencer (vi, vt)	nugaléti	[nʊga'lʲe:tʲɪ]
perder (vt)	pralaiméti	[pralʲʌɪ'mʲe:tʲɪ]
tentativa (f)	baňdymas (v)	['bandʲi:mas]
tentar (vt)	bandýti	[ban'dʲi:tʲɪ]
chance (m)	šãnsas (v)	['ʃansas]

70. Conflitos. Emoções negativas

grito (m)	rìksmas (v)	['rʲɪksmas]
gritar (vi)	rěkti	['rʲeːktʲɪ]
começar a gritar	užrìkti	[ʊʒ'rʲɪktʲɪ]
discussão (f)	bar͠nis (v)	['barnʲɪs]
brigar (discutir)	bártis	['bartʲɪs]
escândalo (m)	skandãlas (v)	[skan'daːlʲas]
criar escândalo	kélti skandãlą	['kʲɛlʲtʲɪ skandaːlaː]
conflito (m)	konflìktas (v)	[kɔn'flʲɪktas]
mal-entendido (m)	nesusipratìmas (v)	[nʲɛsʊsʲɪpra'tʲɪmas]
insulto (m)	įžeidìmas (v)	[iːʒʲɛɪ'dʲɪːmas]
insultar (vt)	įžeidinéti	[iːʒʲɛɪdʲɪ'nʲeːtʲɪ]
insultado (adj)	įͤžeistas	['iːʒʲɛɪstas]
ofensa (f)	núoskauda (m)	['nʊɑskɑʊda]
ofender (vt)	nuskriaũsti	[nʊ'skrʲɛʊstʲɪ]
ofender-se (vr)	įsižeìsti	[iːsʲɪ'ʒʲɛɪstʲɪ]
indignação (f)	pasipìktinimas (v)	[pasʲɪ'pʲɪktʲɪnʲɪmas]
indignar-se (vr)	pasipìktinti	[pasʲɪ'pʲɪktʲɪntʲɪ]
queixa (f)	skuñdas (v)	['skʊndas]
queixar-se (vr)	skų́stis	['skuːstʲɪs]
desculpa (f)	atsiprašymas (v)	[atsʲɪ'praːʃɪmas]
desculpar-se (vr)	atsiprašynéti	[atsʲɪ'praʃɪːnʲeːtʲɪ]
pedir perdão	prašýti atleidìmo	[pra'ʃɪːtʲɪ atlʲɛɪ'dʲɪmɔ]
crítica (f)	krìtika (m)	['krʲɪtʲɪka]
criticar (vt)	kritikúoti	[krʲɪtʲɪ'kʊatʲɪ]
acusação (f)	káltinimas (v)	['kalʲtʲɪnʲɪmas]
acusar (vt)	káltinti	['kalʲtʲɪntʲɪ]
vingança (f)	ker͠štas (v)	['kʲɛrʃtas]
vingar (vt)	ker͠šyti	['kʲɛrʃɪːtʲɪ]
vingar-se de	atker͠šyti	[at'kʲɛrʃɪːtʲɪ]
desprezo (m)	pasmerkìmas (v)	[pasmʲɛr'kʲɪmas]
desprezar (vt)	smer͠kti	['smʲɛrktʲɪ]
ódio (m)	neapýkanta (m)	[nʲɛa'pʲiːkanta]
odiar (vt)	nekę̃sti	[nʲɛ'kʲɛːstʲɪ]
nervoso (adj)	nervúotas	[nʲɛr'vʊatas]
estar nervoso	nèrvintis	['nʲɛrvʲɪntʲɪs]
zangado (adj)	pìktas	['pʲɪktas]
zangar (vt)	supýkdyti	[sʊ'pʲiːkdʲiːtʲɪ]
humilhação (f)	žẽminimas (v)	['ʒʲæmʲɪnʲɪmas]
humilhar (vt)	žẽminti	['ʒʲæmʲɪntʲɪ]
humilhar-se (vr)	žẽmintis	['ʒʲæmʲɪntʲɪs]
choque (m)	šòkas (v)	['ʃokas]
chocar (vt)	šokirúoti	[ʃokʲɪ'rʊatʲɪ]
aborrecimento (m)	nemalonùmas (v)	[nʲɛmalʲo'nʊmas]

desagradável (adj)	nemalonùs	[nʲɛmalʲoˈnʊs]
medo (m)	báimė (m)	[ˈbʌɪmʲeː]
terrível (tempestade, etc.)	baisùs	[bʌɪˈsʊs]
assustador (ex. história ~a)	baisùs	[bʌɪˈsʊs]
horror (m)	siaũbas (v)	[ˈsʲɛʊbas]
horrível (crime, etc.)	siaubìngas	[sʲɛʊˈbʲɪngas]

começar a tremer	suvirpéti	[sʊvʲɪrˈpʲeːtʲɪ]
chorar (vi)	veȓkti	[ˈvʲɛrktʲɪ]
começar a chorar	pradéti veȓkti	[praˈdʲeːtʲɪ ˈverktʲɪ]
lágrima (f)	ãšara (m)	[ˈaːʃara]

falta (f)	kaltě (m)	[kalʲˈtʲeː]
culpa (f)	kaltě (m)	[kalʲˈtʲeː]
desonra (f)	géda (m)	[ˈgʲeːda]
protesto (m)	protèstas (v)	[proˈtʲɛstas]
estresse (m)	strèsas (v)	[ˈstrʲɛsas]

perturbar (vt)	trukdýti	[trʊkˈdʲiːtʲɪ]
zangar-se com ...	pŷkti	[ˈpʲiːktʲɪ]
zangado (irritado)	pìktas	[ˈpʲɪktas]
terminar (vt)	nutráukti	[nʊˈtraʊktʲɪ]
praguejar	bártis	[ˈbartʲɪs]

assustar-se	baugìntis	[baʊˈgʲɪntʲɪs]
golpear (vt)	treñkti	[ˈtrʲɛŋktʲɪ]
brigar (na rua, etc.)	mùštis	[ˈmʊʃtʲɪs]

resolver (o conflito)	sureguliúoti	[sʊrʲɛgʊˈlʲʊɑtʲɪ]
descontente (adj)	nepaténkintas	[nʲɛpaˈtʲɛŋkʲɪntas]
furioso (adj)	įníršęs	[iːˈnʲɪrʃɛːs]

Não está bem!	Negeraĩ!	[nʲɛgʲɛˈrʌɪ!]
É ruim!	Negeraĩ!	[nʲɛgʲɛˈrʌɪ!]

Medicina

doença (f)	ligà (m)	[lʲɪ'ga]
estar doente	sìrgti	['sʲɪrktʲɪ]
saúde (f)	sveikatà (m)	[svʲɛɪka'ta]
nariz (m) escorrendo	slogà (m)	[slʲo'ga]
amigdalite (f)	anginà (m)	[angʲɪ'na]
resfriado (m)	péršalimas (v)	['pʲɛrʃalʲɪmas]
ficar resfriado	péršalti	['pʲɛrʃalʲtʲɪ]
bronquite (f)	bronchìtas (v)	[bron'xʲɪtas]
pneumonia (f)	plaũčių uždegìmas (v)	['plʲɑʊtʂʲu: ʊʒdʲɛ'gʲɪmas]
gripe (f)	grìpas (v)	['grʲɪpas]
míope (adj)	trumparégis	[trʊmpa'rʲægʲɪs]
presbita (adj)	toliarégis	[tolʲæ'rʲægʲɪs]
estrabismo (m)	žvairùmas (v)	[ʒvʌɪ'rʊmas]
estrábico, vesgo (adj)	žvaĩras	['ʒvʌɪras]
catarata (f)	kataraktà (m)	[katarak'ta]
glaucoma (m)	glaukomà (m)	[glʲɑʊko'ma]
AVC (m), apoplexia (f)	insùltas (v)	[ɪn'sʊlʲtas]
ataque (m) cardíaco	infárktas (v)	[ɪn'farktas]
enfarte (m) do miocárdio	miokárda infárktas (v)	[mʲɪjo'karda in'farktas]
paralisia (f)	paralỹžius (v)	[para'lʲi:ʒʲʊs]
paralisar (vt)	paraližúoti	[paralʲɪ'ʒʊɑtʲɪ]
alergia (f)	alèrgija (m)	[a'lʲɛrgʲɪjɛ]
asma (f)	astmà (m)	[ast'ma]
diabetes (f)	diabètas (v)	[dʲɪja'bʲɛtas]
dor (f) de dente	dantų̃ skaũsmas (v)	[dan'tu: 'skɑʊsmas]
cárie (f)	kãriesas (v)	['ka:rʲɪɛsas]
diarreia (f)	diaréja (m)	[dʲɪjarʲe:ja]
prisão (f) de ventre	vidurių̃ užkietéjimas (v)	[vʲɪdʊ'rʲu: ʊʒkʲɪɛ'tʲɛjɪmas]
desarranjo (m) intestinal	skrañdžio sutrikìmas (v)	['skrandʒʲɔ sʊtrʲɪ'kʲɪmas]
intoxicação (f) alimentar	apsinuõdijimas (v)	[apsʲɪ'nʊɑdʲɪjimas]
intoxicar-se	apsinuõdyti	[apsʲɪ'nʊɑdʲɪ:tʲɪ]
artrite (f)	artrìtas (v)	[art'rʲɪtas]
raquitismo (m)	rachìtas (v)	[ra'xʲɪtas]
reumatismo (m)	reumatìzmas (v)	[rʲɛuma'tʲɪzmas]
arteriosclerose (f)	aterosklerozè (m)	[aterosklʲɛ'rozʲe:]
gastrite (f)	gastrìtas (v)	[gas'trʲɪtas]
apendicite (f)	apendicìtas (v)	[apʲɛndʲɪ'tsʲɪtas]

colecistite (f)	**cholecistìtas** (v)	[xolʲɛtsʲɪsʲ'tʲɪtas]
úlcera (f)	**opà** (m)	[o'pa]

sarampo (m)	**tymaĩ** (v)	[tʲi:'mʌɪ]
rubéola (f)	**raudoniùkė** (m)	[raʊdo'nʲʊkʲe:]
icterícia (f)	**geltà** (m)	[gʲɛlʲ'ta]
hepatite (f)	**hepatìtas** (v)	[ɣʲɛpa'tʲɪtas]

esquizofrenia (f)	**šizofrènija** (m)	[ʃʲɪzo'frʲɛnʲɪjɛ]
raiva (f)	**pasiùtligė** (m)	[pa'sʲʊtlʲɪgʲe:]
neurose (f)	**neuròzė** (m)	[nʲɛʊ'rozʲe:]
contusão (f) cerebral	**smegenų̃ sutrenkìmas** (v)	[smʲɛgʲɛ'nu: sʊtrʲɛŋ'kʲɪmas]

câncer (m)	**vėžỹs** (v)	[vʲe:'ʒʲi:s]
esclerose (f)	**skleròzė** (m)	[sklʲɛ'rozʲe:]
esclerose (f) múltipla	**išsėtìnė skleròzė** (m)	[ɪʃsʲe:'tʲɪnʲe: sklʲɛ'rozʲe:]

alcoolismo (m)	**alkoholìzmas** (v)	[alʲkoɣo'lʲɪzmas]
alcoólico (m)	**alokoholikas** (v)	[aloko'ɣolʲɪkas]
sífilis (f)	**sìfilis** (v)	['sʲɪfʲɪlʲɪs]
AIDS (f)	**ŽIV** (v)	['ʒʲɪv]

tumor (m)	**auglỹs** (v)	[aʊg'lʲi:s]
febre (f)	**karštligė** (m)	['karʃtlʲɪgʲe:]
malária (f)	**maliãrija** (m)	[ma'lʲær'ɪjɛ]
gangrena (f)	**gangrenà** (m)	[gangrʲɛ'na]
enjoo (m)	**jū̃ros ligà** (m)	['ju:ros lʲɪ'ga]
epilepsia (f)	**epilèpsija** (m)	[ɛpʲɪ'lʲɛpsʲɪjɛ]

epidemia (f)	**epidèmija** (m)	[ɛpʲɪ'dʲɛmʲɪjɛ]
tifo (m)	**šìltinė** (m)	['ʃʲɪlʲtʲɪnʲe:]
tuberculose (f)	**tuberkuliòzė** (m)	[tʊberkʊ'lʲozʲe:]
cólera (f)	**chòlera** (m)	['xolʲɛra]
peste (f) bubônica	**mãras** (v)	['ma:ras]

72. Sintomas. Tratamentos. Parte 1

sintoma (m)	**simptòmas** (v)	[sʲɪmp'tomas]
temperatura (f)	**temperatūrà** (m)	[tʲɛmpʲɛratu:'ra]
febre (f)	**aukštà temperatūrà** (m)	[aʊkʃ'ta tʲɛmpʲɛratu:'ra]
pulso (m)	**pùlsas** (v)	['pʊlʲsas]

vertigem (f)	**galvõs svaigìmas** (v)	[galʲ'vo:s svʌɪ'gʲɪmas]
quente (testa, etc.)	**karštas**	['karʃtas]
calafrio (m)	**drebulỹs** (v)	[drʲɛbʊ'lʲi:s]
pálido (adj)	**išbãlęs**	[ɪʃ'ba:lʲɛ:s]

tosse (f)	**kosulỹs** (v)	[kɔsʊ'lʲi:s]
tossir (vi)	**kósėti**	['kosʲe:tʲɪ]
espirrar (vi)	**čiáudėti**	['tʂʲæʊdʲe:tʲɪ]
desmaio (m)	**nualpìmas** (v)	[nʊ'alʲpʲɪmas]
desmaiar (vi)	**nualpti**	[nʊ'alʲptʲɪ]
mancha (f) preta	**mėlỹnė** (m)	[mʲe:'lʲi:nʲe:]
galo (m)	**gùzas** (v)	['gʊzas]

machucar-se (vr)	atsitreñkti	[atsʲɪ'trʲɛŋktʲɪ]
contusão (f)	sumušìmas (v)	[sʊmʊ'ʃɪmas]
machucar-se (vr)	susimùšti	[sʊsʲɪ'mʊʃtʲɪ]
mancar (vi)	šlubúoti	[ʃlʲʊ'bʊatʲɪ]
deslocamento (f)	išnirìmas (v)	[ɪʃnʲɪ'rʲɪmas]
deslocar (vt)	išnarìnti	[ɪʃna'rʲɪntʲɪ]
fratura (f)	lũžis (v)	['lʲu:ʒʲɪs]
fraturar (vt)	susiláužyti	[sʊsʲɪ'lʲauʒʲi:tʲɪ]
corte (m)	įpjovìmas (v)	[i:pjo'vʲɪ:mas]
cortar-se (vr)	įsipjáuti	[i:sʲɪ'pjautʲɪ]
hemorragia (f)	kraujãvimas (v)	[krɑʊ'ja:vʲɪmas]
queimadura (f)	nudegìmas (v)	[nʊdʲɛ'gʲɪmas]
queimar-se (vr)	nusidẽginti	[nʊsʲɪ'dʲægʲɪntʲɪ]
picar (vt)	įdùrti	[i:'dʊrtʲɪ]
picar-se (vr)	įsidùrti	[i:sʲɪ'dʊrtʲɪ]
lesionar (vt)	susižalóti	[sʊsʲɪʒa'lʲotʲɪ]
lesão (m)	sužalójimas (v)	[sʊʒa'lʲo:jɪmas]
ferida (f), ferimento (m)	žaizdà (m)	[ʒʌɪz'da]
trauma (m)	tráuma (m)	['trɑʊma]
delirar (vi)	sapalióti	[sapa'lʲotʲɪ]
gaguejar (vi)	mikčióti	[mʲɪk'tʃʲotʲɪ]
insolação (f)	sáulės smũgis (v)	['sɑʊlʲe:s 'smu:gʲɪs]

73. Sintomas. Tratamentos. Parte 2

dor (f)	skaũsmas (v)	['skɑʊsmas]
farpa (no dedo, etc.)	rakštìs (m)	[rakʃtʲɪs]
suor (m)	prãkaitas (v)	['pra:kʌɪtas]
suar (vi)	prakaitúoti	[prakʌɪ'tʊatʲɪ]
vômito (m)	pýkinimas (v)	['pʲi:kʲɪnʲɪmas]
convulsões (f pl)	traukùliai (v)	[trɑʊ'kʊlʲɛɪ]
grávida (adj)	nėščià	[nʲe:ʃtʃʲæ]
nascer (vi)	gìmti	['gʲɪmtʲɪ]
parto (m)	gim̃dymas (v)	['gʲɪmdʲi:mas]
dar à luz	gimdýti	[gʲɪm'dʲi:tʲɪ]
aborto (m)	abòrtas (v)	[a'bortas]
respiração (f)	kvėpãvimas (v)	[kvʲe:'pa:vʲɪmas]
inspiração (f)	įkvėpis (v)	['i:kvʲe:pʲɪs]
expiração (f)	iškvėpìmas (v)	[ɪʃkvʲe:'pʲɪmas]
expirar (vi)	iškvẽpti	[ɪʃ'kvʲe:ptʲɪ]
inspirar (vi)	įkvẽpti	[i:k'vʲe:ptʲɪ]
inválido (m)	invalìdas (v)	[ɪnva'lʲɪdas]
aleijado (m)	luošỹs (v)	[lʲʊa'ʃʲɪ:s]
drogado (m)	narkomãnas (v)	[narko'ma:nas]
surdo (adj)	kuřčias	['kʊrtʃʲæs]

mudo (adj)	nebylỹs	[nʲɛbʲiːˈlʲiːs]
surdo-mudo (adj)	kurčnebylis	[ˈkurtṣnʲɛbʲiːlʲɪs]
louco, insano (adj)	pamìšęs	[paˈmʲɪʃɛːs]
louco (m)	pamìšęs (v)	[paˈmʲɪʃɛːs]
louca (f)	pamišusi (m)	[paˈmʲɪʃusʲɪ]
ficar louco	išprotéti	[ɪʃproˈtʲeːtʲɪ]
gene (m)	gènas (v)	[ˈgʲɛnas]
imunidade (f)	imunitètas (v)	[ɪmunʲɪˈtʲetas]
hereditário (adj)	paveldimas	[paˈvʲɛlʲdʲɪmas]
congênito (adj)	ìgimtas	[ˈiːgʲɪmtas]
vírus (m)	vìrusas (v)	[ˈvʲɪrusas]
micróbio (m)	mikròbas (v)	[mʲɪkˈrobas]
bactéria (f)	baktèrija (m)	[bakˈtʲɛrʲɪjɛ]
infecção (f)	infèkcija (m)	[ɪnˈfʲɛktsʲɪjɛ]

74. Sintomas. Tratamentos. Parte 3

hospital (m)	ligóninė (m)	[lʲɪˈgonʲɪnʲeː]
paciente (m)	pacieñtas (v)	[paˈtsʲiɛntas]
diagnóstico (m)	diagnòzė (m)	[dʲɪjagˈnozʲeː]
cura (f)	gỹdymas (v)	[ˈgʲiːdʲiːmas]
tratamento (m) médico	gỹdymas (v)	[ˈgʲiːdʲiːmas]
curar-se (vr)	gỹdytis	[ˈgʲiːdʲiːtʲɪs]
tratar (vt)	gỹdyti	[ˈgʲiːdʲiːtʲɪ]
cuidar (pessoa)	slaugỹti	[slʲɑuˈgʲiːtʲɪ]
cuidado (m)	slaugà (m)	[slʲɑuˈga]
operação (f)	operãcija (m)	[opʲɛˈraːtsʲɪjɛ]
enfaixar (vt)	pérrišti	[ˈpʲɛrrʲɪʃtʲɪ]
enfaixamento (m)	pérrišimas (v)	[ˈpʲɛrrʲɪʃɪmas]
vacinação (f)	skiẽpas (v)	[ˈskʲɛpas]
vacinar (vt)	skiẽpyti	[ˈskʲɛpʲiːtʲɪ]
injeção (f)	įdūrìmas (v)	[iːduːˈrʲɪːmas]
dar uma injeção	suléisti vaistus	[suˈlʲɛɪstʲɪ ˈvʌɪstus]
ataque (~ de asma, etc.)	príepuolis (v)	[ˈprʲɪɛpuɑlʲɪs]
amputação (f)	amputãcija (m)	[ampuˈta:tsʲɪjɛ]
amputar (vt)	amputúoti	[ampuˈtuɑtʲɪ]
coma (f)	komà (m)	[kɔˈma]
estar em coma	bűti kõmoje	[ˈbuːtʲɪ ˈkõmojɛ]
reanimação (f)	reanimãcija (m)	[rʲɛanʲɪˈmaːtsʲɪjɛ]
recuperar-se (vr)	sveikti ...	[ˈsvʲɛɪktʲɪ ...]
estado (~ de saúde)	bűklė (m)	[ˈbuːklʲeː]
consciência (perder a ~)	sąmonė (f)	[ˈsa:monʲeː]
memória (f)	atmintìs (m)	[atmʲɪnˈtʲɪs]
tirar (vt)	šãlinti	[ˈʃa:lʲɪntʲɪ]
obturação (f)	plòmba (m)	[ˈplʲomba]

obturar (vt)	plombúoti	[plʲom'buatʲɪ]
hipnose (f)	hipnòzė (m)	[ɣʲɪp'nozʲe:]
hipnotizar (vt)	hipnotizúoti	[ɣʲɪpnotʲɪ'zuatʲɪ]

75. Médicos

médico (m)	gýdytojas (v)	['gʲi:dʲi:to:jɛs]
enfermeira (f)	medicìnos sesėlė (m)	[mʲɛdʲɪ'tsʲɪnos se'sʲælʲe:]
médico (m) pessoal	asmenìnis gýdytojas (v)	[asmʲɛ'nʲɪnʲɪs 'gʲi:dʲi:to:jɛs]

dentista (m)	dantìstas (v)	[dan'tʲɪstas]
oculista (m)	okulìstas (v)	[oku'lʲɪstas]
terapeuta (m)	terapèutas (v)	[tʲɛra'pʲɛutas]
cirurgião (m)	chirùrgas (v)	[xʲɪ'rurgas]

psiquiatra (m)	psichiãtras (v)	[psʲɪxʲɪ'jatras]
pediatra (m)	pediãtras (v)	[pʲɛ'dʲɪ'jatras]
psicólogo (m)	psichologas (v)	[psʲɪxo'lʲogas]
ginecologista (m)	ginekologas (v)	[gʲɪnʲɛko'lʲogas]
cardiologista (m)	kardiologas (v)	[kardʲɪjo'lʲogas]

76. Medicina. Drogas. Acessórios

medicamento (m)	váistas (v)	['vʌɪstas]
remédio (m)	príemonė (m)	['prʲiɛmonʲe:]
receitar (vt)	išrašýti	[ɪʃra'ʃɪ:tʲɪ]
receita (f)	recèptas (v)	[rʲɛ'tsʲɛptas]

comprimido (m)	tablėtė (m)	[tab'lʲɛtʲe:]
unguento (m)	tėpalas (v)	['tʲæpalʲas]
ampola (f)	ámpulė (m)	['ampulʲe:]
solução, preparado (m)	mikstūrà (m)	[mʲɪkstu:'ra]
xarope (m)	sìrupas (v)	['sʲɪrupas]
cápsula (f)	piliùlė (m)	[pʲɪ'lʲulʲe:]
pó (m)	miltėliai (v dgs)	[mʲɪlʲ'tʲælʲɛɪ]

atadura (f)	bìntas (v)	['bʲɪntas]
algodão (m)	vatà (m)	[va'ta]
iodo (m)	jòdas (v)	[jɔ das]

curativo (m) adesivo	pleístras (v)	['plʲɛɪstras]
conta-gotas (m)	pipètė (m)	[pʲɪ'pʲɛtʲe:]
termômetro (m)	termomètras (v)	[tʲɛrmo'mʲɛtras]
seringa (f)	švìrkštas (v)	['ʃvʲɪrkʃtas]

| cadeira (f) de rodas | neigaliójo vežimėlis (v) | [nʲɛɪ:ga'lʲojo vʲɛ'ʒʲɪmʲe:lʲɪs] |
| muletas (f pl) | rameñtai (v dgs) | [ra'mʲɛntʌɪ] |

| analgésico (m) | skausmą malšìnantys vaistai (v dgs) | ['skausma: malʲʃʲɪnantʲi:s 'vʌɪstʌɪ] |

| laxante (m) | laísvinantys váistai (v dgs) | ['lʲʌɪsvʲɪnantʲi:s 'vʌɪstʌɪ] |
| álcool (m) | spìritas (v) | ['spʲɪrʲɪtas] |

| ervas (f pl) medicinais | žolė (m) | [ʒoˈlʲeː] |
| de ervas (chá ~) | žolìnis | [ʒoˈlʲɪnʲɪs] |

77. Fumar. Produtos tabágicos

tabaco (m)	tabōkas (v)	[taˈboːkas]
cigarro (m)	cigarètė (m)	[tsʲɪgaˈrʲɛtʲeː]
charuto (m)	cigāras (v)	[tsʲɪˈgaːras]
cachimbo (m)	pýpkė (m)	[ˈpʲiːpkʲeː]
maço (~ de cigarros)	pakelìs (v)	[pakʲɛˈlʲɪs]

fósforos (m pl)	degtùkai (v)	[dʲɛgˈtʊkʌɪ]
caixa (f) de fósforos	degtùkų dėžùtė (m)	[dʲɛgˈtʊku: dʲeːˈʒʊtʲeː]
isqueiro (m)	žiebtuvĕlis (v)	[ʒʲiɛptʊˈvʲeːlʲɪs]
cinzeiro (m)	pelenìnė (m)	[pʲɛlʲɛˈnʲɪnʲeː]
cigarreira (f)	portsigāras (v)	[portsʲɪˈgaːras]

| piteira (f) | kandìklis (v) | [kanˈdʲɪklʲɪs] |
| filtro (m) | fìltras (v) | [ˈfʲɪlʲtras] |

fumar (vi, vt)	rūkýti	[ruːˈkʲiːtʲɪ]
acender um cigarro	užrūkýti	[ʊʒruːˈkʲiːtʲɪ]
tabagismo (m)	rũkymas (v)	[ˈruːkʲiːmas]
fumante (m)	rūkōrius (v)	[ruːˈkoːrʲʊs]

bituca (f)	núorūka (m)	[ˈnʊɑruːka]
fumaça (f)	dũmas (v)	[ˈduːmas]
cinza (f)	pelenaĩ (v dgs)	[pʲɛlʲɛˈnʌɪ]

HABITAT HUMANO

Cidade

Português	Lituano	Transcrição
cidade (f)	miẽstas (v)	['mⁱɛstas]
capital (f)	sóstinė (m)	['sostⁱɪnⁱe:]
aldeia (f)	káimas (v)	['kʌɪmas]
mapa (m) da cidade	miẽsto plãnas (v)	['mⁱɛstɔ 'pⁱa:nas]
centro (m) da cidade	miẽsto ceñtras (v)	['mⁱɛstɔ 'tsⁱɛntras]
subúrbio (m)	príemiestis (v)	['prⁱɛmⁱɛstⁱɪs]
suburbano (adj)	príemiesčio	['prⁱɛmⁱiɛstʂɔ]
periferia (f)	pakraštỹs (v)	[pakraʃ'tⁱi:s]
arredores (m pl)	apýlinkės (m dgs)	[a'pⁱi:ⁱⁱɪŋkⁱe:s]
quarteirão (m)	kvartãlas (v)	[kvar'ta:ⁱas]
quarteirão (m) residencial	gyvẽnamas kvartãlas (v)	[gⁱi:'vⁱænamas kvar'ta:ⁱas]
tráfego (m)	judéjimas (v)	[jʊ'dⁱɛjɪmas]
semáforo (m)	šviesofòras (v)	[ʃvⁱiɛso'foras]
transporte (m) público	miẽsto transpòrtas (v)	['mⁱɛstɔ trans'portas]
cruzamento (m)	sánkryža (m)	['saŋkrⁱi:ʒa]
faixa (f)	péreja (m)	['pⁱɛrⁱe:ja]
túnel (m) subterrâneo	požemìnė péreja (m)	[poʒe'mⁱɪnⁱe: 'pⁱærⁱe:ja]
cruzar, atravessar (vt)	péreiti	['pⁱɛrⁱɛɪtⁱɪ]
pedestre (m)	péstysis (v)	['pⁱe:stⁱi:sⁱɪs]
calçada (f)	šalìgatvis (v)	[ʃa'lⁱɪgatvⁱɪs]
ponte (f)	tìltas (v)	['tⁱɪlⁱtas]
margem (f) do rio	krantìnė (m)	[kran'tⁱɪnⁱe:]
alameda (f)	aléja (m)	[a'lⁱe:ja]
parque (m)	párkas (v)	['parkas]
bulevar (m)	bulvãras (v)	[bʊlⁱⁱ'va:ras]
praça (f)	aikště̃ (m)	[ʌɪkʃ'tⁱe:]
avenida (f)	prospèktas (v)	[pros'pⁱɛktas]
rua (f)	gãtvė (m)	['ga:tvⁱe:]
travessa (f)	skersgatvis (v)	['skⁱɛrsgatvⁱɪs]
beco (m) sem saída	tupìkas (v)	[tʊ'pⁱɪkas]
casa (f)	nãmas (v)	['na:mas]
edifício, prédio (m)	pãstatas (v)	['pa:statas]
arranha-céu (m)	dangóraižis (v)	[dan'gorʌɪʒⁱɪs]
fachada (f)	fasãdas (v)	[fa'sa:das]
telhado (m)	stógas (v)	['stogas]

janela (f)	lángas (v)	['lʲaŋgas]
arco (m)	árka (m)	['arka]
coluna (f)	koloná (m)	[kɔlʲo'na]
esquina (f)	kaṁpas (v)	['kampas]

vitrine (f)	vitriná (m)	[vʲitrʲɪ'na]
letreiro (m)	iškaba (m)	['ɪʃkaba]
cartaz (do filme, etc.)	afiša (m)	[afʲɪ'ʃa]
cartaz (m) publicitário	reklãminis plakãtas (v)	[rʲɛk'lʲa:mʲɪnʲɪs plʲa'ka:tas]
painel (m) publicitário	reklãminis skỹdas (v)	[rʲɛk'lʲa:mʲɪnʲɪs 'skʲi:das]

lixo (m)	šiùkšlės (m dgs)	['ʃukʃlʲe:s]
lata (f) de lixo	ùrna (m)	['urna]
jogar lixo na rua	šiùkšlinti	['ʃukʃlʲɪntʲɪ]
aterro (m) sanitário	sąvartýnas (v)	[sa:var'tʲi:nas]

orelhão (m)	telefòno bùdelė (m)	[tʲɛlʲɛ'fɔnɔ 'budelʲe:]
poste (m) de luz	žibiṅto stuĺpas (v)	[ʒʲɪ'bʲɪntɔ 'stuʎpas]
banco (m)	suólas (v)	['sualʲas]

polícia (m)	polìcininkas (v)	[po'lʲɪtsʲɪnʲɪŋkas]
polícia (instituição)	polìcija (m)	[po'lʲɪtsʲɪjɛ]
mendigo, pedinte (m)	skur̃džius (v)	['skurdʒʲus]
desabrigado (m)	benãmis (v)	[bʲɛ'na:mʲɪs]

79. Instituições urbanas

loja (f)	parduotùvė (m)	[pardua'tuvʲe:]
drogaria (f)	vaìstinė (m)	['vʌɪstʲɪnʲe:]
ótica (f)	òptika (m)	['optʲɪka]
centro (m) comercial	prekýbos ceṅtras (v)	[prʲɛ'kʲi:bos 'tsʲɛntras]
supermercado (m)	supermárketas (v)	[supʲɛr'markʲɛtas]

padaria (f)	bandēlių kráutuvė (m)	[ban'dʲæʎu: 'krautuvʲe:]
padeiro (m)	kepéjas (v)	[kʲɛ'pʲe:jas]
pastelaria (f)	konditèrija (m)	[kondʲɪ'tʲɛrʲɪjɛ]
mercearia (f)	bakaléja (m)	[baka'lʲe:ja]
açougue (m)	mėsõs kráutuvė (m)	[mʲe:'so:s 'krautuvʲe:]

fruteira (f)	daržóvių kráutuvė (m)	[dar'ʒovʲu: 'krautuvʲe:]
mercado (m)	prekývietė (m)	[prʲɛ'kʲi:vʲiɛtʲe:]

cafeteria (f)	kavìnė (m)	[ka'vʲɪnʲe:]
restaurante (m)	restorãnas (v)	[rʲɛsto'ra:nas]
bar (m)	alùdė (m)	[a'lʲudʲe:]
pizzaria (f)	picèrija (m)	[pʲɪ'tsʲɛrʲɪjɛ]

salão (m) de cabeleireiro	kirpyklá (m)	[kʲɪrpʲi:k'lʲa]
agência (f) dos correios	pãštas (v)	['pa:ʃtas]
lavanderia (f)	valyklá (m)	[valʲi:k'la]
estúdio (m) fotográfico	fotoateljė̃ (v)	[fotoate'lʲje:]

sapataria (f)	ãvalynės parduotùvė (m)	['a:valʲi:nʲe:s pardua'tuvʲe:]
livraria (f)	knygýnas (v)	[knʲi:'gʲi:nas]

loja (f) de artigos esportivos	sportinių prekių parduotuvė (m)	['sportⁱɪnʲu: 'prʲækʲu: parduɑ'tuvʲe:]
costureira (m)	drabužių taisykla (m)	[dra'buʒʲu: tʌɪsʲi:k'lʲa]
aluguel (m) de roupa	drabužių núoma (m)	[dra'buʒʲu: 'nuɑma]
videolocadora (f)	filmų núoma (m)	['fʲɪlʲmu: 'nuɑma]

circo (m)	cirkas (v)	['tsʲɪrkas]
jardim (m) zoológico	zoológijos sõdas (v)	[zoo'lʲogʲɪjɔs 'so:das]
cinema (m)	kino teãtras (v)	['kʲɪnɔ tʲɛ'a:tras]
museu (m)	muziejus (v)	[mu'zʲɛjʊs]
biblioteca (f)	biblioteka (m)	[bʲɪblʲɪjɔtʲɛ'ka]

teatro (m)	teãtras (v)	[tʲɛ'a:tras]
ópera (f)	òpera (m)	['opʲɛra]
boate (casa noturna)	naktìnis klùbas (v)	[nak'tʲɪnʲɪs 'klʲubas]
cassino (m)	kazino (v)	[kazʲɪ'no]

mesquita (f)	mečetė (m)	[mʲɛ'tsʲɛtʲe:]
sinagoga (f)	sinagoga (m)	[sʲɪnago'ga]
catedral (f)	kãtedra (m)	['ka:tʲɛdra]
templo (m)	šventykla (m)	[ʃvʲɛntʲi:k'lʲa]
igreja (f)	bažnýčia (m)	[baʒ'nʲi:tsʲæ]

faculdade (f)	institùtas (v)	[ɪnstʲɪ'tutas]
universidade (f)	universitètas (v)	[unʲɪvʲɛrsʲɪ'tʲɛtas]
escola (f)	mokykla (m)	[mokʲi:k'lʲa]

prefeitura (f)	prefektūra (m)	[prʲɛfʲɛk'tu:ra]
câmara (f) municipal	savivaldýbė (m)	[savʲɪvalʲ'dʲi:bʲe:]
hotel (m)	viešbutis (v)	['vʲɛʃbutʲɪs]
banco (m)	bánkas (v)	['baŋkas]

embaixada (f)	ambasada (m)	[ambasa'da]
agência (f) de viagens	turìzmo agentūra (m)	[tu'rʲɪzmɔ agʲɛntu:'ra]
agência (f) de informações	informãcijos biùras (v)	[ɪnfor'ma:tsʲɪjɔs 'bʲuras]
casa (f) de câmbio	keitykla (m)	[kʲɛɪtʲi:k'lʲa]

metrô (m)	metro	[mʲɛ'tro]
hospital (m)	ligóninė (m)	[lʲɪ'gonʲɪnʲe:]

posto (m) de gasolina	degalìnė (m)	[dʲɛga'lʲɪnʲe:]
parque (m) de estacionamento	stovėjimo aikštēlė (m)	[sto'vʲɛjɪmɔ ʌɪkʃ'tʲælʲe:]

80. Sinais

letreiro (m)	iškaba (m)	['ɪʃkaba]
aviso (m)	užrašas (v)	['uʒraʃas]
cartaz, pôster (m)	plakãtas (v)	[plʲa'ka:tas]
placa (f) de direção	núoroda (m)	['nuɑroda]
seta (f)	rodýklė (m)	[ro'dʲi:klʲe:]

aviso (advertência)	pérspėjimas (v)	['pʲɛrspʲe:jimas]
sinal (m) de aviso	įspėjìmas (v)	[i:spʲe:'jɪmas]
avisar, advertir (vt)	įspéti	[i:s'pʲe:tʲɪ]

dia (m) de folga	išeiginė dienā (m)	[ɪʃɛɪˈgʲɪnʲe: dʲɛˈna]
horário (~ dos trens, etc.)	tvarkãraštis (v)	[tvarˈka:raʃtʲɪs]
horário (m)	dárbo valandõs (m dgs)	[ˈdarbɔ valʲanˈdo:s]

BEM-VINDOS!	SVEIKÌ ATVŶKĘ!	[svʲɛɪˈkʲɪ atˈvʲi:kʲɛ:!]
ENTRADA	ĮĖJÌMAS	[i:ˈɛ:ˈjɪmas]
SAÍDA	IŠĖJÌMAS	[ɪʃeˈjɪmas]

EMPURRE	STÙMTI	[ˈstʊmtʲɪ]
PUXE	TRÁUKTI	[ˈtraʊktʲɪ]
ABERTO	ATIDARÝTA	[atʲɪdaˈrʲi:ta]
FECHADO	UŽDARÝTA	[ʊʒdaˈrʲi:ta]

| MULHER | MÓTERIMS | [ˈmotʲɛrʲɪms] |
| HOMEM | VÝRAMS | [ˈvʲi:rams] |

DESCONTOS	NÚOLAIDOS	[ˈnʊalʲʌɪdos]
SALDOS, PROMOÇÃO	IŠPARDAVÌMAS	[ɪʃparda'vʲɪmas]
NOVIDADE!	NAUJÍENA!	[naʊˈjiɛna!]
GRÁTIS	NEMÓKAMAI	[nʲɛˈmokamʌɪ]

ATENÇÃO!	DĖMESIO!	[ˈdʲe:mesʲɔ!]
NÃO HÁ VAGAS	VIĖTŲ NĖRA	[ˈvʲɛtu: ˈnʲe:ra]
RESERVADO	REZERVÚOTA	[rʲɛzʲɛrˈvʊata]

ADMINISTRAÇÃO	ADMINISTRÃCIJA	[admʲɪnʲɪsˈtratsʲɪja]
SOMENTE PESSOAL	TÌK PERSONÃLUI	[ˈtʲɪk pʲɛrsoˈnalʲʊi]
AUTORIZADO		

CUIDADO CÃO FEROZ	PIKTAS ŠUO	[ˈpʲɪktas ˈʃʊa]
PROIBIDO FUMAR!	RŪKÝTI DRAŪDŽIAMA	[ru:ˈkʲi:tʲɪ ˈdraʊdʒʲæma]
NÃO TOCAR	NELIĖSTI!	[nʲɛˈlʲɛstʲɪ!]

PERIGOSO	PAVOJÌNGA	[pavoˈjɪnga]
PERIGO	PAVÓJUS	[paˈvo:jʊs]
ALTA TENSÃO	AUKŠTÀ ĮTAMPA	[aʊkʃˈta ˈi:tampa]
PROIBIDO NADAR	MÁUDYTIS DRAŪDŽIAMA	[ˈmaʊdʲi:tʲɪs ˈdraʊdʒʲæma]
COM DEFEITO	NEVEÎKIA	[nʲɛˈvʲɛɪkʲɛ]

INFLAMÁVEL	DEGÙ	[dʲɛˈgʊ]
PROIBIDO	DRAŪDŽIAMA	[ˈdraʊdʒʲæma]
ENTRADA PROIBIDA	PRAĖJÌMAS	[praeˈjɪmas
	DRAŪDŽIAMAS	ˈdraʊdʒʲæmas]
CUIDADO TINTA FRESCA	NUDAŽYTA	[nʊdaˈʒʲi:ta]

81. Transportes urbanos

ônibus (m)	autobùsas (v)	[aʊtoˈbʊsas]
bonde (m) elétrico	tramvãjus (v)	[tramˈva:jʊs]
trólebus (m)	troleibùsas (v)	[trolʲɛɪˈbʊsas]
rota (f), itinerário (m)	maršrùtas (v)	[marʃˈrʊtas]
número (m)	nùmeris (v)	[ˈnʊmʲɛrʲɪs]
ir de … (carro, etc.)	važiúoti …	[vaˈʒʲʊatʲɪ …]
entrar no …	įlìpti į̃ …	[i:ˈlʲɪ:ptʲɪ i: …]

descer do ...	išlìpti ìš ...	[ıʃˈlʲɪptʲɪ ɪʃ ...]
parada (f)	stotẽlė (m)	[sto'tʲælʲe:]
próxima parada (f)	kità stotẽlė (f)	[kʲɪ'ta sto'tʲælʲe:]
terminal (m)	galutìnė stotẽlė (m)	[galʊ'tʲɪnʲe: sto'tʲælʲe:]
horário (m)	tvarkãraštis (v)	[tvar'ka:raʃtʲɪs]
esperar (vt)	láukti	[ˈlʲaukt'ɪ]

passagem (f)	bìlietas (v)	[ˈbʲɪlʲiɛtas]
tarifa (f)	bìlieto káina (m)	[ˈbʲɪlʲiɛto 'kʌɪna]

bilheteiro (m)	kãsininkas (v)	[ˈka:sʲɪnʲɪŋkas]
controle (m) de passagens	kontrolė (m)	[kɔn'trolʲe:]
revisor (m)	kontroliẽrius (v)	[kɔntro'lʲɛrʲʊs]

atrasar-se (vr)	vėlúoti	[vʲe:ˈlʲʊatʲɪ]
perder (o autocarro, etc.)	pavėlúoti	[pavʲe:ˈlʲʊatʲɪ]
estar com pressa	skubẽti	[skʊ'bʲe:tʲɪ]

táxi (m)	taksì (v)	[tak'sʲɪ]
taxista (m)	taksìstas (v)	[tak'sʲɪstas]
de táxi (ir ~)	sù taksì	[ˈsʊ tak'sʲɪ]
ponto (m) de táxis	taksì stovéjimo aikštẽlė (m)	[tak'sʲɪ sto'vʲɛjɪmɔ ʌɪkʃ'tʲælʲe:]
chamar um táxi	iškviẽsti taksì	[ɪʃk'vʲɛstʲɪ tak'sʲɪ]
pegar um táxi	įsėstì į̃ taksì	[i:sʲes'tʲɪ i: tak'sʲɪ:]

tráfego (m)	gãtvės judéjimas (v)	[ˈga:tvʲe:s jʊ'dʲɛjɪmas]
engarrafamento (m)	kamštis (v)	[ˈkamʃtʲɪs]
horas (f pl) de pico	pìko vãlandos (m dgs)	[ˈpʲɪko 'va:lʲandos]
estacionar (vi)	parkúotis	[par'kʊatʲɪs]
estacionar (vt)	parkúoti	[par'kʊatʲɪ]
parque (m) de estacionamento	stovéjimo aikštẽlė (m)	[sto'vʲɛjɪmo ʌɪkʃ'tʲælʲe:]

metrô (m)	metrò	[mʲɛ'tro]
estação (f)	stotìs (m)	[sto'tʲɪs]
ir de metrô	važiúoti metrò	[va'ʒʲʊatʲɪ mʲɛ'tro]
trem (m)	traukinỹs (v)	[traʊkʲɪ'nʲi:s]
estação (f) de trem	stotìs (m)	[sto'tʲɪs]

82. Turismo

monumento (m)	pamiñklas (v)	[pa'mʲɪŋklʲas]
fortaleza (f)	tvirtóvė (m)	[tvʲɪr'tovʲe:]
palácio (m)	rū́mai (v)	[ˈru:mʌɪ]
castelo (m)	pilìs (m)	[pʲɪ'lʲɪs]
torre (f)	bókštas (v)	[ˈbokʃtas]
mausoléu (m)	mauzoliẽjus (v)	[maʊzo'lʲɛjʊs]

arquitetura (f)	architektūrà (m)	[arxʲɪtʲɛktu:'ra]
medieval (adj)	vidùramžių	[vʲɪ'dʊramʒʲu:]
antigo (adj)	senóvinis	[sʲɛ'novʲɪnʲɪs]
nacional (adj)	nacionãlinis	[natsʲɪjo'na:lʲɪnʲɪs]
famoso, conhecido (adj)	žymùs	[ʒʲi:'mʊs]
turista (m)	turìstas (v)	[tʊ'rʲɪstas]
guia (pessoa)	gìdas (v)	[ˈgʲɪdas]

excursão (f)	ekskùrsija (m)	[ɛksˈkʊrsʲɪjɛ]
mostrar (vt)	ródyti	[ˈrodʲiːtʲɪ]
contar (vt)	pãsakoti	[ˈpaːsakotʲɪ]

encontrar (vt)	rãsti	[ˈrastʲɪ]
perder-se (vr)	pasiklýsti	[pasʲɪˈklʲiːstʲɪ]
mapa (~ do metrô)	schemà (m)	[sxʲɛˈma]
mapa (~ da cidade)	plãnas (v)	[ˈplʲaːnas]

lembrança (f), presente (m)	suvenýras (v)	[sʊvʲɛˈnʲiːras]
loja (f) de presentes	suvenýrų parduotùvė (m)	[sʊveˈnʲiːruː pardʊaˈtʊvʲeː]
tirar fotos, fotografar	fotgrafúoti	[fotograˈfʊatʲɪ]
fotografar-se (vr)	fotografúotis	[fotograˈfʊatʲɪs]

83. Compras

comprar (vt)	pírkti	[ˈpʲɪrktʲɪ]
compra (f)	pirkinýs (v)	[pʲɪrkʲɪˈnʲiːs]
fazer compras	apsipírkti	[apsʲɪˈpʲɪrktʲɪ]
compras (f pl)	apsipirkìmas (v)	[apsʲɪpʲɪrˈkʲɪmas]

| estar aberta (loja) | veĩkti | [ˈvʲɛɪktʲɪ] |
| estar fechada | užsidarýti | [ʊʒsʲɪdaˈrʲiːtʲɪ] |

calçado (m)	ãvalynė (m)	[ˈaːvalʲiːnʲeː]
roupa (f)	drabùžiai (v)	[draˈbʊʒʲɛɪ]
cosméticos (m pl)	kosmètika (m)	[kɔsˈmʲɛtʲɪka]
alimentos (m pl)	prodùktai (v)	[proˈdʊktʌɪ]
presente (m)	dovanà (m)	[dovaˈna]

| vendedor (m) | pardavéjas (v) | [pardaˈvʲeːjas] |
| vendedora (f) | pardavéja (m) | [pardaˈvʲeːja] |

caixa (f)	kasà (m)	[kaˈsa]
espelho (m)	veĩdrodis (v)	[ˈvʲɛɪdrodʲɪs]
balcão (m)	prekýstalis (v)	[prʲɛˈkʲiːstalʲɪs]
provador (m)	matãvimosi kabinà (m)	[maˈtaːvʲɪmosʲɪ kabʲɪˈna]

provar (vt)	matúoti	[maˈtʊatʲɪ]
servir (roupa, caber)	tìkti	[ˈtʲɪktʲɪ]
gostar (apreciar)	patìkti	[paˈtʲɪktʲɪ]

preço (m)	káina (m)	[ˈkʌɪna]
etiqueta (f) de preço	kainýnas (v)	[kʌɪˈnʲiːnas]
custar (vt)	kainúoti	[kʌɪˈnʊatʲɪ]
Quanto?	Kíek?	[ˈkʲiɛk?]
desconto (m)	núolaida (m)	[ˈnʊalʲʌɪda]

não caro (adj)	nebrangùs	[nʲɛbranˈgʊs]
barato (adj)	pigùs	[pʲɪˈgʊs]
caro (adj)	brangùs	[branˈgʊs]
É caro	Taĩ brangù.	[ˈtʌɪ branˈgʊ]
aluguel (m)	núoma (m)	[ˈnʊama]
alugar (roupas, etc.)	išsinúomoti	[ɪʃsʲɪrˈnʊamotʲɪ]

crédito (m)	kredìtas (v)	[krʲɛ'dʲɪtas]
a crédito	kreditù	[krʲɛdʲɪ'tʊ]

84. Dinheiro

dinheiro (m)	pinigaĩ (v)	[pʲɪnʲɪ'gʌɪ]
câmbio (m)	keitìmas (v)	[kʲɛɪ'tʲɪmas]
taxa (f) de câmbio	kùrsas (v)	['kʊrsas]
caixa (m) eletrônico	bankomãtas (v)	[baŋko'ma:tas]
moeda (f)	monetà (m)	[monʲɛ'ta]

dólar (m)	dóleris (v)	['dolʲɛrʲɪs]
euro (m)	eũras (v)	['ɛʊ̃ras]

lira (f)	lirà (m)	[lʲɪ'ra]
marco (m)	márkė (m)	['markʲe:]
franco (m)	fránkas (v)	['fraŋkas]
libra (f) esterlina	svãras (v)	['sva:ras]
iene (m)	jenà (m)	[jɛ'na]

dívida (f)	skolà (m)	[sko'lʲa]
devedor (m)	skõlininkas (v)	['sko:lʲɪnʲɪŋkas]
emprestar (vt)	dúoti į̃ skõlą	['dʊatʲɪ i: 'sko:lʲa:]
pedir emprestado	im̃ti į̃ skõlą	['ɪmtʲɪ i: 'sko:lʲa:]

banco (m)	bánkas (v)	['baŋkas]
conta (f)	sąskaita (m)	['sa:skʌɪta]
depositar na conta	dėti į̃ sąskaitą	['dʲe:tʲɪ i: 'sa:skʌɪta:]
sacar (vt)	im̃ti iš sąskaitos	['ɪmtʲɪ ɪʃ 'sa:skʌɪtos]

cartão (m) de crédito	kredìtinė kortẽlė (m)	[krʲɛ'dʲɪtʲɪnʲe: kor'tʲælʲe:]
dinheiro (m) vivo	gryníeji pinigaĩ (v)	[grʲi:'nʲiɛjɪ pʲɪnʲɪ'gʌɪ]
cheque (m)	čėkis (v)	['tʂʲɛkʲɪs]
passar um cheque	išrašýti čėkį	[ɪʃra'ʃʲɪ:tʲɪ 'tʂʲɛkʲɪ:]
talão (m) de cheques	čėkių knygẽlė (m)	['tʂʲɛkʲu: knʲi:'gʲælʲe:]

carteira (f)	piniginė (m)	[pʲɪnʲɪ'gʲɪnʲe:]
niqueleira (f)	piniginė (m)	[pʲɪnʲɪ'gʲɪnʲe:]
cofre (m)	seĩfas (v)	['sʲɛɪfas]

herdeiro (m)	paveldėtojas (v)	[pavelʲ'dʲe:to:jɛs]
herança (f)	palikìmas (v)	[palʲɪ'kʲɪmas]
fortuna (riqueza)	tur̃tas (v)	['tʊrtas]

arrendamento (m)	núoma (m)	['nʊama]
aluguel (pagar o ~)	bùto mókestis (v)	['bʊtɔ 'mokʲɛstʲɪs]
alugar (vt)	núomotis	['nʊamotʲɪs]

preço (m)	káina (m)	['kʌɪna]
custo (m)	káina (m)	['kʌɪna]
soma (f)	sumà (m)	[sʊ'ma]

gastar (vt)	léisti	['lʲɛɪstʲɪ]
gastos (m pl)	sąnaudos (m dgs)	['sa:nɑʊdos]

economizar (vi)	taupýti	[tɑʊ'pʲi:tʲɪ]
econômico (adj)	taupùs	[tɑʊ'pʊs]

pagar (vt)	mokéti	[mo'kʲe:tʲɪ]
pagamento (m)	apmokéjimas (v)	[apmo'kʲɛjɪmas]
troco (m)	grąžà (m)	[gra:'ʒa]

imposto (m)	mókestis (v)	['mokʲɛstʲɪs]
multa (f)	baudà (m)	[bɑʊ'da]
multar (vt)	baùsti	['bɑʊstʲɪ]

85. Correios. Serviço postal

agência (f) dos correios	pãštas (v)	['pa:ʃtas]
correio (m)	pãštas (v)	['pa:ʃtas]
carteiro (m)	pãštininkas (v)	['pa:ʃtʲɪnʲɪŋkas]
horário (m)	dárbo valandõs (m dgs)	['darbɔ valʲan'do:s]

carta (f)	laĩškas (v)	['lʲʌɪʃkas]
carta (f) registada	užsakýtas laĩškas (v)	[ʊʒsa'kʲi:tas 'lʲʌɪʃkas]
cartão (m) postal	atvirùtė (m)	[atvʲɪ'rʊtʲe:]
telegrama (m)	telegramà (m)	[tʲɛlʲɛgra'ma]
encomenda (f)	siuntinỹs (v)	[sʲʊntʲɪ'nʲi:s]
transferência (f) de dinheiro	piniginis pavedìmas (v)	[pʲɪnʲɪ'gʲɪnʲɪs pavʲɛ'dʲɪmas]

receber (vt)	gáuti	['gɑʊtʲɪ]
enviar (vt)	išsiũsti	[ɪʃ'sʲu:stʲɪ]
envio (m)	išsiuntìmas (v)	[ɪʃsʲʊn'tʲɪmas]

endereço (m)	ãdresas (v)	['a:drʲɛsas]
código (m) postal	iñdeksas (v)	['ɪndʲɛksas]
remetente (m)	siuntéjas (v)	[sʲʊn'tʲe:jas]
destinatário (m)	gavéjas (v)	[ga'vʲe:jas]

nome (m)	var̃das (v)	['vardas]
sobrenome (m)	pavardẽ (m)	[pavar'dʲe:]

tarifa (f)	tarìfas (v)	[ta'rʲɪfas]
ordinário (adj)	įprastas	['i:prastas]
econômico (adj)	taupùs	[tɑʊ'pʊs]

peso (m)	svõris (v)	['svo:rʲɪs]
pesar (estabelecer o peso)	svérti	['svʲɛrtʲɪ]
envelope (m)	võkas (v)	['vo:kas]
selo (m) postal	markùtė (m)	[mar'kʊtʲe:]

Moradia. Casa. Lar

86. Casa. Habitação

casa (f)	nãmas (v)	['naːmas]
em casa	namuosè	[namʊɑ'sʲɛ]
pátio (m), quintal (f)	kiẽmas (v)	['kʲɛmas]
cerca, grade (f)	tvorà (m)	[tvo'ra]
tijolo (m)	plytà (m)	[pʰʲiː'ta]
de tijolos	plỹtinis	['pʰʲiːtʲɪnʲɪs]
pedra (f)	akmuõ (v)	[ak'mʊɑ]
de pedra	akmenìnis	[akmʲɛ'nʲɪnʲɪs]
concreto (m)	betònas (v)	[bʲɛ'tonas]
concreto (adj)	betòninis	[bʲɛ'tonʲɪnʲɪs]
novo (adj)	naũjas	['nɑʊjas]
velho (adj)	sẽnas	['sʲænas]
decrépito (adj)	senàsis	[sʲɛ'nasʲɪs]
moderno (adj)	šiuolaikìnis	[ʃʲʊolʲʌɪ'kʲɪnʲɪs]
de vários andares	daugiaaũkštis	[dɑʊgʲæ'ɑʊkʃtʲɪs]
alto (adj)	aúkštas	['ɑʊkʃtas]
andar (m)	aũkštas (v)	['ɑʊkʃtas]
de um andar	vienaaũkštis	[vʲɪɛna'ɑʊkʃtʲɪs]
térreo (m)	apatìnis aũkštas (v)	[apa'tʲɪnʲɪs 'ɑʊkʃtas]
andar (m) de cima	viršutìnis aũkštas (v)	[vʲɪrʃʊ'tʲɪnʲɪs 'ɑʊkʃtas]
telhado (m)	stògas (v)	['stogas]
chaminé (f)	vamzdis (v)	['vamzdʲɪs]
telha (f)	čérpė (m)	['tʂʲærpʲeː]
de telha	čérpinis	['tʂʲɛrpʲɪnʲɪs]
sótão (m)	palépė (m)	[pa'lʲeːpʲeː]
janela (f)	lángas (v)	['lʲangas]
vidro (m)	stìklas (v)	['stʲɪklʲas]
parapeito (m)	palángė (m)	[pa'lʲangʲeː]
persianas (f pl)	langìnės (m dgs)	[lʲan'gʲɪnʲeːs]
parede (f)	síena (m)	['sʲɪɛna]
varanda (f)	balkònas (v)	[balʲ'konas]
calha (f)	stógvamzdis (v)	['stogvamzdʲɪs]
em cima	viršujè	[vʲɪrʃʊ'jæ]
subir (vi)	kìlti	['kʲɪlʲtʲɪ]
descer (vi)	leistis	['lʲɛɪstʲɪs]
mudar-se (vr)	pérvažiuoti	['pʲɛrvaʒʲʊotʲɪ]

87. Casa. Entrada. Elevador

entrada (f)	láiptinė (m)	[ˈlʲʌɪptʲɪnʲe:]
escada (f)	láiptai (v dgs)	[ˈlʲʌɪptʌɪ]
degraus (m pl)	láiptai (v)	[ˈlʲʌɪptʌɪ]
corrimão (m)	turĕklai (v dgs)	[tʊˈrʲe:klʲʌɪ]
hall (m) de entrada	hòlas (v)	[ˈɣolʲas]
caixa (f) de correio	pãšto dėžùtė (m)	[ˈpa:ʃtʊ dʲe:ˈʒʊtʲe:]
lata (f) do lixo	šiukšlių bãkas (v)	[ʃʲʊkʃlʲu: ˈba:kas]
calha (f) de lixo	šiukšliãvamzdis (v)	[ʃʲʊkʃlʲævamzdʲɪs]
elevador (m)	lìftas (v)	[ˈlʲɪftas]
elevador (m) de carga	krovinìnis lìftas (v)	[krovʲɪˈnʲɪnʲɪs lʲɪftas]
cabine (f)	kabinà (m)	[kabʲɪˈna]
pegar o elevador	važiuóti liftù	[vaˈʒʲʊɑtʲɪ lʲɪfˈtʊ]
apartamento (m)	bùtas (v)	[ˈbʊtas]
residentes (pl)	gyvéntojai (v dgs)	[gʲiˈvʲɛnto:jɛi]
vizinho (m)	kaimýnas (v)	[kʌɪˈmʲi:nas]
vizinha (f)	kaimýnė (m)	[kʌɪˈmʲi:nʲe:]
vizinhos (pl)	kaimýnai (v dgs)	[kʌɪˈmʲi:nʌɪ]

88. Casa. Eletricidade

eletricidade (f)	elektrà (m)	[ɛlʲɛktˈra]
lâmpada (f)	lempùtė (m)	[lʲɛmˈpʊtʲe:]
interruptor (m)	jungìklis (v)	[jʊnˈgʲɪklʲɪs]
fusível, disjuntor (m)	kam̃štis (v)	[ˈkamʃtʲɪs]
fio, cabo (m)	laĩdas (v)	[ˈlʲʌɪdas]
instalação (f) elétrica	instaliãcija (m)	[ɪnstaˈlʲæts ʲɪjɛ]
medidor (m) de eletricidade	skaitliùkas (v)	[skʌɪtˈlʲʊkas]
indicação (f), registro (m)	paródymas (v)	[paˈrodʲi:mas]

89. Casa. Portas. Fechaduras

porta (f)	dùrys (m dgs)	[ˈdʊrʲi:s]
portão (m)	vartai (v)	[ˈvartʌɪ]
maçaneta (f)	rañkena (m)	[ˈraŋkʲɛna]
destrancar (vt)	atrakìnti	[atraˈkʲɪntʲɪ]
abrir (vt)	atidarýti	[atʲɪdaˈrʲi:tʲɪ]
fechar (vt)	uždarýti	[ʊʒdaˈrʲi:tʲɪ]
chave (f)	rãktas (v)	[ˈra:ktas]
molho (m)	ryšulỹs (v)	[rʲi:ʃʊˈlʲi:s]
ranger (vi)	girgždéti	[gʲɪrgʒˈdʲe:tʲɪ]
rangido (m)	girgždesỹs (v)	[gʲɪrgʒdʲɛˈsʲi:s]
dobradiça (f)	výris (v)	[ˈvi:rʲɪs]
capacho (m)	kìlimas (v)	[ˈkʲɪlʲɪmas]
fechadura (f)	spynà (m)	[spʲiˈna]

buraco (m) da fechadura	spynõs skylùtė (m)	[spʲiː'noːs skʲiː'lʲʊtʲeː]
barra (f)	sklą̃stis (v)	['sklʲaːstʲɪs]
fecho (ferrolho pequeno)	sklendė̃ (m)	[sklʲɛn'dʲeː]
cadeado (m)	pakabìnama spynã (m)	[paka'bʲɪnama spʲiː'na]

tocar (vt)	skam̃binti	['skambʲɪntʲɪ]
toque (m)	skambùtis (v)	[skam'bʊtʲɪs]
campainha (f)	skambùtis (v)	[skam'bʊtʲɪs]
botão (m)	mygtùkas (v)	[mʲiːk'tʊkas]
batida (f)	beldìmas (v)	[bʲɛlʲ'dʲɪmas]
bater (vi)	baladóti	[balʲa'dotʲɪ]

código (m)	kòdas (v)	['kodas]
fechadura (f) de código	kodúota spynã (m)	[kɔ'dʊota spʲiː'na]
interfone (m)	domofònas (v)	[domo'fonas]
número (m)	nùmeris (v)	['nʊmʲɛrʲɪs]
placa (f) de porta	lentėlė̃ (m)	[lʲɛn'tʲælʲeː]
olho (m) mágico	akùtė (m)	[a'kʊtʲeː]

90. Casa de campo

aldeia (f)	káimas (v)	['kʌɪmas]
horta (f)	dar̃žas (v)	['darʒas]
cerca (f)	tvorà (m)	[tvo'ra]
cerca (f) de piquete	aptvarà (m)	[aptva'ra]
portão (f) do jardim	vartẽliai (v dgs)	[var'tʲælʲɛɪ]

celeiro (m)	klétis (v)	['klʲeːtʲɪs]
adega (f)	pógrindis (v)	['pogrʲɪndʲɪs]
galpão, barracão (m)	daržinė̃ (m)	[darʒʲɪ'nʲeː]
poço (m)	šulinỹs (v)	[ʃʊlʲɪ'nʲiːs]

fogão (m)	pečiùs (v)	[pʲɛ'tʂʲʊs]
atiçar o fogo	kūrénti	[kuː'rʲɛntʲɪ]
lenha (carvão ou ~)	málkos (m dgs)	['malʲkos]
acha, lenha (f)	málka (m)	['malʲka]

varanda (f)	veránda (m)	[vʲɛ'randa]
alpendre (m)	terasà (m)	[tʲɛra'sa]
degraus (m pl) de entrada	príeangis (v)	['prʲiɛangʲɪs]
balanço (m)	supynẽs (m dgs)	[sʊpʲiː'nʲeːs]

91. Moradia. Mansão

casa (f) de campo	ùžmiesčio nãmas (v)	['ʊʒmʲiɛstʂʲɔ 'naːmas]
vila (f)	vilà (m)	[vʲɪ'lʲa]
ala (~ do edifício)	spar̃nas (v)	['sparnas]

jardim (m)	sõdas (v)	['soːdas]
parque (m)	párkas (v)	['parkas]
estufa (f)	oranžèrija (m)	[oran'ʒʲɛrʲɪjɛ]
cuidar de ...	prižiūréti	[prʲɪʒʲuː'rʲeːtʲɪ]

piscina (f)	baseinas (v)	[ba'sʲɛɪnas]
academia (f) de ginástica	spórto sãlé (m)	['sportɔ sa:'lʲe:]
quadra (f) de tênis	tèniso kòrtas (v)	['tʲɛnʲɪsɔ 'kortas]
cinema (m)	kìno teãtras (v)	['kʲɪnɔ tʲɛ'a:tras]
garagem (f)	garãžas (v)	[ga'ra:ʒas]

| propriedade (f) privada | asmenìnė nuosavýbė (m) | [asme'nʲɪnʲe: nuɑsa'vʲi:bʲe:] |
| terreno (m) privado | asmenìnės valdõs (m) | [asme'nʲɪnʲe:s 'valʲdo:s] |

| advertência (f) | pérspėjimas (v) | ['pʲɛrspʲe:jimas] |
| sinal (m) de aviso | įspéjantis ùžrašas (v) | [i:s'pʲe:jantʲɪs 'uʒraʃas] |

guarda (f)	apsaugà (m)	[apsɑʊ'ga]
guarda (m)	apsaugìnis (v)	[apsɑʊ'gʲɪnʲɪs]
alarme (m)	signalizãcija (m)	[sʲɪgnalʲɪ'za:tsʲɪjɛ]

92. Castelo. Palácio

castelo (m)	pilìs (m)	[pʲɪ'lʲɪs]
palácio (m)	rũmai (v)	['ru:mʌɪ]
fortaleza (f)	tvirtóvė (m)	[tvʲɪr'tovʲe:]
muralha (f)	síena (m)	['sʲiɛna]
torre (f)	bókštas (v)	['bokʃtas]
calabouço (m)	pagrindìnė síena (m)	[pagrʲɪn'dʲɪnʲe: 'sʲiɛna]

grade (f) levadiça	pakeliamì vartai (v)	[pakʲɛlʲæ'mʲɪ 'vartʌɪ]
passagem (f) subterrânea	požéminis praėjìmas (v)	[poʒʲe:mʲɪnʲɪs pralʲe:'jɪmas]
fosso (m)	griovýs (v)	[grʲo'vʲi:s]
corrente, cadeia (f)	grandìs (m)	[gran'dʲɪs]
seteira (f)	šáudymo angà (m)	['ʃɑʊdʲi:mɔ an'ga]

magnífico (adj)	nuostabùs	[nuɑsta'bʊs]
majestoso (adj)	didìngas	[dʲɪ'dʲɪngas]
inexpugnável (adj)	neprieìnamas	[nʲɛprʲiʲɛɪnamas]
medieval (adj)	vidùramžių	[vʲɪ'dʊramʒʲu:]

93. Apartamento

apartamento (m)	bùtas (v)	['bʊtas]
quarto, cômodo (m)	kambarỹs (v)	[kamba'rʲi:s]
quarto (m) de dormir	miegamàsis (v)	[mʲiɛga'masʲɪs]
sala (f) de jantar	valgomàsis (v)	[valʲgo'masʲɪs]
sala (f) de estar	svečių̃ kambarỹs (v)	[svʲɛ'tʂu: kamba'rʲi:s]
escritório (m)	kabìnetas (v)	[kabʲɪ'nʲɛtas]

sala (f) de entrada	príeškambaris (v)	['prʲiɛʃkambarʲɪs]
banheiro (m)	voniõs kambarỹs (v)	[vo'nʲo:s kamba'rʲi:s]
lavabo (m)	tualètas (v)	[tʊa'lʲɛtas]

teto (m)	lùbos (m dgs)	['lʲʊbos]
chão, piso (m)	griñdys (m dgs)	['grʲɪndʲi:s]
canto (m)	kampas (v)	['kampas]

94. Apartamento. Limpeza

arrumar, limpar (vt)	tvarkýti	[tvar'kʲiːtʲɪ]
guardar (no armário, etc.)	tvarkýti (išnešti)	[tvar'kʲiːtʲɪ]
pó (m)	dùlkės (m dgs)	['dʊlʲkʲeːs]
empoeirado (adj)	dulkétas	[dʊlʲ'kʲeːtas]
tirar o pó	valýti dùlkes	[va'lʲiːtʲɪ 'dʊlʲkʲɛs]
aspirador (m)	dùlkių siurblỹs (v)	['dʊlʲkʲu: sʲʊr'blʲiːs]
aspirar (vt)	siur̃bti	['sʲʊrptʲɪ]
varrer (vt)	šlúoti	['ʃlʲʊatʲɪ]
sujeira (f)	šiùkšlés (m dgs)	['ʃʊkʃlʲeːs]
arrumação, ordem (f)	tvarkà (m)	[tvar'ka]
desordem (f)	netvarkà (m)	[nʲɛtvar'ka]
esfregão (m)	plaušìnė šlúota (m)	[plʲɑʊ'ʃɪnʲe: 'ʃlʲʊata]
pano (m), trapo (m)	skùduras (v)	['skʊdʊras]
vassoura (f)	šlúota (m)	['ʃlʲʊata]
pá (f) de lixo	semtuvẽlis (v)	[sʲɛmtʊvʲeːlʲɪs]

95. Mobiliário. Interior

mobiliário (m)	bãldai (v)	['balʲdʌɪ]
mesa (f)	stãlas (v)	['staːlʲas]
cadeira (f)	kėdẽ (m)	[kʲeː'dʲeː]
cama (f)	lóva (m)	['lʲova]
sofá, divã (m)	sofà (m)	[so'fa]
poltrona (f)	fòtelis (v)	['fotʲɛlʲɪs]
estante (f)	spìnta (m)	['spʲɪnta]
prateleira (f)	lentýna (m)	[lʲɛn'tʲiːna]
guarda-roupas (m)	drabùžių spìnta (m)	[dra'bʊʒʲu: 'spʲɪnta]
cabide (m) de parede	pakabà (m)	[paka'ba]
cabideiro (m) de pé	kabyklà (m)	[kabʲiːk'lʲa]
cômoda (f)	komodà (m)	[kɔmo'da]
mesinha (f) de centro	žurnãlinis staliùkas (v)	[ʒʊr'naːlʲɪnʲɪs sta'lʲʊkas]
espelho (m)	veĩdrodis (v)	['vʲɛɪdrodʲɪs]
tapete (m)	kìlimas (v)	['kʲɪlʲɪmas]
tapete (m) pequeno	kilimẽlis (v)	[kʲɪlʲɪ'mʲeːlʲɪs]
lareira (f)	židinỹs (v)	[ʒʲɪdʲɪ'nʲiːs]
vela (f)	žvãkė (m)	['ʒva:kʲeː]
castiçal (m)	žvakìdė (m)	[ʒva'kʲɪdʲeː]
cortinas (f pl)	užúolaidos (m dgs)	[ʊ'ʒʊalʲʌɪdos]
papel (m) de parede	tapẽtai (v)	[ta'pʲɛtʌɪ]
persianas (f pl)	žãliuzės (m dgs)	['ʒaːlʲʊzʲeːs]
luminária (f) de mesa	stalìnė lémpa (m)	[sta'lʲɪnʲeː 'lʲɛmpa]
luminária (f) de parede	šviestùvas (v)	[ʃvʲɪɛ'stʊvas]

| abajur (m) de pé | toršeras (v) | [tor'ʃɛras] |
| lustre (m) | sietýnas (v) | [sʲiɛ'tʲiːnas] |

pé (de mesa, etc.)	kojýtė (m)	[kɔ'jiːtʲeː]
braço, descanso (m)	raṅktūris (v)	['raŋktuːrʲɪs]
costas (f pl)	ãtlošas (v)	['aːtlʲoʃas]
gaveta (f)	stálčius (v)	['stalʲtʂʲʊs]

96. Quarto de dormir

roupa (f) de cama	pãtalynė (m)	['pa:talʲiːnʲeː]
travesseiro (m)	pagálvė (m)	[pa'galʲvʲeː]
fronha (f)	užvalkalas (v)	['ʊʒvalʲkalas]
cobertor (m)	užklótas (v)	[ʊʒ'klʲotas]
lençol (m)	paklõdė (m)	[pak'lʲoːdʲeː]
colcha (f)	lovãtiesė (m)	[lʲo'vaːtʲiɛsʲeː]

97. Cozinha

cozinha (f)	virtùvė (m)	[vʲɪr'tʊvʲeː]
gás (m)	dùjos (m dgs)	['dʊjɔs]
fogão (m) a gás	dùjinė (m)	['dʊjinʲeː]
fogão (m) elétrico	elektrìnė (m)	[ɛlʲɛk'trʲɪnʲeː]
forno (m)	órkaitė (m)	['orkʌɪtʲeː]
forno (m) de micro-ondas	mikrobangų krosnėlė (m)	[mʲɪkroban'gu: kros'nʲælʲeː]

geladeira (f)	šaldytùvas (v)	[ʃalʲdʲiː'tʊvas]
congelador (m)	šáldymo kãmera (m)	['ʃalʲdʲiːmɔ 'ka:mʲɛra]
máquina (f) de lavar louça	iñdų plovìmo mašinà (m)	['ɪndu: plʲo'vʲɪmɔ maʃɪ'na]

moedor (m) de carne	mėsmalė (m)	['mʲeːsmalʲeː]
espremedor (m)	sulčiãspaudė (m)	[sulʲ'tʂæspɑʊdʲeː]
torradeira (f)	tòsteris (v)	['tostʲɛrʲɪs]
batedeira (f)	mìkseris (v)	['mʲɪksʲɛrʲɪs]

máquina (f) de café	kavõs aparãtas (v)	[ka'vo:s apa'ra:tas]
cafeteira (f)	kavinùkas (v)	[kavʲɪ'nʊkas]
moedor (m) de café	kavãmalė (m)	[ka'va:malʲeː]

chaleira (f)	arbatinùkas (v)	[arbatʲɪ'nʊkas]
bule (m)	arbãtinis (v)	[arba:'tʲɪnʲɪs]
tampa (f)	dangtėlis (v)	[daŋk'tʲælʲɪs]
coador (m) de chá	sietėlis (v)	[sʲiɛ'tʲælʲɪs]

colher (f)	šáukštas (v)	['ʃɑʊkʃtas]
colher (f) de chá	arbãtinis šaukštėlis (v)	[ar'ba:tʲɪnʲɪs ʃɑʊkʃ'tʲælʲɪs]
colher (f) de sopa	válgomasis šáukštas (v)	['valʲgomasʲɪs 'ʃɑʊkʃtas]
garfo (m)	šakùtė (m)	[ʃa'kʊtʲeː]
faca (f)	peĩlis (v)	['pʲɛɪlʲɪs]

| louça (f) | iñdai (v) | ['ɪndʌɪ] |
| prato (m) | lėkštė (m) | [lʲeːkʃtʲeː] |

pires (m)	lėkštėlė (m)	[lʲe:kʃˈtʲælʲe:]
cálice (m)	taurėlė (m)	[tɑʊˈrʲælʲe:]
copo (m)	stiklìnė (m)	[stʲɪkˈlʲɪnʲe:]
xícara (f)	puodùkas (v)	[pʊɑˈdʊkas]

açucareiro (m)	cùkrinė (m)	[ˈtsʊkrʲɪnʲe:]
saleiro (m)	drùskinė (m)	[ˈdrʊskʲɪnʲe:]
pimenteiro (m)	pipìrinė (m)	[pʲɪˈpʲɪrʲɪnʲe:]
manteigueira (f)	svíestinė (m)	[ˈsvʲiɛstʲɪnʲe:]

panela (f)	púodas (v)	[ˈpʊɑdas]
frigideira (f)	keptùvė (m)	[kʲɛpˈtʊvʲe:]
concha (f)	sámtis (v)	[ˈsamtʲɪs]
coador (m)	kiaurãsamtis (v)	[kʲɛʊˈra:samtʲɪs]
bandeja (f)	padėklas (v)	[paˈdʲe:klʲas]

garrafa (f)	bùtelis (v)	[ˈbʊtʲɛlʲɪs]
pote (m) de vidro	stiklaìnis (v)	[stʲɪkˈlʲʌɪnʲɪs]
lata (~ de cerveja)	skardìnė (m)	[skarˈdʲɪnʲe:]

abridor (m) de garrafa	atidarytùvas (v)	[atʲɪdarʲi:ˈtʊvas]
abridor (m) de latas	konsèrvų atidarytùvas (v)	[kɔnˈsʲɛrvu: atʲɪdarʲi:ˈtʊvas]
saca-rolhas (m)	kamščiãtraukis (v)	[kamʃˈtsʲætrɑʊkʲɪs]
filtro (m)	fìltras (v)	[ˈfʲɪlʲtras]
filtrar (vt)	filtrúoti	[fʲɪlʲˈtrʊɑtʲɪ]

lixo (m)	šiùkšlės (m dgs)	[ˈʃʊkʃlʲe:s]
lixeira (f)	šiùkšlių kìbiras (v)	[ˈʃʊkʃlʲu: ˈkʲɪbʲɪras]

98. Casa de banho

banheiro (m)	voniõs kambarỹs (v)	[voˈnʲo:s kambaˈrʲi:s]
água (f)	vanduõ (v)	[vanˈdʊɑ]
torneira (f)	čiáupas (v)	[ˈtsʲæʊpas]
água (f) quente	kárštas vanduõ (v)	[ˈkarʃtas vanˈdʊɑ]
água (f) fria	šáltas vanduõ (v)	[ˈʃalʲtas vanˈdʊɑ]

pasta (f) de dente	dantũ pastà (m)	[danˈtu: pasˈta]
escovar os dentes	valýti dantìs	[vaˈlʲi:tʲɪ danˈtʲɪs]
escova (f) de dente	dantũ šepetėlis (v)	[danˈtu: ʃepeˈtʲe:lʲɪs]

barbear-se (vr)	skùstis	[ˈskʊstʲɪs]
espuma (f) de barbear	skutìmosi pùtos (m dgs)	[skʊˈtʲɪmosʲɪ ˈpʊtos]
gilete (f)	skutìmosi peiliùkas (v)	[skʊˈtʲɪmosʲɪ pʲɛɪˈlʲʊkas]

lavar (vt)	pláuti	[ˈplʲɑʊtʲɪ]
tomar banho	máudytis, praũstis	[ˈmɑʊdʲi:tʲɪs], [ˈprɑʊstʲɪs]
chuveiro (m), ducha (f)	dùšas (v)	[ˈdʊʃas]
tomar uma ducha	praũstis dušè	[ˈprɑʊstʲɪs dʊˈʃɛ]

banheira (f)	vonià (m)	[voˈnʲæ]
vaso (m) sanitário	unitãzas (v)	[ʊnʲɪˈta:zas]
pia (f)	kriauklė (m)	[krʲɛʊkˈlʲe:]
sabonete (m)	mùilas (v)	[ˈmʊɪlʲas]

saboneteira (f)	muilinė (m)	['muɪlʲɪnʲe:]
esponja (f)	kempinė (m)	[kʲɛm'pʲɪnʲe:]
xampu (m)	šampūnas (v)	[ʃam'pu:nas]
toalha (f)	rankšluostis (v)	['raŋkʃlʲʊɑstʲɪs]
roupão (m) de banho	chalãtas (v)	[xa'lʲa:tas]

lavagem (f)	skalbimas (v)	[skalʲ'bʲɪmas]
lavadora (f) de roupas	skalbimo mašinà (m)	[skalʲ'bʲɪmɔ maʃɪ'na]
lavar a roupa	skalbti baltinius	['skʌlʲptʲɪ 'ba lʲtʲɪnʲʊs]
detergente (m)	skalbimo miltēliai (v dgs)	[skalʲ'bʲɪmɔ mʲɪlʲ'tʲælʲɛɪ]

99. Eletrodomésticos

televisor (m)	televizorius (v)	[tʲɛlʲɛ'vʲɪzorʲʊs]
gravador (m)	magnetofònas (v)	[magnʲɛto'fonas]
videogravador (m)	video magnetofònas (v)	[vʲɪdʲɛɔ magnʲɛto'fonas]
rádio (m)	imtùvas (v)	[ɪm'tʊvas]
leitor (m)	grotùvas (v)	[gro'tʊvas]

projetor (m)	video projèktorius (v)	['vʲɪdʲɛɔ pro'jæktorʲʊs]
cinema (m) em casa	namų kìno teātras (v)	[na'mu: 'kʲɪnɔ tʲɛ'a:tras]
DVD Player (m)	DVD grotùvas (v)	[dʲɪvʲɪ'dʲɪ gro'tʊvas]
amplificador (m)	stiprintùvas (v)	[stʲɪprʲɪn'tʊvas]
console (f) de jogos	žaidìmų príedėlis (v)	[ʒʌɪ'dʲɪmu: 'prʲiɛdʲe:lʲɪs]

câmera (f) de vídeo	videokãmera (m)	[vʲɪdʲɛɔ'ka:mʲɛra]
máquina (f) fotográfica	fotoaparãtas (v)	[fotoapa'ra:tas]
câmera (f) digital	skaitmenìnis fotoaparãtas (v)	[skʌɪtmʲɛ'nʲɪnʲɪs fotoapa'ra:tas]

aspirador (m)	dùlkių siurblỹs (v)	['dulʲkʲu: sʲʊr'blʲi:s]
ferro (m) de passar	lygintùvas (v)	[lʲi:gʲɪn'tʊvas]
tábua (f) de passar	lýginimo lentà (m)	['lʲi:gʲɪnʲɪmɔ lʲɛn'ta]

telefone (m)	telefònas (v)	[tʲɛlʲɛ'fonas]
celular (m)	mobilùsis telefònas (v)	[mobʲɪ'lʊsʲɪs tʲɛlʲɛ'fonas]
máquina (f) de escrever	rãšymo mašinēlē (m)	['ra:ʃɪmɔ maʃɪ'nʲe:lʲe:]
máquina (f) de costura	siuvìmo mašinà (m)	[sʲʊ'vʲɪmɔ maʃɪ'na]

microfone (m)	mikrofònas (v)	[mʲɪkro'fonas]
fone (m) de ouvido	ausìnès (m dgs)	[ɑʊ'sʲɪnʲe:s]
controle remoto (m)	pùltas (v)	['pulʲtas]

CD (m)	kompãktinis dìskas (v)	[kɔm'pa:ktʲɪnʲɪs 'dʲɪskas]
fita (f) cassete	kasetė (m)	[ka'sʲɛtʲe:]
disco (m) de vinil	plokštēlē (m)	[plokʃ'tʲælʲe:]

100. Reparações. Renovação

renovação (f)	remòntas (v)	[rʲɛ'montas]
renovar (vt), fazer obras	darýti remòntą	[da'rʲi:tʲɪ rʲɛ'monta:]
reparar (vt)	remontúoti	[rʲɛmon'tʊɑtʲɪ]

| consertar (vt) | tvarkýti | [tvar'kʲi:tʲɪ] |
| refazer (vt) | pérdaryti | ['pʲɛrdarʲi:tʲɪ] |

tinta (f)	dažaĩ (v dgs)	[da'ʒʌɪ]
pintar (vt)	dažýti	[da'ʒʲi:tʲɪ]
pintor (m)	dažýtojas (v)	[da'ʒʲi:to:jɛs]
pincel (m)	teptùkas (v)	[tʲɛp'tʊkas]

| cal (f) | báltinimas (v) | ['balʲtʲɪnʲɪmas] |
| caiar (vt) | bãlinti | ['ba:lʲɪntʲɪ] |

papel (m) de parede	tapètai (v)	[ta'pʲɛtʌɪ]
colocar papel de parede	tapetúoti	[tapʲɛ'tʊɑtʲɪ]
verniz (m)	lãkas (v)	['lʲa:kas]
envernizar (vt)	lakúoti	[lʲa'kʊɑtʲɪ]

101. Canalizações

água (f)	vanduõ (v)	[van'dʊɑ]
água (f) quente	kárštas vanduõ (v)	['karʃtas van'dʊɑ]
água (f) fria	šáltas vanduõ (v)	['ʃalʲtas van'dʊɑ]
torneira (f)	čiáupas (v)	['tʂʲæʊpas]

gota (f)	lãšas (v)	['lʲa:ʃas]
gotejar (vi)	lašnóti	[lʲaʃ'notʲɪ]
vazar (vt)	varvéti	[var'vʲe:tʲɪ]
vazamento (m)	tekéti	[tʲɛ'kʲe:tʲɪ]
poça (f)	balà (m)	[ba'lʲa]

tubo (m)	vamzdis (v)	['vamzdʲɪs]
válvula (f)	ventìlis (v)	[vʲɛn'tʲɪlʲɪs]
entupir-se (vr)	užsiteršti	[ʊʒsʲɪ'tʲɛrʃtʲɪ]

ferramentas (f pl)	įrankiai (v dgs)	['i:raŋkʲɛɪ]
chave (f) inglesa	skečiamàsis rãktas (v)	[skʲɛtʂʲæ'masʲɪs 'ra:ktas]
desenroscar (vt)	atsùkti	[at'sʊktʲɪ]
enroscar (vt)	užsùkti	[ʊʒ'sʊktʲɪ]

desentupir (vt)	valýti	[va'lʲi:tʲɪ]
encanador (m)	santèchnikas (v)	[san'tʲɛxnʲɪkas]
porão (m)	rūsỹs (v)	[ru:'sʲi:s]
rede (f) de esgotos	kanalizãcija (m)	[kanalʲɪ'za:tsʲɪjɛ]

102. Fogo. Deflagração

incêndio (m)	ugnìs (v)	[ʊg'nʲɪs]
chama (f)	liepsnà (m)	[lʲɪɛps'na]
faísca (f)	žíežirba (m)	['ʒʲɪɛʒʲɪrba]
fumaça (f)	dū́mas (v)	['du:mas]
tocha (f)	fãkelas (v)	['fa:kʲɛlʲas]
fogueira (f)	láužas (v)	['lʲɑʊʒas]
gasolina (f)	benzìnas (v)	[bʲɛn'zʲɪnas]

querosene (m)	žìbalas (v)	[ʒʲɪbalʲas]
inflamável (adj)	degùs	[dʲɛ'gʊs]
explosivo (adj)	sprógus	['sprogʊs]
PROIBIDO FUMAR!	NERŪKÝTI!	[nʲɛru:'kʲi:tʲɪ]

segurança (f)	saugùmas (v)	[sɑʊ'gʊmas]
perigo (m)	pavõjus (v)	[pa'vo:jʊs]
perigoso (adj)	pavojìngas	[pavo'jɪngas]

incendiar-se (vr)	užsidègti	[ʊʒsʲɪ'dʲɛktʲɪ]
explosão (f)	sprogìmas (v)	[spro'gʲɪmas]
incendiar (vt)	padègti	[pa'dʲɛktʲɪ]
incendiário (m)	padegéjas (v)	[padʲɛ'gʲe:jas]
incêndio (m) criminoso	padegìmas (v)	[padʲɛ'gʲɪmas]

flamejar (vi)	liepsnóti	[lʲiɛps'notʲɪ]
queimar (vi)	dègti	['dʲe:ktʲɪ]
queimar tudo (vi)	sudègti	[sʊ'dʲɛktʲɪ]

chamar os bombeiros	iškviẽsti gaĩsrininkus	[ɪʃkʲvʲɛstʲɪ 'gʌɪsrʲɪnʲɪŋkʊs]
bombeiro (m)	gaisrìnis	['gʌɪsrʲɪnʲɪs]
caminhão (m) de bombeiros	gaĩsrinė mašinà (m)	[gʌɪsrʲɪnʲe: maʃɪ'na]
corpo (m) de bombeiros	gaĩsrinė kománda (m)	['gʌɪsrʲɪnʲe: ko'manda]
escada (f) extensível	gaisrìnės kópėčios (m dgs)	['gʌɪsrʲɪnʲe:s 'kopʲe:tsʲos]

mangueira (f)	žarnà (m)	[ʒar'na]
extintor (m)	gesintùvas (v)	[gʲɛsʲɪn'tʊvas]
capacete (m)	šálmas (v)	['ʃalʲmas]
sirene (f)	sirenà (m)	[sʲɪrʲɛ'na]

gritar (vi)	šaũkti	['ʃɑʊktʲɪ]
chamar por socorro	kviẽsti pagálbą	['kvʲɛstʲɪ pa'galʲba:]
socorrista (m)	gélbėtojas (v)	['gʲælʲbʲe:to:jɛs]
salvar, resgatar (vt)	gélbėti	['gʲælʲbʲe:tʲɪ]

chegar (vi)	atvažiuóti	[atva'ʒʲʊɑtʲɪ]
apagar (vt)	gesìnti	[gʲɛ'sʲɪntʲɪ]
água (f)	vanduõ (v)	[van'dʊɑ]
areia (f)	smēlis (v)	['smʲe:lʲɪs]

ruínas (f pl)	griuvẽsiai (v dgs)	[grʲʊ'vʲe:sʲɛɪ]
ruir (vi)	nugriúti	[nʊ'grʲu:tʲɪ]
desmoronar (vi)	nuvìrsti	[nʊ'vʲɪrstʲɪ]
desabar (vi)	apgriúti	[ap'grʲu:tʲɪ]

fragmento (m)	núolauža (m)	['nʊɑlʲɑʊʒa]
cinza (f)	pelenaĩ (v dgs)	[pʲɛlʲɛ'nʌɪ]

sufocar (vi)	uždùsti	[ʊʒ'dʊstʲɪ]
perecer (vi)	žúti	['ʒu:tʲɪ]

ATIVIDADES HUMANAS

Emprego. Negócios. Parte 1

103. Escritório. O trabalho no escritório

Português	Lituano	Pronúncia
escritório (~ de advogados)	ofisas (v)	['ofⁱɪsas]
escritório (do diretor, etc.)	kabinetas (v)	[kabⁱɪ'nⁱɛtas]
recepção (f)	registratūra (m)	[rⁱɛgⁱɪstratu:'ra]
secretário (m)	sekretorius (v)	[sⁱɛkrⁱɛ'to:rⁱʊs]
diretor (m)	direktorius (v)	[dⁱɪ'rⁱɛktorⁱʊs]
gerente (m)	vadybininkas (v)	[va'dⁱi:bⁱɪnⁱɪŋkas]
contador (m)	buhalteris (v)	[bʊ'γalⁱtⁱɛrⁱɪs]
empregado (m)	bendradarbis (v)	[bⁱɛndra'darbⁱɪs]
mobiliário (m)	baldai (v)	['balⁱdʌɪ]
mesa (f)	stalas (v)	['sta:lⁱas]
cadeira (f)	fotelis (v)	['fotⁱɛlⁱɪs]
gaveteiro (m)	spintelė (m)	[spⁱɪn'tⁱælⁱe:]
cabideiro (m) de pé	kabyklà (m)	[kabⁱi:k'lⁱa]
computador (m)	kompiuteris (v)	[kɔm'pⁱʊtⁱɛrⁱɪs]
impressora (f)	spausdintuvas (v)	[spɑʊsdⁱɪn'tʊvas]
fax (m)	faksas (v)	['fa:ksas]
fotocopiadora (f)	kopijavimo aparatas (v)	[kɔpⁱɪ'ja:vⁱɪmɔ apa'ra:tas]
papel (m)	popierius (v)	['po:pⁱɛrⁱʊs]
artigos (m pl) de escritório	kanceliariniai reikmenys (v dgs)	[kantsⁱɛ'lⁱærⁱɪnⁱɛɪ 'rⁱɛɪkmⁱɛnⁱi:s]
tapete (m) para mouse	kilimėlis (v)	[kⁱɪlⁱɪ'mⁱe:lⁱɪs]
folha (f)	lapas (v)	['lⁱa:pas]
pasta (f)	papkė (m)	['pa:pkⁱe:]
catálogo (m)	katalogas (v)	[kata'lⁱogas]
lista (f) telefônica	žinynas (v)	[ʒⁱɪ'nⁱi:nas]
documentação (f)	dokumentacija (m)	[dokʊmⁱɛn'ta:tsⁱɪjɛ]
brochura (f)	brošiūra (m)	[broʃu:'ra]
panfleto (m)	skrajutė (m)	[skra'jʊtⁱe:]
amostra (f)	pavyzdys (v)	[pavⁱi:z'dⁱi:s]
formação (f)	treningas (v)	['trⁱɛnⁱɪngas]
reunião (f)	pasitarimas (v)	[pasⁱɪta'rⁱɪmas]
hora (f) de almoço	pietų pertrauka (m)	[pⁱiɛ'tu: 'pⁱɛrtrɑʊka]
fazer uma cópia	daryti kopiją	[da'rⁱi:tⁱɪ 'kopⁱɪja:]
tirar cópias	dauginti	['dɑʊgⁱɪntⁱɪ]
receber um fax	gauti faksą	['gɑʊtⁱɪ 'fa:ksa:]
enviar um fax	siųsti faksą	['sⁱu:stⁱɪ 'fa:ksa:]

fazer uma chamada	skaṁbinti	['skambʲɪntʲɪ]
responder (vt)	atsiliẽpti	[atsʲɪ'lʲɛptʲɪ]
passar (vt)	sujùngti	[sʊ'jʊŋktʲɪ]

marcar (vt)	skìrti	['skʲɪrtʲɪ]
demonstrar (vt)	demonstrúoti	[dʲɛmons'trʊatʲɪ]
estar ausente	nebū́ti	[nʲɛ'bu:tʲɪ]
ausência (f)	praleidìmas (v)	[pralʲɛɪ'dʲɪmas]

104. Processos negociais. Parte 1

negócio (m)	ver̃slas (v)	['vʲɛrslʲas]
ocupação (f)	veiklà (m)	[vʲɛɪk'lʲa]
firma, empresa (f)	fìrma (m)	['fʲɪrma]
companhia (f)	kompãnija (m)	[kɔm'pa:nʲɪjɛ]
corporação (f)	korporãcija (m)	[kɔrpo'ra:tsʲɪjɛ]
empresa (f)	įmonė (m)	['i:monʲe:]
agência (f)	agentūrà (m)	[agʲɛntu:'ra]

acordo (documento)	sutartìs (m)	[sʊtar'tʲɪs]
contrato (m)	kontrãktas (v)	[kɔn'tra:ktas]
acordo (transação)	sándėris (v)	['sandʲe:rʲɪs]
pedido (m)	užsãkymas (v)	[ʊʒ'sa:kʲi:mas]
termos (m pl)	sãlyga (m)	['sa:lʲi:ga]

por atacado	didmenomìs	[dʲɪdmʲɛno'mʲɪs]
por atacado (adj)	didmenìnis	[dʲɪdmʲɛ'nʲɪnʲɪs]
venda (f) por atacado	didmenìnė prekýba (m)	[dʲɪdme'nʲɪnʲe: pre'kʲi:ba]
a varejo	mažmenìnis	[maʒmʲɛ'nʲɪnʲɪs]
venda (f) a varejo	mažmenìnė prekýba (m)	[maʒme'nʲɪnʲe: pre'kʲi:ba]

concorrente (m)	konkureñtas (v)	[kɔŋkʊ'rʲɛntas]
concorrência (f)	konkureñcija (m)	[kɔŋkʊ'rʲɛntsʲɪjɛ]
competir (vi)	konkurúoti	[kɔŋkʊ'rʊatʲɪ]

| sócio (m) | pártneris (v) | ['partnʲɛrʲɪs] |
| parceria (f) | partnerỹstė (v) | [partnʲɛ'rʲi:stʲe:] |

crise (f)	krìzė (m)	['krʲɪzʲe:]
falência (f)	bankrótas (v)	[baŋk'rotas]
entrar em falência	bankrutúoti	[baŋkrʊ'tʊatʲɪ]
dificuldade (f)	sunkùmas (v)	[sʊŋ'kʊmas]
problema (m)	problemà (m)	[problʲɛ'ma]
catástrofe (f)	katastrofà (m)	[katastro'fa]

economia (f)	ekonòmika (m)	[ɛko'nomʲɪka]
econômico (adj)	ekonòminis	[ɛko'nomʲɪnʲɪs]
recessão (f) econômica	ekonòminis núosmukis (v)	[ɛko'nomʲɪnʲɪs 'nʊasmʊkʲɪs]

| objetivo (m) | tìkslas (v) | ['tʲɪkslʲas] |
| tarefa (f) | užduotìs (m) | [ʊʒdʊa'tʲɪs] |

| comerciar (vi, vt) | prekiáuti | [prʲɛ'kʲæʊtʲɪ] |
| rede (de distribuição) | tiñklas (v) | ['tʲɪŋklʲas] |

| estoque (m) | sándėlis (v) | ['sandʲe:ˈlʲɪs] |
| sortimento (m) | asortimeñtas (v) | [asortʲɪˈmʲɛntas] |

líder (m)	lýderis (v)	['lʲiːdʲɛrʲɪs]
grande (~ empresa)	dìdelė	['dʲɪdʲɛlʲe:]
monopólio (m)	monopólija (m)	[mono'polʲɪjɛ]

teoria (f)	teórija (m)	[tʲɛ'orʲɪjɛ]
prática (f)	prãktika (m)	['praːktʲɪka]
experiência (f)	patirtìs (m)	[patʲɪrʲtʲɪs]
tendência (f)	tendeñcija (m)	[tʲɛn'dʲɛnt͡sʲɪjɛ]
desenvolvimento (m)	výstymasis (v)	['vʲiːstʲiːmasʲɪs]

105. Processos negociais. Parte 2

| rentabilidade (f) | naudà (m) | [nɑʊ'da] |
| rentável (adj) | naudìngas | [nɑʊ'dʲɪngas] |

delegação (f)	delegãcija (m)	[dʲɛlʲɛ'ga:t͡sʲɪjɛ]
salário, ordenado (m)	dárbo ùžmokestis (v)	['darbɔ 'ʊʒmokʲɛstʲɪs]
corrigir (~ um erro)	taisýti	[tʌɪ's'iːtʲɪ]
viagem (f) de negócios	komandiruõtė (m)	[komandʲɪ'rʊatʲe:]
comissão (f)	komìsija (m)	[ko'mʲɪsʲɪjɛ]

controlar (vt)	kontroliúoti	[kontro'lʲʊatʲɪ]
conferência (f)	konfereñcija (m)	[konfʲɛ'rʲɛntsʲɪjɛ]
licença (f)	liceñzija (m)	[lʲɪ'tsʲɛnzʲɪjɛ]
confiável (adj)	pàtikimas	['patʲɪkʲɪmas]

empreendimento (m)	pradžià (m)	[prad'ʒæ]
norma (f)	nòrma (m)	['norma]
circunstância (f)	aplinkýbė (m)	[aplʲɪŋ'kʲiːbʲe:]
dever (do empregado)	pareigà (m)	[parʲɛɪ'ga]

empresa (f)	organizãcija (m)	[organʲɪ'za:t͡sʲɪjɛ]
organização (f)	organizãvimas (v)	[organʲɪ'za:vʲɪmas]
organizado (adj)	organizúotas	[organʲɪ'zʊatas]
anulação (f)	atšaukìmas (v)	[atʃɑʊ'kʲɪmas]
anular, cancelar (vt)	atšaūkti	[at'ʃɑʊktʲɪ]
relatório (m)	atãskaita (m)	[a'ta:skʌɪta]

patente (f)	pãtentas (v)	['pa:tʲɛntas]
patentear (vt)	patentúoti	[patʲɛn'tʊatʲɪ]
planejar (vt)	planúoti	[plʲa'nʊatʲɪ]

bônus (m)	prèmija (m)	['prʲɛmʲɪjɛ]
profissional (adj)	profesionalùs	[profʲɛsʲɪjona'lʲʊs]
procedimento (m)	procedūrà (m)	[protsʲɛdu:'ra]

examinar (~ a questão)	išnagrinéti	[ɪʃnagrʲɪ'nʲe:tʲɪ]
cálculo (m)	apskaità (m)	[apskʌɪ'ta]
reputação (f)	reputãcija (m)	[rʲɛpʊ'ta:t͡sʲɪjɛ]
risco (m)	rìzika (m)	['rʲɪzʲɪka]
dirigir (~ uma empresa)	vadováuti	[vado'vɑʊtʲɪ]

informação (f)	dúomenys (v dgs)	['dʋɑmʲɛnʲiːs]
propriedade (f)	nuosavýbė (m)	[nʋɑsa'vʲiːbʲeː]
união (f)	sájunga (m)	['saːjʋnga]
seguro (m) de vida	gyvýbės draudìmas (v)	[gʲiː'vʲiːbʲeːs drɑʋ'dʲɪmas]
fazer um seguro	draũsti	['drɑʋstʲɪ]
seguro (m)	draudìmas (v)	[drɑʋ'dʲɪmas]
leilão (m)	varžýtinės (m dgs)	[var'ʒʲiːtʲɪnʲeːs]
notificar (vt)	pranèšti	[pra'nʲɛʃtʲɪ]
gestão (f)	valdymas (v)	['valʲdʲiːmas]
serviço (indústria de ~s)	paslaugà (m)	[paslʲɑʋ'ga]
fórum (m)	forumas (v)	['forʋmas]
funcionar (vi)	funkcionúoti	[fʋŋktsʲɪjo'nʋatʲɪ]
estágio (m)	etãpas (v)	[ɛ'taːpas]
jurídico, legal (adj)	jurìdinis	[jʋ'rʲɪdʲɪnʲɪs]
advogado (m)	téisininkas (v)	['tʲɛɪsʲɪnʲɪŋkas]

106. Produção. Trabalhos

usina (f)	gamyklà (m)	[gamʲiː'kʲlʲa]
fábrica (f)	fàbrikas (v)	['faːbrʲɪkas]
oficina (f)	cèchas (v)	['tsʲɛxas]
local (m) de produção	gamýba (m)	[ga'mʲiːba]
indústria (f)	prãmonė (m)	['praːmonʲeː]
industrial (adj)	pramonìnis	[pramo'nʲɪnʲɪs]
indústria (f) pesada	sunkióji prãmonė (m)	[sʋŋ'kʲoːjɪ 'praːmonʲeː]
indústria (f) ligeira	lengvóji prãmonė (m)	[lʲɛng'voːjɪ 'praːmonʲeː]
produção (f)	prodùkcija (m)	[pro'dʋktsʲɪjɛ]
produzir (vt)	gamìnti	[ga'mʲɪntʲɪ]
matérias-primas (f pl)	žãliava (m)	['ʒaːlʲæva]
chefe (m) de obras	brigãdininkas (v)	[brʲɪ'gaːdʲɪnʲɪŋkas]
equipe (f)	brigadà (m)	[brʲɪga'da]
operário (m)	darbiniñkas (v)	[darbʲɪ'nʲɪŋkas]
dia (m) de trabalho	dárbo dienà (m)	['darbɔ dʲɪɛ'na]
intervalo (m)	pértrauka (m)	['pʲɛrtrɑʋka]
reunião (f)	susirinkìmas (v)	[sʋsʲɪrʲɪŋ'kʲɪmas]
discutir (vt)	svarstýti	[svar'stʲiːtʲɪ]
plano (m)	plãnas (v)	['plʲaːnas]
cumprir o plano	įvýkdyti plãną	[iː'vʲiːkdʲɪtʲɪ 'plʲaːnaː]
taxa (f) de produção	nòrma (m)	['norma]
qualidade (f)	kokýbė (m)	[ko'kʲiːbʲeː]
controle (m)	kontròlė (m)	[kon'trolʲeː]
controle (m) da qualidade	kokýbės kontròlė (m)	[kɔ'kʲiːbʲeːs kon'trolʲeː]
segurança (f) no trabalho	dárbo saugà (m)	['darbɔ sɑʋ'ga]
disciplina (f)	drausmė (m)	['drɑʋsmʲeː]
infração (f)	pažeidìmas (v)	[paʒʲɛɪ'dʲɪmas]

violar (as regras)	**pažeĩsti**	[pa'ʒʲɛɪstʲɪ]
greve (f)	**streĩkas** (v)	['strʲɛɪkas]
grevista (m)	**streĩkininkas** (v)	['strʲɛʲɪkʲɪnʲɪŋkas]
estar em greve	**streikúoti**	[strʲɛɪ'kʊɑtʲɪ]
sindicato (m)	**profsájunga** (m)	[prof'sa:jʊnga]
inventar (vt)	**išradinė́ti**	[ɪʃradʲɪ'nʲe:tʲɪ]
invenção (f)	**išradìmas** (v)	[ɪʃra'dʲɪmas]
pesquisa (f)	**tyrinė́jimas** (v)	[tʲi:rʲɪ'nʲɛjɪmas]
melhorar (vt)	**gẽrinti**	['gʲærʲɪntʲɪ]
tecnologia (f)	**technològija** (m)	[tʲɛxno'lʲogʲɪjɛ]
desenho (m) técnico	**brėžinỹs** (v)	[brʲe:ʒʲɪ'nʲi:s]
carga (f)	**krovinỹs** (v)	[krovʲɪ'nʲi:s]
carregador (m)	**krovė́jas** (v)	[kro'vʲe:jas]
carregar (o caminhão, etc.)	**kráuti**	['krɑʊtʲɪ]
carregamento (m)	**krovìmas** (v)	[kro'vʲɪmas]
descarregar (vt)	**iškráuti**	[ɪʃ'krɑʊtʲɪ]
descarga (f)	**iškrovìmas** (v)	[ɪʃkro'vʲɪmas]
transporte (m)	**transpòrtas** (v)	[trans'portas]
companhia (f) de transporte	**transpòrto kompãnija** (m)	[trans'portɔ kom'pa:nʲɪjɛ]
transportar (vt)	**transportúoti**	[transpor'tʊɑtʲɪ]
vagão (m) de carga	**vagònas** (v)	[va'gonas]
tanque (m)	**cistèrna** (m)	[tsʲɪs'tʲɛrna]
caminhão (m)	**suñkvežimis** (v)	['sʊŋkvʲɛʒʲɪmʲɪs]
máquina (f) operatriz	**stãklės** (m dgs)	['sta:klʲe:s]
mecanismo (m)	**mechanìzmas** (v)	[mʲɛxa'nʲɪzmas]
resíduos (m pl) industriais	**atliekõs** (m dgs)	[at'lʲiɛko:s]
embalagem (f)	**pakãvimas** (v)	[pa'ka:vʲɪmas]
embalar (vt)	**supakúoti**	[sʊpa'kʊɑtʲɪ]

107. Contrato. Acordo

contrato (m)	**kontrãktas** (v)	[kɔn'tra:ktas]
acordo (m)	**susitarìmas** (v)	[sʊsʲɪta'rʲɪmas]
adendo, anexo (m)	**priẽdas** (v)	['prʲɛdas]
assinar o contrato	**sudarýti sùtartį**	[sʊda'rʲɪ:tʲɪ 'sʊtartʲɪ:]
assinatura (f)	**pãrašas** (v)	['pa:raʃas]
assinar (vt)	**pasirašýti**	[pasʲɪra'ʃɪ:tʲɪ]
carimbo (m)	**añtspaudas** (v)	['antspɑʊdas]
objeto (m) do contrato	**sutartiẽs dalỹkas** (v)	[sʊtar'tʲɛs da'lʲi:kas]
cláusula (f)	**pùnktas** (v)	['pʊŋktas]
partes (f pl)	**šãlys** (m dgs)	['ʃa:lʲi:s]
domicílio (m) legal	**jurìdinis ãdresas** (v)	[jʊ'rʲɪdʲɪnʲɪs 'a:drʲɛsas]
violar o contrato	**pažeĩsti sùtartį**	[pa'ʒʲɛɪstʲɪ 'sʊtartʲɪ:]
obrigação (f)	**įsipareigójimas** (v)	[i:sʲɪparʲɛɪ'go:jɪmas]
responsabilidade (f)	**atsakomýbė** (m)	[atsako'mʲi:bʲe:]

força (f) maior	nenugalimóji jėgà (m)	[nʲɛnʊɡalʲɪˈmoːjɪ jeˈɡa]
litígio (m), disputa (f)	giñčas (v)	[ˈɡʲɪnts̪as]
multas (f pl)	baudìnės sánkcijos (m dgs)	[baʊˈdʲɪnʲeːs ˈsaŋkts̪ʲɪjɔs]

108. Importação & Exportação

importação (f)	impòrtas (v)	[ɪmˈpɔrtas]
importador (m)	importúotojas (v)	[ɪmporˈtʊatoːjɛs]
importar (vt)	importúoti	[ɪmporˈtʊatʲɪ]
de importação	impòrtinis	[ɪmˈpɔrtʲɪnʲɪs]

| exportador (m) | eksportúotojas (v) | [ɛksporˈtʊatoːjɛs] |
| exportar (vt) | eksportúoti | [ɛksporˈtʊatʲɪ] |

| mercadoria (f) | prēkė (m) | [ˈprʲækʲeː] |
| lote (de mercadorias) | pártija (m) | [ˈpartʲɪjɛ] |

peso (m)	svõris (v)	[ˈsvoːrʲɪs]
volume (m)	tūris (v)	[ˈtuːrʲɪs]
metro (m) cúbico	kùbinis mètras (v)	[ˈkʊbʲɪnʲɪs ˈmʲɛtras]

produtor (m)	gamìntojas (v)	[ɡaˈmʲɪntoːjɛs]
companhia (f) de transporte	transpòrto kompānija (m)	[transˈpɔrtɔ komˈpaːnʲɪjɛ]
contêiner (m)	konteìneris (v)	[kɔnˈtʲɛɪnʲɛrʲɪs]

fronteira (f)	síena (m)	[ˈsʲiɛna]
alfândega (f)	muìtinė (m)	[ˈmʊɪtʲɪnʲeː]
taxa (f) alfandegária	muìtinės riñkliava (m)	[ˈmʊɪtʲɪnʲeːs ˈrʲɪŋklʲæva]
funcionário (m) da alfândega	muìtininkas (v)	[ˈmʊɪtʲɪnʲɪŋkas]
contrabando (atividade)	kontrabánda (m)	[kɔntraˈbanda]
contrabando (produtos)	kontrabánda (m)	[kɔntraˈbanda]

109. Finanças

ação (f)	ākcija (m)	[ˈaːkts̪ʲɪjɛ]
obrigação (f)	obligācija (m)	[oblʲɪˈɡaːts̪ʲɪjɛ]
nota (f) promissória	vèkselis (v)	[ˈvʲɛksʲɛlʲɪs]

| bolsa (f) de valores | bìrža (m) | [ˈbʲɪrʒa] |
| cotação (m) das ações | ākcijų kùrsas (v) | [ˈaːkts̪ʲɪju ˈkʊrsas] |

| tornar-se mais barato | atpìgti | [atˈpʲɪktʲɪ] |
| tornar-se mais caro | pabrángti | [paˈbraŋktʲɪ] |

parte (f)	ākcija (m)	[ˈaːkts̪ʲɪjɛ]
participação (f) majoritária	kontròlinis pakètas (v)	[kɔnˈtrolʲɪnʲɪs paˈkʲɛtas]
investimento (m)	investìcijos (m dgs)	[ɪnvʲɛsˈtʲɪts̪ʲɪjɔs]
investir (vt)	investúoti	[ɪnvʲɛsˈtʊatʲɪ]
porcentagem (f)	pròcentas (v)	[ˈprots̪ʲɛntas]
juros (m pl)	pròcentai (v dgs)	[ˈprots̪ʲɛntʌɪ]
lucro (m)	pelnas (v)	[ˈpʲɛlˠnas]
lucrativo (adj)	pelnìngas	[pʲɛlʲˈnʲɪngas]

imposto (m)	mókestis (v)	['mokᶦɛstᶦɪs]
divisa (f)	valiutà (m)	[valᶦʊ'ta]
nacional (adj)	nacionãlinis	[natsᶦɪjɔ'na:lᶦɪnᶦɪs]
câmbio (m)	keitìmas (v)	[kᶦɛɪ'tᶦɪmas]

| contador (m) | buhálteris (v) | [bʊ'yalᶦtᶦɛrᶦɪs] |
| contabilidade (f) | buhaltèrija (m) | [bʊyalᶦ'tᶦɛrᶦɪjɛ] |

falência (f)	bankròtas (v)	[baŋk'rotas]
falência, quebra (f)	subankrutãvimas (v)	[sʊbaŋkrʊ'ta:vᶦɪmas]
ruína (f)	nuskurdìmas (v)	[nʊskʊr'dᶦɪmas]
estar quebrado	nuskuŕsti	[nʊ'skʊrstᶦɪ]
inflação (f)	infliãcija (m)	[ɪn'flᶦætsᶦɪjɛ]
desvalorização (f)	devalvãcija (m)	[dᶦɛvalᶦ'va:tsᶦɪjɛ]

capital (m)	kapitãlas (v)	[kapᶦɪ'ta:lᶦas]
rendimento (m)	pãjamos (m dgs)	['pa:jamos]
volume (m) de negócios	apývarta (m)	[a'pᶦi:varta]
recursos (m pl)	ištekliaĩ (v dgs)	[ɪʃtᶦɛ'klᶦɛɪ]
recursos (m pl) financeiros	piniginès léšos (m dgs)	[pᶦɪnᶦɪ'gᶦɪnᶦe:s 'lᶦe:ʃos]

| despesas (f pl) gerais | pridètinès ìšlaidos (m dgs) | [prᶦɪdᶦe:'tᶦɪnᶦe:s 'ɪʃlʌɪdos] |
| reduzir (vt) | sumãžinti | [sʊ'ma:ʒᶦɪntᶦɪ] |

110. Marketing

marketing (m)	rinkódara (m)	[rᶦɪŋ'kodara]
mercado (m)	rinkà (m)	[rᶦɪŋ'ka]
segmento (m) do mercado	riñkos segmeñtas (v)	['rᶦɪŋkos sᶦɛg'mᶦɛntas]

| produto (m) | produktas (v) | [pro'dʊktas] |
| mercadoria (f) | prèkė (m) | ['prᶦækᶦe:] |

| marca (f) | brendas (v) | [brᶦɛndas] |
| marca (f) registrada | prèkės žénklas (v) | [prᶦækᶦe:s 'ʒᶦæŋklᶦas] |

| logotipo (m) | firmos žénklas (v) | ['fᶦɪrmos 'ʒᶦɛŋklᶦas] |
| logo (m) | logotìpas (v) | [lᶦogo'tᶦɪpas] |

| demanda (f) | paklausà (m) | [paklᶦɑʊ'sa] |
| oferta (f) | pasiūlà (m) | [pasᶦu:'lᶦa] |

| necessidade (f) | póreikis (v) | ['porᶦɛɪkᶦɪs] |
| consumidor (m) | vartótojas (v) | [var'toto:jɛs] |

| análise (f) | anãlizė (m) | [a'na:lᶦɪzᶦe:] |
| analisar (vt) | analizúoti | [analᶦɪ'zʊɑtᶦɪ] |

| posicionamento (m) | pozicionãvimas (v) | [pozᶦɪtsᶦɪjɔ'na:vᶦɪmas] |
| posicionar (vt) | pozicionúoti | [pozᶦɪtsᶦɪjɔ'nʊɑtᶦɪ] |

preço (m)	káina (m)	['kʌɪna]
política (f) de preços	káinų polìtika (m)	['kʌɪnu: po'lᶦɪtᶦɪka]
formação (f) de preços	káinų formãvimas (v)	['kʌɪnu: for'ma:vᶦɪmas]

111. Publicidade

publicidade (f)	reklamà (m)	[rʲɛklʲaˈma]
fazer publicidade	reklamúoti	[rʲɛklʲaˈmuɑtʲɪ]
orçamento (m)	biudžėtas (v)	[bʲuˈdʒʲɛtas]

anúncio (m)	reklamà (m)	[rʲɛklʲaˈma]
publicidade (f) na TV	telereklamà (m)	[tʲɛlʲɛrʲɛkla'ma]
publicidade (f) na rádio	rãdijo reklamà (m)	[ˈraːdʲɪjo rʲɛklʲaˈma]
publicidade (f) exterior	išorinė reklamà (m)	[ɪʃoˈrʲɪnʲeː rɛklʲaˈma]

comunicação (f) de massa	žiniãsklaida (m)	[ʒʲɪˈnʲæsklʲʌɪda]
periódico (m)	periòdinis leidinỹs (v)	[pʲɛrʲɪˈjodʲɪnʲɪs lʲɛɪdʲɪˈnʲiːs]
imagem (f)	ĩvaizdis (v)	[ˈiːvʌɪzdʲɪs]

slogan (m)	šū̃kis (v)	[ˈʃuːkʲɪs]
mote (m), lema (f)	devìzas (v)	[dʲɛˈvʲɪzas]

campanha (f)	kampãnija (m)	[kamˈpaːnʲɪjɛ]
campanha (f) publicitária	reklãmos kampãnija (m)	[rʲɛklʲaːmos kamˈpaːnʲɪjɛ]
grupo (m) alvo	tikslìnė auditòrija (m)	[tʲɪksˈlʲɪnʲeː ɑudʲɪˈtorʲɪjɛ]

cartão (m) de visita	vizìtinė kortẽlė (m)	[vʲɪˈzʲɪtʲɪnʲeː korˈtʲælʲeː]
panfleto (m)	lapẽlis (v)	[laˈpʲælʲɪs]
brochura (f)	brošiūrà (m)	[broʃuːˈra]
folheto (m)	lankstinùkas (v)	[lʲaŋkstʲɪˈnʲukas]
boletim (~ informativo)	biuletėnis (v)	[bʲulʲɛˈtʲɛnʲɪs]

letreiro (m)	ìškaba (m)	[ˈɪʃkaba]
cartaz, pôster (m)	plakátas (v)	[plʲaˈkaːtas]
painel (m) publicitário	skỹdas (v)	[ˈskʲiːdas]

112. Banca

banco (m)	bánkas (v)	[ˈbaŋkas]
balcão (f)	skỹrius (v)	[ˈskʲiːrʲus]

consultor (m) bancário	konsultántas (v)	[konsulʲˈtantas]
gerente (m)	valdýtojas (v)	[valʲˈdʲiːtoːjɛs]

conta (f)	sąskaita (m)	[ˈsaːskʌɪta]
número (m) da conta	sąskaitos nùmeris (v)	[ˈsaːskʌɪtos ˈnumʲɛrʲɪs]
conta (f) corrente	einamóji sąskaita (m)	[ɛɪnaˈmoːjɪ ˈsaːskʌɪta]
conta (f) poupança	kaupiamóji sąskaita (m)	[kɑupʲæˈmoːjɪ ˈsaːskʌɪta]

abrir uma conta	atidarýti sąskaitą	[atʲɪdaˈrʲiːtʲɪ ˈsaːskʌɪtaː]
fechar uma conta	uždarýti sąskaitą	[uʒdaˈrʲiːtʲɪ ˈsaːskʌɪtaː]
depositar na conta	padéti į̃ sąskaitą	[paˈdʲeːtʲɪ iː ˈsaːskʌɪtaː]
sacar (vt)	paim̃ti ìš sąskaitos	[ˈpʌɪmtʲɪ ɪʃ ˈsaːskʌɪtos]

depósito (m)	iñdėlis (v)	[ˈɪndʲeːlʲɪs]
fazer um depósito	įnèšti iñdėlį	[iːˈnʲɛʃtʲɪ ˈɪndʲeːlʲɪː]
transferência (f) bancária	pavedìmas (v)	[pavʲɛˈdʲɪmas]

transferir (vt)	atlìkti pavedìmą	[at'lʲɪktʲɪ pavʲɛ'dʲɪma:]
soma (f)	sumà (m)	[sʊ'ma]
Quanto?	Kíek?	['kʲiɛk?]

assinatura (f)	pãrašas (v)	['pa:raʃas]
assinar (vt)	pasirašýti	[pasʲɪra'ʃɪ:tʲɪ]

cartão (m) de crédito	kredìtinė kortēlė (m)	[krʲɛ'dʲɪtʲɪnʲe: kor'tʲælʲe:]
senha (f)	kòdas (v)	['kodas]
número (m) do cartão de crédito	kredìtinės kortēlės nùmeris (v)	[krʲɛ'dʲɪtʲɪnʲe:s kor'tʲælʲe:s 'nʊmerʲɪs]
caixa (m) eletrônico	bankomãtas (v)	[baŋko'ma:tas]

cheque (m)	kvìtas (v)	['kvʲɪtas]
passar um cheque	išrašýti kvìtą	[ɪʃra'ʃɪ:tʲɪ 'kvʲɪta:]
talão (m) de cheques	čēkių knygēlė (m)	['tʃʲɛkʲu: knʲi:'gʲælʲe:]

empréstimo (m)	kredìtas (v)	[krʲɛ'dʲɪtas]
pedir um empréstimo	kreĩptis dēl kredìto	['krʲɛɪptʲɪs dʲe:lʲ krʲɛ'dʲɪtɔ]
obter empréstimo	im̃ti kredìtą	['ɪmtʲɪ krʲɛ'dʲɪta:]
dar um empréstimo	suteĩkti kredìtą	[sʊ'tʲɛɪktʲɪ krʲɛ'dʲɪta:]
garantia (f)	garántija (m)	[ga'rantʲɪjɛ]

113. Telefone. Conversação telefônica

telefone (m)	telefònas (v)	[tʲɛlʲɛ'fonas]
celular (m)	mobilùsis telefònas (v)	[mobʲɪ'lʊsʲɪs tʲɛlʲɛ'fonas]
secretária (f) eletrônica	autoatsakìklis (v)	[ɑʊtoatsa'kʲɪklʲɪs]

fazer uma chamada	skam̃binti	['skambʲɪntʲɪ]
chamada (f)	skambùtis (v)	[skam'bʊtʲɪs]

discar um número	suriñkti nùmerį	[sʊ'rʲɪŋktʲɪ 'nʊmʲɛrʲɪ:]
Alô!	Aliò!	[a'lʲo!]
perguntar (vt)	pakláusti	[pak'lʲɑʊstʲɪ]
responder (vt)	atsakýti	[atsa'kʲi:tʲɪ]

ouvir (vt)	girdéti	[gʲɪr'dʲe:tʲɪ]
bem	geraĩ	[gʲɛ'rʌɪ]
mal	prastaĩ	[pras'tʌɪ]
ruído (m)	trukdžiaĩ (v dgs)	[trʊk'dʒʲɛɪ]

fone (m)	ragēlis (v)	[ra'gʲælʲɪs]
pegar o telefone	pakélti ragēlį	[pa'kʲɛlʲtʲɪ ra'gʲælʲɪ:]
desligar (vi)	padéti ragēlį	[pa'dʲe:tʲɪ ra'gʲælʲɪ:]

ocupado (adj)	ùžimtas	['ʊʒʲɪmtas]
tocar (vi)	skambéti	[skam'bʲe:tʲɪ]
lista (f) telefônica	telefònų knygà (m)	[tʲɛlʲɛ'fonu: knʲi:'ga]
local (adj)	viẽtinis	['vʲiɛtʲɪnʲɪs]
chamada (f) local	viẽtinis skambùtis (v)	['vʲiɛtʲɪnʲɪs skam'bʊtʲɪs]
de longa distância	tarpmiestìnis	[tarpmʲiɛs'tʲɪnʲɪs]
chamada (f) de longa distância	tarpmiestìnis skambùtis (v)	[tarpmʲiɛs'tʲɪnʲɪs skam'bʊtʲɪs]

| internacional (adj) | tarptautinis | [tarptɑu'tʲɪnʲɪs] |
| chamada (f) internacional | tarptautinis skambutis (v) | [tarptɑu'tʲɪnʲɪs skam'butʲɪs] |

114. Telefone móvel

celular (m)	mobilusis telefonas (v)	[mobʲɪ'lusʲɪs tʲɛlʲɛ'fonas]
tela (f)	ekranas (v)	[ɛk'ra:nas]
botão (m)	mygtukas (v)	[mʲi:k'tukas]
cartão SIM (m)	SIM-kortelė (m)	[sʲɪm-kor'tʲælʲe:]

bateria (f)	akumuliatorius (v)	[akumu'lʲætorʲus]
descarregar-se (vr)	išsikrauti	[ɪʃsʲɪ'krɑutʲɪ]
carregador (m)	įkroviklis (v)	[i:kro'vʲɪ:klʲɪs]

| menu (m) | valgiaraštis (v) | [valʲʲgʲæraʃtʲɪs] |
| configurações (f pl) | nustatymai (v dgs) | [nu'sta:tʲi:mʌɪ] |

| melodia (f) | melodija (m) | [mʲɛ'lʲodʲɪjɛ] |
| escolher (vt) | pasirinkti | [pasʲɪ'rʲɪŋktʲɪ] |

calculadora (f)	skaičiuotuvas (v)	[skʌɪtʂʲuo'tuvas]
correio (m) de voz	balso paštas (v)	['balʲsɔ 'pa:ʃtas]
despertador (m)	žadintuvas (v)	[ʒadʲɪn'tuvas]
contatos (m pl)	telefonų knyga (m)	[tʲɛlʲɛ'fonu: knʲi:'ga]

| mensagem (f) de texto | SMS žinutė (m) | [ɛsɛ'mɛs ʒʲɪnutʲe:] |
| assinante (m) | abonentas (v) | [abo'nʲɛntas] |

115. Estacionário

| caneta (f) | automatinis šratinukas (v) | [ɑuto'ma:tʲɪnʲɪs ʃratʲɪ'nukas] |
| caneta (f) tinteiro | plunksnakotis (v) | [plʲuŋk'sna:kotʲɪs] |

lápis (m)	pieštukas (v)	[pʲiɛʃ'tukas]
marcador (m) de texto	žymeklis (v)	[ʒʲi:'mʲæklʲɪs]
caneta (f) hidrográfica	flomasteris (v)	[flʲo'ma:stʲɛrʲɪs]

| bloco (m) de notas | bloknotas (v) | [blʲok'notas] |
| agenda (f) | dienoraštis (v) | [dʲiɛ'noraʃtʲɪs] |

régua (f)	liniuotė (m)	[lʲɪ'nʲuo:tʲe:]
calculadora (f)	skaičiuotuvas (v)	[skʌɪtʂʲuo'tuvas]
borracha (f)	trintukas (v)	[trʲɪn'tukas]

| alfinete (m) | smeigtukas (v) | [smʲɛɪk'tukas] |
| clipe (m) | sąvaržėlė (m) | [sa:var'ʒʲe:lʲe:] |

| cola (f) | klijai (v dgs) | [klʲɪ'jʌɪ] |
| grampeador (m) | segiklis (v) | [sʲɛ'gʲɪklʲɪs] |

| furador (m) de papel | skylamušis (v) | [skʲi:'lʲa:muʃʲɪs] |
| apontador (m) | drožtukas (v) | [droʒ'tukas] |

116. Vários tipos de documentos

relatório (m)	atãskaita (m)	[a'ta:skʌɪta]
acordo (m)	susitarìmas (v)	[susˈɪtaˈrʲɪmas]
ficha (f) de inscrição	paraiškà (m)	[parʌɪʲˈka]
autêntico (adj)	tìkras	[ˈtʲɪkras]
crachá (m)	kortėlė (m)	[korˈtʲælʲe:]
cartão (m) de visita	vizìtinė kortėlė (m)	[vʲɪˈzʲɪtʲɪnʲe: korˈtʲælʲe:]

certificado (m)	sertifikãtas (v)	[sʲɛrtʲɪfʲɪˈka:tas]
cheque (m)	kvìtas (v)	[ˈkvʲɪtas]
conta (f)	sãskaita (m)	[ˈsa:skʌɪta]
constituição (f)	konstitùcija (m)	[konstʲɪˈtʊtsʲɪjɛ]

contrato (m)	sutartìs (m)	[sʊtarˈtʲɪs]
cópia (f)	kòpija (m)	[ˈkopʲɪjɛ]
exemplar (~ assinado)	egzempliõrius (v)	[ɛgzʲɛmˈplʲɪjɔːrʲʊs]

declaração (f) alfandegária	deklarãcija (m)	[dʲɛklʲaˈra:tsʲɪjɛ]
documento (m)	dokumeñtas (v)	[dokʊˈmʲɛntas]
carteira (f) de motorista	vairúotojo pažyméjimas (v)	[vʌɪˈrʊɑtojo paʒʲi:ˈmʲɛjɪmas]
adendo, anexo (m)	priẽdas (v)	[ˈprʲɛdas]
questionário (m)	anketà (m)	[aŋkʲɛˈta]

carteira (f) de identidade	pažyméjimas (v)	[paʒʲi:ˈmʲɛjɪmas]
inquérito (m)	paklausìmas (v)	[paklʲɑʊˈsʲɪmas]
convite (m)	kvietìmas (v)	[kvʲɪɛˈtʲɪmas]
fatura (f)	sãskaita (m)	[ˈsa:skʌɪta]

lei (f)	įstãtymas (v)	[i:ˈsta:tiːmas]
carta (correio)	láiškas (v)	[ˈlʲʌɪʃkas]
papel (m) timbrado	blánkas (v)	[ˈblʲankas]
lista (f)	sãrašas (v)	[ˈsa:raʃas]
manuscrito (m)	rañkraštis (v)	[ˈraŋkraʃtʲɪs]
boletim (~ informativo)	biuletènis (v)	[bʲʊlʲɛˈtʲɛnʲɪs]
bilhete (mensagem breve)	rãštas (v)	[ˈra:ʃtas]

passe (m)	leidìmas (v)	[lʲɛɪˈdʲɪmas]
passaporte (m)	pãsas (v)	[ˈpa:sas]
permissão (f)	leidìmas (v)	[lʲɛɪˈdʲɪmas]
currículo (m)	gyvénimo aprãšymas (v)	[gʲi:ˈvʲænʲɪmɔ apˈra:ʃɪːmas]
nota (f) promissória	pakvitãvimas (v)	[pakvʲɪˈta:vʲɪmas]
recibo (m)	kvìtas (v)	[ˈkvʲɪtas]
talão (f)	kvìtas (v)	[ˈkvʲɪtas]
relatório (m)	rãportas (v)	[ˈra:portas]

mostrar (vt)	pateĩkti	[paˈtʲɛɪktʲɪ]
assinar (vt)	pasirašýti	[pasʲɪraˈʃɪːtʲɪ]
assinatura (f)	pãrašas (v)	[ˈpa:raʃas]
carimbo (m)	añtspaudas (v)	[ˈantspɑʊdas]
texto (m)	tèkstas (v)	[ˈtʲɛkstas]
ingresso (m)	bìlietas (v)	[ˈbʲɪlʲiɛtas]

riscar (vt)	nubraũkti	[nʊˈbrɑʊktʲɪ]
preencher (vt)	užpìldyti	[ʊʒˈpʲɪlʲdʲi:tʲɪ]

carta (f) de porte	**važtãraštis** (v)	[vaʒ'ta:raʃtɪs]
testamento (m)	**testameñtas** (v)	[tʲɛsta'mʲɛntas]

117. Tipos de negócios

serviços (m pl) de contabilidade	**buhaltèrinès pãslaugos** (m dgs)	[buγalʲ'tʲɛrʲɪnʲe:s 'pa:slɑugos]
publicidade (f)	**reklamà** (m)	[rʲɛklʲa'ma]
agência (f) de publicidade	**reklãmos agentūrà** (m)	[rʲɛk'lʲa:mos agʲɛntu:'ra]
ar (m) condicionado	**kondicionièriai** (v dgs)	[kondʲɪtsʲɪjo'nʲɛrʲɛɪ]
companhia (f) aérea	**aviakompãnija** (m)	[avʲæðkom'pa:nʲɪjɛ]

bebidas (f pl) alcoólicas	**alkohòliniai gèrimai** (v dgs)	[alʲko'γolʲɪnʲɛɪ 'gʲe:rʲɪmʌɪ]
comércio (m) de antiguidades	**antikvariãtas** (v)	[antʲɪkvarʲɪ'jatas]
galeria (f) de arte	**galèrija** (m)	[ga'lʲɛrʲɪjɛ]
serviços (m pl) de auditoria	**audìtorių pãslaugos** (m dgs)	[ɑu'dʲɪtorʲu: 'pa:slʲɑugos]

negócios (m pl) bancários	**bánkinis vèrslas** (v)	['baŋkʲɪnʲɪs 'vʲɛrslʲas]
bar (m)	**bãras** (v)	['ba:ras]
salão (m) de beleza	**grõžio salònas** (v)	['gro:ʒʲɔ sa'lʲonas]
livraria (f)	**knygýnas** (v)	[knʲi:'gʲi:nas]
cervejaria (f)	**alaũs daryklà** (m)	[a'lʲɑus darʲi:k'lʲa]
centro (m) de escritórios	**vèrslo ceñtras** (v)	['vʲɛrslʲɔ 'tsʲɛntras]
escola (f) de negócios	**vèrslo mokyklà** (m)	['vʲɛrslʲɔ mokʲi:k'lʲa]

cassino (m)	**kazinò** (v)	[kazʲɪ'no]
construção (f)	**statýba** (m)	[sta'tʲi:ba]
consultoria (f)	**konsultãvimas** (v)	[konsulʲ'ta:vʲɪmas]

clínica (f) dentária	**stomatològija** (m)	[stomato'lʲogʲɪjɛ]
design (m)	**dizáinas** (v)	[dʲɪ'zʌɪnas]
drogaria (f)	**váistinè** (m)	['vʌɪstʲɪnʲe:]
lavanderia (f)	**chèminè valyklà** (m)	['xʲɛmʲɪnʲe: valʲi:k'la]
agência (f) de emprego	**darbúotojų paieškõs agentūrà** (m)	[dar'bʊɑto:ju: paʲɪʃ'ko:s agʲɛntu:'ra]

serviços (m pl) financeiros	**finánsinès pãslaugos** (m dgs)	[fʲɪ'nansʲɪnʲe:s 'pa:slʲɑugos]
alimentos (m pl)	**maĩsto prodùktai** (v dgs)	['mʌɪstɔ pro'duktʌɪ]
funerária (f)	**láidojimo biùras** (v)	['lʲʌɪdojɪmɔ 'bʲʊras]
mobiliário (m)	**baĩldai** (v)	['balʲdʌɪ]
roupa (f)	**drabùžiai** (v dgs), **rūbai** (v dgs)	[dra'buʒʲɛɪ], ['ru:bʌɪ]
hotel (m)	**viẽšbutis** (v)	['vʲɛʃbʊtʲɪs]

sorvete (m)	**ledaĩ** (v dgs)	[lʲɛ'dʌɪ]
indústria (f)	**prãmonè** (m)	['pra:monʲe:]
seguro (~ de vida, etc.)	**draudìmas** (v)	[drɑu'dʲɪmas]
internet (f)	**internètas** (v)	[ɪntʲɛr'nʲɛtas]
investimento (m)	**investìcijos** (m dgs)	[ɪnvʲɛs'tʲɪtsʲɪjɔs]

joalheiro (m)	**juvelýras** (v)	[juvʲɛ'lʲi:ras]
joias (f pl)	**juvelýriniai dirbiniaĩ** (v dgs)	[juvʲɛ'lʲi:rʲɪnʲɛɪ dʲɪrbʲɪ'nʲɛɪ]
lavanderia (f)	**skalbyklà** (m)	[skalʲbʲi:k'la]
assessorias (f pl) jurídicas	**jurìdinès pãslaugõs** (m dgs)	[ju'rʲɪdʲɪnʲe:s paslʲɑu'go:s]
indústria (f) ligeira	**lengvòji prãmonè** (m)	[lʲɛng'vo:jɪ 'pra:monʲe:]

revista (f)	žurnãlas (v)	[ʒʊrˈnaːlʲas]
vendas (f pl) por catálogo	prekýba pagãl katalõgą (m)	[prʲɛˈkʲiːba paˈgalʲ kataˈlʲoga:]
medicina (f)	medicinã (m)	[mʲɛdʲɪtsʲɪˈna]
cinema (m)	kìno teãtras (v)	[ˈkʲɪnɔ tʲɛˈaːtras]
museu (m)	muziẽjus (v)	[mʊˈzʲɛjʊs]

agência (f) de notícias	informãcijos agentūrã (m)	[ɪnforˈmaːtsʲɪjos agʲɛntuːˈra]
jornal (m)	laĩkraštis (v)	[ˈlʲʌɪkraʃtʲɪs]
boate (casa noturna)	naktìnis klùbas (v)	[nakˈtʲɪnʲɪs ˈklʲʊbas]

petróleo (m)	naftã (m)	[nafˈta]
serviços (m pl) de remessa	kùrjerių tarnýba (m)	[ˈkʊrjɛrʲuː tarˈnʲiːba]
indústria (f) farmacêutica	farmãcija (m)	[farˈmaːtsʲɪjɛ]
tipografia (f)	poligrãfija (m)	[polʲɪˈgraːfʲɪjɛ]
editora (f)	leidyklã (m)	[lʲɛɪdʲiːkˈla]

rádio (m)	rãdijas (v)	[ˈraːdʲɪjas]
imobiliário (m)	nekilnõjamasis tuĩtas (v)	[nʲɛkʲɪlʲʲnojamasʲɪs ˈtʊrtas]
restaurante (m)	restorãnas (v)	[rʲɛstoˈraːnas]

empresa (f) de segurança	saugõs tarnýba (m)	[sɑʊˈgoːs tarˈnʲiːba]
esporte (m)	spòrtas (v)	[ˈsportas]
bolsa (f) de valores	bìrža (m)	[ˈbʲɪrʒa]
loja (f)	parduotùvė (m)	[pardʊɑˈtʊvʲe:]
supermercado (m)	prekýbos ceñtras (v)	[prʲɛˈkʲiːbos ˈtsʲɛntras]
piscina (f)	baseĩnas (v)	[baˈsʲɛɪnas]

alfaiataria (f)	ateljẽ (m)	[ateˈlʲje:]
televisão (f)	televìzija (m)	[tʲɛlʲɛˈvʲɪzʲɪjɛ]
teatro (m)	teãtras (v)	[tʲɛˈaːtras]
comércio (m)	prekýba (m)	[prʲɛˈkʲiːba]
serviços (m pl) de transporte	pérvežimai (v dgs)	[ˈpʲɛrvʲɛʒʲɪmʌɪ]
viagens (f pl)	turìzmas (v)	[tʊˈrʲɪzmas]

veterinário (m)	veterinãras (v)	[vʲɛtʲɛrʲɪˈnaːras]
armazém (m)	sándėlis (v)	[ˈsandʲeːlʲɪs]
recolha (f) do lixo	šiùkšlių išvežìmas (v)	[ˈʃʊkʃlʲuː iʃvʲɛˈʒʲɪmas]

Emprego. Negócios. Parte 2

118. Espetáculo. Feira

feira, exposição (f)	paroda (m)	[paro'da]
feira (f) comercial	prekýbos parodà (m)	[prʲɛ'kʲiːbos paro'da]
participação (f)	dalyvãvimas (v)	[dalʲiː'va:vʲɪmas]
participar (vi)	dalyváuti	[dalʲiː'vɑutʲɪ]
participante (m)	dalỹvis (v)	[da'lʲiːvʲɪs]
diretor (m)	dirèktorius (v)	[dʲɪ'rʲɛktorʲʊs]
organizador (m)	organizãtorius (v)	[organʲɪ'za:torʲʊs]
organizar (vt)	organizúoti	[organʲɪ'zʊɑtʲɪ]
ficha (f) de inscrição	paraiškà dalyvãvimui (m)	[parʌɪʃ'ka dalʲiː'va:vʲɪmʊi]
preencher (vt)	užpìldyti	[ʊʒ'pʲɪlʲdʲiːtʲɪ]
detalhes (m pl)	smùlkmenos (m dgs)	['smʊlʲkmʲɛnos]
informação (f)	informãcija (m)	[ɪnfor'ma:tsʲɪjɛ]
preço (m)	káina (m)	['kʌɪna]
incluindo	įskaĩtant	[iːs'kʌɪtant]
incluir (vt)	įskaičiúoti	[iːskʌɪ'tʃʲʊɑtʲɪ]
pagar (vt)	mokéti	[mo'kʲeːtʲɪ]
taxa (f) de inscrição	registrãcijos mókestis (v)	[rʲɛgʲɪs'tra:tsʲɪjos 'mokʲɛstʲɪs]
entrada (f)	įėjìmas (v)	[iːʲɛ:'jɪmas]
pavilhão (m), salão (f)	paviljònas (v)	[pavʲɪ'lʲʲjo nas]
inscrever (vt)	registrúoti	[rʲɛgʲɪs'trʊɑtʲɪ]
crachá (m)	kortêlė (m)	[kor'tʲælʲeː]
stand (m)	steñdas (v)	['stʲɛndas]
reservar (vt)	rezervúoti	[rʲɛzʲɛr'vʊɑtʲɪ]
vitrine (f)	vitrinà (m)	[vʲɪtrʲɪ'na]
lâmpada (f)	šviestùvas (v)	[ʃvʲɪɛ'stʊvas]
design (m)	dizáinas (v)	[dʲɪ'zʌɪnas]
pôr (posicionar)	apgyvéndinti, išdéstyti	[apgʲiː'vʲɛndʲɪntʲɪ], [iʃ'dʲeːstʲiːtʲɪ]
ser colocado, -a	įsikùrti	[iːsʲɪ'kʊrtʲɪ]
distribuidor (m)	plãtintojas (v)	['plʲa:tʲɪnto:jɛs]
fornecedor (m)	tiekéjas (v)	[tʲɪɛ'kʲe:jas]
fornecer (vt)	tiêkti	['tʲɛktʲɪ]
país (m)	šalìs (m)	[ʃa'lʲɪs]
estrangeiro (adj)	užsienio	['ʊʒsʲɪɛnʲɔ]
produto (m)	prodùktas (v)	[pro'dʊktas]
associação (f)	asociãcija (m)	[asotsʲɪ'jatsʲɪjɛ]
sala (f) de conferência	konfereñcijų sãlė (m)	[konfe'rentsʲɪju: 'sa:lʲeː]
congresso (m)	kongrèsas (v)	[kon'grʲɛsas]

concurso (m)	konkùrsas (v)	[kɔŋ'kʊrsas]
visitante (m)	lankýtojas (v)	[lʲaŋ'kʲi:to:jɛs]
visitar (vt)	lankýti	[lʲaŋ'kʲi:tʲɪ]
cliente (m)	užsakõvas (v)	[ʊʒsa'ko:vas]

119. Media

jornal (m)	laĩkraštis (v)	['lʲʌɪkraʃtʲɪs]
revista (f)	žurnãlas (v)	[ʒʊr'na:lʲas]
imprensa (f)	spaudà (m)	[spɑʊ'da]
rádio (m)	rãdijas (v)	['ra:dʲɪjas]
estação (f) de rádio	rãdijo stotìs (m)	['ra:dʲɪjɔ sto'tʲɪs]
televisão (f)	televìzija (m)	[tʲɛlʲɛ'vʲɪzʲɪjɛ]

apresentador (m)	vedéjas (v)	[vʲɛ'dʲe:jas]
locutor (m)	dìktorius (v)	['dʲɪktorʲʊs]
comentarista (m)	komentãtorius (v)	[kɔmʲɛn'ta:torʲʊs]

jornalista (m)	žurnalìstas (v)	[ʒʊrna'lʲɪstas]
correspondente (m)	korespondeñtas (v)	[korʲɛspon'dʲɛntas]
repórter (m) fotográfico	fotokorespondeñtas (v)	[fotokorʲɛspon'dʲɛntas]
repórter (m)	repòrteris (v)	[rʲɛ'portʲɛrʲɪs]

redator (m)	redãktorius (v)	[rʲɛ'da:ktorʲʊs]
redator-chefe (m)	vyriáusiasis redãktorius (v)	[vʲi:'rʲæʊslʲæsʲɪs rʲɛ'da:ktorʲʊs]
assinar a ...	užsiprenumerúoti	[ʊʒsʲɪprʲɛnʊmʲɛ'rʊatʲɪ]
assinatura (f)	prenumeratà (m)	[prʲɛnʊmʲɛra'ta]
assinante (m)	prenumerãtorius (v)	[prʲɛnʊmʲɛ'ra:torʲʊs]
ler (vt)	skaitýti	[skʌɪ'tʲi:tʲɪ]
leitor (m)	skaitýtojas (v)	[skʌɪ'tʲi:to:jɛs]

tiragem (f)	tirãžas (v)	[tʲɪ'ra:ʒas]
mensal (adj)	mėnesìnis	[mʲe:nesʲɪnʲɪs]
semanal (adj)	saváitinis	[sa'vʌɪtʲɪnʲɪs]
número (jornal, revista)	nùmeris (v)	['nʊmʲɛrʲɪs]
recente, novo (adj)	naũjas	['nɑʊjas]

manchete (f)	añtraštė (m)	['antraʃtʲe:]
pequeno artigo (m)	straipsnẽlis (v)	[strʌɪp'snʲælʲɪs]
coluna (~ semanal)	rùbrika (m)	['rʊbrʲɪka]
artigo (m)	stráipsnis (v)	['strʌɪpsnʲɪs]
página (f)	pùslapis (v)	['pʊslʲapʲɪs]

reportagem (f)	reportãžas (v)	[rʲɛpor'ta:ʒas]
evento (festa, etc.)	ívykis (v)	['i:vʲɪ:kʲɪs]
sensação (f)	sensãcija (m)	[sʲɛn'sa:tsʲɪjɛ]
escândalo (m)	skandãlas (v)	[skan'da:lʲas]
escandaloso (adj)	skandalìngas	[skanda'lʲɪngas]
grande (adj)	garsùs	[gar'sʊs]

programa (m)	laidà (m)	[lʲʌɪ'da]
entrevista (f)	interviù (v)	[ɪntʲɛrv'jʊ]
transmissão (f) ao vivo	tiesióginė transliãcija (m)	[tʲiɛ'sʲlogʲɪnʲe: trans'lʲætsʲɪjɛ]
canal (m)	kanãlas (v)	[ka'na:lʲas]

120. Agricultura

agricultura (f)	žėmės ūkis (v)	['ʒ¹æm¹e:s 'u:k¹ɪs]
camponês (m)	valstiētis (v)	[val¹s't¹ɛt¹ɪs]
camponesa (f)	valstiētė (m)	[val¹s't¹ɛt¹e:]
agricultor, fazendeiro (m)	fėrmeris (v)	['f¹ɛrm¹ɛr¹ɪs]

trator (m)	trāktorius (v)	['tra:ktor¹ʊs]
colheitadeira (f)	kombáinas (v)	[kɔm'bʌɪnas]

arado (m)	plūgas (v)	['pl¹u:gas]
arar (vt)	ārti	['a:rt¹ɪ]
campo (m) lavrado	dirvà (m)	[d¹ɪr'va]
sulco (m)	vagà (m)	[va'ga]

semear (vt)	sėti	['s¹e:t¹ɪ]
plantadeira (f)	sėjamóji mašinà (m)	[s¹e:ja'mo:jɪ maʃɪ'na]
semeadura (f)	sėjimas (v)	[s¹e:'jɪmas]

foice (m)	dalgis (v)	['dal¹g¹ɪs]
cortar com foice	pjáuti	['pjɑʊt¹ɪ]

pá (f)	kastùvas (v)	[kas'tʊvas]
cavar (vt)	kàsti	['kast¹ɪ]

enxada (f)	kapõklė (m)	[ka'po:kl¹e:]
capinar (vt)	ravėti	[ra'v¹e:t¹ɪ]
erva (f) daninha	pìktžolė (m)	['p¹ɪktʒol¹e:]

regador (m)	laistytùvas (v)	[l¹ʌɪst¹i:'tʊvas]
regar (plantas)	láistyti	['l¹ʌɪst¹i:t¹ɪ]
rega (f)	láistymas (v)	['l¹ʌɪst¹i:mas]

forquilha (f)	šākės (m dgs)	['ʃa:k¹e:s]
ancinho (m)	grėblỹs (v)	[gr¹e:b'l¹i:s]

fertilizante (m)	trąšà (m)	[tra:'ʃa]
fertilizar (vt)	tręšti	['tr¹ɛ:ʃt¹ɪ]
estrume, esterco (m)	mėšlas (v)	['m¹e:ʃlas]

campo (m)	laũkas (v)	['l¹ɑʊkas]
prado (m)	píeva (m)	['p¹iɛva]
horta (f)	dāržas (v)	['darʒas]
pomar (m)	sõdas (v)	['so:das]

pastar (vt)	ganýti	[ga'n¹i:t¹ɪ]
pastor (m)	piemuõ (v)	[p¹iɛ'mʊɑ]
pastagem (f)	ganyklà (m)	[gan¹i:k'l¹a]

pecuária (f)	gyvulininkỹstė (m)	[g¹i:vʊl¹ɪn¹ɪŋ'k¹i:st¹e:]
criação (f) de ovelhas	avininkỹstė (m)	[av¹ɪn¹ɪŋ'k¹i:st¹e:]

plantação (f)	plantācija (m)	[pl¹an'ta:ts¹ɪjɛ]
canteiro (m)	lýsvė (m)	['l¹i:sv¹e:]
estufa (f)	šiltādaržis (v)	[ʃɪl¹'ta:darʒ¹ɪs]

| seca (f) | sausrà (m) | [sɑʊs'ra] |
| seco (verão ~) | sausrìngas | [sɑʊs'rʲɪngas] |

grão (m)	grū̃das (v)	['gru:das]
cereais (m pl)	javaĩ (v dgs)	[ja'vʌɪ]
colher (vt)	nuim̃ti	['nʊimtʲɪ]

moleiro (m)	malū̃nininkas (v)	[ma'lʲu:nʲɪnʲɪŋkas]
moinho (m)	malū̃nas (v)	[ma'lʲu:nas]
moer (vt)	málti grū̃dus	['malʲtʲɪ 'gru:dʊs]
farinha (f)	mìltai (v dgs)	['mʲɪlʲtʌɪ]
palha (f)	šiaudaĩ (v dgs)	[ʃʲɛʊ'dʌɪ]

121. Construção. Processo de construção

canteiro (m) de obras	statýbvietė (m)	[sta'tʲi:bvʲiɛtʲe:]
construir (vt)	statýti	[sta'tʲi:tʲɪ]
construtor (m)	statýbininkas (v)	[sta'tʲi:bʲɪnʲɪŋkas]

projeto (m)	projèktas (v)	[pro'jæktas]
arquiteto (m)	architèktas (v)	[arxʲɪ'tʲɛktas]
operário (m)	darbiniñkas (v)	[darbʲɪ'nʲɪŋkas]

fundação (f)	fundameñtas (v)	[fʊnda'mʲɛntas]
telhado (m)	stógas (v)	['stogas]
estaca (f)	põlis (v)	['po:lʲɪs]
parede (f)	síena (m)	['sʲiɛna]

| colunas (f pl) de sustentação | armatūrà (m) | [armatu:'ra] |
| andaime (m) | statýbiniai pastõliai (v dgs) | [sta'tʲi:bʲɪnʲɛɪ pas'to:lʲɛɪ] |

concreto (m)	betònas (v)	[bʲɛ'tonas]
granito (m)	granìtas (v)	[gra'nʲɪtas]
pedra (f)	akmuõ (v)	[ak'mʊɑ]
tijolo (m)	plytà (m)	[plʲi:'ta]

areia (f)	smėlis (v)	['smʲe:lʲɪs]
cimento (m)	cemeñtas (v)	[tsʲɛ'mʲɛntas]
emboço, reboco (m)	tìnkas (v)	['tʲɪŋkas]
emboçar, rebocar (vt)	tinkúoti	[tʲɪŋ'kʊɑtʲɪ]

tinta (f)	dažaĩ (v dgs)	[da'ʒʌɪ]
pintar (vt)	dažýti	[da'ʒʲi:tʲɪ]
barril (m)	statìnė (m)	[sta'tʲɪnʲe:]

grua (f), guindaste (m)	krãnas (v)	['kra:nas]
erguer (vt)	kélti	['kʲɛlʲtʲɪ]
baixar (vt)	nuléisti	[nʊ'lʲɛɪstʲɪ]

buldózer (m)	buldòzeris (v)	[bʊlʲ'dozʲɛrʲɪs]
escavadora (f)	ekskavãtorius (v)	[ɛkska'va:torʲʊs]
caçamba (f)	káušas (v)	['kɑʊʃas]
escavar (vt)	kàsti	['kastʲɪ]
capacete (m) de proteção	šálmas (v)	['ʃalʲmas]

122. Ciência. Investigação. Cientistas

ciência (f)	mókslas (v)	['moksl'as]
científico (adj)	mókslinis	['moksl'ɪn'ɪs]
cientista (m)	mókslininkas (v)	['moksl'ɪn'ɪŋkas]
teoria (f)	teòrija (m)	[t'ɛ'or'ɪjɛ]

axioma (m)	aksiomà (m)	[aks'ɪjo'ma]
análise (f)	anãlizė (m)	[a'na:l'ɪz'e:]
analisar (vt)	analizúoti	[anal'ɪ'zuɑt'ɪ]
argumento (m)	argumeñtas (v)	[argu'm'ɛntas]
substância (f)	mēdžiaga (m)	['m'æӡ'æga]

hipótese (f)	hipotèzė (m)	[ɣ'ɪpo't'ɛz'e:]
dilema (m)	dilemà (m)	[d'ɪl'ɛ'ma]
tese (f)	disertãcija (m)	[d'ɪs'ɛr'ta:ts'ɪjɛ]
dogma (m)	dogmà (m)	[dog'ma]

doutrina (f)	doktrinà (m)	[doktr'ɪ'na]
pesquisa (f)	tyrinėjimas (v)	[t'i:r'ɪ'n'ɛjɪmas]
pesquisar (vt)	tyrinėti	[t'i:r'ɪ'n'e:t'ɪ]
testes (m pl)	kontrolė (m)	[kɔn'trol'e:]
laboratório (m)	laboratòrija (m)	[l'abora'tor'ɪjɛ]

método (m)	metòdas (v)	[m'ɛ'todas]
molécula (f)	molèkulė (m)	[mo'l'ɛkʊl'e:]
monitoramento (m)	monitòringas (v)	[mon'ɪ'tor'ɪngas]
descoberta (f)	atradìmas (v)	[atra'd'ɪmas]

postulado (m)	postulãtas (v)	[postʊ'l'a:tas]
princípio (m)	prìncipas (v)	['pr'ɪnts'ɪpas]
prognóstico (previsão)	prognòzė (m)	[prog'noz'e:]
prognosticar (vt)	prognozúoti	[progno'zuɑt'ɪ]

síntese (f)	siñtezė (m)	['s'ɪntez'e:]
tendência (f)	tendeñcija (m)	[t'ɛn'd'ɛnts'ɪjɛ]
teorema (m)	teoremà (m)	[t'ɛor'ɛ'ma]

ensinamentos (m pl)	mókslas (v)	['moksl'as]
fato (m)	fãktas (v)	['fa:ktas]
expedição (f)	ekspedìcija (m)	[ɛksp'ɛ'd'ɪts'ɪjɛ]
experiência (f)	eksperimeñtas (v)	[ɛksp'ɛr'ɪ'm'ɛntas]

acadêmico (m)	akadèmikas (v)	[aka'd'ɛm'ɪkas]
bacharel (m)	bakaláuras (v)	[baka'l'ɑuras]
doutor (m)	dãktaras (v)	['da:ktaras]
professor (m) associado	doceñtas (v)	[do'ts'ɛntas]
mestrado (m)	magìstras (v)	[ma'g'ɪstras]
professor (m)	profèsorius (v)	[pro'f'ɛsor'ʊs]

Profissões e ocupações

trabalho (m)	dárbas (v)	['darbas]
equipe (f)	etãtai (dgs)	[ɛ'ta:tʌɪ]
pessoal (m)	personãlas (v)	[pʲɛrso'na:las]

carreira (f)	karjerà (m)	[karjɛ'ra]
perspectivas (f pl)	perspektyvà (m)	[pʲɛrspʲɛktʲi:'va]
habilidades (f pl)	meistriškùmas (v)	[mʲɛɪstrʲɪʃkʊmas]

seleção (f)	atrankà (m)	[atraŋ'ka]
agência (f) de emprego	darbúotojų paieškõs agentūra (m)	[dar'bʊɑto:ju: paʲiɛʃ'ko:s agʲɛntu:'ra]
currículo (m)	gyvẽnimo aprãšymas (v)	[gʲi:'vʲæŋʲɪmɔ ap'ra:ʃɪ:mas]
entrevista (f) de emprego	pókalbis (v)	['pokalʲbʲɪs]
vaga (f)	laisvà dárbo vietà (m)	[lʲʌɪs'va 'darbɔ vʲiɛ'ta]

salário (m)	dárbo ùžmokestis (v)	['darbɔ 'ʊʒmokʲɛstʲɪs]
salário (m) fixo	algà (m)	[alʲ'ga]
pagamento (m)	atlýginimas (v)	[at'lʲi:gʲɪnʲɪmas]

cargo (m)	páreigos (m dgs)	['parʲɛɪgos]
dever (do empregado)	pareigà (m)	[parʲɛɪ'ga]
gama (f) de deveres	sritìs (m)	[srʲɪ'tʲɪs]
ocupado (adj)	ùžimtas	['ʊʒʲɪmtas]

| despedir, demitir (vt) | atléisti | [at'lʲɛɪstʲɪ] |
| demissão (f) | atleidìmas (v) | [atlʲɛɪ'dʲɪmas] |

desemprego (m)	bedarbỹstė (m)	[bʲɛdar'bʲi:stʲe:]
desempregado (m)	bedarbis (v)	[bʲɛ'darbʲɪs]
aposentadoria (f)	peñsija (m)	['pʲɛnsʲɪjɛ]
aposentar-se (vr)	išeĩti į̃ peñsiją	[ɪ'ʃɛɪtʲɪ i: 'pʲɛnsʲɪja:]

diretor (m)	dirèktorius (v)	[dʲɪ'rʲɛktorʲʊs]
gerente (m)	valdýtojas (v)	[valʲ'dʲi:to:jɛs]
patrão, chefe (m)	vadõvas (v)	[va'do:vas]

superior (m)	vĩršininkas (v)	['vʲɪrʃɪnʲɪŋkas]
superiores (m pl)	vadovýbė (m)	[vado'vʲi:bʲe:]
presidente (m)	prezideñtas (v)	[prʲɛzʲɪ'dʲɛntas]
chairman (m)	pìrmininkas (v)	['pʲɪrmʲɪnʲɪŋkas]
substituto (m)	pavadúotojas (v)	[pava'dʊɑto:jɛs]
assistente (m)	padėjéjas (v)	[padʲe:'je:jas]

secretário (m)	sekretõrius (v)	[sⁱɛkrⁱɛ'to:rⁱʊs]
secretário (m) pessoal	asmenìnis sekretõrius (v)	[asmⁱɛ'nⁱɪnⁱɪs sⁱɛkrⁱɛ'to:rⁱʊs]

homem (m) de negócios	komersántas (v)	[komⁱɛr'santas]
empreendedor (m)	verslininkas (v)	['vⁱɛrslⁱɪnⁱɪŋkas]
fundador (m)	steigéjas (v)	[stⁱɛɪ'gⁱe:jas]
fundar (vt)	įsteĩgti	[i:'stⁱɛɪktⁱɪ]

principiador (m)	steigéjas (v)	[stⁱɛɪ'gⁱe:jas]
parceiro, sócio (m)	pártneris (v)	['partnⁱɛrⁱɪs]
acionista (m)	ãkcininkas (v)	['a:ktsⁱɪnⁱɪŋkas]

milionário (m)	milijoniẽrius (v)	[mⁱɪlⁱɪjo'nⁱɛrⁱʊs]
bilionário (m)	milijardiẽrius (v)	[mⁱɪlⁱɪjar'dⁱɛrⁱʊs]
proprietário (m)	valdýtojas (v)	[valⁱdⁱi:to:jɛs]
proprietário (m) de terras	žẽmės savinińkas (v)	['ʒⁱæmⁱe:s savⁱɪ'nⁱɪŋkas]

cliente (m)	klieñtas (v)	['klⁱiɛntas]
cliente (m) habitual	pastovùs klieñtas (v)	[pasto'vʊs klⁱiɛntas]
comprador (m)	pirkéjas (v)	[pⁱɪr'kⁱe:jas]
visitante (m)	lankýtojas (v)	[lⁱaŋ'kⁱi:to:jɛs]

profissional (m)	profesionãlas (v)	[profⁱɛsⁱɪjo'na:lⁱas]
perito (m)	ekspèrtas (v)	[ɛks'pⁱɛrtas]
especialista (m)	specialìstas (v)	[spⁱɛtsⁱɪja'lⁱɪstas]

banqueiro (m)	bánkininkas (v)	['baŋkⁱɪnⁱɪŋkas]
corretor (m)	bròkeris (v)	['brokⁱɛrⁱɪs]

caixa (m, f)	kãsininkas (v)	['ka:sⁱɪnⁱɪŋkas]
contador (m)	buhálteris (v)	[bʊ'ɣalⁱtⁱɛrⁱɪs]
guarda (m)	apsauginińkas (v)	[apsɑʊgⁱɪ'nⁱɪŋkas]

investidor (m)	investúotojas (v)	[ɪnvⁱɛs'tʊɑto:jɛs]
devedor (m)	skõlininkas (v)	['sko:lⁱɪnⁱɪŋkas]
credor (m)	kredìtorius (v)	[krⁱɛ'dⁱɪtorⁱʊs]
mutuário (m)	paskolõs gavéjas (v)	[pasko'lⁱo:s ga'vⁱe:jas]

importador (m)	importúotojas (v)	[ɪmpor'tʊɑto:jɛs]
exportador (m)	eksportúotojas (v)	[ɛkspor'tʊɑto:jɛs]

produtor (m)	gamìntojas (v)	[ga'mⁱɪnto:jɛs]
distribuidor (m)	plãtintojas (v)	['plⁱa:tⁱɪnto:jɛs]
intermediário (m)	tárpininkas (v)	['tarpⁱɪnⁱɪŋkas]

consultor (m)	konsultántas (v)	[konsʊlⁱtantas]
representante comercial	atstõvas (v)	[at'sto:vas]
agente (m)	ageñtas (v)	[a'gⁱɛntas]
agente (m) de seguros	draudìmo ageñtas (v)	[drɑʊ'dⁱɪmɔ a'gⁱɛntas]

125. Profissões de serviços

cozinheiro (m)	viréjas (v)	[vⁱɪ'rⁱe:jas]
chefe (m) de cozinha	vyriáusiasis viréjas (v)	[vⁱi:'rⁱæʊsⁱæsⁱɪs vⁱɪ'rⁱe:jas]

padeiro (m)	kepėjas (v)	[kʲɛ'pʲe:jas]
barman (m)	bármenas (v)	['barmʲɛnas]
garçom (m)	padavėjas (v)	[pada'vʲe:jas]
garçonete (f)	padavėja (m)	[pada'vʲe:ja]

advogado (m)	advokãtas (v)	[advo'ka:tas]
jurista (m)	jurìstas (v)	[juˈrʲɪstas]
notário (m)	notãras (v)	[no'ta:ras]

eletricista (m)	mònteris (v)	['montʲɛrʲɪs]
encanador (m)	santèchnikas (v)	[san'tʲɛxnʲɪkas]
carpinteiro (m)	dailìdė (v)	[dʌɪ'lʲɪdʲe:]

massagista (m)	masažìstas (v)	[masa'ʒʲɪstas]
massagista (f)	masažìstė (m)	[masa'ʒʲɪstʲe:]
médico (m)	gýdytojas (v)	['gʲi:dʲi:to:jɛs]

taxista (m)	taksìstas (v)	[tak'sʲɪstas]
condutor (automobilista)	vairúotojas (v)	[vʌɪ'rʊato:jɛs]
entregador (m)	kùrjeris (v)	['kʊrjɛrʲɪs]

camareira (f)	kambarìnė (m)	[kamba'rʲɪnʲe:]
guarda (m)	apsauginiṅkas (v)	[apsɑʊgʲɪ'nʲɪŋkas]
aeromoça (f)	stiuardèsė (m)	[stʲʊar'dʲɛsʲe:]

professor (m)	mókytojas (v)	['mokʲi:to:jɛs]
bibliotecário (m)	bibliotèkininkas (v)	[bʲɪblʲɪjo'tʲɛkʲɪnʲɪŋkas]
tradutor (m)	vertėjas (v)	[vʲɛr'tʲe:jas]
intérprete (m)	vertėjas (v)	[vʲɛr'tʲe:jas]
guia (m)	gìdas (v)	['gʲɪdas]

cabeleireiro (m)	kirpėjas (v)	[kʲɪr'pʲe:jas]
carteiro (m)	pãštininkas (v)	['pa:ʃtʲɪnʲɪŋkas]
vendedor (m)	pardavėjas (v)	[parda'vʲe:jas]

jardineiro (m)	sõdininkas (v)	['so:dʲɪnʲɪŋkas]
criado (m)	tãrnas (v)	['tarnas]
criada (f)	tarnáitė (m)	[tar'nʌɪtʲe:]
empregada (f) de limpeza	valýtoja (m)	[va'lʲi:to:jɛ]

126. Profissões militares e postos

soldado (m) raso	eilìnis (v)	[ɛɪ'lʲɪnʲɪs]
sargento (m)	seržántas (v)	[sʲɛr'ʒantas]
tenente (m)	leitenántas (v)	[lʲɛɪtʲɛ'nantas]
capitão (m)	kapitõnas (v)	[kapʲɪ'to:nas]

major (m)	majõras (v)	[ma'jo:ras]
coronel (m)	pulkininkas (v)	['pʊlkʲɪnʲɪŋkas]
general (m)	generõlas (v)	[gʲɛnʲɛ'ro:lʲas]
marechal (m)	mãršalas (v)	['marʃalʲas]
almirante (m)	admirõlas (v)	[admʲɪ'ro:lʲas]
militar (m)	karìškis (v)	[ka'rʲɪʃkʲɪs]
soldado (m)	kareìvis (v)	[ka'rʲɛɪvʲɪs]

oficial (m)	karininkas (v)	[karʲɪ'nʲɪŋkas]
comandante (m)	vãdas (v)	['va:das]

guarda (m) de fronteira	pasieniẽtis (v)	[pasʲiɛ'nʲɛtʲɪs]
operador (m) de rádio	radìstas (v)	[ra'dʲɪstas]
explorador (m)	žval̃gas (v)	['ʒvalʲgas]
sapador-mineiro (m)	pioniẽrius (v)	[pʲɪjo'nʲɛrʲʊs]
atirador (m)	šaulỹs (v)	[ʃɑʊ'lʲi:s]
navegador (m)	štùrmanas (v)	['ʃtʊrmanas]

127. Oficiais. Padres

rei (m)	karãlius (v)	[ka'ra:lʲʊs]
rainha (f)	karalíenė (m)	[kara'lʲiɛnʲe:]

príncipe (m)	prìncas (v)	['prʲɪntsas]
princesa (f)	princèsė (m)	[prʲɪn'tsʲɛsʲe:]

czar (m)	cãras (v)	['tsa:ras]
czarina (f)	caríenė (m)	[tsa'rʲiɛnʲe:]

presidente (m)	prezideñtas (v)	[prʲɛzʲɪ'dʲɛntas]
ministro (m)	minìstras (v)	[mʲɪ'nʲɪstras]
primeiro-ministro (m)	minìstras pìrmininkas (v)	[mʲɪ'nʲɪstras 'pʲɪrmʲɪnʲɪŋkas]
senador (m)	senãtorius (v)	[sʲɛ'na:torʲʊs]

diplomata (m)	diplomãtas (v)	[dʲɪplʲo'ma:tas]
cônsul (m)	kònsulas (v)	['konsʊlʲas]
embaixador (m)	ambasãdorius (v)	[amba'sa:dorʲʊs]
conselheiro (m)	pataréjas (v)	[pata'rʲe:jas]

funcionário (m)	valdininkas (v)	[valʲdʲɪ'nʲɪŋkas]
prefeito (m)	prefèktas (v)	[prʲɛ'fʲɛktas]
Presidente (m) da Câmara	mèras (v)	['mʲɛras]

juiz (m)	teiséjas (v)	[tʲɛɪ'sʲe:jas]
procurador (m)	prokuròras (v)	[prokʊ'roras]

missionário (m)	misioniẽrius (v)	[mʲɪsʲɪjo'nʲɛrʲʊs]
monge (m)	vienuõlis (v)	[vʲiɛ'nʊɑlʲɪs]
abade (m)	abãtas (v)	[a'ba:tas]
rabino (m)	rãbinas (v)	['ra:bʲɪnas]

vizir (m)	vizìris (v)	[vʲɪ'zʲɪrʲɪs]
xá (m)	šãchas (v)	['ʃa:xas]
xeique (m)	šeìchas (v)	['ʃɛɪxas]

128. Profissões agrícolas

abelheiro (m)	bìtininkas (v)	['bʲɪtʲɪnʲɪŋkas]
pastor (m)	piemuõ (v)	[pʲiɛ'mʊɑ]
agrônomo (m)	agronòmas (v)	[agro'nomas]

criador (m) de gado	gývulininkas (v)	['gʲiːvʊlʲɪnʲɪŋkas]
veterinário (m)	veterinãras (v)	[vʲɛtʲɛrʲɪ'naːras]

agricultor, fazendeiro (m)	fèrmeris (v)	['fʲɛrmʲɛrʲɪs]
vinicultor (m)	vyndarỹs (v)	[vʲiːnda'rʲiːs]
zoólogo (m)	zoològas (v)	[zoo'lʲogas]
vaqueiro (m)	kaubòjus (v)	[kɑʊ'bojʊs]

129. Profissões artísticas

ator (m)	ãktorius (v)	['aːktorʲʊs]
atriz (f)	ãktorė (m)	['aːktorʲeː]

cantor (m)	dainininkas (v)	[dʌɪnʲɪ'nʲɪŋkas]
cantora (f)	dainininkė (m)	[dʌɪnʲɪ'nʲɪŋkʲeː]

bailarino (m)	šokéjas (v)	[ʃo'kʲeːjas]
bailarina (f)	šokéja (m)	[ʃo'kʲeːja]

artista (m)	artìstas (v)	[ar'tʲɪstas]
artista (f)	artìstė (m)	[ar'tʲɪstʲeː]

músico (m)	muzikántas (v)	[mʊzʲɪ'kantas]
pianista (m)	pianìstas (v)	[pʲɪja'nʲɪstas]
guitarrista (m)	gitarìstas (v)	[gʲɪta'rʲɪstas]

maestro (m)	dirigeñtas (v)	[dʲɪrʲɪ'gʲɛntas]
compositor (m)	kompozìtorius (v)	[kɔmpo'zʲɪtorʲʊs]
empresário (m)	impresãrijas (v)	[ɪmprʲɛ'saːrʲɪjas]

diretor (m) de cinema	režisiẽrius (v)	[rʲɛʒʲɪ'sʲɛrʲʊs]
produtor (m)	prodiùseris (v)	[pro'dʲʊsʲɛrʲɪs]
roteirista (m)	scenarìstas (v)	[stsʲɛna'rʲɪstas]
crítico (m)	krìtikas (v)	['krʲɪtʲɪkas]

escritor (m)	rašýtojas (v)	[ra'ʃɪːtoːjɛs]
poeta (m)	poètas (v)	[po'ɛtas]
escultor (m)	skùlptorius (v)	['skʊlʲptorʲʊs]
pintor (m)	mẽnininkas (v)	['mʲænʲɪnʲɪŋkas]

malabarista (m)	žongliẽrius (v)	[ʒon'glʲɛrʲʊs]
palhaço (m)	klòunas (v)	['klʲounas]
acrobata (m)	akrobãtas (v)	[akro'baːtas]
ilusionista (m)	fòkusininkas (v)	['fokʊsʲɪnʲɪŋkas]

130. Várias profissões

médico (m)	gýdytojas (v)	['gʲiːdʲiːtoːjɛs]
enfermeira (f)	medicìnos sesẽlė (m)	[mʲɛdʲɪ'tsʲɪnos se'sʲæļeː]
psiquiatra (m)	psichiãtras (v)	[psʲɪxʲɪ'jatras]
dentista (m)	stomatològas (v)	[stomato'lʲogas]
cirurgião (m)	chirùrgas (v)	[xʲɪ'rʊrgas]

astronauta (m)	astronáutas (v)	[astro'nɑʊtas]
astrônomo (m)	astronòmas (v)	[astro'nomas]
piloto (m)	pilòtas (v)	[pʲɪ'lʲotas]

motorista (m)	vairúotojas (v)	[vʌɪ'rʊato:jɛs]
maquinista (m)	mašinìstas (v)	[maʃɪ'nʲɪstas]
mecânico (m)	mechãnikas (v)	[mʲɛ'xa:nʲɪkas]

mineiro (m)	šãchtininkas (v)	[ʃa:xtʲɪnʲɪŋkas]
operário (m)	darbinìnkas (v)	[darbʲɪ'nʲɪŋkas]
serralheiro (m)	šãltkalvis (v)	[ʃalʲtkalʲvʲɪs]
marceneiro (m)	stãlius (v)	['sta:lʲʊs]
torneiro (m)	tèkintojas (v)	['tʲækʲɪnto:jɛs]
construtor (m)	statýbininkas (v)	[sta'tʲi:bʲɪnʲɪŋkas]
soldador (m)	suvìrintojas (v)	[sʊ'vʲɪrʲɪnto:jɛs]

professor (m)	profèsorius (v)	[pro'fʲɛsorʲʊs]
arquiteto (m)	architèktas (v)	[arxʲɪ'tʲɛktas]
historiador (m)	istòrikas (v)	[ɪs'torʲɪkas]
cientista (m)	mòkslininkas (v)	['mokslʲɪnʲɪŋkas]
físico (m)	fìzikas (v)	['fʲɪzʲɪkas]
químico (m)	chèmikas (v)	['xʲɛmʲɪkas]

arqueólogo (m)	archeològas (v)	[arxʲɛo'lʲogas]
geólogo (m)	geològas (v)	[gʲɛo'lʲogas]
pesquisador (cientista)	tyrinètojas (v)	[tʲi:rʲɪ'nʲe:to:jɛs]

babysitter, babá (f)	áuklė (m)	['ɑʊklʲe:]
professor (m)	pedagògas (v)	[pʲɛda'gogas]

redator (m)	redãktorius (v)	[rʲɛ'da:ktorʲʊs]
redator-chefe (m)	vyriáusiasis redãktorius (v)	[vʲi:'rʲæʊsʲæsʲɪs rʲɛ'da:ktorʲʊs]
correspondente (m)	korespondeñtas (v)	[korʲɛspon'dʲɛntas]
datilógrafa (f)	mašìnininkė (m)	[ma'ʃɪnʲɪnʲɪŋkʲe:]

designer (m)	dizáineris (v)	[dʲɪ'zʌɪnʲɛrʲɪs]
especialista (m) em informática	kompiùterių specialìstas (v)	[kɔm'pʲʊtʲɛrʲu: spʲɛtsʲɪja'lʲɪstas]

programador (m)	programúotojas (v)	[progra'mʊato:jɛs]
engenheiro (m)	inžinièrius (v)	[ɪnʒʲɪ'nʲɛrʲʊs]

marujo (m)	jũrininkas (v)	['ju:rʲɪnʲɪŋkas]
marinheiro (m)	jũreìvis (v)	[ju:'rʲɛɪvʲɪs]
socorrista (m)	gèlbétojas (v)	['gʲælʲbʲe:to:jɛs]

bombeiro (m)	gaìsrininkas (v)	['gʌɪsrʲɪnʲɪŋkas]
polícia (m)	policìninkas (v)	[po'lʲɪtsʲɪnʲɪŋkas]
guarda-noturno (m)	sárgas (v)	['sargas]
detetive (m)	seklỹs (v)	[sʲɛk'lʲi:s]

funcionário (m) da alfândega	muìtininkas (v)	['mʊɪtʲɪnʲɪŋkas]
guarda-costas (m)	asmeñs sargýbinis (v)	[as'mʲɛns sar'gʲi:bʲɪnʲɪs]
guarda (m) prisional	prižiũrétojas (v)	[prʲɪʒʲu:'rʲe:to:jɛs]
inspetor (m)	inspèktorius (v)	[ɪn'spʲɛktorʲʊs]
esportista (m)	spòrtininkas (v)	['sportʲɪnʲɪŋkas]
treinador (m)	trèneris (v)	['trʲɛnʲɛrʲɪs]

açougueiro (m)	mėsininkas (v)	['mʲeːsʲɪnʲɪŋkas]
sapateiro (m)	batsiuvỹs (v)	[batsʲʊ'vʲiːs]
comerciante (m)	komersántas (v)	[kɔmʲɛr'santas]
carregador (m)	krovéjas (v)	[kro'vʲeːjas]

estilista (m)	modeliúotojas (v)	[modʲɛ'lʲʊɑtoːjɛs]
modelo (f)	mòdelis (v)	['modʲɛlʲɪs]

131. Ocupações. Estatuto social

estudante (~ de escola)	moksleĩvis (v)	[moks'lʲɛɪvʲɪs]
estudante (~ universitária)	studeñtas (v)	[stʊ'dʲɛntas]

filósofo (m)	filosòfas (v)	[fʲɪlʲo'sofas]
economista (m)	ekonomìstas (v)	[ɛkono'mʲɪstas]
inventor (m)	išradéjas (v)	[ɪʃra'dʲeːjas]

desempregado (m)	bedárbis (v)	[bʲɛ'darbʲɪs]
aposentado (m)	peñsininkas (v)	['pʲɛnsʲɪnʲɪŋkas]
espião (m)	šnìpas (v)	['ʃnʲɪpas]

preso, prisioneiro (m)	kalinỹs (v)	[kalʲɪ'nʲiːs]
grevista (m)	streìkininkas (v)	['strʲɛɪkʲɪnʲɪŋkas]
burocrata (m)	biurokrãtas (v)	[bʲuro'kra:tas]
viajante (m)	keliáutojas (v)	[kʲɛ'lʲæʊtoːjɛs]

homossexual (m)	homoseklualìstas (v)	[ɣomosʲɛklʊa'lʲɪstas]
hacker (m)	programìšius (v)	[progra'mʲɪʃʊs]
hippie (m, f)	hìpis (v)	['ɣʲɪpʲɪs]

bandido (m)	bandìtas (v)	[ban'dʲɪtas]
assassino (m)	samdomas žudìkas (v)	['samdomas ʒʊ'dʲɪkas]
drogado (m)	narkomãnas (v)	[narko'ma:nas]
traficante (m)	narkòtikų prekeĩvis (v)	[nar'kotʲɪku: prʲɛ'kʲɛɪvʲɪs]
prostituta (f)	prostitùtė (m)	[prostʲɪ'tʊtʲeː]
cafetão (m)	sutèneris (v)	[sʊ'tʲɛnʲɛrʲɪs]

bruxo (m)	bùrtininkas (v)	['bʊrtʲɪnʲɪŋkas]
bruxa (f)	bùrtininkė (m)	['bʊrtʲɪnʲɪŋkʲeː]
pirata (m)	pirãtas (v)	[pʲɪ'ra:tas]
escravo (m)	vérgas (v)	['vʲɛrgas]
samurai (m)	samurãjus (v)	[samʊ'ra:jʊs]
selvagem (m)	laukìnis žmogùs (v)	[lʲaʊ'kʲɪnʲɪs ʒmɔ'gʊs]

Desportos

esportista (m)	sportininkas (v)	['sport'ın'ıŋkas]
tipo (m) de esporte	sporto šaka (m)	['sportɔ ʃa'ka]
basquete (m)	krepšinis (v)	[kr'ɛp'ʃın'ıs]
jogador (m) de basquete	krepšininkas (v)	['kr'æpʃın'ıŋkas]
beisebol (m)	beisbolas (v)	['b'ɛısbol'as]
jogador (m) de beisebol	beisbolininkas (v)	['b'ɛısbol'ın'ıŋkas]
futebol (m)	futbolas (v)	['futbol'as]
jogador (m) de futebol	futbolininkas (v)	['futbol'ın'ıŋkas]
goleiro (m)	vartininkas (v)	['vart'ın'ıŋkas]
hóquei (m)	ledo ritulys (v)	['l'ædɔ r'ıtu'l'i:s]
jogador (m) de hóquei	ledo ritulininkas (v)	['l'ædɔ 'r'ıtul'ın'ıŋkas]
vôlei (m)	tinklinis (v)	[t'ıŋk'l'ın'ıs]
jogador (m) de vôlei	tinklininkas (v)	['t'ıŋkl'ın'ıŋkas]
boxe (m)	boksas (v)	['boksas]
boxeador (m)	boksininkas (v)	['boks'ın'ıŋkas]
luta (f)	imtynes (m dgs)	[ım't'i:n'e:s]
lutador (m)	imtynininkas (v)	[ım't'i:n'ın'ıŋkas]
caratê (m)	karate (m)	[kara't'e:]
carateca (m)	karatistas (v)	[kara't'ıstas]
judô (m)	dziudo (v)	[dz'u'do]
judoca (m)	dziudo imtynininkas (v)	[dz'u'dɔ ım't'i:n'ın'ıŋkas]
tênis (m)	tenisas (v)	['t'ɛn'ısas]
tenista (m)	tenisininkas (v)	['t'ɛn'ıs'ın'ıŋkas]
natação (f)	plaukimas (v)	[pl'au'k'ımas]
nadador (m)	plaukikas (v)	[pl'au'k'ıkas]
esgrima (f)	fechtavimas (v)	[f'ɛx'ta:v'ımas]
esgrimista (m)	fechtuotojas (v)	[f'ɛx'tuatɔ:jɛs]
xadrez (m)	šachmatai (v dgs)	[ʃax'ma:tʌı]
jogador (m) de xadrez	šachmatininkas (v)	[ʃax'ma:t'ın'ıŋkas]
alpinismo (m)	alpinizmas (v)	[al'p'ı'n'ızmas]
alpinista (m)	alpinistas (v)	[al'p'ı'n'ıstas]
corrida (f)	begimas (v)	[b'e:'g'ımas]

corredor (m)	bėgìkas (v)	[bʲe:'gʲɪkas]
atletismo (m)	lengvóji atlètika (m)	[lʲɛng'vo:jɪ at'lʲɛtʲɪka]
atleta (m)	atlètas (v)	[at'lʲɛtas]

| hipismo (m) | jojìmo spòrtas (v) | [jo'jɪmɔ 'sportas] |
| cavaleiro (m) | jojìkas (v) | [jo'jɪkas] |

patinação (f) artística	dailùsis čiuožìmas (v)	[dʌɪ'lʲusʲɪs tʂʲuo'ʒʲɪmas]
patinador (m)	figūrininkas (v)	[fʲɪ'gu:rʲɪnʲɪŋkas]
patinadora (f)	figūrininkė (m)	[fʲɪ'gu:rʲɪnʲɪŋkʲe:]

halterofilismo (m)	sunkiòji atlètika (m)	[sʊŋ'kʲo:jɪ at'lʲɛtʲɪka]
corrida (f) de carros	automobìlių lenktỹnės (m dgs)	[aʊtomo'bʲɪlʲu: lʲɛŋ'ktʲi:nʲe:s]
piloto (m)	lenktỹnininkas (v)	[lʲɛŋk'tʲi:nʲɪnʲɪŋkas]

| ciclismo (m) | dvìračių spòrtas (v) | ['dvʲɪratʂʲu: 'sportas] |
| ciclista (m) | dvìratininkas (v) | ['dvʲɪratʲɪnʲɪŋkas] |

salto (m) em distância	šúoliai (v) į̃ tõlį	['ʃualʲɛɪ i: 'to:lʲɪ:]
salto (m) com vara	šúoliai (v dgs) sù kártimi	['ʃualʲɛɪ 'sʊ 'kartʲɪmʲɪ]
atleta (m) de saltos	šúolininkas (v)	['ʃualʲɪnʲɪŋkas]

133. Tipos de desportos. Diversos

futebol (m) americano	amerikiẽtiškas fùtbolas (v)	[amʲɛrʲɪ'kʲɛtʲɪʃkas 'fʊtbolʲas]
badminton (m)	bãdmintonas (v)	['ba:dmʲɪntonas]
biatlo (m)	biatlònas (v)	[bʲɪjat'lʲonas]
bilhar (m)	biliárdas (v)	[bʲɪlʲɪ'jardas]

bobsled (m)	bòbslėjus (v)	['bobslʲe:jʊs]
musculação (f)	kultūrìzmas (v)	[kʊlʲtu:'rʲɪzmas]
polo (m) aquático	vandénsvydis (v)	[van'dʲɛnsvʲi:dʲɪs]
handebol (m)	rañkinis (v)	['raŋkʲɪnʲɪs]
golfe (m)	gòlfas (v)	['golʲfas]

remo (m)	irklãvimas (v)	[ɪr'klʲa:vʲɪmas]
mergulho (m)	nárdymas (v)	['nardʲi:mas]
corrida (f) de esqui	slìdininkų lenktỹnės (m dgs)	['slʲɪdʲɪnʲɪŋku: lʲɛŋk'tʲi:nʲe:s]
tênis (m) de mesa	stãlo tènisas (v)	['sta:lʲɔ 'tʲɛnʲɪsas]

vela (f)	buriãvimas (v)	[bʊ'rʲævʲɪmas]
rali (m)	rãlis (v)	['ra:lʲɪs]
rúgbi (m)	rėgbis (v)	['rʲɛgbʲɪs]
snowboard (m)	sniẽglenčių spòrtas (v)	['snʲiɛglʲɛntʂʲu: 'sportas]
arco-e-flecha (m)	šáudymas ìš lañko (v)	['ʃaʊdʲi:mas ɪʃ 'lʲaŋkɔ]

134. Ginásio

barra (f)	štánga (m)	['ʃtanga]
halteres (m pl)	svar̃menys (v dgs)	['sva:rmʲɛnʲi:s]
aparelho (m) de musculação	treniruõklis (v)	[trʲɛnʲɪ'rʊaklʲɪs]
bicicleta (f) ergométrica	dviratinis treniruõklis (v)	[dvʲɪra'tʲɪnʲɪs trʲɛnʲɪ'rʊaklʲɪs]

esteira (f) de corrida	bėgìmo takẽlis (v)	[bʲeːgʲɪmɔ taˈkʲælʲɪs]
barra (f) fixa	skersìnis (v)	[skʲɛrˈsʲɪnʲɪs]
barras (f pl) paralelas	lygiàgretės (m dgs)	[lʲiːˈɡʲæɡrʲɛtʲeːs]
cavalo (m)	arklỹs (v)	[arkˈlʲiːs]
tapete (m) de ginástica	paklõtas (v)	[pakˈlʲoːtas]

corda (f) de saltar	šokỹklė (m)	[ʃoˈkʲiːklʲeː]
aeróbica (f)	aerobika (m)	[aɛˈrobʲɪka]
ioga, yoga (f)	jogà (m)	[jɔˈga]

135. Hóquei

hóquei (m)	lẽdo ritulỹs (v)	[ˈlʲædɔ rʲɪtuˈlʲiːs]
jogador (m) de hóquei	lẽdo rìtulininkas (v)	[ˈlʲædɔ ˈrʲɪtulʲɪnʲɪŋkas]
jogar hóquei	žaìsti lẽdo ritùlį	[ˈʒʌɪstʲɪ ˈlʲædɔ rʲɪˈtulʲɪː]
gelo (m)	lẽdas (v)	[ˈlʲædas]

disco (m)	ritulỹs (v)	[rʲɪtuˈlʲiːs]
taco (m) de hóquei	rìtmuša (m)	[ˈrʲɪtmuʃa]
patins (m pl) de gelo	pačiũžos (m dgs)	[paˈtʂʲuːʒos]

| muro (m) | bòrtas (v) | [ˈbortas] |
| tiro (m) | metìmas (v) | [mʲɛˈtʲɪmas] |

goleiro (m)	vartininkas (v)	[ˈvartʲɪnʲɪŋkas]
gol (m)	ívartis (v)	[ˈiːvartʲɪs]
marcar um gol	įmùšti ívartį	[iːˈmuʃtʲɪ ˈiːvartʲɪː]

tempo (m)	kėlinỹs (v)	[kʲeːlʲɪˈnʲiːs]
segundo tempo (m)	2-as kėlinỹs (v)	[ˈantras kʲeːlʲɪnʲiːs]
banco (m) de reservas	atsargìnių súolas (v)	[atsarˈgʲɪnʲuː ˈsuɑlʲas]

136. Futebol

futebol (m)	fùtbolas (v)	[ˈfutbolʲas]
jogador (m) de futebol	fùtbolininkas (v)	[ˈfutbolʲɪnʲɪŋkas]
jogar futebol	žaìsti fùtbolą	[ˈʒʌɪstʲɪ ˈfutbolʲaː]

Time (m) Principal	aukščiáusia lýga (m)	[ɑukʃˈtʂʲæusʲɛ ˈlʲiːga]
time (m) de futebol	fùtbolo klùbas (v)	[ˈfutbolʲɔ ˈklʲubas]
treinador (m)	trèneris (v)	[ˈtrʲɛnʲɛrʲɪs]
proprietário (m)	savinìñkas (v)	[savˈɪˈnʲɪŋkas]

equipe (f)	kománda (m)	[kɔˈmanda]
capitão (m)	komándos kapitõnas (v)	[kɔˈmandos kapʲɪˈtoːnas]
jogador (m)	žaidéjas (v)	[ʒʌɪˈdʲeːjas]
jogador (m) reserva	atsargìnis žaidéjas (v)	[atsarˈgʲɪnʲɪs ʒʌɪˈdʲeːjas]

atacante (m)	puoléjas (v)	[puɑˈlʲeːjas]
centroavante (m)	vìdurio puoléjas (v)	[vʲɪdurʲɔ puɑˈlʲeːjas]
marcador (m)	puoléjas (v)	[puɑˈlʲeːjas]
defesa (m)	gynéjas (v)	[gʲiːˈnʲeːjas]

meio-campo (m)	saũgas (v)	['saʊgas]
jogo (m), partida (f)	rungtỹnés (m dgs)	[rʊŋk'tʲiːnʲeːs]
encontrar-se (vr)	susitìkti	[sʊsʲɪ'tʲɪktʲɪ]
final (m)	finãlas (v)	[fʲɪ'naːlʲas]
semifinal (f)	pùsfinalis (v)	['pʊsfʲɪnalʲɪs]
campeonato (m)	čempionãtas (v)	[tʂʲɛmpʲɪjo'naːtas]
tempo (m)	kélinỹs (v)	[kʲeːlʲɪ'nʲiːs]
primeiro tempo (m)	1-as kélinỹs (v)	['pʲɪrmas kʲeːlʲɪnʲiːs]
intervalo (m)	pértrauka (m)	['pʲɛrtraʊka]
goleira (f)	vartai (v)	['vartʌɪ]
goleiro (m)	vartininkas (v)	['vartʲɪnʲɪŋkas]
trave (f)	štánga (m)	['ʃtanga]
travessão (m)	sijà (m)	[sʲɪ'ja]
rede (f)	tinklas (v)	['tʲɪŋklʲas]
tomar um gol	praléisti įvartį	[pra'lʲɛɪstʲɪ 'iːvartʲɪː]
bola (f)	kamuolỹs (v)	[kamʊa'lʲiːs]
passe (m)	pasuóté (m)	[pa'sʊatʲeː]
chute (m)	smũgis (v)	['smuːgʲɪs]
chutar (vt)	smũgiúoti	[smuː'gʲʊatʲɪ]
pontapé (m)	baudõs smũgis (v)	[baʊ'doːs 'smuːgʲɪs]
escanteio (m)	kampìnis smũgis (v)	[kam'pʲɪnʲɪs 'smuːgʲɪs]
ataque (m)	atakà (m)	[ata'ka]
contra-ataque (m)	kontrataka (m)	[kɔntrata'ka]
combinação (f)	kombinãcija (m)	[kɔmbʲɪ'naːtsʲɪjɛ]
árbitro (m)	arbìtras (v)	[ar'bʲɪtras]
apitar (vi)	švĩlpti	['ʃvʲɪlʲptʲɪ]
apito (m)	švilpùkas (v)	[ʃvʲɪlʲ'pukas]
falta (f)	pažeidìmas (v)	[paʒʲɛɪ'dʲɪmas]
cometer a falta	pažeísti	[pa'ʒʲɛɪstʲɪ]
expulsar (vt)	pašãlinti iš aikštés	[pa'ʃaːlʲɪntʲɪ ɪʃ ʌɪk'ʃtʲeːs]
cartão (m) amarelo	geltóna kortélé (m)	[gʲɛl'tona kor'tʲælʲeː]
cartão (m) vermelho	raudóna kortélé (m)	[raʊ'dona kor'tʲælʲeː]
desqualificação (f)	diskvalifikãvimas (v)	[dʲɪskvalʲɪfʲɪr'ka:vʲɪmas]
desqualificar (vt)	diskvalifikúoti	[dʲɪskvalʲɪfʲɪr'kʊatʲɪ]
pênalti (m)	baudinỹs (v)	[baʊdʲɪ'nʲiːs]
barreira (f)	síena (m)	['sʲiɛna]
marcar (vt)	įmùšti	[i:'mʊʃtʲɪ]
gol (m)	įvartis (v)	['iːvartʲɪs]
marcar um gol	įmùšti įvartį	[iː'mʊʃtʲɪ 'iːvartʲɪː]
substituição (f)	pakeitìmas (v)	[pakʲɛɪ'tʲɪmas]
substituir (vt)	pakeĩsti	[pa'kʲɛɪstʲɪ]
regras (f pl)	taisỹklés (m dgs)	[tʌɪ'sʲiːklʲeːs]
tática (f)	tãktika (m)	['taːktʲɪka]
estádio (m)	stadiónas (v)	[stadʲɪ'ɔnas]
arquibancadas (f pl)	tribùnà (m)	[trʲɪbuː'na]
fã, torcedor (m)	aistruõlis (v), sirgãlius (v)	[ʌɪstrʊ'alʲɪs], [sʲɪr'ga:lʲʊs]
gritar (vi)	rĕkti	['rʲeːktʲɪ]

placar (m)	šviėslentė (m)	[ʃvʲɛslʲɛntʲeː]
resultado (m)	rezultātas (v)	[rʲɛzʊlʲˈtaːtas]
derrota (f)	pralaimėjimas (v)	[pralʲʌɪ'mʲɛjɪmas]
perder (vt)	pralaiméti	[pralʲʌɪ'mʲeːtʲɪ]
empate (m)	lýgiosios (m dgs)	['lʲiːgʲosʲos]
empatar (vi)	sužaĩsti lygiomìs	[sʊ'ʒʌɪstʲɪ lʲiːgʲo'mʲɪs]
vitória (f)	pérgalė (m)	['pʲɛrgalʲeː]
vencer (vi, vt)	nugaléti	[nʊga'lʲeːtʲɪ]
campeão (m)	čempiònas (v)	[tʃɛm'pʲɪjɔnas]
melhor (adj)	geriáusias	[gʲɛ'rʲæʊsʲæs]
felicitar (vt)	svéikinti	['svʲɛɪkʲɪntʲɪ]
comentarista (m)	komentātorius (v)	[kɔmʲɛn'taːtorʲʊs]
comentar (vt)	komentúoti	[kɔmʲɛn'tʊatʲɪ]
transmissão (f)	transliãcija (m)	[trans'lʲæts'ɪjɛ]

137. Esqui alpino

esqui (m)	slìdės (m dgs)	['slʲɪdʲeːs]
esquiar (vi)	slidinéti	[slʲɪdʲɪ'nʲeːtʲɪ]
estação (f) de esqui	kalnų slidinéjimo kurórtas (v)	[kalʲ'nu: slʲɪdʲɪ'nʲɛjɪmɔ kʊ'rortas]
teleférico (m)	kéltuvas (v)	['kʲɛlʲtʊvas]
bastões (m pl) de esqui	lazdõs (m dgs)	[lʲaz'doːs]
declive (m)	núokalnė (m)	['nʊɑkalʲnʲeː]
slalom (m)	slãlomas (v)	['slʲaːlʲomas]

138. Tênis. Golfe

golfe (m)	gòlfas (v)	['golʲfas]
clube (m) de golfe	gòlfo klùbas (v)	['golʲfɔ 'klʲʊbas]
jogador (m) de golfe	gòlfo žaidéjas (v)	['golʲfɔ ʒʌɪ'dʲeːjas]
buraco (m)	duobùtė (m)	[dʊɑ'bʊtʲeː]
taco (m)	riẽdmuša (m)	['rʲɛdmʊʃa]
trolley (m)	vežimẽlis riẽdmušoms (v)	[vʲɛʒʲɪ'mʲeːlʲɪs 'rʲɛdmʊʃoms]
tênis (m)	tènisas (v)	['tʲɛnʲɪsas]
quadra (f) de tênis	tèniso aikštẽlė (m)	['tʲɛnʲɪsɔ ʌɪkʃ'tʲælʲeː]
saque (m)	padavìmas (v)	[pada'vʲɪmas]
sacar (vi)	padúoti	[pa'dʊɑtʲɪ]
raquete (f)	rakètė (m)	[ra'kʲɛtʲeː]
rede (f)	tèniso tiñklas (v)	['tʲɛnʲɪsɔ 'tʲɪŋklʲas]
bola (f)	kamuolýs (v)	[kamʊɑ'lʲiːs]

139. Xadrez

xadrez (m)	šachmãtai (v)	[ʃax'maːtʌɪ]
peças (f pl) de xadrez	šachmãtai (v)	[ʃax'maːtʌɪ]

jogador (m) de xadrez	šachmãtininkas (v)	[ʃax'maːtʲɪnʲɪŋkas]
tabuleiro (m) de xadrez	šachmãtų lentà (m)	[ʃax'maːtu: lʲɛn'ta]
peça (f)	figūrà (m)	[fʲɪguː'ra]
brancas (f pl)	baltì	[balʲ'tʲɪ]
pretas (f pl)	juodì	[jʊɑ'dʲɪ]
peão (m)	péstininkas (v)	['pʲeːstʲɪnʲɪŋkas]
bispo (m)	rìkis (v)	['rʲɪkʲɪs]
cavalo (m)	žìrgas (v)	['ʒʲɪrgas]
torre (f)	bókštas (v)	['bokʃtas]
dama (f)	valdõvė (m)	[valʲ'doːvʲeː]
rei (m)	karãlius (v)	[ka'raːlʲʊs]
vez (f)	ėjìmas (v)	[ɛː'jɪmas]
mover (vt)	eĩti	['ɛɪtʲɪ]
sacrificar (vt)	paaukóti	[paɑʊ'kotʲɪ]
roque (m)	rokiruõtė (m)	[rokʲɪ'rʊɑtʲeː]
xeque (m)	šãchas (v)	['ʃaːxas]
xeque-mate (m)	mãtas (v)	['maːtas]
torneio (m) de xadrez	šachmãtų turnỹras (v)	[ʃax'maːtu: tʊr'nʲiːras]
grão-mestre (m)	dìdmeistris (v)	['dʲɪdmʲɛɪstrʲɪs]
combinação (f)	kombinãcija (m)	[kombʲɪ'naːtsʲɪjɛ]
partida (f)	pártija (m)	['partʲɪjɛ]
jogo (m) de damas	šãškės (m dgs)	['ʃaːʃkʲeːs]

140. Boxe

boxe (m)	bòksas (v)	['boksas]
combate (m)	kovà (m)	[kɔ'va]
luta (f) de boxe	dvìkova (m)	['dvʲɪkova]
round (m)	ráundas (v)	['raʊndas]
ringue (m)	rìngas (v)	['rʲɪngas]
gongo (m)	gòngas (v)	['gongas]
murro, soco (m)	smũgis (v)	['smuːgʲɪs]
derrubada (f)	nokdáunas (v)	[nok'daʊnas]
nocaute (m)	nokáutas (v)	[no'kaʊtas]
nocautear (vt)	nokautúoti	[nokaʊ'tʊatʲɪ]
luva (f) de boxe	bòkso pìrštinė (m)	['boksɔ 'pʲɪrʃtʲɪnʲeː]
juiz (m)	teiséjas (v)	[tʲɛɪ'sʲeːjas]
peso-pena (m)	leñgvas svõris (v)	['lʲɛngvas 'svoːrʲɪs]
peso-médio (m)	vidutìnis svõris (v)	[vʲɪdu'tʲɪnʲɪs 'svoːrʲɪs]
peso-pesado (m)	sunkùs svõris (v)	[sʊŋ'kʊs 'svoːrʲɪs]

141. Desportos. Diversos

Jogos (m pl) Olímpicos	Olìmpinės žaidỹnės (m dgs)	[o'lʲɪmpʲɪnʲeːs ʒʌɪ'dʲiːnʲeːs]
vencedor (m)	nugalétojas (v)	[nʊga'lʲeːtoːjɛs]

| vencer (vi) | nugaléti | [nʊga'lʲe:tʲɪ] |
| vencer (vi, vt) | laiméti | [lʲʌɪ'mʲe:tʲɪ] |

| líder (m) | lýderis (v) | ['lʲi:dʲɛrʲɪs] |
| liderar (vt) | bűti lýderiu | ['bu:tʲɪ 'lʲi:dʲɛrʲʊ] |

primeiro lugar (m)	pirmóji vietà (m)	[pʲɪr'mo:jɪ vʲiɛ'ta]
segundo lugar (m)	antróji vietà (m)	[an'tro:jɪ vʲiɛ'ta]
terceiro lugar (m)	trečióji vietà (m)	[trʲɛ'tʂʲo:jɪ vʲiɛ'ta]

medalha (f)	medãlis (v)	[mʲɛ'da:lʲɪs]
troféu (m)	trofējus (v)	[tro'fʲe:jʊs]
taça (f)	taurě (m)	[tɑʊ'rʲe:]
prêmio (m)	prĩzas (v)	['prʲɪzas]
prêmio (m) principal	pagrindìnis prĩzas (v)	[pagrʲɪn'dʲɪnʲɪs 'prʲɪzas]

| recorde (m) | rekòrdas (v) | [rʲɛ'kordas] |
| estabelecer um recorde | pasíekti rekòrdą | [pa'sʲiɛktʲɪ rʲɛ'korda:] |

| final (m) | finãlas (v) | [fʲɪ'na:lʲas] |
| final (adj) | finãlinis | [fʲɪ'na:lʲɪnʲɪs] |

| campeão (m) | čempiònas (v) | [tʂʲɛm'pʲɪjonas] |
| campeonato (m) | čempionãtas (v) | [tʂʲɛmpʲɪjo'na:tas] |

estádio (m)	stadiònas (v)	[stadʲɪ'onas]
arquibancadas (f pl)	tribũna (m)	[trʲɪbu:'na]
fã, torcedor (m)	sirgãlius (v)	[sʲɪr'ga:lʲʊs]
adversário (m)	varžõvas (v)	[var'ʒo:vas]

| partida (f) | stártas (v) | ['startas] |
| linha (f) de chegada | fìnišas (v) | ['fʲɪnʲɪʃas] |

| derrota (f) | pralaiméjimas (v) | [pralʲʌɪ'mʲɛjɪmas] |
| perder (vt) | pralaiméti | [pralʲʌɪ'mʲe:tʲɪ] |

árbitro, juiz (m)	teiséjas (v)	[tʲɛɪ'sʲe:jas]
júri (m)	žiurì (v)	[ʒʲʊ'rʲɪ]
resultado (m)	rezultãtas (v)	[rʲɛzʊlʲ'ta:tas]
empate (m)	lýgiosios (m dgs)	['lʲi:gʲosʲos]
empatar (vi)	sužaìsti lygiomìs	[sʊ'ʒʌɪstʲɪ lʲi:gʲo'mʲɪs]
ponto (m)	tãškas (v)	['ta:ʃkas]
resultado (m) final	rezultãtas (v)	[rʲɛzʊlʲ'ta:tas]

| tempo (m) | kélinỹs (v) | [kʲe:lʲɪ'nʲi:s] |
| intervalo (m) | pértrauka (m) | ['pʲɛrtrɑʊka] |

doping (m)	dòpingas (v)	['dopʲɪngas]
penalizar (vt)	skìrti baũdą	['skʲɪrtʲɪ 'bɑʊda:]
desqualificar (vt)	diskvalifikúoti	[dʲɪskvalʲɪfʲɪ'kʊatʲɪ]

aparelho, aparato (m)	príetaisas (v)	['prʲiɛtʌɪsas]
dardo (m)	íetis (m)	['ɪɛtʲɪs]
peso (m)	rutulỹs (v)	[rʊtʊ'lʲi:s]
bola (f)	kamuolỹs (v)	[kamʊɑ'lʲi:s]
alvo, objetivo (m)	taikinỹs (v)	[tʌɪkʲɪ'nʲi:s]

alvo (~ de papel)	taikinỹs (v)	[tʌɪkʲɪ'nʲiːs]
disparar, atirar (vi)	šáuti	['ʃautʲɪ]
preciso (tiro ~)	tikslùs	[tʲɪks'lʲʊs]
treinador (m)	trèneris (v)	['trʲɛnʲɛrʲɪs]
treinar (vt)	trenirúoti	[trʲɛnʲɪ'rʊɑtʲɪ]
treinar-se (vr)	trenirúotis	[trʲɛnʲɪ'rʊɑtʲɪs]
treino (m)	treniruõtė (m)	[trenʲɪ'rʊɑtʲeː]
academia (f) de ginástica	spòrto sãlė (m)	['sportɔ saː'lʲeː]
exercício (m)	pratìmas (v)	[pra'tʲɪmas]
aquecimento (m)	pramankštà (m)	[pramaŋkʃ'ta]

Educação

| escola (f) | mokyklà (m) | [mokʲi:kʲlʲa] |
| diretor (m) de escola | mokýklos dirèktorius (v) | [mo'kʲi:kʲlʲos dʲɪ'rʲɛktorʲʊs] |

aluno (m)	mokinỹs (v)	[mokʲɪ'nʲi:s]
aluna (f)	mokině (m)	[mokʲɪ'nʲe:]
estudante (m)	moksleìvis (v)	[moks'lʲɛɪvʲɪs]
estudante (f)	moksleìvė (m)	[moks'lʲɛɪvʲe:]

ensinar (vt)	mókyti	['mokʲi:tʲɪ]
aprender (vt)	mókytis	['mokʲi:tʲɪs]
decorar (vt)	mókytis atmintinaì	['mokʲi:tʲɪs atmʲɪntʲɪ'nʌɪ]

estudar (vi)	mókytis	['mokʲi:tʲɪs]
estar na escola	mókytis	['mokʲi:tʲɪs]
ir à escola	eìti į̃ mokỹklą	['ɛɪtʲɪ i: mo'kʲi:kʲlʲa:]

| alfabeto (m) | abécėlė (m) | [abʲe:'tsʲe:lʲe:] |
| disciplina (f) | dalỹkas (v) | [da'lʲi:kas] |

sala (f) de aula	klãsė (m)	['kʲlʲa:sʲe:]
lição, aula (f)	pamokà (m)	[pamo'ka]
recreio (m)	pértrauka (m)	['pʲɛrtrɑʊka]
toque (m)	skambùtis (v)	[skam'bʊtʲɪs]
classe (f)	súolas (v)	['sʊɑlʲas]
quadro (m) negro	lentà (m)	[lʲɛn'ta]

nota (f)	pažymỹs (v)	[paʒʲi:'mʲi:s]
boa nota (f)	gèras pažymỹs (v)	['gʲæras paʒʲi:'mʲi:s]
nota (f) baixa	prãstas pažymỹs (v)	['pra:stas paʒʲi:'mʲi:s]
dar uma nota	rašýti pãžymį	[ra'ʃʲɪ:tʲɪ 'pa:ʒʲɪ:mʲɪ:]

erro (m)	klaidà (m)	[kʲlʲʌɪ'da]
errar (vi)	darýti klaidàs	[da'rʲi:tʲɪ kʲlʲʌɪ'das]
corrigir (~ um erro)	taisýti	[tʌɪ'sʲi:tʲɪ]
cola (f)	paruoštùkas (v)	[parʊɑ'ʃtʊkas]

| dever (m) de casa | namų̃ dárbas (v) | [na'mu: 'darbas] |
| exercício (m) | pratìmas (v) | [pra'tʲɪmas] |

estar presente	bū́ti	['bu:tʲɪ]
estar ausente	nebū́ti	[nʲɛ'bu:tʲɪ]
faltar às aulas	praléisti pãmokas	[pra'lʲɛɪstʲɪ 'pa:mokas]

punir (vt)	baũsti	['bɑʊstʲɪ]
punição (f)	bausmě (m)	[bɑʊs'mʲe:]
comportamento (m)	elgesỹs (v)	[ɛlʲgʲɛ'sʲi:s]

boletim (m) escolar	dienýnas (v)	[dʲiɛ'nʲi:nas]
lápis (m)	pieštùkas (v)	[pʲiɛʃ'tʊkas]
borracha (f)	trintùkas (v)	[trʲɪn'tʊkas]
giz (m)	kreidà (m)	[krʲɛɪda]
porta-lápis (m)	penãlas (v)	[pʲɛ'nalʲas]

mala, pasta, mochila (f)	pòrtfelis (v)	['portfʲɛlʲɪs]
caneta (f)	tušinùkas (v)	[tʊʃɪ'nʊkas]
caderno (m)	sąsiuvinis (v)	['sa:sʲʊvʲɪnʲɪs]
livro (m) didático	vadovėlis (v)	[vado'vʲe:lʲɪs]
compasso (m)	skriestùvas (v)	[skrʲiɛ'stʊvas]

| traçar (vt) | braižýti | [brʌɪ'ʒʲi:tʲɪ] |
| desenho (m) técnico | brėžinỹs (v) | [brʲe:ʒʲɪ'nʲi:s] |

poesia (f)	eilėraštis (v)	[ɛɪ'lʲe:raʃtʲɪs]
de cor	atmintinaì	[atmʲɪntʲɪ'nʌɪ]
decorar (vt)	mókytis atmintinaì	['mokʲi:tʲɪs atmʲɪntʲɪ'nʌɪ]

férias (f pl)	atóstogos (m dgs)	[a'tostogos]
estar de férias	atostogáuti	[atosto'gɑʊtʲɪ]
passar as férias	praléisti atóstogas	[pra'lʲɛɪstʲɪ a'tostogas]

teste (m), prova (f)	kontròlinis dárbas (v)	[kɔn'trolʲɪnʲɪs 'darbas]
redação (f)	rašinỹs (v)	[raʃɪ'nʲi:s]
ditado (m)	diktántas (v)	[dʲɪk'tantas]
exame (m), prova (f)	egzãminas (v)	[ɛg'za:mʲɪnas]
fazer prova	laikýti egzãminus	[lʲʌɪ'kʲi:tʲɪ ɛg'za:mʲɪnʊs]
experiência (~ química)	bañdymas (v)	['bandʲi:mas]

143. Colégio. Universidade

academia (f)	akadèmija (m)	[aka'dʲɛmʲɪjɛ]
universidade (f)	universitėtas (v)	[ʊnʲɪvʲɛrsʲɪ'tʲɛtas]
faculdade (f)	fakultėtas (v)	[fakʊlʲi'tʲɛtas]

estudante (m)	studeñtas (v)	[stʊ'dʲɛntas]
estudante (f)	studeñtė (m)	[stʊ'dentʲe:]
professor (m)	déstytojas (v)	['dʲe:stʲi:to:jɛs]

| auditório (m) | auditòrija (m) | [ɑʊdʲɪ'torʲɪjɛ] |
| graduado (m) | absolveñtas (v) | [absolʲi'vʲɛntas] |

| diploma (m) | diplòmas (v) | [dʲɪp'lʲomas] |
| tese (f) | disertãcija (m) | [dʲɪsʲɛr'ta:tsʲɪjɛ] |

| estudo (obra) | tyrinéjimas (v) | [tʲi:rʲɪ'nʲejɪmas] |
| laboratório (m) | laboratòrija (m) | [lʲabora'torʲɪjɛ] |

| palestra (f) | paskaità (m) | [paskʌɪ'ta] |
| colega (m) de curso | bendrakursis (v) | [bʲɛndra'kʊrsʲɪs] |

| bolsa (f) de estudos | stipeñdija (m) | [stʲɪ'pʲɛndʲɪjɛ] |
| grau (m) acadêmico | mókslinis láipsnis (v) | ['mokslʲɪnʲɪs 'lʌɪpsnʲɪs] |

144. Ciências. Disciplinas

matemática (f)	matemãtika (m)	[matᴵɛ'ma:tᴵɪka]
álgebra (f)	álgebra (m)	['alᴵgᴵɛbra]
geometria (f)	geometrija (m)	[gᴵɛo'mᴵɛtrᴵɪjɛ]

astronomia (f)	astronòmija (m)	[astro'nomᴵɪjɛ]
biologia (f)	biológija (m)	[bᴵɪjɔ'lᴵogᴵɪjɛ]
geografia (f)	geogrãfija (m)	[gᴵɛo'gra:fᴵɪjɛ]
geologia (f)	geológija (m)	[gᴵɛo'lᴵogᴵɪjɛ]
história (f)	istòrija (m)	[ɪs'torᴵɪjɛ]

medicina (f)	medicinà (m)	[mᴵɛdᴵɪtsᴵɪ'na]
pedagogia (f)	pedagògika (m)	[pᴵɛda'gogᴵɪka]
direito (m)	téisé (m)	['tᴵɛisᴵe:]

física (f)	fìzika (m)	['fᴵɪzᴵɪka]
química (f)	chèmija (m)	['xᴵɛmᴵɪjɛ]
filosofia (f)	filosòfija (m)	[fᴵɪlᴵo'sofᴵɪjɛ]
psicologia (f)	psichológija (m)	[psᴵɪxo'lᴵogᴵɪjɛ]

145. Sistema de escrita. Ortografia

gramática (f)	gramãtika (m)	[gra'ma:tᴵɪka]
vocabulário (m)	lèksika (m)	['lᴵɛksᴵɪka]
fonética (f)	fonètika (m)	[fo'nᴵɛtᴵɪka]

substantivo (m)	daiktãvardis (v)	[dʌɪk'ta:vardᴵɪs]
adjetivo (m)	bũdvardis (v)	['bu:dvardᴵɪs]
verbo (m)	veiksmãžodis (v)	[vᴵɛɪks'ma:ʒodᴵɪs]
advérbio (m)	príeveiksmis (v)	['prᴵɪɛvᴵɛɪksmᴵɪs]

pronome (m)	ívardis (v)	['i:vardᴵɪs]
interjeição (f)	jaustùkas (v)	[jɛʊs'tʊkas]
preposição (f)	príelinksnis (v)	['prᴵɪɛlᴵɪŋksnᴵɪs]

raiz (f)	žõdžio šaknìs (m)	['ʒo:dʒᴵɔ ʃak'nᴵɪs]
terminação (f)	galũné (m)	[ga'lᴵu:nᴵe:]
prefixo (m)	príešdélis (v)	['prᴵɪɛʃdᴵe:lᴵɪs]
sílaba (f)	skiemuõ (v)	[skᴵɪɛ'mʊɑ]
sufixo (m)	príesaga (m)	['prᴵɪɛsaga]

acento (m)	kìrtis (m)	['kᴵɪrtᴵɪs]
apóstrofo (f)	apostrofas (v)	[apos'trofas]

ponto (m)	tãškas (v)	['ta:ʃkas]
vírgula (f)	kablèlis (v)	[kab'lᴵælᴵɪs]
ponto e vírgula (m)	kabliàtaškis (v)	[kab'lᴵætaʃkᴵɪs]
dois pontos (m pl)	dvìtaškis (v)	['dvᴵɪtaʃkᴵɪs]
reticências (f pl)	daũgtaškis (v)	['dɑʊktaʃkᴵɪs]

ponto (m) de interrogação	klaustùkas (v)	[klᴵɑʊ'stʊkas]
ponto (m) de exclamação	šauktùkas (v)	[ʃɑʊk'tʊkas]

aspas (f pl)	kabùtės (m dgs)	[ka'butʲe:s]
entre aspas	kabùtėse	[ka'butʲe:se]
parênteses (m pl)	skliaustēliai (v dgs)	[sklʲɛʊ'stʲælʲɛɪ]
entre parênteses	skliaustēliuose	[sklʲɛʊ'stʲælʲʊosʲɛ]

hífen (m)	defisas (v)	[dʲɛ'fʲɪsas]
travessão (m)	brūkšnỹs (v)	[bru:kʃ'nʲi:s]
espaço (m)	tárpas (v)	['tarpas]

letra (f)	raìdė (m)	['rʌɪdʲe:]
letra (f) maiúscula	didžióji raìdė (m)	[dʲɪ'dʒʲo:jɪ 'rʌɪdʲe:]

vogal (f)	balsis (v)	['balʲsʲɪs]
consoante (f)	príebalsis (v)	['prʲiɛbalʲsʲɪs]

frase (f)	sakinỹs (v)	[sakʲɪ'nʲi:s]
sujeito (m)	veiksnỹs (v)	[vʲɛɪks'nʲi:s]
predicado (m)	tarinỹs (v)	[tarʲɪ'nʲi:s]

linha (f)	eilùtė (m)	[ɛɪ'lʲʊtʲe:]
em uma nova linha	iš naujõs eilùtės	[ɪʃ 'nɑʊjɔ:s ɛɪ'lʲʊtʲe:s]
parágrafo (m)	pastráipa (m)	[past'rʌɪpa]

palavra (f)	žõdis (v)	['ʒo:dʲɪs]
grupo (m) de palavras	žõdžių junginỹs (v)	['ʒo:dʒʲu: juŋgʲɪ'nʲi:s]
expressão (f)	išsireiškìmas (v)	[ɪʃsʲɪrʲɛɪʃ'kʲɪmas]
sinônimo (m)	sinonìmas (v)	[sʲɪno'nʲɪmas]
antônimo (m)	antonìmas (v)	[anto'nʲɪmas]

regra (f)	taisỹklė (m)	[tʌɪ'sʲi:klʲe:]
exceção (f)	išimtìs (m)	[ɪʃɪm'tʲɪs]
correto (adj)	teisìngas	[tʲɛɪ'sʲɪngas]

conjugação (f)	asmenuõtė (m)	[asme'nʊatʲe:]
declinação (f)	linksniuõtė (m)	[lʲɪŋks'nʲʊo:tʲe:]
caso (m)	liñksnis (v)	['lʲɪŋksnʲɪs]
pergunta (f)	kláusimas (v)	['klʲɑʊsʲɪmas]
sublinhar (vt)	pabraũkti	[pa'brɑʊktʲɪ]
linha (f) pontilhada	punktỹras (v)	[pʊŋk'tʲi:ras]

146. Línguas estrangeiras

língua (f)	kalbà (m)	[kalʲ'ba]
estrangeiro (adj)	ùžsienio	['ʊʒsʲiɛnʲɔ]
língua (f) estrangeira	ùžsienio kalbà (m)	['ʊʒsʲiɛnʲɔ kalʲba]
estudar (vt)	studijúoti	[stʊdʲɪ'jʊatʲɪ]
aprender (vt)	mókytis	['mokʲi:tʲɪs]

ler (vt)	skaitýti	[skʌɪ'tʲi:tʲɪ]
falar (vi)	kalbéti	[kalʲ'bʲe:tʲɪ]
entender (vt)	supràsti	[sʊp'rastʲɪ]
escrever (vt)	rašýti	[ra'ʃɪ:tʲɪ]
rapidamente	greìtai	['grʲɛɪtʌɪ]
devagar, lentamente	lėtaĩ	[lʲe:'tʌɪ]

fluentemente	laisvaĩ	[lʲʌɪs'vʌɪ]
regras (f pl)	taisỹklės (m dgs)	[tʌɪ'sʲi:klʲe:s]
gramática (f)	gramãtika (m)	[gra'ma:tʲɪka]
vocabulário (m)	lėksika (m)	['lʲɛksʲɪka]
fonética (f)	fonètika (m)	[fo'nʲɛtʲɪka]

livro (m) didático	vadovḕlis (v)	[vado'vʲe:lʲɪs]
dicionário (m)	žodýnas (v)	[ʒo'dʲi:nas]
manual (m) autodidático	savìmokos vadovḕlis (v)	[sa'vʲɪmokos vado'vʲe:lʲɪs]
guia (m) de conversação	pasikalbḕjimų knygḕlė (m)	[pasʲɪkalʲbʲɛjɪmu: knʲi:'gʲælʲe:]

fita (f) cassete	kasḕtė (m)	[ka'sʲɛtʲe:]
videoteipe (m)	vaizdãjuostė (m)	[vʌɪz'da:juɑstʲe:]
CD (m)	kompãktinis dìskas (v)	[kom'pa:ktʲɪnʲɪs 'dʲɪskas]
DVD (m)	DVD diskàs (v)	[dʲɪv'ɪ'dʲɪ dʲɪs'kas]

alfabeto (m)	abḕcḕlḕ (m)	[abʲe:'tsʲe:lʲe:]
soletrar (vt)	sakýti paraidžiuĩ	[sa'kʲi:tʲɪ parʌɪ'dʒʲʊɪ]
pronúncia (f)	tarìmas (v)	[ta'rʲɪmas]

sotaque (m)	akceñtas (v)	[ak'tsʲɛntas]
com sotaque	sù akcentù	['sʊ aktsʲɛn'tʊ]
sem sotaque	bè akceñto	['bʲɛ ak'tsʲɛntɔ]

| palavra (f) | žõdis (v) | ['ʒo:dʲɪs] |
| sentido (m) | prasmḕ (m) | [pras'mʲe:] |

curso (m)	kùrsai (v dgs)	['kʊrsʌɪ]
inscrever-se (vr)	užsirašýti	[ʊʒsʲɪra'ʃʲɪ:tʲɪ]
professor (m)	dḕstytojas (v)	['dʲe:stʲi:to:jɛs]

tradução (processo)	vertìmas (v)	[vʲɛr'tʲɪmas]
tradução (texto)	vertìmas (v)	[vʲɛr'tʲɪmas]
tradutor (m)	vertḕjas (v)	[vʲɛr'tʲe:jas]
intérprete (m)	vertḕjas (v)	[vʲɛr'tʲe:jas]

| poliglota (m) | poliglòtas (v) | [polʲɪ'glotas] |
| memória (f) | atmintìs (m) | [atmʲɪn'tʲɪs] |

147. Personagens de contos de fadas

Papai Noel (m)	Kalḕdų Sḕnis (v)	[ka'lʲe:du: 'senʲɪs]
Cinderela (f)	Pelḕnė (m)	[pʲɛ'lʲænʲe:]
sereia (f)	undìnė (m)	[ʊn'dʲɪnʲe:]
Netuno (m)	Neptū̃nas (v)	[nʲɛp'tu:nas]

bruxo, feiticeiro (m)	bùrtininkas (v)	['bʊrtʲɪnʲɪŋkas]
fada (f)	bùrtininkė (m)	['bʊrtʲɪnʲɪŋkʲe:]
mágico (adj)	stebuklìngas	[stʲɛbʊk'lʲɪngas]
varinha (f) mágica	bùrtų lazdḕlė (m)	['bʊrtu: laz'dʲælʲe:]

conto (m) de fadas	pãsaka (m)	['pa:saka]
milagre (m)	stebùklas (v)	[stʲɛ'bʊklʲas]
anão (m)	gnòmas (v)	['gnomas]

transformar-se em ...	pavírsti į ...	[pa'vʲɪrstʲɪ i: ..]
fantasma (m)	šmékla (m)	['ʃmʲeːklʲa]
fantasma (m)	vaiduõklis (v)	[vʌɪ'dʊɑklʲɪs]
monstro (m)	pabáisa (m)	[pa'bʌɪsa]
dragão (m)	drakònas (v)	[dra'konas]
gigante (m)	mílžinas (v)	['mʲɪlʲʒʲɪnas]

148. Signos do Zodíaco

Áries (f)	ãvinas (v)	['aːvʲɪnas]
Touro (m)	Jáutis (v)	['jɑʊtʲɪs]
Gêmeos (m pl)	Dvyniaĩ (v dgs)	[dvʲiː'nʲɛɪ]
Câncer (m)	Vėžỹs (v)	[vʲe:'ʒʲiːs]
Leão (m)	Liũtas (v)	['lʲuːtas]
Virgem (f)	Mergẽlė (m)	[mʲɛr'ɡʲælʲeː]

Libra (f)	Svarstỹklės (m dgs)	[svar'stʲiːklʲeːs]
Escorpião (m)	Skorpiònas (v)	[skorpʲɪ'ɔnas]
Sagitário (m)	Šaulỹs (v)	[ʃɑʊ'lʲiːs]
Capricórnio (m)	Ožiarãgis (v)	[oʒʲæ'ra:ɡʲɪs]
Aquário (m)	Vandénis (v)	[van'dʲænʲɪs]
Peixes (pl)	Žùvys (m dgs)	['ʒʊvʲiːs]

caráter (m)	charãkteris (v)	[xa'ra:ktʲɛrʲɪs]
traços (m pl) do caráter	charãkterio brúožai (v dgs)	[xa'ra:ktʲɛrʲɔ 'brʊɑʒʌɪ]
comportamento (m)	elgesỹs (v)	[ɛlʲɡʲɛ'sʲiːs]
prever a sorte	bùrti	['bʊrtʲɪ]
adivinha (f)	burėja (m)	[bʊ'rʲeːja]
horóscopo (m)	horoskòpas (v)	[ɣoro'skopas]

Artes

teatro (m)	teãtras (v)	[tʲɛ'a:tras]
ópera (f)	òpera (m)	['opʲɛra]
opereta (f)	operetė (m)	[opʲɛ'rʲɛtʲe:]
balé (m)	balėtas (v)	[ba'lʲɛtas]
cartaz (m)	afišà (m)	[afʲɪ'ʃa]
companhia (f) de teatro	trùpė (m)	['trupʲe:]
turnê (f)	gastrolės (m dgs)	[gas'trolʲe:s]
estar em turnê	gastroliúoti	[gastro'lʲuatʲɪ]
ensaiar (vt)	repetúoti	[rʲɛpʲɛ'tuatʲɪ]
ensaio (m)	repetìcija (m)	[rʲɛpʲɛ'tʲɪtsʲɪjɛ]
repertório (m)	repertuãras (v)	[rʲɛpʲɛrtu'a:ras]
apresentação (f)	vaidìnimas (v)	[vʌɪ'dʲɪnʲɪmas]
espetáculo (m)	spektãklis (v)	[spʲɛk'ta:klʲɪs]
peça (f)	pjėsė (m)	['pjæsʲe:]
entrada (m)	bìlietas (v)	['bʲɪlʲiɛtas]
bilheteira (f)	bìlietų kasà (m)	['bʲɪlʲiɛtu: ka'sa]
hall (m)	hòlas (v)	['ɣolʲas]
vestiário (m)	rūbinė (m)	['ru:bʲɪnʲe:]
senha (f) numerada	numeriùkas (v)	[numʲɛ'rʲukas]
binóculo (m)	žiūrõnas (v)	[ʒʲu:'ro:nas]
lanterninha (m)	kontroliẽrius (v)	[kɔntro'lʲɛrʲus]
plateia (f)	pàrteris (v)	['partʲɛrʲɪs]
balcão (m)	balkònas (v)	[balʲ'konas]
primeiro balcão (m)	beletãžas (v)	[bʲɛlʲɛ'ta:ʒas]
camarote (m)	lòžė (m)	['lʲoʒʲe:]
fila (f)	eilė̃ (m)	[ɛɪ'lʲe:]
assento (m)	vietà (m)	[vʲiɛ'ta]
público (m)	pùblika (m)	['publʲɪka]
espectador (m)	žiūrõvas (v)	[ʒʲu:'ro:vas]
aplaudir (vt)	plóti	['plʲo:tʲɪ]
aplauso (m)	plojìmai (v dgs)	[plʲo'jɪmʌɪ]
ovação (f)	ovãcijos (m dgs)	[o'va:tsʲɪjɔs]
palco (m)	scenà (m)	[stsʲɛ'na]
cortina (f)	ùždanga (m)	['uʒdanga]
cenário (m)	dekorãcija (m)	[dʲɛko'ra:tsʲɪjɛ]
bastidores (m pl)	kulìsai (v dgs)	[ku'lʲɪsʌɪ]
cena (f)	scenà (m)	[stsʲɛ'na]
ato (m)	ãktas (v), veĩksmas (v)	['a:ktas], ['vʲɛɪksmas]
intervalo (m)	antrãktas (v)	[an'tra:ktas]

150. Cinema

ator (m)	ãktorius (v)	['a:ktorʲʊs]
atriz (f)	ãktorė (m)	['a:ktorʲe:]

cinema (m)	kìnas (v)	['kʲɪnas]
episódio (m)	sèrija (m)	['sʲɛrʲɪjɛ]

filme (m) policial	detektỹvas (v)	[dʲɛtʲɛk'tʲi:vas]
filme (m) de ação	veĩksmo fìlmas (v)	['vʲɛɪksmɔ 'fʲɪlʲmas]
filme (m) de aventuras	núotykių fìlmas (v)	['nʊatʲi:kʲu: 'fʲɪlʲmas]
filme (m) de ficção científica	fantãstinis fìlmas (v)	[fan'ta:stʲɪnʲɪs 'fʲɪlʲmas]
filme (m) de horror	siaũbo fìlmas (v)	['sʲɛʊbɔ 'fʲɪlʲmas]

comédia (f)	kìno komèdija (m)	['kʲɪnɔ ko'mʲɛdʲɪjɛ]
melodrama (m)	melodramà (m)	[mʲɛlʲodra'ma]
drama (m)	dramà (m)	[dra'ma]

filme (m) de ficção	mẽninis fìlmas (v)	['mʲænʲɪnʲɪs 'fʲɪlʲmas]
documentário (m)	dokumeñtinis fìlmas (v)	[dokʊ'mʲɛntʲɪnʲɪs 'fʲɪlʲmas]
desenho (m) animado	animãcinis fìlmas (v)	[anʲɪ'ma:tsʲɪnʲɪs 'fʲɪlʲmas]
cinema (m) mudo	nebylùsis fìlmas (v)	[nʲɛbʲi:'lʊsʲɪs 'fʲɪlʲmas]
papel (m)	vaidmuõ (v)	[vʌɪd'mʊa]
papel (m) principal	pagrindìnis vaidmuõ (v)	[pagrʲɪn'dʲɪnʲɪs vʌɪd'mʊa]
representar (vt)	vaidìnti	[vʌɪ'dʲɪntʲɪ]

estrela (f) de cinema	kìno žvaigždė̃ (m)	['kʲɪnɔ ʒvʌɪgʒ'dʲe:]
conhecido (adj)	žìnomas	['ʒʲɪnomas]
famoso (adj)	garsùs	[gar'sʊs]
popular (adj)	populiarùs	[popʊlʲæ'rʊs]

roteiro (m)	scenãrijus (v)	[stsʲɛ'na:rʲɪjʊs]
roteirista (m)	scenarìstas (v)	[stsʲɛna'rʲɪstas]
diretor (m) de cinema	režisiẽrius (v)	[rʲɛʒʲɪ'sʲɛrʲʊs]
produtor (m)	prodiùseris (v)	[pro'dʲʊsʲɛrʲɪs]
assistente (m)	asisteñtas (v)	[asʲɪs'tʲɛntas]
diretor (m) de fotografia	operãtorius (v)	[opʲɛ'ra:torʲʊs]
dublê (m)	kaskãdininkas (v)	[kas'ka:dʲɪnʲɪŋkas]

filmar (vt)	filmúoti	[fʲɪlʲ'mʊatʲɪ]
audição (f)	bañdymai (v dgs)	['bandʲi:mʌɪ]
filmagem (f)	filmãvimas (v)	[fʲɪlʲ'ma:vʲɪmas]
equipe (f) de filmagem	filmãvimo grùpė (m)	[fʲɪlʲ'ma:vʲɪmɔ 'grʊpʲe:]
set (m) de filmagem	filmãvimo aikštẽlė (m)	[fʲɪlʲ'ma:vʲɪmɔ ʌɪkʃ'tʲælʲe:]
câmera (f)	filmãvimo kãmera (m)	[fʲɪlʲ'ma:vʲɪmɔ 'ka:mʲɛra]

cinema (m)	kìno teãtras (v)	['kʲɪnɔ tʲɛ'a:tras]
tela (f)	ekrãnas (v)	[ɛk'ra:nas]
exibir um filme	ródyti fìlmą	['rodʲi:tʲɪ fʲɪlʲ'ma:]

trilha (f) sonora	gařso takẽlis (v)	['garsɔ ta'kʲælʲɪs]
efeitos (m pl) especiais	specialíeji efèktai (v dgs)	[spʲɛtsʲɪja'lʲiɛjɪ ɛ'fʲɛktʌɪ]
legendas (f pl)	subtìtrai (v dgs)	[sʊp'tʲɪtrʌɪ]
crédito (m)	tìtrai (v)	['tʲɪtrʌɪ]
tradução (f)	vertìmas (v)	[vʲɛr'tʲɪmas]

151. Pintura

arte (f)	mēnas (v)	['mⁱænas]
belas-artes (f pl)	dailieji menai (v dgs)	[dʌɪ'lʲiɛjɪ mʲɛ'nʌɪ]
galeria (f) de arte	galèrija (m)	[ga'lʲɛrⁱɪjɛ]
exibição (f) de arte	pavéikslų paroda (m)	[pa'vʲɛɪkslʲu: paro'da]

pintura (f)	tapýba (m)	[ta'pⁱi:ba]
arte (f) gráfica	grãfika (m)	['gra:fⁱɪka]
arte (f) abstrata	abstrakcionìzmas (v)	[abstraktsⁱɪjɔ'nⁱɪzmas]
impressionismo (m)	impresionìzmas (v)	[ɪmprⁱɛsⁱɪjɔ'nⁱɪzmas]

pintura (f), quadro (m)	pavéikslas (v)	[pa'vʲɛɪkslʲas]
desenho (m)	piešinỹs (v)	[pⁱiɛʃⁱɪ'nʲi:s]
cartaz, pôster (m)	plakãtas (v)	[plʲa'ka:tas]

ilustração (f)	iliustrãcija (m)	[ɪlʲʊs'tra:tsⁱɪjɛ]
miniatura (f)	miniatiūra (m)	[mⁱɪnⁱɪja'tʲu:'ra]
cópia (f)	kòpija (m)	['kopⁱɪjɛ]
reprodução (f)	reprodùkcija (m)	[rⁱɛpro'dʊktsⁱɪjɛ]

mosaico (m)	mozãika (m)	[mo'za:ika]
vitral (m)	vitrãžas (v)	[vⁱɪt'ra:ʒas]
afresco (m)	freskà (m)	[frⁱɛs'ka]
gravura (f)	graviūra (m)	[gravʲu:'ra]

busto (m)	biùstas (v)	['bʲʊstas]
escultura (f)	skulptūra (m)	[skʊlʲptu:'ra]
estátua (f)	statulà (m)	[statʊ'lʲa]
gesso (m)	gìpsas (v)	['gⁱɪpsas]
em gesso (adj)	ìš gìpso	[ɪʃ 'gⁱɪpsɔ]

retrato (m)	portrètas (v)	[por'trⁱɛtas]
autorretrato (m)	autoportrètas (v)	[ɑʊtopor'trⁱɛtas]
paisagem (f)	vietóvaizdis (v)	[vʲiɛ'tovʌɪzdⁱɪs]
natureza (f) morta	natiurmòrtas (v)	[natⁱʊr'mortas]
caricatura (f)	karikatūra (m)	[karⁱɪkatu:'ra]

tinta (f)	dažaì (v dgs)	[da'ʒʌɪ]
aquarela (f)	akvarèlė (m)	[akva'rⁱɛlʲe:]
tinta (f) a óleo	aliėjus (v)	[a'lʲiɛjʊs]
lápis (m)	pieštùkas (v)	[pⁱiɛʃ'tʊkas]
tinta (f) nanquim	tùšas (v)	['tʊʃas]
carvão (m)	añglys (m dgs)	[aŋ'glʲi:s]

desenhar (vt)	piẽšti	['pⁱɛʃtʲɪ]
pintar (vt)	piẽšti	['pⁱɛʃtʲɪ]
posar (vi)	pozúoti	[po'zʊɑtⁱɪ]
modelo (m)	pozúotojas (v)	[po'zʊɑto:jɛs]
modelo (f)	pozúotoja (m)	[po'zʊɑto:jɛ]

pintor (m)	dailininkas (v)	['dʌɪlʲɪnⁱɪŋkas]
obra (f)	kūrinỹs (v)	[ku:rʲɪ'nʲi:s]
obra-prima (f)	šedèvras (v)	[ʃɛ'dʲɛvras]
estúdio (m)	dirbtùvė (m)	[dⁱɪrp'tʊvʲe:]

tela (f)	dróbė (m)	['drobʲe:]
cavalete (m)	molbèrtas (v)	[molʲ'bʲɛrtas]
paleta (f)	palètė (m)	[pa'lʲɛtʲe:]

moldura (f)	rémai (v)	['rʲe:mʌɪ]
restauração (f)	restaurãvimas (v)	[rʲɛstɑʊ'ra:vʲɪmas]
restaurar (vt)	restaurúoti	[rʲɛstɑʊ'rʊɑtʲɪ]

152. Literatura & Poesia

literatura (f)	literatūrà (m)	[lʲɪtʲɛratu:'ra]
autor (m)	áutorius (v)	['ɑʊtorʲʊs]
pseudônimo (m)	slapývardis (v)	[slʲa'pʲi:vardʲɪs]

livro (m)	knygà (m)	[knʲi:'ga]
volume (m)	tòmas (v)	['tomas]
índice (m)	turinỹs (v)	[tʊrʲɪ'nʲi:s]
página (f)	pùslapis (v)	['pʊslʲapʲɪs]
protagonista (m)	pagrindìnis veikéjas (v)	[pagrʲɪn'dʲɪnʲɪs vʲɛɪ'kʲe:jas]
autógrafo (m)	autogrãfas (v)	[ɑʊto'gra:fas]

conto (m)	apsãkymas (v)	[ap'sa:kʲi:mas]
novela (f)	apýsaka (m)	[a'pʲi:saka]
romance (m)	romãnas (v)	[ro'ma:nas]
obra (f)	rãštai (v)	['ra:ʃtʌɪ]
fábula (m)	pasakéčia (m)	[pasa'kʲe:tʂʲæ]
romance (m) policial	detektỹvas (v)	[dʲɛtʲɛk'tʲi:vas]

verso (m)	eiléraštis (v)	[ɛɪ'lʲʲe:raʃtʲɪs]
poesia (f)	poèzija (v)	[po'ɛzʲɪjɛ]
poema (m)	poemà (m)	[poʲɛ'ma]
poeta (m)	poètas (v)	[po'ɛtas]

ficção (f)	beletrìstika (m)	[bʲɛlʲɛ'trʲɪstʲɪka]
ficção (f) científica	mókslinė fantãstika (m)	['mokslʲɪnʲe: fan'ta:stʲɪka]
aventuras (f pl)	núotykiai (v)	['nʊɑtʲɪkʲɛɪ]
literatura (f) didática	mókslinė literatūrà (m)	['mokslʲɪnʲe: lʲɪteratu:'ra]
literatura (f) infantil	vaikų literatūrà (m)	[vʌɪ'ku: lʲɪtʲɛratu:'ra]

153. Circo

circo (m)	cìrkas (v)	['tsʲɪrkas]
circo (m) ambulante	kilnójamasis cìrkas (v)	[kʲɪlʲʲ'nojamasʲɪs 'tsʲɪrkas]
programa (m)	programà (m)	[progra'ma]
apresentação (f)	vaidìnimas (v)	[vʌɪ'dʲɪnʲɪmas]

| número (m) | nùmeris (v) | ['nʊmʲɛrʲɪs] |
| picadeiro (f) | arenà (m) | [arʲɛ'na] |

pantomima (f)	pantomimà (m)	[pantomʲɪ'ma]
palhaço (m)	klòunas (v)	['klʲounas]
acrobata (m)	akrobãtas (v)	[akro'ba:tas]

acrobacia (f)	akrobãtika (m)	[akro'ba:t'ıka]
ginasta (m)	gimnãstas (v)	[gʲɪm'na:stas]
ginástica (f)	gimnãstika (m)	[gʲɪm'na:stʲɪka]
salto (m) mortal	sálto (v)	['salʲtɔ]

homem (m) forte	atlètas (v)	[at'lʲɛtas]
domador (m)	trámdytojas (v)	['tramdʲi:to:jɛs]
cavaleiro (m) equilibrista	jojìkas (v)	[jɔ'jɪkas]
assistente (m)	asisteñtas (v)	[asʲɪs'tʲɛntas]

truque (m)	triùkas (v)	['trʲʊkas]
truque (m) de mágica	fòkusas (v)	['fokʊsas]
ilusionista (m)	fòkusininkas (v)	['fokʊsʲɪnʲɪŋkas]

malabarista (m)	žonglièrius (v)	[ʒon'glʲɛrʲʊs]
fazer malabarismos	žonglirúoti	[ʒonglʲɪ'rʊatʲɪ]
adestrador (m)	dresúotojas (v)	[drʲɛ'sʊato:jɛs]
adestramento (m)	dresãvimas (v)	[drʲɛ'sa:vʲɪmas]
adestrar (vt)	dresúoti	[drʲɛ'sʊatʲɪ]

154. Música. Música popular

música (f)	mùzika (m)	['mʊzʲɪka]
músico (m)	muzikántas (v)	[mʊzʲɪ'kantas]
instrumento (m) musical	mùzikos instrumeñtas (v)	['mʊzʲɪkos instrʊ'mʲɛntas]
tocar ...	gróti ...	['grotʲɪ ...]

guitarra (f)	gitarà (m)	[gʲɪta'ra]
violino (m)	smuìkas (v)	['smʊɪkas]
violoncelo (m)	violončèlè (m)	[vʲɪjolon'tʂʲɛlʲe:]
contrabaixo (m)	kontrabõsas (v)	[kɔntra'bo:sas]
harpa (f)	árfa (m)	['arfa]

piano (m)	pianìnas (v)	[pʲɪja'nʲɪnas]
piano (m) de cauda	fortepijõnas (v)	[fortʲɛpʲɪ'jɔ:nas]
órgão (m)	vargõnai (v)	[var'go:nʌɪ]

instrumentos (m pl) de sopro	pučiamíeji (v dgs)	[pʊtʂʲæ'mʲiɛjɪ]
oboé (m)	obòjus (v)	[o'bojʊs]
saxofone (m)	saksofònas (v)	[sakso'fonas]
clarinete (m)	klarnètas (v)	[klʲar'nʲɛtas]
flauta (f)	fleità (m)	[flʲɛɪ'ta]
trompete (m)	dùdà (m)	[du:'da]

| acordeão (m) | akordeònas (v) | [akordʲɛ'onas] |
| tambor (m) | bũgnas (v) | ['bu:gnas] |

dueto (m)	duètas (v)	[dʊ'ʲɛtas]
trio (m)	trìo (v)	['trʲɪɔ]
quarteto (m)	kvartètas (v)	[kvar'tʲɛtas]
coro (m)	chòras (v)	['xoras]
orquestra (f)	orkèstras (v)	[or'kʲɛstras]
música (f) pop	popmùzika (m)	[pop'mʊzʲɪka]
música (f) rock	ròko mùzika (m)	['rokɔ 'mʊzʲɪka]

grupo (m) de rock	roko grupė (m)	['rɔkɔ 'grʊpʲeː]
jazz (m)	džiazas (v)	['dʒʲæzas]
ídolo (m)	stabas (v)	['staːbas]
fã, admirador (m)	gerbėjas (v)	[gʲɛr'bʲeːjas]
concerto (m)	koncertas (v)	[kɔn'tsʲɛrtas]
sinfonia (f)	simfonija (m)	[sʲɪm'fonʲɪjɛ]
composição (f)	kūrinys (v)	[kuːrʲɪ'nʲiːs]
compor (vt)	sukurti	[sʊ'kʊrtʲɪ]
canto (m)	dainavimas (v)	[dʌɪ'naːvʲɪmas]
canção (f)	daina (m)	[dʌɪ'na]
melodia (f)	melodija (m)	[mʲɛ'lʲodʲɪjɛ]
ritmo (m)	ritmas (v)	['rʲɪtmas]
blues (m)	bliuzas (v)	['blʲʊzas]
notas (f pl)	natos (m dgs)	['naːtos]
batuta (f)	dirigento batuta (m)	[dʲɪrʲɪ'gʲɛntɔ batʊ'ta]
arco (m)	strykas (v)	['strʲiːkas]
corda (f)	styga (m)	[stʲiː'ga]
estojo (m)	dėklas (v)	['dʲeːklʲas]

Descanso. Entretenimento. Viagens

155. Viagens

turismo (m)	turìzmas (v)	[tʊ'rʲɪzmas]
turista (m)	turìstas (v)	[tʊ'rʲɪstas]
viagem (f)	keliõnė (m)	[kʲɛ'lʲoːnʲe:]
aventura (f)	núotykis (v)	['nʊatʲiːkʲɪs]
percurso (curta viagem)	ìšvyka (m)	['ɪʃvʲiː:ka]
férias (f pl)	atóstogos (m dgs)	[a'tostogos]
estar de férias	atostogáuti	[atosto'gautʲɪ]
descanso (m)	póilsis (v)	['poɪlʲsʲɪs]
trem (m)	traukinỹs (v)	[traʊkʲɪ'nʲiː:s]
de trem (chegar ~)	tráukiniu	['traʊkʲɪnʲʊ]
avião (m)	lėktùvas (v)	[lʲe:k'tʊvas]
de avião	lėktuvù	[lʲe:ktʊ'vʊ]
de carro	automobiliù	[aʊtomobʲɪ'lʲʊ]
de navio	laivù	[lʲʌɪ'vʊ]
bagagem (f)	bagãžas (v)	[ba'ga:ʒas]
mala (f)	lagamìnas (v)	[lʲaga'mʲɪnas]
carrinho (m)	bagãžo vežimėlis (v)	[ba'ga:ʒo veʒʲɪ'mʲe:lʲɪs]
passaporte (m)	pãsas (v)	['pa:sas]
visto (m)	vizà (m)	[vʲɪ'za]
passagem (f)	bìlietas (v)	['bʲɪlʲiʲetas]
passagem (f) aérea	lėktùvo bìlietas (v)	[lʲe:k'tʊvo 'bʲɪlʲiʲetas]
guia (m) de viagem	vadõvas (v)	[va'do:vas]
mapa (m)	žemėlapis (v)	[ʒe'mʲe:lʲapʲɪs]
área (f)	vietóvė (m)	[vʲiɛ'tovʲe:]
lugar (m)	vietà (m)	[vʲiɛ'ta]
exotismo (m)	egzòtika (m)	[ɛg'zotʲɪka]
exótico (adj)	egzòtinis	[ɛg'zotʲɪnʲɪs]
surpreendente (adj)	nuostabùs	[nʊasta'bʊs]
grupo (m)	grùpė (m)	['grʊpʲe:]
excursão (f)	ekskùrsija (m)	[ɛks'kʊrsʲɪjɛ]
guia (m)	ekskùrsijos vadõvas (v)	[ɛks'kʊrsʲɪjɔs va'do:vas]

156. Hotel

hotel (m)	viẽšbutis (v)	['vʲɛʃbʊtʲɪs]
motel (m)	motèlis (v)	[mo'tʲɛlʲɪs]
três estrelas	3 žvaigždùtės	['trʲɪs ʒvʌɪgʒ'dʊtʲe:s]

| cinco estrelas | 5 žvaigždutės | ['pen^jk^jos ʒvʌɪgʒ'dut^je:s] |
| ficar (vi, vt) | apsistoti | [aps^jɪs'tot^jɪ] |

quarto (m)	kambarỹs (v)	[kamba'r^ji:s]
quarto (m) individual	vienvietis kambarỹs (v)	['v^jiɛn'v^jɛt^jɪs kamba'r^ji:s]
quarto (m) duplo	dvivietis kambarỹs (v)	[dv^jɪ'v^jɛt^jɪs kamba'r^ji:s]
reservar um quarto	rezervúoti kambarį	[r^jɛz^jɛr'vʊat^jɪ 'kambar^jɪ:]

| meia pensão (f) | pusiáu pensiònas (v) | [pʊs^jæʊ p^jɛns^jɪ'jonas] |
| pensão (f) completa | pensiònas (v) | [p^jɛns^jɪ'jonas] |

com banheira	sù vonià	['sʊ vo'n^jæ]
com chuveiro	sù dušù	['sʊ dʊ'ʃʊ]
televisão (m) por satélite	palydõvinė televìzija (m)	[pal^ji:'do:v^jɪn^je: t^jɛl^jɛ'v^jɪz^jɪjɛ]
ar (m) condicionado	kondicioniẽrius (v)	[kond^jɪts^jɪjo'n^jɛr^jʊs]
toalha (f)	rañkšluostis (v)	['raŋkʃl^jʊɑst^jɪs]
chave (f)	rãktas (v)	['ra:ktas]

administrador (m)	administrãtorius (v)	[adm^jɪn^jɪs'tra:tor^jʊs]
camareira (f)	kambarìnė (m)	[kamba'r^jɪn^je:]
bagageiro (m)	nešìkas (v)	[n^jɛ'ʃɪkas]
porteiro (m)	registrãtorius (v)	[r^jɛg^jɪs'tra:tor^jʊs]

restaurante (m)	restorãnas (v)	[r^jɛsto'ra:nas]
bar (m)	bãras (v)	['ba:ras]
café (m) da manhã	pùsryčiai (v dgs)	['pʊsr^ji:tʂ^jɛɪ]
jantar (m)	vakariẽnė (m)	[vaka'r^jɛn^je:]
bufê (m)	švèdiškas stãlas (v)	['ʃv^jɛd^jɪʃkas 'sta:l^jas]

| saguão (m) | vestibiùlis (v) | [v^jɛst^jɪ'b^jʊl^jɪs] |
| elevador (m) | lìftas (v) | ['l^jɪftas] |

| NÃO PERTURBE | NETRUKDÝTI | [n^jɛtrʊk'd^ji:t^jɪ] |
| PROIBIDO FUMAR! | NERŪKÝTI! | [n^jɛru:'k^ji:t^jɪ] |

157. Livros. Leitura

livro (m)	knygà (m)	[kn^ji:'ga]
autor (m)	áutorius (v)	['ɑutor^jʊs]
escritor (m)	rašýtojas (v)	[ra'ʃɪ:to:jɛs]
escrever (~ um livro)	parašýti	[para'ʃɪ:t^jɪ]

leitor (m)	skaitýtojas (v)	[skʌɪ't^ji:to:jɛs]
ler (vt)	skaitýti	[skʌɪ't^ji:t^jɪ]
leitura (f)	skaìtymas (v)	['skʌɪt^ji:mas]

| para si | tỹliai | ['t^ji:l^jɛɪ] |
| em voz alta | garsiai | ['gars^jɛɪ] |

publicar (vt)	leĩsti	['l^jɛɪst^jɪ]
publicação (f)	leidýba (m)	[l^jɛɪ'd^jɪba]
editor (m)	leidéjas (v)	[l^jɛɪ'd^je:jas]
editora (f)	leidyklà (m)	[l^jɛɪd^ji:k'la]
sair (vi)	išeĩti	[ɪ'ʃɛɪt^jɪ]

| lançamento (m) | išėjìmas (v) | [ɪʃʲeː'jɪmas] |
| tiragem (f) | tirāžas (v) | [tʲɪ'ra:ʒas] |

| livraria (f) | knygýnas (v) | [knʲiː'gʲi:nas] |
| biblioteca (f) | bibliotekà (m) | [bʲɪblʲɪjɔtʲɛ'ka] |

novela (f)	apýsaka (m)	[a'pʲi:saka]
conto (m)	apsākymas (v)	[ap'sa:kʲi:mas]
romance (m)	romānas (v)	[ro'ma:nas]
romance (m) policial	detektȳvas (v)	[dʲɛtʲɛk'tʲi:vas]

memórias (f pl)	memuãrai (v dgs)	[mʲɛmʊ'a:rʌɪ]
lenda (f)	legendà (m)	[lʲɛgʲɛn'da]
mito (m)	mìtas (v)	['mʲɪtas]

poesia (f)	eiléraščiai (v dgs)	[ɛɪ'lʲeːraʃtʃʲɛɪ]
autobiografia (f)	autobiogrāfija (m)	[ɑutɔbʲɪjɔ'gra:fʲɪjɛ]
obras (f pl) escolhidas	rinktìniai rãštai (v dgs)	[rʲɪŋk'tʲɪnʲɛɪ ra:ʃtʌɪ]
ficção (f) científica	fantāstika (m)	[fan'ta:stʲɪka]

título (m)	pavadìnimas (v)	[pava'dʲɪnʲɪmas]
introdução (f)	įvadas (v)	['i:vadas]
folha (f) de rosto	titulìnis lãpas (v)	[tʲɪtʊ'lʲɪnʲɪs 'la:pas]

capítulo (m)	skȳrius (v)	['skʲi:rʲʊs]
excerto (m)	ìštrauka (m)	['ɪʃtrɑʊka]
episódio (m)	epizòdas (v)	[ɛpʲɪ'zodas]

enredo (m)	siužėtas (v)	[sʲʊ'ʒʲɛtas]
conteúdo (m)	turinỹs (v)	[tʊrʲɪ'nʲi:s]
índice (m)	turinỹs (v)	[tʊrʲɪ'nʲi:s]
protagonista (m)	pagrindìnis veikéjas (v)	[pagrʲɪn'dʲɪnʲɪs vʲɛɪ'kʲeːjas]

volume (m)	tòmas (v)	['tomas]
capa (f)	viršēlis (v)	[vʲɪr'ʃʲælʲɪs]
encadernação (f)	apdaraı̇̀ (v dgs)	[apda'rʌɪ]
marcador (m) de página	žymēlė (m)	[ʒʲi:'mʲælʲeː]

página (f)	pùslapis (v)	['pʊslʲapʲɪs]
folhear (vt)	vartýti	[var'tʲi:tʲɪ]
margem (f)	pãraštės (m dgs)	['pa:raʃtʲeːs]
anotação (f)	žymě̃ (m)	[ʒʲi:'mʲeː]
nota (f) de rodapé	pastabà (m)	[pasta'ba]

texto (m)	tèkstas (v)	['tʲɛkstas]
fonte (f)	šrìftas (v)	['ʃrʲɪftas]
falha (f) de impressão	spaudòs klaidà (m)	[spɑʊ'do:s klʲʌɪ'da]

tradução (f)	vertìmas (v)	[vʲɛr'tʲɪmas]
traduzir (vt)	ve̅rsti	['vʲɛrstʲɪ]
original (m)	originālas (v)	[orʲɪgʲɪ'na:lʲas]

famoso (adj)	žìnomas	['ʒʲɪnomas]
desconhecido (adj)	nežìnomas	[nʲɛ'ʒʲɪnomas]
interessante (adj)	įdomùs	[i:do'mʊs]
best-seller (m)	perkamiáusia knygà (m)	[pʲɛrka'mʲæʊsʲɛ knʲi:'ga]

dicionário (m)	žodýnas (v)	[ʒo'dʲiːnas]
livro (m) didático	vadovėlis (v)	[vado'vʲeːlʲɪs]
enciclopédia (f)	enciklopėdija (m)	[ɛntsʲɪklʲo'pʲɛdʲɪjɛ]

158. Caça. Pesca

caça (f)	medžiōklė (m)	[mʲɛ'dʒʲoːklʲeː]
caçar (vi)	medžióti	[mʲɛ'dʒʲotʲɪ]
caçador (m)	medžiótojas (v)	[mʲɛ'dʒʲoto:jɛs]

disparar, atirar (vi)	šáudyti	['ʃɑʊdʲiːtʲɪ]
rifle (m)	šáutuvas (v)	['ʃɑutʊvas]
cartucho (m)	šovinỹs (v)	[ʃovʲɪ'nʲiːs]
chumbo (m) de caça	šrataĩ (v dgs)	[ʃra'tʌɪ]

armadilha (f)	spąstai (v dgs)	['spaːstʌɪ]
armadilha (com corda)	slàstai (v dgs)	['slʲaːstʌɪ]
cair na armadilha	pakliū́ti į̃ spą́stus	[pak'lʲuːtʲɪ iː 'spaːstʊs]
pôr a armadilha	spė́sti spą́stus	['spʲeːstʲɪ 'spaːstʊs]

caçador (m) furtivo	brakoniẽrius (v)	[brako'nʲɛrʲʊs]
caça (animais)	žvėríena (m)	[ʒvʲeː'rʲɛna]
cão (m) de caça	medžiōklinis šuõ (v)	[mʲɛ'dʒʲoːklʲɪnʲɪs 'ʃʊɑ]
safári (m)	safãris (v)	[sa'farʲɪs]
animal (m) empalhado	baidỹklė (m)	[bʌɪ'dʲiːklʲeː]

pescador (m)	žvejỹs (v)	[ʒvʲɛ'jɪːs]
pesca (f)	žvejójimas (v)	[ʒvʲɛ'joːjɪmas]
pescar (vt)	žvejóti, žuváuti	[ʒvʲɛ'jotʲɪ], [ʒʊ'vɑʊtʲɪ]

vara (f) de pesca	meškerẽ (m)	[mʲɛʃke'rʲeː]
linha (f) de pesca	vãlas (v)	['vaːlʲas]
anzol (m)	kabliùkas (v)	[kab'lʲʊkas]
boia (f), flutuador (m)	plū́dė (m)	['plʲuːdʲeː]
isca (f)	jaũkas (v)	['jɛʊkas]

lançar a linha	užmèsti mẽškerę	[ʊʒ'mʲɛstʲɪ 'mʲæʃkʲɛrʲɛː]
morder (peixe)	kìbti	['kʲɪptʲɪ]

pesca (f)	žvejōklės laimìkis (v)	[ʒvʲɛ'joːklʲeːs lʌɪ'mʲɪkʲɪs]
buraco (m) no gelo	eketẽ (m)	[eke'tʲeː]

rede (f)	tiñklas (v)	['tʲɪŋklʲas]
barco (m)	vãltis (m)	['valʲtʲɪs]
pescar com rede	žvejóti tinklaĩs	[ʒvʲɛ'jotʲɪ tʲɪŋk'lʲʌɪs]
lançar a rede	užmèsti tinklùs	[ʊʒ'mʲɛstʲɪ tʲɪŋk'lʲʊs]

puxar a rede	ištráukti tinklùs	[ɪʃ'trɑʊktʲɪ tʲɪŋk'lʲʊs]
cair na rede	pakliū́ti į̃ tinklùs	[pak'lʲuːtʲɪ iː tʲɪŋk'lʲʊs]

baleeiro (m)	bangìnių medžiótojas (v)	[ban'gʲɪnʲu: mʲɛ'dʒʲoto:jɛs]
baleeira (f)	bangìnių medžiótojų laĩvas (v)	[ban'gʲɪnʲu: mʲɛ'dʒʲoto:ju: 'lʲʌɪvas]
arpão (m)	žebérklas (v)	[ʒʲɛ'bʲɛrklʲas]

159. Jogos. Bilhar

bilhar (m)	biliárdas (v)	[bʲɪlʲɪ'jardas]
sala (f) de bilhar	biliárdinė (m)	[bʲɪlʲɪ'jardʲɪnʲe:]
bola (f) de bilhar	biliárdo kamuolỹs (v)	[bʲɪlʲɪ'jardɔ kamʊɑ'lʲi:s]
embolsar uma bola	įmùšti kāmuolį	[i:'mʊʃtʲɪ 'ka:mʊɑlʲɪ:]
taco (m)	biliárdo lazdà (m)	[bʲɪlʲɪ'jardɔ laz'da]
caçapa (f)	kišénė (m)	[kʲɪ'ʃænʲe:]

160. Jogos. Jogar cartas

ouros (m pl)	bũgnai (v dgs)	['bu:gnʌɪ]
espadas (f pl)	vỹnai (v dgs)	['vʲi:nʌɪ]
copas (f pl)	širdys (m dgs)	['ʃɪrdʲi:s]
paus (m pl)	krỹžiai (v dgs)	['krʲi:ʒʲɛɪ]
ás (m)	tũzas (v)	['tu:zas]
rei (m)	karālius (v)	[ka'ra:lʲʊs]
dama (f), rainha (f)	damà (m)	[da'ma]
valete (m)	valètas (v)	[va'lʲɛtas]
carta (f) de jogar	kortà (m)	[kɔr'ta]
cartas (f pl)	kor̃tos (m dgs)	['kɔrtos]
trunfo (m)	kõziris (v)	['kɔ:zʲɪrʲɪs]
baralho (m)	málka (m)	['malʲka]
ponto (m)	akìs (m)	[a'kʲɪs]
dar, distribuir (vt)	dalìnti	[da'lʲɪntʲɪ]
embaralhar (vt)	maišýti	[mʌɪ'ʃʲɪ:tʲɪ]
vez, jogada (f)	ėjìmas (v)	[ɛ:'jɪmas]
trapaceiro (m)	sukčiáutojas (v)	[sʊk'tʃʲæʊtɔ:jɛs]

161. Casino. Roleta

cassino (m)	kazinò (v)	[kazʲɪ'no]
roleta (f)	rulètė (m)	[rʊ'lʲɛtʲe:]
aposta (f)	stãtymas (v)	['sta:tʲi:mas]
apostar (vt)	darýti stãtymus	[da'rʲi:tʲɪ 'sta:tʲi:mʊs]
vermelho (m)	raudónas	[rɑʊ'donas]
preto (m)	júodas	['jʊodas]
apostar no vermelho	statýti añt raudóno	[sta'tʲi:tʲɪ ant rɑʊ'donɔ]
apostar no preto	statýti añt juõdo	[sta'tʲi:tʲɪ ant 'jʊɑdɔ]
croupier (m, f)	krupjė (m)	[krʊ'pje:]
girar da roleta	sùkti rulètę	['sʊktʲɪ rʊ'lʲɛtʲɛ:]
regras (f pl) do jogo	žaidìmo taisỹklės (m dgs)	[ʒʌɪ'dʲɪmɔ tʌɪ'sʲi:klʲe:s]
ficha (f)	žetònas (v)	[ʒʲɛ'tonas]
ganhar (vi, vt)	laiméti	[lʲʌɪ'mʲe:tʲɪ]
ganho (m)	laiméjimas (v)	[lʲʌɪ'mʲɛjɪmas]

| perder (dinheiro) | pralaiméti | [pralʲʌɪ'mʲe:tʲɪ] |
| perda (f) | pralaiméjimas (v) | [pralʲʌɪ'mʲɛjɪmas] |

jogador (m)	lošéjas (v)	[lʲo'ʃe:jas]
blackjack, vinte-e-um (m)	dvidešimt víenas (v)	['dvʲɪdʲɛʃɪmt 'vʲiɛnas]
jogo (m) de dados	lošìmas kauliùkais (v)	[lo'ʃɪmas kɑu'lʲʊkʌɪs]
dados (m pl)	kauliùkai (v dgs)	[kɑu'lʲʊkʌɪ]
caça-níqueis (m)	lošimų̃ automãtas (v)	[lʲoʃɪ'mu: ɑuto'ma:tas]

162. Descanso. Jogos. Diversos

passear (vi)	váikščioti	['vʌɪkʃʦʲotʲɪ]
passeio (m)	pasiváikščiojimas (v)	[pasʲɪ'vʌɪkʃʦʲojɪmas]
viagem (f) de carro	pasivažinéjimas (v)	[pasʲɪvaʒʲɪ'nʲɛjɪmas]
aventura (f)	núotykis (v)	['nuɑtʲi:kʲɪs]
piquenique (m)	ìškyla (m)	['ɪʃkʲi:lʲa]

jogo (m)	žaidìmas (v)	[ʒʌɪ'dʲɪmas]
jogador (m)	žaidéjas (v)	[ʒʌɪ'dʲe:jas]
partida (f)	pártija (m)	['partʲɪjɛ]

colecionador (m)	kolekcioniẽrius (v)	[kɔlʲɛktsʲɪjo'nʲɛrʲʊs]
colecionar (vt)	kolekcionúoti (v)	[kɔlʲɛktsʲɪjo'nuɑtʲɪ]
coleção (f)	kolèkcija (m)	[ko'lʲɛktsʲɪjɛ]

palavras (f pl) cruzadas	kryžiãžodis (v)	[krʲi:'ʒʲæʒodʲɪs]
hipódromo (m)	hipodròmas (v)	[ɣʲɪpo'dromas]
discoteca (f)	diskotekà (m)	[dʲɪskotʲɛ'ka]

| sauna (f) | sáuna (m) | ['sɑuna] |
| loteria (f) | lotèrija (m) | [lʲo'tʲɛrʲɪjɛ] |

campismo (m)	žỹgis (v)	['ʒʲi:gʲɪs]
acampamento (m)	stovyklà (m)	[stovʲi:k'lʲa]
barraca (f)	palapìnė (m)	[palʲa'pʲɪnʲe:]
bússola (f)	kòmpasas (v)	['kompasas]
campista (m)	turìstas (v)	[tʊ'rʲɪstas]

ver (vt), assistir à ...	žiūréti	[ʒʲu:'rʲe:tʲɪ]
telespectador (m)	televìzijos žiūrõvas (v)	[tʲɛlʲɛ'vʲɪzʲɪjos 'ʒʲu:ro:vas]
programa (m) de TV	televìzijos laidà (m)	[tʲɛlʲɛ'vʲɪzʲɪjos lʌɪ'da]

163. Fotografia

| máquina (f) fotográfica | fotoaparãtas (v) | [fotoapa'ra:tas] |
| foto, fotografia (f) | fòto (v) | ['fotɔ] |

fotógrafo (m)	fotogrãfas (v)	[foto'gra:fas]
estúdio (m) fotográfico	fotogrãfijos stùdija (m)	[foto'gra:fʲɪjos 'stʊdʲɪjɛ]
álbum (m) de fotografias	fotoalbùmas (v)	[fotoalʲ'bumas]
lente (f) fotográfica	objektỹvas (v)	[objɛktʲi:vas]
lente (f) teleobjetiva	teleobjektỹvas (v)	[tʲɛlʲɛobjɛk'tʲi:vas]

filtro (m)	filtras (v)	['fɪlʲtras]
lente (f)	lęšis (v)	['lʲɛːʃɪs]
ótica (f)	optika (m)	['optʲɪka]
abertura (f)	diafragma (m)	[dʲɪjafrag'ma]
exposição (f)	išlaikymas (v)	[ɪʃlʲʌɪkʲiːmas]
visor (m)	ieškiklis (v)	[ɪɛʃ'kʲɪklʲɪs]
câmera (f) digital	skaitmeninė kamera (m)	[skʌɪtme'nʲɪnʲe: 'kaːmera]
tripé (m)	stovas (v)	['stoːvas]
flash (m)	blykstė (m)	['blʲiːkstʲe:]
fotografar (vt)	fotografuoti	[fotogra'fʊatʲɪ]
tirar fotos	fotografuoti	[fotogra'fʊatʲɪ]
fotografar-se (vr)	fotografuotis	[fotogra'fʊatʲɪs]
foco (m)	ryškumas (v)	[rʲiːʃkʊmas]
focar (vt)	nustatyti ryškumą	[nʊsta'tʲiːtʲɪ rʲiːʃkʊma:]
nítido (adj)	ryškus	[rʲiːʃkʊs]
nitidez (f)	ryškumas (v)	[rʲiːʃkʊmas]
contraste (m)	kontrastas (v)	[kɔn'traːstas]
contrastante (adj)	kontrastingas	[kɔntras'tʲɪngas]
retrato (m)	nuotrauka (m)	['nʊatraʊka]
negativo (m)	negatyvas (v)	[nʲɛga'tʲiːvas]
filme (m)	fotojuosta (m)	[foto:'jʊasta]
fotograma (m)	kadras (v)	['kaːdras]
imprimir (vt)	spausdinti	['spaʊsdʲɪntʲɪ]

164. Praia. Natação

praia (f)	paplūdimys (v)	[pa'plʲuːdʲɪmʲiːs]
areia (f)	smėlis (v)	['smʲeːlʲɪs]
deserto (adj)	dykuminis	[dʲiːkʊ'mʲɪnʲɪs]
bronzeado (m)	įdegis (v)	['iːdʲɛgʲɪs]
bronzear-se (vr)	įdegti	[iː'dʲɛktʲɪ]
bronzeado (adj)	įdėgęs	[iː'dæɡʲɛːs]
protetor (m) solar	įdegio kremas (v)	['iːdʲɛgʲɔ 'krʲɛmas]
biquíni (m)	bikinis (v)	[bʲɪ'kʲɪnʲɪs]
maiô (m)	maudymosi kostiumėlis (v)	['maʊdʲɪːmosʲɪ kostʲʊ'mʲeːlʲɪs]
calção (m) de banho	glaudės (m dgs)	['glʲaʊdʲe:s]
piscina (f)	baseinas (v)	[ba'sʲɛɪnas]
nadar (vi)	plaukioti	['plʲaʊkʲotʲɪ]
chuveiro (m), ducha (f)	dušas (v)	['dʊʃas]
mudar, trocar (vt)	persirengti	['pʲɛrsʲɪrʲɛŋktʲɪ]
toalha (f)	rankšluostis (v)	['raŋkʃlʲʊastʲɪs]
barco (m)	valtis (m)	['valʲtʲɪs]
lancha (f)	kateris (v)	['kaːtʲɛrʲɪs]
esqui (m) aquático	vandens slidės (m dgs)	[van'dʲɛns 'slʲɪdʲe:s]

barco (m) de pedais	vandeñs dvìratis (v)	[van'dʲɛns 'dvʲɪratʲɪs]
surf, surfe (m)	bañglenčių spòrtas (v)	['baŋglʲɛntʂʲu: 'sportas]
surfista (m)	bañglentininkas (v)	['baŋglʲentʲɪnʲɪŋkas]

equipamento (m) de mergulho	akvalángas (v)	[akva'lʲangas]
pé (m pl) de pato	plaũkmenys (v dgs)	['plʲaʊkmʲɛnʲi:s]
máscara (f)	kaũkė (m)	['kaʊkʲe:]
mergulhador (m)	nãras (v)	['na:ras]
mergulhar (vi)	nárdyti	['nardʲi:tʲɪ]
debaixo d'água	põ vándeniu	['po: 'vandʲɛnʲʊ]

guarda-sol (m)	skĕtis (v)	['skʲe:tʲɪs]
espreguiçadeira (f)	šezlòngas (v)	[ʃʲɛz'lʲongas]
óculos (m pl) de sol	akiniaĩ (dgs)	[akʲɪ'nʲɛɪ]
colchão (m) de ar	plaukìmo čiužinỹs (v)	[plʲaʊ'kʲɪmɔ tʂʲʊʒʲɪ'nʲi:s]

| brincar (vi) | žaĩsti | ['ʒʌɪstʲɪ] |
| ir nadar | máudytis | ['maʊdʲi:tʲɪs] |

bola (f) de praia	kamuolỹs (v)	[kamʊɑ'lʲi:s]
encher (vt)	pripũsti	[prʲɪ'pu:stʲɪ]
inflável (adj)	prìpučiamas	['prʲɪpʊtʂʲæmas]

onda (f)	bangà (m)	[ban'ga]
boia (f)	plũduras (v)	['plʲu:dʊras]
afogar-se (vr)	skĕsti	['skʲɛ:stʲɪ]

salvar (vt)	gélbėti	['gʲælʲbʲe:tʲɪ]
colete (m) salva-vidas	gélbėjimosi liemẽnė (m)	['gʲælʲbʲe:jimosʲɪ lʲiɛ'mʲænʲe:]
observar (vt)	stebéti	[ste'bʲe:tʲɪ]
salva-vidas (pessoa)	gélbėtojas (v)	['gʲælʲbʲe:to:jɛs]

EQUIPAMENTO TÉCNICO. TRANSPORTES

Equipamento técnico

computador (m)	kompiùteris (v)	[kɔm'pʊtʲɛrʲɪs]
computador (m) portátil	nešiójamasis kompiùteris (v)	[nʲɛ'ʃojamasʲɪs kom'pʊtʲɛrʲɪs]
ligar (vt)	įjùngti	[i:'jʊŋktʲɪ]
desligar (vt)	išjùngti	[ɪ'ʃjʊŋktʲɪ]
teclado (m)	klaviatūrà (m)	[klʲavʲætu:'ra]
tecla (f)	klavìšas (v)	[klʲa'vʲɪʃas]
mouse (m)	pelẽ (m)	[pʲɛ'lʲe:]
tapete (m) para mouse	kilimẽlis (v)	[kʲɪlʲɪ'mʲe:lʲɪs]
botão (m)	mygtùkas (v)	[mʲiːk'tʊkas]
cursor (m)	žymẽklis (v)	[ʒʲi:'mʲæklʲɪs]
monitor (m)	monìtorius (v)	[mo'nʲɪtorʲʊs]
tela (f)	ekrãnas (v)	[ɛk'ra:nas]
disco (m) rígido	kietàsis dìskas (v)	[kʲiɛ'tasʲɪs 'dʲɪskas]
capacidade (f) do disco rígido	kíetojo dìsko talpà (m)	['kʲiɛtojo 'dʲɪsko talʲ'pa]
memória (f)	atmintìs (m)	[atmʲɪn'tʲɪs]
memória RAM (f)	operatyvióji atmintìs (m)	[opʲɛratʲi:'vʲo:jɪ atmʲɪn'tʲɪs]
arquivo (m)	fáilas (v)	['fʌɪlʲas]
pasta (f)	ãplankas (v)	['a:plʲaŋkas]
abrir (vt)	atidarýti	[atʲɪda'rʲi:tʲɪ]
fechar (vt)	uždarýti	[ʊʒda'rʲi:tʲɪ]
salvar (vt)	išsáugoti	[ɪʃ'saʊgotʲɪ]
deletar (vt)	ištrìnti	[ɪʃ'trʲɪntʲɪ]
copiar (vt)	nukopijúoti	[nʊkopʲɪ'juatʲɪ]
ordenar (vt)	rūšiúoti	[ru:'ʃuatʲɪ]
copiar (vt)	pérrašyti	['pʲɛrraʃɪ:tʲɪ]
programa (m)	programà (m)	[progra'ma]
software (m)	prográminė įranga (m)	[pro'gra:mʲɪnʲe: 'i:ranga]
programador (m)	programúotojas (v)	[progra'muato:jɛs]
programar (vt)	programúoti	[progra'muatʲɪ]
hacker (m)	programìšius (v)	[progra'mʲɪʃʊs]
senha (f)	slaptãžodis (v)	[slʲap'ta:ʒodʲɪs]
vírus (m)	vìrusas (v)	['vʲɪrusas]
detectar (vt)	aptìkti	[ap'tʲɪktʲɪ]

byte (m)	báitas (v)	['bʌɪtas]
megabyte (m)	megabáitas (v)	[mʲɛga'bʌɪtas]

dados (m pl)	dúomenys (v dgs)	['dʊɑmʲɛnʲiːs]
base (f) de dados	duomenų̃ bãzė (m)	[dʊɑme'nu: 'ba:zʲe:]

cabo (m)	laĩdas (v)	['lʲʌɪdas]
desconectar (vt)	prijùngti	[prʲɪ'jʊŋktʲɪ]
conectar (vt)	atjùngti	[a'tjʊŋktʲɪ]

166. Internet. E-mail

internet (f)	internètas (v)	[ɪntʲɛr'nʲɛtas]
browser (m)	naršýklė (m)	[nar'ʃiːklʲe:]
motor (m) de busca	paieškõs sistemà (m)	[paʲiɛʃ'ko:s sʲɪstʲɛ'ma]
provedor (m)	tiekéjas (v)	[tʲiɛ'kʲe:jas]

webmaster (m)	svetaĩnių kūréjas (v)	[sve'tʌɪnʲu: ku:'rʲe:jas]
website (m)	svetaĩnė (m)	[sve'tʌɪnʲe:]
web page (f)	tinklãlapis (v)	[tʲɪŋk'lʲa:lʲapʲɪs]

endereço (m)	ãdresas (v)	['a:drʲɛsas]
livro (m) de endereços	adresų̃ knygà (m)	[adrʲɛ'su: knʲi:'ga]

caixa (f) de correio	pãšto dėžùtė (m)	['pa:ʃtɔ dʲe:'ʒʊtʲe:]
correio (m)	korespondeñcija (m)	[kɔrʲɛspon'dʲɛntsʲɪjɛ]
cheia (caixa de correio)	pérpildytas	['pʲɛrpʲɪlʲdʲi:tas]

mensagem (f)	pranešĩmas (v)	[pranʲɛ'ʃɪmas]
mensagens (f pl) recebidas	įeĩnantys pranešìmai (v dgs)	[i:'ɛɪnantʲɪ:s pranʲɛ'ʃɪːmʌɪ]
mensagens (f pl) enviadas	išeĩnantys pranešìmai (v dgs)	[ɪ'ʃɛɪnantʲi:s pranʲɛ'ʃɪmʌɪ]

remetente (m)	siuntéjas (v)	[sʲʊn'tʲe:jas]
enviar (vt)	išsiųsti	[ɪʃ'sʲu:stʲɪ]
envio (m)	išsiuntìmas (v)	[ɪʃsʲʊn'tʲɪmas]

destinatário (m)	gavéjas (v)	[ga'vʲe:jas]
receber (vt)	gáuti	['gɑʊtʲɪ]

correspondência (f)	susirašinéjimas (v)	[sʊsʲɪraʃʲɪ'nʲɛjɪmas]
corresponder-se (vr)	susirašinéti	[sʊsʲɪraʃʲɪ'nʲe:tʲɪ]

arquivo (m)	faĩlas (v)	['fʌɪlʲas]
fazer download, baixar (vt)	parsisiųsti	[parsʲɪ'sʲu:stʲɪ]
criar (vt)	sukùrti	[sʊ'kʊrtʲɪ]
deletar (vt)	ištrìnti	[ɪʃ'trʲɪntʲɪ]
deletado (adj)	ištrìntas	[ɪʃ'trʲɪntas]

conexão (f)	ryšỹs (v)	[rʲi:'ʃɪːs]
velocidade (f)	greĩtis (v)	['grʲɛɪtʲɪs]
modem (m)	modèmas (v)	[mo'dʲɛmas]
acesso (m)	prìeiga (m)	['prʲɪɛɪga]
porta (f)	príevadas (v)	['prʲɪɛvadas]
conexão (f)	pajungìmas (v)	[pajʊn'gʲɪmas]

conectar (vi)	prisijùngti	[prˡɪsʲɪ'junktʲɪ]
escolher (vt)	pasiriñkti	[pasʲɪ'rʲɪŋktʲɪ]
buscar (vt)	ieškóti	[ɪɛʃ'kotʲɪ]

167. Eletricidade

eletricidade (f)	elektrà (m)	[ɛlʲɛkt'ra]
elétrico (adj)	elektrìnis	[ɛlʲɛk'trʲɪnʲɪs]
planta (f) elétrica	elèktros stotìs (m)	[ɛ'lʲɛktros sto'tʲɪs]
energia (f)	enèrgija (m)	[ɛ'nʲɛrgʲɪjɛ]
energia (f) elétrica	elèktros enèrgija (m)	[ɛ'lʲɛktros ɛ'nʲɛrgʲɪjɛ]

lâmpada (f)	lempùtė (m)	[lʲɛm'putʲeː]
lanterna (f)	žibintùvas (v)	[ʒʲɪbʲɪn'tuvas]
poste (m) de iluminação	žibiñtas (v)	[ʒʲɪ'bʲɪntas]

luz (f)	šviesà (m)	[ʃvʲɪɛ'sa]
ligar (vt)	įjùngti	[iː'junktʲɪ]
desligar (vt)	išjùngti	[ɪʃ'junktʲɪ]
apagar a luz	užgesìnti šviẽsą	[uʒgʲɛ'sʲɪntʲɪ 'ʃvʲɛsaː]

queimar (vi)	pérdegti	['pʲɛrdʲɛktʲɪ]
curto-circuito (m)	trumpàsis jungìmas (v)	[trum'pasʲɪs jun'gʲɪmas]
ruptura (f)	trūkìmas (v)	[tru:'kʲɪmas]
contato (m)	kontàktas (v)	[kɔn'ta:ktas]

interruptor (m)	jungìklis (v)	[jun'gʲɪklʲɪs]
tomada (de parede)	šakùtės lìzdas (v)	[ʃa'kutʲeːs 'lʲɪzdas]
plugue (m)	šakùtė (m)	[ʃa'kutʲeː]
extensão (f)	ilgintùvas (v)	[ɪlʲgʲɪn'tuvas]

fusível (m)	saugìklis (v)	[sɑʊ'gʲɪklʲɪs]
fio, cabo (m)	laĩdas (v)	['lʲʌɪdas]
instalação (f) elétrica	instaliãcija (m)	[ɪnsta'lʲætsʲɪjɛ]

ampère (m)	ampèras (v)	[am'pʲɛras]
amperagem (f)	srovės̃ stìpris (v)	[sro'vʲeːs 'stʲɪprʲɪs]
volt (m)	vòltas (v)	['voltas]
voltagem (f)	įtampa (m)	['i:tampa]

aparelho (m) elétrico	elèktros príetaisas (v)	[ɛ'lʲɛktros 'prʲɪɛtʌɪsas]
indicador (m)	indikãtorius (v)	[ɪndʲɪ'ka:torʲʊs]

eletricista (m)	elèktrikas (v)	[ɛ'lʲɛktrʲɪkas]
soldar (vt)	lituõti	[lʲɪ'tuatʲɪ]
soldador (m)	lituõklis (v)	[lʲɪ'tuaklʲɪs]
corrente (f) elétrica	srovė̃ (m)	[sro'vʲeː]

168. Ferramentas

ferramenta (f)	įrankis (v)	['i:raŋkʲɪs]
ferramentas (f pl)	įrankiai (v dgs)	['i:raŋkʲɛɪ]

equipamento (m)	íranga (m)	['i:ranga]
martelo (m)	plaktùkas (v)	[plʲak'tʊkas]
chave (f) de fenda	atsuktùvas (v)	[atsʊk'tʊvas]
machado (m)	kírvis (v)	['kʲɪrvʲɪs]

serra (f)	pjűklas (v)	['pju:klʲas]
serrar (vt)	pjáuti	['pjɑʊtʲɪ]
plaina (f)	õblius (v)	['o:blʲʊs]
aplainar (vt)	obliúoti	[ob'lʲʊɑtʲɪ]
soldador (m)	lituõklis (v)	[lʲɪ'tʊɑklʲɪs]
soldar (vt)	lituõti	[lʲɪ'tʊɑtʲɪ]

lima (f)	dìldė (m)	['dʲɪlʲdʲe:]
tenaz (f)	rẽplės (m dgs)	['rʲæplʲe:s]
alicate (m)	plókščiosios rẽplės (m dgs)	['plokʃtʂʲosʲos 'rʲæplʲe:s]
formão (m)	káltas (v)	['kalʲtas]

broca (f)	grą̃žtas (v)	['gra:ʒtas]
furadeira (f) elétrica	grężtùvas (v)	[grʲɛ:ʒ'tʊvas]
furar (vt)	grężti	['grʲɛ:ʒtʲɪ]

faca (f)	peĩlis (v)	['pʲɛɪlʲɪs]
lâmina (f)	ãšmenys (v dgs)	['a:ʃmʲɛnʲi:s]

afiado (adj)	aštrùs	[aʃt'rʊs]
cego (adj)	bùkas	['bʊkas]
embotar-se (vr)	atbùkti	[at'bʊktʲɪ]
afiar, amolar (vt)	galą́sti	[ga'lʲa:stʲɪ]

parafuso (m)	varžtas (v)	['varʒtas]
porca (f)	veržlẽ (m)	[vʲɛrʒ'lʲe:]
rosca (f)	sriẽgis (v)	['srʲɛgʲɪs]
parafuso (para madeira)	sráigtas (v)	['srʌɪktas]

prego (m)	vinìs (m)	[vʲɪ'nʲɪs]
cabeça (f) do prego	galvùtė (m)	[galʲ'vʊtʲe:]

régua (f)	liniuõtė (m)	[lʲɪ'nʲʊo:tʲe:]
fita (f) métrica	rulẽtė (m)	[rʊ'lʲɛtʲe:]
nível (m)	gulsčiùkas (v)	[gʊlʲs'tʂʲʊkas]
lupa (f)	lùpa (m)	['lʲʊpa]

medidor (m)	matãvimo príetaisas (v)	[ma'ta:vʲɪmɔ 'prʲiɛtʌɪsas]
medir (vt)	matúoti	[ma'tʊɑtʲɪ]
escala (f)	skãlė (m)	['ska:lʲe:]
indicação (f), registro (m)	rodmuõ (v)	[rod'mʊɑ]

compressor (m)	komprèsorius (v)	[kɔm'prʲɛsorʲʊs]
microscópio (m)	mikroskòpas (v)	[mʲɪkro'skopas]

bomba (f)	siurblỹs (v)	[sʲʊr'blʲi:s]
robô (m)	ròbotas (v)	['robotas]
laser (m)	lãzeris (v)	['lʲa:zʲɛrʲɪs]

chave (f) de boca	veržlių̃ rãktas (v)	[vʲɛrʒ'lʲu: 'ra:ktas]
fita (f) adesiva	lipnì júosta (m)	[lʲɪp'nʲɪ 'jʊɑsta]

cola (f)	klijaì (v dgs)	[klʲɪˈjʌɪ]
lixa (f)	švìtrinis põpierius (v)	[ˈʃvʲɪtrʲɪnʲɪs ˈpoːpʲiɛrʲʊs]
mola (f)	spyruõklė (m)	[spʲiːˈrʊaklʲe:]
ímã (m)	magnètas (v)	[magˈnʲɛtas]
luva (f)	pìřštinės (m dgs)	[ˈpʲɪrʃtʲɪnʲe:s]

corda (f)	vìřvė (m)	[ˈvʲɪrvʲe:]
cabo (~ de nylon, etc.)	virvẽlė (m)	[vʲɪrˈvʲælʲe:]
fio (m)	laìdas (v)	[ˈlʲʌɪdas]
cabo (~ elétrico)	kâbelis (v)	[ˈkabʲɛlʲɪs]

marreta (f)	kũjis (v)	[ˈkuːjis]
pé de cabra (m)	laužtùvas (v)	[lʲɑʊʒˈtʊvas]
escada (f) de mão	kópėčios (m dgs)	[ˈkopʲe:tʂʲos]
escada (m)	kiḷnójamosios kópėčios (m dgs)	[kʲɪlʲˈnojamosʲos ˈkopʲe:tʂʲos]

enroscar (vt)	užsùkti	[ʊʒˈsʊktʲɪ]
desenroscar (vt)	atsùkti	[atˈsʊktʲɪ]
apertar (vt)	užspáusti	[ʊʒsˈpaʊstʲɪ]
colar (vt)	priklijúoti	[prʲɪklʲɪˈjʊatʲɪ]
cortar (vt)	pjáuti	[ˈpjaʊtʲɪ]

falha (f)	gedìmas (v)	[gʲɛˈdʲɪmas]
conserto (m)	taìsymas (v)	[ˈtʌɪsʲiːmas]
consertar, reparar (vt)	taisýti	[tʌɪˈsʲiːtʲɪ]
regular, ajustar (vt)	reguliúoti	[rʲɛgʊˈlʲʊatʲɪ]

verificar (vt)	tìkrinti	[ˈtʲɪkrʲɪntʲɪ]
verificação (f)	patìkrinimas (v)	[paˈtʲɪkrʲɪnʲɪmas]
indicação (f), registro (m)	rodmuõ (v)	[rodˈmʊɑ]

| seguro (adj) | pàtikimas | [ˈpatʲɪkʲɪmas] |
| complicado (adj) | sudėtìngas | [sʊdʲeːˈtʲɪngas] |

enferrujar (vi)	rūdýti	[ruːˈdʲiːtʲɪ]
enferrujado (adj)	surūdìjęs	[sʊruːˈdʲɪɛːs]
ferrugem (f)	rũdys (m dgs)	[ˈruːdʲiːs]

Transportes

169. Avião

avião (m)	lėktùvas (v)	[ˡʲe:k'tʊvas]
passagem (f) aérea	lėktùvo bìlietas (v)	[ˡʲe:k'tʊvɔ 'bʲɪlʲiɛtas]
companhia (f) aérea	aviakompānija (m)	[avʲækom'pa:nʲɪjɛ]
aeroporto (m)	óro ùostas (v)	['orɔ 'ʊɑstas]
supersônico (adj)	viršgarsìnis	[vʲɪrʃgar'sʲɪnʲɪs]

comandante (m) do avião	órlaivio kapitõnas (v)	['orlʲʌɪvʲɔ kapʲɪ'to:nas]
tripulação (f)	ekipāžas (v)	[ɛkʲɪ'pa:ʒas]
piloto (m)	pilòtas (v)	[pʲɪ'lʲotas]
aeromoça (f)	stiuardėsė (m)	[stʲuar'dʲɛsʲe:]
copiloto (m)	štùrmanas (v)	['ʃtʊrmanas]

asas (f pl)	sparnaĩ (v dgs)	[spar'nʌɪ]
cauda (f)	gālas (v)	['ga:lʲas]
cabine (f)	kabinà (m)	[kabʲɪ'na]
motor (m)	varìklis (v)	[va'rʲɪklʲɪs]
trem (m) de pouso	važiuõklė (m)	[vaʒʲʊ'o:klʲe:]
turbina (f)	turbinà (m)	[tʊrbʲɪ'na]

hélice (f)	propèleris (v)	[pro'pʲɛlʲɛrʲɪs]
caixa-preta (f)	juodà dėžė̃ (m)	[jʊɑ'da dʲe:'ʒʲe:]
coluna (f) de controle	vairāratis (v)	[vʌɪ'ra:ratʲɪs]
combustível (m)	degalaĩ (v dgs)	[dʲɛga'lʲʌɪ]

instruções (f pl) de segurança	instrùkcija (m)	[ɪns'trʊktsʲɪjɛ]
máscara (f) de oxigênio	deguõnies káukė (m)	[dʲɛgʊɑ'nʲiɛs 'kaʊkʲe:]
uniforme (m)	unifòrma (m)	[ʊnʲɪ'forma]

colete (m) salva-vidas	gélbėjimosi liemẽnė (m)	['gʲælʲbʲe:jimosʲɪ lʲiɛ'mʲænʲe:]
paraquedas (m)	parašiùtas (v)	[para'ʃʊtas]

decolagem (f)	kilìmas (v)	[kʲɪ'lʲɪmas]
descolar (vi)	kìlti	['kʲɪlʲtʲɪ]
pista (f) de decolagem	kilìmo tãkas (v)	[kʲɪ'lʲɪmɔ 'ta:kas]

visibilidade (f)	matomùmas (v)	[mato'mʊmas]
voo (m)	skrỹdis (v)	['skrʲi:dʲɪs]

altura (f)	aũkštis (v)	['aʊkʃtʲɪs]
poço (m) de ar	óro duobė̃ (m)	['orɔ dʊɑ'bʲe:]

assento (m)	vietà (m)	[vʲiɛ'ta]
fone (m) de ouvido	ausìnės (m dgs)	[aʊ'sʲɪnʲe:s]
mesa (f) retrátil	atverčiamàsis staliùkas (v)	[atvʲɛrtʂʲæ'masʲɪs sta'lʲʊkas]
janela (f)	iliuminātorius (v)	[ɪlʲʊmʲɪ'na:torʲʊs]
corredor (m)	praėjìmas (v)	[prae:'jɪmas]

170. Comboio

Português	Lituano	Fonética
trem (m)	traukinỹs (v)	[trɑʊkʲr'nʲiːs]
trem (m) elétrico	elektrìnis traukinỹs (v)	[ɛlʲɛk'trʲɪnʲɪs trɑʊkʲr'nʲiːs]
trem (m)	greitàsis traukinỹs (v)	[grʲɛɪ'tasʲɪs trɑʊkʲr'nʲiːs]
locomotiva (f) diesel	motòrvežis (v)	[mo'torvʲɛʒʲɪs]
locomotiva (f) a vapor	garvežỹs (v)	[garvʲɛ'ʒʲiːs]
vagão (f) de passageiros	vagònas (v)	[va'gonas]
vagão-restaurante (m)	vagònas restorãnas (v)	[va'gonas rʲɛsto'raːnas]
carris (m pl)	bėgiai (v dgs)	['bʲeːgʲɛɪ]
estrada (f) de ferro	geležìnkelis (v)	[gʲɛlʲɛ'ʒʲɪŋkʲɛlʲɪs]
travessa (f)	pãbėgis (v)	['paːbʲeːgʲɪs]
plataforma (f)	platfòrma (m)	[plʲat'forma]
linha (f)	kėlias (v)	['kʲælʲæs]
semáforo (m)	semafòras (v)	[sʲɛma'foras]
estação (f)	stotìs (m)	[sto'tʲɪs]
maquinista (m)	mašinìstas (v)	[maʃr'nʲɪstas]
bagageiro (m)	nešìkas (v)	[nʲɛ'ʃɪkas]
hospedeiro, -a (m, f)	kondùktorius (v)	[kɔn'dʊktorʲʊs]
passageiro (m)	keleĩvis (v)	[kʲɛ'lʲɛɪvʲɪs]
revisor (m)	kontroliẽrius (v)	[kɔntro'lʲɛrʲʊs]
corredor (m)	korìdorius (v)	[kɔ'rʲɪdorʲʊs]
freio (m) de emergência	stãbdymo krãnas (v)	['staːbdʲiːmɔ 'kraːnas]
compartimento (m)	kupė̃ (m)	[kʊ'pʲeː]
cama (f)	lentýna (m)	[lʲɛn'tʲiːna]
cama (f) de cima	viršutìnė lentýna (m)	[vʲɪrʃʊ'tʲɪnʲe: lʲɛn'tʲiːna]
cama (f) de baixo	apatìnė lentýna (m)	[apa'tʲɪnʲe: lʲɛn'tʲiːna]
roupa (f) de cama	pãtalynė (m)	['pa:talʲiːnʲe:]
passagem (f)	bìlietas (v)	['bʲɪlʲiɛtas]
horário (m)	tvarkãraštis (v)	[tvar'ka:raʃtʲɪs]
painel (m) de informação	šviẽslentė (m)	['ʃvʲɛslʲɛntʲe:]
partir (vt)	išvỹkti	[ɪʃ'vʲiːktʲɪ]
partida (f)	išvykìmas (v)	[ɪʃvʲi:'kʲɪmas]
chegar (vi)	atvỹkti	[at'vʲiːktʲɪ]
chegada (f)	atvykìmas (v)	[atvʲi:'kʲɪmas]
chegar de trem	atvažiúoti tráukiniu	[atva'ʒʲʊatʲɪ 'trɑʊkʲɪnʲʊ]
pegar o trem	įlìpti į́ tráukinį	[iːlʲɪptʲɪ iː 'trɑʊkʲɪnʲɪː]
descer de trem	išlìpti ìš tráukinio	[ɪʃlʲɪptʲɪ ɪʃ 'trɑʊkʲɪnʲɔ]
acidente (m) ferroviário	katastrofà (m)	[katastro'fa]
descarrilar (vi)	nulė̃kti nuõ bė́gių	[nʊ'lʲeːktʲɪ 'nʊɑ 'bʲeːgʲuː]
locomotiva (f) a vapor	garvežỹs (v)	[garvʲɛ'ʒʲiːs]
foguista (m)	kūrìkas (v)	[kuː'rʲɪkas]
fornalha (f)	kūryklà (m)	[kuːrʲiːk'lʲa]
carvão (m)	anglìs (m)	[ang'lʲɪs]

171. Barco

navio (m)	laĩvas (v)	['lʲʌɪvas]
embarcação (f)	laĩvas (v)	['lʲʌɪvas]
barco (m) a vapor	gárlaivis (v)	['garlʲʌɪvʲɪs]
barco (m) fluvial	motòrlaivis (v)	[mo'torlʲʌɪvʲɪs]
transatlântico (m)	láineris (v)	['lʲʌɪnʲɛrʲɪs]
cruzeiro (m)	kreĩseris (v)	['krʲɛɪsʲɛrʲɪs]
iate (m)	jachtà (m)	[jax'ta]
rebocador (m)	vilkìkas (v)	[vʲɪlʲˈkʲɪkas]
barcaça (f)	bárža (m)	['barʒa]
ferry (m)	kéltas (v)	['kʲɛlʲtas]
veleiro (m)	burinis laĩvas (v)	['burʲɪnʲɪs 'lʲʌɪvas]
bergantim (m)	brigantinà (m)	[brʲɪgantʲɪ'na]
quebra-gelo (m)	lẽdlaužis (v)	['lʲædlɑʊʒʲɪs]
submarino (m)	povandenìnis laĩvas (v)	[povandʲɛ'nʲɪnʲɪs 'lʲʌɪvas]
bote, barco (m)	váltis (m)	['valʲtʲɪs]
baleeira (bote salva-vidas)	váltis (m)	['valʲtʲɪs]
bote (m) salva-vidas	gélbėjimo váltis (m)	['gʲælʲbʲe:jɪmɔ 'valʲtʲɪs]
lancha (f)	kãteris (v)	['ka:tʲɛrʲɪs]
capitão (m)	kapitõnas (v)	[kapʲɪ'to:nas]
marinheiro (m)	jūreĩvis (v)	[ju:'rʲɛɪvʲɪs]
marujo (m)	jũrininkas (v)	['ju:rʲɪnʲɪŋkas]
tripulação (f)	ekipãžas (v)	[ɛkʲɪ'pa:ʒas]
contramestre (m)	bòcmanas (v)	['botsmanas]
grumete (m)	jùnga (m)	['jʊnga]
cozinheiro (m) de bordo	viréjas (v)	[vʲɪ'rʲe:jas]
médico (m) de bordo	laĩvo gýdytojas (v)	['lʲʌɪvɔ 'gʲi:dʲi:to:jɛs]
convés (m)	dẽnis (v)	['dʲænʲɪs]
mastro (m)	stíebas (v)	['stʲiɛbas]
vela (f)	burè (m)	['burʲe:]
porão (m)	triùmas (v)	['trʲʊmas]
proa (f)	laĩvo príekis (v)	['lʲʌɪvɔ 'prʲiɛkʲɪs]
popa (f)	laivãgalis (v)	[lʌɪ'va:galʲɪs]
remo (m)	ìrklas (v)	['ɪrklʲas]
hélice (f)	sráigtas (v)	['srʌɪktas]
cabine (m)	kajùtė (m)	[ka'jʊtʲe:]
sala (f) dos oficiais	kajutkompãnija (m)	[kajʊtkom'pa:nʲɪjɛ]
sala (f) das máquinas	mašìnų skỹrius (v)	[ma'ʃɪnu 'skʲi:rʲʊs]
ponte (m) de comando	kapitõno tiltẽlis (v)	[kapʲɪ'to:nɔ tʲɪlʲ'tʲælʲɪs]
sala (f) de comunicações	rãdijo kabinà (m)	['ra:dʲɪjɔ kabʲɪ'na]
onda (f)	bangà (m)	[ban'ga]
diário (m) de bordo	laĩvo žurnãlas (v)	['lʲʌɪvɔ ʒʊr'na:lʲas]
luneta (f)	žiūrõnas (v)	[ʒʲu:'ro:nas]
sino (m)	laĩvo skam̃balas (v)	['lʲʌɪvɔ 'skambalʲas]

bandeira (f)	vėliava (m)	['vʲe:lʲæva]
cabo (m)	lýnas (v)	['lʲi:nas]
nó (m)	mãzgas (v)	['ma:zgas]

| corrimão (m) | turėklai (v dgs) | [tʊ'rʲe:klʲʌɪ] |
| prancha (f) de embarque | trãpas (v) | ['tra:pas] |

âncora (f)	iñkaras (v)	['ɪŋkaras]
recolher a âncora	pakélti iñkarą	[pa'kʲɛlʲtʲɪ 'ɪŋkara:]
jogar a âncora	nulėisti iñkarą	[nʊ'lʲɛɪstʲɪ 'ɪŋkara:]
amarra (corrente de âncora)	iñkaro grandìnė (m)	['ɪŋkarɔ gran'dʲɪnʲe:]

porto (m)	úostas (v)	['ʊastas]
cais, amarradouro (m)	prìeplauka (m)	['prʲɛplʲaʊka]
atracar (vi)	prisišvartúoti	[prʲɪsʲɪʃvar'tʊatʲɪ]
desatracar (vi)	išplaũkti	[ɪʃplʲaʊktʲɪ]

viagem (f)	keliõnė (m)	[kʲɛ'lʲo:nʲe:]
cruzeiro (m)	kruìzas (v)	[krʊ'ɪzas]
rumo (m)	kùrsas (v)	['kʊrsas]
itinerário (m)	maršrùtas (v)	[marʃrʊtas]

canal (m) de navegação	farvãteris (v)	[far'va:tʲɛrʲɪs]
banco (m) de areia	sekluma (m)	[sʲɛklʲʊ'ma]
encalhar (vt)	užplaũkti ant seklumõs	[ʊʒ'plʲaʊktʲɪ ant sʲɛklʲʊ'mo:s]

tempestade (f)	audrà (m)	[aʊd'ra]
sinal (m)	signãlas (v)	[sʲɪg'na:lʲas]
afundar-se (vr)	skę̃sti	['skʲɛ:stʲɪ]
Homem ao mar!	Žmogùs vandenyjė!	[ʒmo'gʊs vandʲɛnʲi:'jæ!]
SOS	SOS	[ɛs ɔ ɛs]
boia (f) salva-vidas	gélbėjimosi rãtas (v)	[gʲɛlʲbʲe:jimosʲɪ 'ra:tas]

172. Aeroporto

aeroporto (m)	óro úostas (v)	['orɔ 'ʊastas]
avião (m)	lėktùvas (v)	[lʲe:k'tʊvas]
companhia (f) aérea	aviakompãnija (m)	[avʲæekom'pa:nʲɪjɛ]
controlador (m) de tráfego aéreo	dispėčeris (v)	[dʲɪs'pʲɛtʃʲɛrʲɪs]

partida (f)	išskridìmas (v)	[ɪʃskrʲɪ'dʲɪmas]
chegada (f)	atskridìmas (v)	[atskrʲɪ'dʲɪmas]
chegar (vi)	atskrìsti	[ats'krʲɪstʲɪ]

| hora (f) de partida | išvykìmo laĩkas (v) | [ɪʃvʲi:'kʲɪmɔ 'lʲʌɪkas] |
| hora (f) de chegada | atvykìmo laĩkas (v) | [atvʲi:'kʲɪmɔ 'lʲʌɪkas] |

| estar atrasado | vėlúoti | [vʲe:'lʲʊatʲɪ] |
| atraso (m) de voo | skrỹdžio atidėjìmas (v) | ['skrʲi:dʒʲɔ atʲɪdʲe:'jɪmas] |

painel (m) de informação	informãcinė šviēslentė (m)	[ɪnfor'ma:tsʲɪnʲe: 'ʃvʲɛslʲɛntʲe:]
informação (f)	informãcija (m)	[ɪnfor'ma:tsʲɪjɛ]
anunciar (vt)	paskélbti	[pas'kʲɛlʲptʲɪ]

voo (m)	reĩsas (v)	['rᴉɛɪsas]
alfândega (f)	muĩtinė (m)	['muɪtᴉɪnᴉe:]
funcionário (m) da alfândega	muĩtininkas (v)	['muɪtᴉɪnᴉɪŋkas]

declaração (f) alfandegária	deklarãcija (m)	[dᴉɛklᴉa'ra:tsᴉɪjɛ]
preencher (vt)	užpĩldyti	[ʊʒ'pᴉɪlᴉdᴉi:tᴉɪ]
preencher a declaração	užpĩldyti deklarãciją	[ʊʒ'pᴉɪlᴉdᴉi:tᴉɪ dᴉɛkla'ra:tsɪja:]
controle (m) de passaporte	pasų̃ kontrolė (m)	[pa'su: kon'trolᴉe:]

bagagem (f)	bagãžas (v)	[ba'ga:ʒas]
bagagem (f) de mão	raňkinis bagãžas (v)	['raŋkᴉɪnᴉɪs ba'ga:ʒas]
carrinho (m)	vežimĕlis (v)	[vᴉɛʒᴉɪ'mᴉe:lᴉɪs]

pouso (m)	įlaipìnimas (v)	[i:lᴉʌɪ'pᴉɪ:nᴉɪmas]
pista (f) de pouso	nusileidìmo tãkas (v)	[nʊsᴉɪlᴉɛɪ'dᴉɪmɔ ta:kas]
aterrissar (vi)	leĩstis	['lᴉɛɪstᴉɪs]
escada (f) de avião	laiptĕliai (v dgs)	[lʌɪp'tᴉælᴉɛɪ]

check-in (m)	registrãcija (m)	[rᴉɛgᴉɪs'tra:tsᴉɪjɛ]
balcão (m) do check-in	registrãcijos stãlas (v)	[rᴉɛgᴉɪs'tra:tsᴉɪjɔs 'sta:lᴉas]
fazer o check-in	užsiregistrúoti	[ʊʒsᴉɪrᴉɛgᴉɪs'truɑtᴉɪ]
cartão (m) de embarque	įlipìmo talònas (v)	[i:lᴉɪ'pᴉɪ:mɔ ta'lonas]
portão (m) de embarque	išėjìmas (v)	[ɪʃe:'jɪmas]

trânsito (m)	tranzìtas (v)	[tran'zᴉɪtas]
esperar (vi, vt)	laúkti	['lᴉɑʊktᴉɪ]
sala (f) de espera	laukiamàsis (v)	[lᴉɑʊkᴉæ'masᴉɪs]
despedir-se (acompanhar)	lydéti	[lᴉi:'dᴉe:tᴉɪ]
despedir-se (dizer adeus)	atsisveíkinti	[atsᴉɪ'svᴉɛɪkᴉɪntᴉɪ]

173. Bicicleta. Motocicleta

bicicleta (f)	dvìratis (v)	['dvᴉɪratᴉɪs]
lambreta (f)	motoròleris (v)	[moto'rolᴉɛrᴉɪs]
moto (f)	motocìklas (v)	[moto'tsᴉɪklᴉas]

ir de bicicleta	važiúoti dvìračiu	[va'ʒᴉʊɑtᴉɪ 'dvᴉɪratʂᴉʊ]
guidão (m)	vaĩras (v)	['vʌɪras]
pedal (m)	pedãlas (v)	[pᴉɛ'da:lᴉas]
freios (m pl)	stãbdžiai (v dgs)	[sta:b'dʒᴉɛɪ]
banco, selim (m)	sėdýnė (m)	[sᴉe:'dᴉi:nᴉe:]

bomba (f)	siurblỹs (v)	[sᴉʊr'blᴉi:s]
bagageiro (m) de teto	bagažìnė (m)	[baga'ʒᴉɪnᴉe:]
lanterna (f)	žibiňtas (v)	[ʒᴉɪ'bᴉɪntas]
capacete (m)	šãlmas (v)	['ʃalᴉmas]

roda (f)	rãtas (v)	['ra:tas]
para-choque (m)	sparñas (v)	['sparnas]
aro (m)	rãtlankis (v)	['ra:tlᴉaŋkᴉɪs]
raio (m)	stìpinas (v)	['stᴉɪpᴉɪnas]

Carros

174. Tipos de carros

carro, automóvel (m)	automobìlis (v)	[ɑutomo'bʲɪlʲɪs]
carro (m) esportivo	spòrtinis automobìlis (v)	['sportʲɪnʲɪs ɑutomo'bʲɪlʲɪs]
limusine (f)	limuzìnas (v)	[lʲɪmʊ'zʲɪnas]
todo o terreno (m)	visureìgis (v)	[vʲɪsʊ'rʲɛɪgʲɪs]
conversível (m)	kabrioletas (v)	[kabrʲɪjɔ'lʲɛtas]
minibus (m)	mikroautobùsas (v)	[mʲɪkroɑuto'busas]
ambulância (f)	greitòji pagálba (m)	[grʲɛɪ'to:jɪ pa'galʲba]
limpa-neve (m)	sniègo válymo mašiná (m)	['snʲɛgɔ 'va:lʲi:mɔ maʃɪ'na]
caminhão (m)	suñkvežimis (v)	['suŋkvʲɛʒʲɪmʲɪs]
caminhão-tanque (m)	benzìnvežis (v)	[bʲɛn'zʲɪnvʲɛʒʲɪs]
perua, van (f)	furgònas (v)	[fʊr'gonas]
caminhão-trator (m)	vilkìkas (v)	[vʲɪlʲ'kʲɪkas]
reboque (m)	príekaba (m)	['prʲɪɛkaba]
confortável (adj)	komfortabilùs	[kɔmfortabʲɪ'lʲus]
usado (adj)	dėvėtas	[dʲe:'vʲe:tas]

175. Carros. Carroçaria

capô (m)	kapòtas (v)	[ka'potas]
para-choque (m)	sparnas (v)	['sparnas]
teto (m)	stògas (v)	['stogas]
para-brisa (m)	príekinis stìklas (v)	['prʲɪɛkʲɪnʲɪs 'stʲɪklʲas]
retrovisor (m)	galìnio vaìzdo véidrodis (v)	[ga'lʲɪnʲɔ 'vʌɪzdɔ 'vʲɛɪdrodʲɪs]
esguicho (m)	plautùvas (v)	[plʲɑu'tuvas]
limpadores (m) de para-brisas	stìklo valytùvai (v dgs)	['stʲɪklɔ valʲi:'tuvʌɪ]
vidro (m) lateral	šóninis stìklas (v)	['ʃonʲɪnʲɪs 'stʲɪklʲas]
elevador (m) do vidro	stìklo kéltuvas (v)	['stʲɪklɔ 'kʲɛlʲtuvas]
antena (f)	antená (m)	[antʲɛ'na]
teto (m) solar	liùkas (v)	['lʲukas]
para-choque (m)	bámperis (v)	['bampʲɛrʲɪs]
porta-malas (f)	bagažìnė (m)	[baga'ʒʲɪnʲe:]
bagageira (f)	stògo bagažìnė (m)	['stogɔ baga'ʒʲɪnʲe:]
porta (f)	durėlės (m dgs)	[dʊ'rʲælʲe:s]
maçaneta (f)	rañkena (m)	['raŋkʲɛna]
fechadura (f)	ùžraktas (v)	['uʒraktas]
placa (f)	nùmeris (v)	['numʲɛrʲɪs]
silenciador (m)	duslintùvas (v)	[dʊslʲɪn'tuvas]

tanque (m) de gasolina	benzìno bãkas (v)	[bʲɛn'zʲɪnɔ 'ba:kas]
tubo (m) de exaustão	išmetìmo vamzdis (v)	[ɪʃmʲɛ'tʲɪmɔ 'vamzdʲɪs]
acelerador (m)	greĩtis (v)	['grʲɛɪtʲɪs]
pedal (m)	pedãlas (v)	[pʲɛ'da:lʲas]
pedal (m) do acelerador	greĩčio pedãlas (v)	['grʲɛɪtʂʲɔ pʲɛ'da:lʲas]
freio (m)	stabdỹs (v)	[stab'dʲi:s]
pedal (m) do freio	stãbdžio pedãlas (v)	[sta:b'dʒʲɔ pʲɛ'da:lʲas]
frear (vt)	stabdýti	[stab'dʲi:tʲɪ]
freio (m) de mão	stovéjimo stabdỹs (v)	[sto'vʲɛjɪmɔ stab'dʲi:s]
embreagem (f)	sánkaba (m)	['saŋkaba]
pedal (m) da embreagem	sánkabos pedãlas (v)	['saŋkabos pʲɛ'da:lʲas]
disco (m) de embreagem	sánkabos dìskas (v)	['saŋkabos 'dʲɪskas]
amortecedor (m)	amortizãtorius (v)	[amortʲɪ'za:torʲʊs]
roda (f)	rãtas (v)	['ra:tas]
pneu (m) estepe	atsargìnis rãtas (v)	[atsar'gʲɪnʲɪs 'ra:tas]
pneu (m)	padangà (m)	[padan'ga]
calota (f)	rãto gaũbtas (v)	['ra:tɔ 'gɑʊptas]
rodas (f pl) motrizes	vãrantieji rãtai (v dgs)	['va:rantʲiɛjɪ 'ra:tʌɪ]
de tração dianteira	príekiniai vãromieji rãtai	['prʲiɛkʲɪnʲɛɪ 'va:romʲiɛjɪ 'ra:tʌɪ]
de tração traseira	galìniai vãromieji rãtai	[ga'lʲɪnʲɛɪ 'va:romʲiɛjɪ 'ra:tʌɪ]
de tração às 4 rodas	visì vãromieji rãtai	[vʲɪ'sʲɪ 'va:romʲiɛjɪ 'ra:tʌɪ]
caixa (f) de mudanças	pavarų̃ dėžė̃ (m)	[pava'ru: dʲe:'ʒʲe:]
automático (adj)	automãtinis	[ɑʊto'ma:tʲɪnʲɪs]
mecânico (adj)	mechãninis	[mʲɛ'xa:nʲɪnʲɪs]
alavanca (f) de câmbio	pavarų̃ dėžė̃s svìrtis (m)	[pava'ru: dʲe:'ʒʲe:s 'svʲɪrtʲɪs]
farol (m)	žibiñtas (v)	[ʒʲɪ'bʲɪntas]
faróis (m pl)	žibiñtai (v dgs)	[ʒʲɪ'bʲɪntʌɪ]
farol (m) baixo	ãrtimos žibiñtų šviẽsos (m dgs)	['artʲɪmos ʒʲɪ'bʲɪntu: 'ʃvʲɛsos]
farol (m) alto	tólimos žibiñtų šviẽsos (m dgs)	['tolʲɪmos ʒʲɪ'bʲɪntu: 'ʃvʲɛsos]
luzes (f pl) de parada	stòp signãlas (v)	['stop sʲɪg'na:lʲas]
luzes (f pl) de posição	gabarìtinės šviẽsos (m dgs)	[gaba'rʲɪtʲɪnʲe:s 'ʃvʲɛsos]
luzes (f pl) de emergência	avãrinės šviẽsos (m dgs)	[a'va:rʲɪnʲe:s 'ʃvʲɛsos]
faróis (m pl) de neblina	priešrūkiniai žibiñtai (v dgs)	[prʲiɛʃ'ru:kʲɪnʲɛɪ ʒʲɪ'bʲɪntʌɪ]
pisca-pisca (m)	«pósūkis» (v)	['posu:kʲɪs]
luz (f) de marcha ré	«atbulìnės eigõs» lemputė̃ (m)	[atbʊ'lʲɪnʲe:s ɛɪ'go:s lʲɛm'pʊtʲe:]

interior (do carro)	salònas (v)	[sa'lʲonas]
de couro	odìnis	[o'dʲɪnʲɪs]
de veludo	veliùrinis	[vʲɛ'lʲu:rʲɪnʲɪs]
estofamento (m)	ãpmušalas (v)	['a:pmʊʃalʲas]

indicador (m)	príetaisas (v)	['prʲiɛtʌɪsas]
painel (m)	príetaisų skydẽlis (v)	['prʲiɛtʌɪsu: skʲiː'dʲælʲɪs]
velocímetro (m)	spidomẽtras (v)	[spʲɪdo'mʲɛtras]
ponteiro (m)	rodỹklė (m)	[ro'dʲiːklʲeː]

hodômetro, odômetro (m)	ridõs skaitìklis (v)	[rʲɪ'doːs skʌɪ'tʲɪklʲɪs]
indicador (m)	davìklis (v)	[da'vʲɪklʲɪs]
nível (m)	lỹgis (v)	['lʲiːgʲɪs]
luz (f) de aviso	lempùtė (m)	[lʲɛm'pʊtʲeː]

volante (m)	vaĩras (v)	['vʌɪras]
buzina (f)	signãlas (v)	[sʲɪg'na:lʲas]
botão (m)	mygtùkas (v)	[mʲɪ:k'tʊkas]
interruptor (m)	jungìklis (v)	[jʊn'gʲɪklʲɪs]

assento (m)	sẽdýnė (m)	[sʲeː'dʲiːnʲeː]
costas (f pl) do assento	ãtlošas (v)	['a:tlʲoʃas]
cabeceira (f)	ãtlošas gálvai (v)	['a:tloʃas 'galʲvʌɪ]
cinto (m) de segurança	saugõs díržas (v)	[sɑʊ'go:s 'dʲɪrʒas]
apertar o cinto	prisisègti saugõs diržù	[prʲɪsʲɪ'sʲɛktʲɪ sɑʊ'go:s dʲɪr'ʒʊ]
ajuste (m)	reguliãvimas (v)	[rʲɛgʊ'lʲʲævʲɪmas]

airbag (m)	óro pagálvė (m)	['orɔ pa'galʲvʲeː]
ar (m) condicionado	kondicioniẽrius (v)	[kondʲɪtsʲɪjo'nʲɛrʲʊs]

rádio (m)	rãdijas (v)	['ra:dʲɪjas]
leitor (m) de CD	CD grotùvas (v)	[sʲɪdʲɪ gro'tʊvas]
ligar (vt)	įjùngti	[iː'jʊŋktʲɪ]
antena (f)	antenà (m)	[antʲɛ'na]
porta-luvas (m)	daiktãdėžė (m)	[dʌɪk'ta:dʲeː:ʒʲe:]
cinzeiro (m)	pelenìnė (m)	[pʲɛlʲɛ'nʲɪnʲeː]

177. Carros. Motor

motor (m)	motòras (v)	[mo'toras]
a diesel	dyzelìnis	[dʲiːzʲɛ'lʲɪnʲɪs]
a gasolina	benzìninis	[bʲɛn'zʲɪnʲɪnʲɪs]

cilindrada (f)	varìklio apimtìs (m)	[va'rʲɪklʲɔ apʲɪm'tʲɪs]
potência (f)	galingùmas (v)	[galʲɪn'gʊmas]
cavalo (m) de potência	árklio galià (m)	['arklʲɔ ga'lʲæ]
pistão (m)	stūmõklis (v)	[stu:'mo:klʲɪs]
cilindro (m)	cilìndras (v)	[tsʲɪ'lʲɪndras]
válvula (f)	vožtùvas (v)	[voʒ'tʊvas]

injetor (m)	inžèktorius (v)	[ɪn'ʒʲɛktorʲʊs]
gerador (m)	generãtorius (v)	[gʲɛnʲɛ'ra:torʲʊs]
carburador (m)	karbiurãtorius (v)	[karbʲʊ'ra:torʲʊs]
óleo (m) de motor	varìklinė alyvà (m)	[va'rʲɪklʲɪnʲe: alʲiː'va]

radiador (m)	radiãtorius (v)	[ra'dʲætorʲʊs]
líquido (m) de arrefecimento	áušinimo skýstis (v)	['ɑʊʃɪnʲɪmɔ 'skʲiːstʲɪs]
ventilador (m)	ventiliãtorius (v)	[vʲɛntʲɪ'lʲætorʲʊs]
bateria (f)	akumuliãtorius (v)	[akʊmʊ'lʲætorʲʊs]

dispositivo (m) de arranque	stárteris (v)	['start'ɛr'ɪs]
ignição (f)	uždegìmas (v)	[ʊʒd'ɛ'g'ɪmas]
vela (f) de ignição	uždegìmo žvãkė (m)	[ʊʒd'ɛ'g'ɪmɔ 'ʒva:k'e:]

terminal (m)	gnýbtas (v)	[gn'i:ptas]
terminal (m) positivo	pliùsas (v)	['pl'ʊsas]
terminal (m) negativo	mìnusas (v)	['m'ɪnʊsas]
fusível (m)	saugìklis (v)	[sɑʊ'g'ɪkl'ɪs]

filtro (m) de ar	óro fìltras (v)	['orɔ 'f'ɪl'tras]
filtro (m) de óleo	alỹvos fìltras (v)	[a'l'i:vos 'f'ɪl'tras]
filtro (m) de combustível	kùro fìltras (v)	['kʊrɔ 'f'ɪl'tras]

178. Carros. Batidas. Reparação

acidente (m) de carro	avãrija (m)	[a'va:r'ɪjɛ]
acidente (m) rodoviário	eìsmo ĩvykis (v)	['ɛɪsmɔ 'i:v'ɪ:k'ɪs]
bater (~ num muro)	atsitreñkti	[ats'ɪ'tr'ɛɳkt'ɪ]
sofrer um acidente	sudùžti	[sʊ'dʊʒt'ɪ]
dano (m)	žalà (m)	[ʒa'l'a]
intato	nenukentéjęs	[n'ɛnʊken't'e:jɛ:s]

pane (f)	gedìmas (v)	[g'ɛ'd'ɪmas]
avariar (vi)	sulùžti	[sʊ'l'u:ʒt'ɪ]
cabo (m) de reboque	vìlkimo tròsas (v)	['v'ɪl'k'ɪmɔ 'trosas]

furo (m)	pradūrìmas (v)	[pradu:'r'ɪmas]
estar furado	nuléisti	[nʊ'l'ɛɪst'ɪ]
encher (vt)	pripumpúoti	[pr'ɪpʊm'pʊɑt'ɪ]
pressão (f)	slēgis (v)	['sl'e:g'ɪs]
verificar (vt)	patìkrinti	[pa't'ɪkr'ɪnt'ɪ]

reparo (m)	remòntas (v)	[r'ɛ'montas]
oficina (f) automotiva	taisyklà (m)	[tʌɪs'i:k'l'a]
peça (f) de reposição	atsargìnė dalìs (m)	[atsar'g'ɪn'e: da'l'ɪs]
peça (f)	detãlė (m)	[d'ɛta:'l'e:]

parafuso (com porca)	varžtas (v)	['varʒtas]
parafuso (m)	sráigtas (v)	['srʌɪktas]
porca (f)	veržlė̃ (m)	[v'ɛrʒ'l'e:]
arruela (f)	póveržlė (m)	['poverʒl'e:]
rolamento (m)	guõlis (v)	['gʊɑl'ɪs]

tubo (m)	vamzdēlis (v)	[vamz'd'æl'ɪs]
junta, gaxeta (f)	tárpinė (m)	['tarp'ɪn'e:]
fio, cabo (m)	laìdas (v)	['l'ʌɪdas]

macaco (m)	kéliklis (v)	['k'e:l'ɪkl'ɪs]
chave (f) de boca	veržlių rãktas (v)	[v'ɛrʒ'l'u: 'ra:ktas]
martelo (m)	plaktùkas (v)	[pl'ak'tʊkas]
bomba (f)	siurblỹs (v)	[s'ʊr'bl'i:s]
chave (f) de fenda	atsuktùvas (v)	[atsʊk'tʊvas]
extintor (m)	gesintùvas (v)	[g'ɛs'ɪn'tʊvas]
triângulo (m) de emergência	avãrinis trìkampis (v)	[a'va:r'ɪn'ɪs 'tr'ɪkamp'ɪs]

morrer (motor)	gèsti	['gⁱɛstⁱɪ]
paragem, "morte" (f)	sustojìmas (v)	[susto'jɪmas]
estar quebrado	bū́ti sulū̃žusiam	['bu:tⁱɪ su'lʲu:ʒusʲæm]

superaquecer-se (vr)	pérkaisti	['pⁱɛrkʌɪstⁱɪ]
entupir-se (vr)	užsiteršti	[uʒsⁱɪ'tⁱɛrʃtⁱɪ]
congelar-se (vr)	užšálti	[uʒ'ʃalʲtⁱɪ]
rebentar (vi)	skìlti	['skⁱɪlʲtⁱɪ]

pressão (f)	slégis (v)	['slʲe:gⁱɪs]
nível (m)	lýgis (v)	['lʲi:gⁱɪs]
frouxo (adj)	sìlpnas	['sⁱɪlʲpnas]

batida (f)	ìduba (m)	['i:duba]
ruído (m)	trinksèjimas (v)	[trⁱɪŋk'sʲɛjɪmas]
fissura (f)	ìskilìmas (v)	[i:skⁱɪ'lʲɪ:mas]
arranhão (m)	ìbrèžìmas (v)	[i:brⁱe:'ʒⁱɪ:mas]

179. Carros. Estrada

estrada (f)	kẽlias (v)	['kⁱælʲæs]
autoestrada (f)	automagistrãlė (m)	[ɑutomagⁱɪs'tra:lʲe:]
rodovia (f)	pléntas (v)	['plʲɛntas]
direção (f)	kryptìs (m)	[krⁱi:p'tⁱɪs]
distância (f)	atstùmas (v)	[at'stumas]

ponte (f)	tìltas (v)	['tⁱɪlʲtas]
parque (m) de estacionamento	stovéjimo vietà (m)	[sto'vⁱɛjɪmɔ vⁱiɛ'ta]
praça (f)	aikště̃ (m)	[ʌɪkʃ'tⁱe:]
nó (m) rodoviário	sánkryža (m)	['saŋkrⁱi:ʒa]
túnel (m)	tùnelis (v)	['tunⁱɛlⁱɪs]

posto (m) de gasolina	degalìnė (m)	[dⁱega'lⁱɪnⁱe:]
parque (m) de estacionamento	stovéjimo aikštẽlė (m)	[sto'vⁱɛjɪmɔ ʌɪkʃ'tⁱælⁱe:]
bomba (f) de gasolina	degalìnė (m)	[dⁱega'lⁱɪnⁱe:]
oficina (f) automotiva	garãžas (v)	[ga'ra:ʒas]
abastecer (vt)	pripìlti degalų̃	[prⁱɪ'pⁱɪlⁱtⁱɪ dⁱega'lu:]
combustível (m)	kùras (v)	['kuras]
galão (m) de gasolina	kanìstras (v)	[ka'nⁱɪstras]

asfalto (m)	asfáltas (v)	[as'falⁱtas]
marcação (f) de estradas	žénklinimas (v)	['ʒⁱɛŋklⁱɪnⁱɪmas]
meio-fio (m)	bordiū̃ras (v)	[bor'dⁱu:ras]
guard-rail (m)	ùžtvara (m)	['uʒtvara]
valeta (f)	griovỹs (v)	[grⁱo'vⁱi:s]
acostamento (m)	šalìkelė (m)	[ʃa'lⁱɪkelⁱe:]
poste (m) de luz	stùlpas (v)	['stułpas]

dirigir (vt)	vairúoti	[vʌɪ'ruɑtⁱɪ]
virar (~ para a direita)	pasùkti	[pa'suktⁱɪ]
dar retorno	apsisùkti	[apsⁱɪ'suktⁱɪ]
ré (f)	atbulìnė eigà (m)	[atbu'lⁱɪnⁱe: ɛɪ'ga]
buzinar (vi)	pypséti	[pⁱi:p'sⁱe:tⁱɪ]
buzina (f)	garsìnis signãlas (v)	[gar'sⁱɪnⁱɪs sⁱɪg'na:lⁱas]

atolar-se (vr)	užstrìgti	[ʊʒ'strʲɪktʲɪ]
patinar (na lama)	buksúoti	[bʊk'sʊɑtʲɪ]
desligar (vt)	išjùngti	[ɪ'jjʊŋktʲɪ]

velocidade (f)	greĩtis (v)	['grʲɛɪtʲɪs]
exceder a velocidade	vìršyti greĩtį	['vʲɪrʃɪ:tʲɪ 'grʲɛɪtʲɪ:]
multar (vt)	skìrti baũdą	['skʲɪrtʲɪ 'bɑʊda:]
semáforo (m)	šviesoforas (v)	[ʃvʲiɛso'foras]
carteira (f) de motorista	vairúotojo pažyméjimas (v)	[vʌɪ'rʊɑtojo paʒʲi:'mʲɛjɪmas]

passagem (f) de nível	pérvaža (m)	['pʲɛrvaʒa]
cruzamento (m)	sánkryža (m)	['saŋkrʲi:ʒa]
faixa (f)	pėsčiūjų pérėja (m)	[pʲe:s'tʂʲu:ju: 'pʲɛrʲe:ja]
curva (f)	pósūkis (v)	['posu:kʲɪs]
zona (f) de pedestres	pėsčiūjų zonà (m)	[pʲe:s'tʂʲu:ju: zo'na]

180. Sinais de trânsito

código (m) de trânsito	kelių eĩsmo taisỹklės (m dgs)	[kʲɛ'lʲu: 'ɛɪsmɔ tʌɪ'sʲi:klʲe:s]
sinal (m) de trânsito	žénklas (v)	['ʒʲɛŋklʲas]
ultrapassagem (f)	lenkìmas (v)	[lʲɛŋ'kʲɪmas]
curva (f)	pósūkis (v)	['posu:kʲɪs]
retorno (m)	apsisukìmas (v)	[apsʲɪsʊ'kʲɪmas]
rotatória (f)	žiedìnė sánkryža (m)	[ʒʲiɛ'dʲɪnʲe: 'saŋkrʲi:ʒa]

sentido proibido	įvažiúoti draũdžiama	[i:va'ʒʲʊɑtʲɪ 'drɑʊdʒʲæma]
trânsito proibido	eìsmas draũdžiamas	['ɛɪsmas 'drɑʊdʒʲæmas]
proibido de ultrapassar	leñkti draũdžiama	['lʲɛŋktʲɪ 'drɑʊdʒʲæma]
estacionamento proibido	stovéti draũdžiama	[sto'vʲe:tʲɪ 'drɑʊdʒʲæma]
paragem proibida	sustóti draũdžiama	[sʊs'totʲɪ 'drɑʊdʒʲæma]

curva (f) perigosa	staigùs pósūkis (v)	[stʌɪ'gʊs 'posu:kʲɪs]
descida (f) perigosa	stati nuokalnė	[statʲɪ nʊɑkalʲ'nʲe:]
trânsito de sentido único	vienpùsis eĩsmas (v)	[vʲiɛn'pʊsʲɪs 'ɛɪsmas]
faixa (f)	pėsčiūjų pérėja (m)	[pʲe:s'tʂʲu:ju: 'pʲɛrʲe:ja]
pavimento (m) escorregadio	slidùs kélias (v)	[slʲɪ'dʊs 'kʲælʲæs]
conceder passagem	dúoti kélią	['dʊɑtʲɪ 'kʲælʲæ:]

PESSOAS. EVENTOS

181. Férias. Evento

festa (f)	šventė (m)	['ʃventʲe:]
feriado (m) nacional	nacionãlinė šventė (m)	[natsʲɪjɔ'na:lʲɪnʲe: 'ʃventʲe:]
feriado (m)	šventės dienã (m)	['ʃventʲe:s dʲɪɛ'na]
festejar (vt)	švę̃sti	['ʃvʲɛ:stʲɪ]
evento (festa, etc.)	įvykis (v)	['i:vʲɪ:kʲɪs]
evento (banquete, etc.)	renginỹs (v)	[rʲɛngʲɪ'nʲi:s]
banquete (m)	bankėtas (v)	[baŋ'kʲɛtas]
recepção (f)	priėmìmas (v)	[prʲɪʲe:'mʲɪmas]
festim (m)	puotà (m)	[puɑ'ta]
aniversário (m)	mẽtinės (m dgs)	['mʲætʲɪnʲe:s]
jubileu (m)	jubiliẽjus (v)	[jubʲɪ'lʲɛjʊs]
celebrar (vt)	atšvę̃sti	[at'ʃvʲɛ:stʲɪ]
Ano (m) Novo	Naujíeji mẽtai (v dgs)	[nɑu'jieɪ 'mʲætʌɪ]
Feliz Ano Novo!	Sù Naujaĩsiais!	['sʊ nɑʊ'jʌɪsʲɛɪs!]
Natal (m)	Kalė̃dos (m dgs)	[ka'lʲe:dos]
Feliz Natal!	Linksmų̃ Kalė̃dų!	[lʲɪŋks'mu: ka'lʲe:du:!]
árvore (f) de Natal	Kalė̃dinė eglùtė (m)	[ka'lʲe:dʲɪnʲe: eg'lʊtʲe:]
fogos (m pl) de artifício	saliùtas (v)	[sa'lʲʊtas]
casamento (m)	vestùvės (m dgs)	[vʲɛs'tʊvʲe:s]
noivo (m)	jaunìkis (v)	[jɛʊ'nʲɪkʲɪs]
noiva (f)	jaunóji (m)	[jɛʊ'no:jɪ]
convidar (vt)	kviẽsti	['kvʲɛstʲɪ]
convite (m)	kvietìmas (v)	[kvʲɪɛ'tʲɪmas]
convidado (m)	svẽčias (v)	['svʲætʂʲæs]
visitar (vt)	eĩti į̃ svečiùs	['ɛɪtʲɪ i: svʲɛ'tʂʲʊs]
receber os convidados	sutìkti svečiùs	[sʊ'tʲɪktʲɪ svʲɛ'tʂʲʊs]
presente (m)	dovanà (m)	[dova'na]
oferecer, dar (vt)	dovanóti	[dova'notʲɪ]
receber presentes	gáuti dóvanas	['gɑutʲɪ 'dovanas]
buquê (m) de flores	púokštė (m)	['puɑkʃtʲe:]
felicitações (f pl)	sveĩkinimas (v)	['svʲɛɪkʲɪnʲɪmas]
felicitar (vt)	sveĩkinti	['svʲɛɪkʲɪntʲɪ]
cartão (m) de parabéns	sveĩkinimo atvirùkas (v)	['svʲɛɪkʲɪnʲɪmɔ atvʲɪ'rʊkas]
enviar um cartão postal	išsių̃sti atvirùką	[ɪʃ'sʲʊ:stʲɪ atvʲɪ'rʊka:]
receber um cartão postal	gáuti atvirùką	['gɑutʲɪ atvʲɪ'rʊka:]
brinde (m)	tõstas (v)	['tostas]

oferecer (vt)	vaišìnti	[vʌɪˈʃʲɪntʲɪ]
champanhe (m)	šampãnas (v)	[ʃamˈpaːnas]
divertir-se (vr)	lìnksmintis	[ˈlʲɪŋksmʲɪntʲɪs]
diversão (f)	linksmýbė (m)	[lʲɪŋksˈmʲiːbʲeː]
alegria (f)	džiaũgsmas (v)	[ˈdʒʲɛʊgsmas]
dança (f)	šõkis (v)	[ˈʃoːkʲɪs]
dançar (vi)	šõkti	[ˈʃoktʲɪ]
valsa (f)	válsas (v)	[ˈvalʲsas]
tango (m)	tángo (v)	[ˈtangɔ]

182. Funerais. Enterro

cemitério (m)	kãpinės (m dgs)	[ˈkaːpʲɪnʲeːs]
sepultura (f), túmulo (m)	kãpas (v)	[ˈkaːpas]
cruz (f)	krýžius (v)	[ˈkrʲiːʒʲʊs]
lápide (f)	añtkapis (v)	[ˈantkapʲɪs]
cerca (f)	ãptvaras (v)	[ˈaːptvaras]
capela (f)	koplyčià (m)	[kɔplʲiːˈtʂʲæ]
morte (f)	mirtìs (m)	[mʲɪrˈtʲɪs]
morrer (vi)	mìrti	[ˈmʲɪrtʲɪ]
defunto (m)	veliónis (v)	[vʲɛˈlʲonʲɪs]
luto (m)	gẽdulas (v)	[ˈgʲædʊlʲas]
enterrar, sepultar (vt)	láidoti	[ˈlʲʌɪdotʲɪ]
funerária (f)	láidojimo biùras (v)	[ˈlʲʌɪdojɪmɔ ˈbʲʊras]
funeral (m)	láidotuvės (m dgs)	[ˈlʲʌɪdotʊvʲeːs]
coroa (f) de flores	vainìkas (v)	[vʌɪˈnʲɪkas]
caixão (m)	kárstas (v)	[ˈkarstas]
carro (m) funerário	katafálkas (v)	[kataˈfalʲkas]
mortalha (f)	lavõndengtė (m)	[lʲaˈvoːndeŋktʲeː]
procissão (f) funerária	gẽdulo procèsija (m)	[ˈgʲædʊlʲɔ proˈtsʲɛsʲɪjɛ]
urna (f) funerária	ùrna (m)	[ˈʊrna]
crematório (m)	krematòriumas (v)	[krʲɛmaˈtorʲʊmas]
obituário (m), necrologia (f)	nekrològas (v)	[nʲɛkroˈlʲogas]
chorar (vi)	veřkti	[ˈvʲɛrktʲɪ]
soluçar (vi)	raudóti	[rɑʊˈdotʲɪ]

183. Guerra. Soldados

pelotão (m)	bũrỹs (v)	[buːˈrʲiːs]
companhia (f)	kúopa (m)	[ˈkʊɑpa]
regimento (m)	pulkas (v)	[ˈpuⁱkas]
exército (m)	ármija (m)	[ˈarmʲɪjɛ]
divisão (f)	divìzija (m)	[dʲɪˈvʲɪzʲɪjɛ]
esquadrão (m)	bũrỹs (v)	[buːˈrʲiːs]

hoste (f)	kariúomené (m)	[ka'rʲʊamenʲe:]
soldado (m)	kareĩvis (v)	[ka'rʲɛɪvʲɪs]
oficial (m)	karinin̄kas (v)	[karʲɪ'nʲɪŋkas]
soldado (m) raso	eilìnis (v)	[ɛɪ'lʲɪnʲɪs]
sargento (m)	seržántas (v)	[sʲɛr'ʒantas]
tenente (m)	leitenántas (v)	[lʲɛɪtʲɛ'nantas]
capitão (m)	kapitõnas (v)	[kapʲɪ'to:nas]
major (m)	majõras (v)	[ma'jɔ:ras]
coronel (m)	puĺkininkas (v)	['pʊlʲkʲɪnʲɪŋkas]
general (m)	generõlas (v)	[gʲɛnʲɛ'ro:lʲas]
marujo (m)	júrininkas (v)	['ju:rʲɪnʲɪŋkas]
capitão (m)	kapitõnas (v)	[kapʲɪ'to:nas]
contramestre (m)	bòcmanas (v)	['botsmanas]
artilheiro (m)	artilerìstas (v)	[artʲɪlʲɛ'rʲɪstas]
soldado (m) paraquedista	desántininkas (v)	[dʲɛ'santʲɪnʲɪŋkas]
piloto (m)	lakũnas (v)	[lʲa'ku:nas]
navegador (m)	štùrmanas (v)	['ʃtʊrmanas]
mecânico (m)	mechãnikas (v)	[mʲɛ'xa:nʲɪkas]
sapador-mineiro (m)	pioniẽrius (v)	[pʲɪjo'nʲɛrʲʊs]
paraquedista (m)	parašiùtininkas (v)	[para'ʃʊtʲɪnʲɪŋkas]
explorador (m)	žvaĺgas (v)	['ʒvalʲgas]
atirador (m) de tocaia	snáiperis (v)	['snʌɪpʲɛrʲɪs]
patrulha (f)	patrùlis (v)	[pat'rʊlʲɪs]
patrulhar (vt)	patruliúoti	[patrʊ'lʲʊatʲɪ]
sentinela (f)	sargýbinis (v)	[sar'gʲi:bʲɪnʲɪs]
guerreiro (m)	karỹs (v)	[ka'rʲi:s]
patriota (m)	patriõtas (v)	[patrʲɪ'jotas]
herói (m)	dìdvyris (v)	['dʲɪdvʲi:rʲɪs]
heroína (f)	dìdvyrė (m)	['dʲɪdvʲi:rʲe:]
traidor (m)	išdavìkas (v)	[ɪʃda'vʲɪkas]
trair (vt)	išdúoti	[ɪʃ'dʊatʲɪ]
desertor (m)	dezertỹras (v)	[dʲɛzʲɛr'tʲi:ras]
desertar (vt)	dezertyrúoti	[dʲɛzʲɛrtʲi:'rʊatʲɪ]
mercenário (m)	samdinỹs (v)	[samdʲɪ'nʲi:s]
recruta (m)	naujõkas (v)	[naʊ'jɔ:kas]
voluntário (m)	savanõris (v)	[sava'no:rʲɪs]
morto (m)	nužudýtasis (v)	[nʊʒʊ'dʲi:tasʲɪs]
ferido (m)	sužeistàsis (v)	[sʊʒʲɛɪ'stasʲɪs]
prisioneiro (m) de guerra	belaìsvis (v)	[bʲɛ'lʲʌɪsvʲɪs]

184. Guerra. Ações militares. Parte 1

guerra (f)	kãras (v)	['ka:ras]
guerrear (vt)	kariáuti	[ka'rʲæʊtʲɪ]
guerra (f) civil	piliẽtinis kãras (v)	[pʲɪ'lʲɛtʲɪnʲɪs 'ka:ras]

perfidamente	klastìngai	[klʲas'tʲɪŋʌɪ]
declaração (f) de guerra	paskelbìmas (v)	[paskʲɛlʲ'bʲɪmas]
declarar guerra	paskélbti	[pas'kʲɛlʲptʲɪ]
agressão (f)	agrèsija (m)	[ag'rʲɛsʲɪjɛ]
atacar (vt)	pùlti	['pʊlʲtʲɪ]
invadir (vt)	užgróbti	[ʊʒ'groptʲɪ]
invasor (m)	užgrobìkas (v)	[ʊʒgro'bʲɪkas]
conquistador (m)	užkariáutojas (v)	[ʊʒka'rʲæʊto:jɛs]
defesa (f)	gynýba (m)	[gʲi:'nʲi:ba]
defender (vt)	gìnti	['gʲɪntʲɪ]
defender-se (vr)	gìntis	['gʲɪntʲɪs]
inimigo (m)	príešas (v)	['prʲiɛʃas]
adversário (m)	príešininkas (v)	['prʲiɛʃʲɪnʲɪŋkas]
inimigo (adj)	príešo	['prʲiɛʃo]
estratégia (f)	stratègija (m)	[stra'tʲɛgʲɪjɛ]
tática (f)	tãktika (m)	['ta:ktʲɪka]
ordem (f)	įsãkymas (v)	[i:'sa:kʲɪ:mas]
comando (m)	kománda (m)	[kɔ'manda]
ordenar (vt)	įsakýti	[i:sa'kʲi:tʲɪ]
missão (f)	užduotìs (m)	[ʊʒdʊɑ'tʲɪs]
secreto (adj)	slãptas	['slʲa:ptas]
batalha (f)	mũšis (v)	['mu:ʃɪs]
combate (m)	kautỹnės (m dgs)	[kɑʊ'tʲi:nʲe:s]
ataque (m)	atakà (m)	[ata'ka]
assalto (m)	štur̃mas (v)	['ʃtʊrmas]
assaltar (vt)	šturmúoti	[ʃtʊr'mʊɑtʲɪ]
assédio, sítio (m)	apgulà (m)	[apgʊ'lʲa]
ofensiva (f)	puolìmas (v)	[pʊɑ'lʲɪmas]
tomar à ofensiva	pùlti	['pʊlʲtʲɪ]
retirada (f)	atsitraukìmas (v)	[atsʲɪtrɑʊ'kʲɪmas]
retirar-se (vr)	atsitráukti	[atsʲɪ'trɑʊktʲɪ]
cerco (m)	apsupìmas (v)	[apsʊ'pʲɪmas]
cercar (vt)	apsùpti	[ap'sʊptʲɪ]
bombardeio (m)	bombardãvimas (v)	[bombar'da:vʲɪmas]
lançar uma bomba	numèsti bom̀bą	[nʊ'mʲɛstʲɪ 'bomba:]
bombardear (vt)	bombardúoti	[bombar'dʊɑtʲɪ]
explosão (f)	sprogìmas (v)	[spro'gʲɪmas]
tiro (m)	šũvis (v)	['ʃu:vʲɪs]
dar um tiro	iššáuti	[ɪʃʃɑʊtʲɪ]
tiroteio (m)	šáudymas (v)	['ʃɑʊdʲi:mas]
apontar para ...	táikytis į̃ ...	['tʌɪkʲi:tʲɪs i: ..]
apontar (vt)	nutáikyti	[nʊ'tʌɪkʲi:tʲɪ]
acertar (vt)	patáikyti	[pa'tʌɪkʲi:tʲɪ]

afundar (~ um navio, etc.)	paskandìnti	[paskan'dʲɪntʲɪ]
brecha (f)	pradaužà (m)	[pradɑʊ'ʒa]
afundar-se (vr)	grim̃zti į dùgną	['grʲɪmztʲɪ i: 'dʊgna:]

frente (m)	fròntas (v)	['frontas]
evacuação (f)	evakuãcija (m)	[ɛvakʊ'a:tsʲɪjɛ]
evacuar (vt)	evakúoti	[ɛva'kʊɑtʲɪ]

arame (m) enfarpado	spygliúotoji vielà (m)	[spʲi:g'lʲʊatojɪ vʲiɛ'la]
barreira (f) anti-tanque	ùžtvara (m)	['ʊʒtvara]
torre (f) de vigia	bókštas (v)	['bokʃtas]

hospital (m) militar	kãro ligóninė (m)	['ka:rɔ lʲɪ'gonʲɪnʲe:]
ferir (vt)	sužeìsti	[sʊ'ʒʲɛɪstʲɪ]
ferida (f)	žaizdà (m)	[ʒʌɪz'da]
ferido (m)	sužeistàsis (v)	[sʊʒʲɛɪ'stasʲɪs]
ficar ferido	bū̃ti sužeistám	['bu:tʲɪ sʊʒʲɛɪs'tam]
grave (ferida ~)	sunkùs	[sʊŋ'kʊs]

185. Guerra. Ações militares. Parte 2

cativeiro (m)	nelaĩsvė (m)	[nʲɛ'lʲʌɪsvʲe:]
capturar (vt)	paim̃ti į nelaĩsvę	['pʌɪmtʲɪ i: nʲɛ'lʲʌɪsvʲɛ:]
estar em cativeiro	bū̃ti nelaĩsvėje	['bu:tʲɪ ne'lʲʌɪsvʲe:je]
ser aprisionado	patèkti į nelaĩsvę	[pa'tʲɛktʲɪ i: nʲɛ'lʲʌɪsvʲɛ:]

campo (m) de concentração	koncentrãcijos stovyklà (m)	[kontsʲɛn'tra:tsɪjos stovʲi:k'lʲa]
prisioneiro (m) de guerra	belaĩsvis (v)	[bʲɛ'lʲʌɪsvʲɪs]
escapar (vi)	bė́gtì iš nelaĩsvės	['bʲe:ktʲɪ ɪʃ ne'lʲʌɪsvʲe:s]

trair (vt)	išdúoti	[ɪʃ'dʊatʲɪ]
traidor (m)	išdavìkas (v)	[ɪʃda'vʲɪkas]
traição (f)	išdavỹstė (m)	[ɪʃda'vʲi:stʲe:]

| fuzilar, executar (vt) | sušáudyti | [sʊ'ʃɑʊdʲi:tʲɪ] |
| fuzilamento (m) | sušáudymas (v) | [sʊ'ʃɑʊdʲi:mas] |

equipamento (m)	aprangà (m)	[apran'ga]
insígnia (f) de ombro	añtpetis (v)	['antpʲɛtʲɪs]
máscara (f) de gás	dujókaukė (m)	[dʊ'jokɑʊkʲe:]

rádio (m)	rãdijo stotẽlė (m)	['ra:dʲɪjo sto'tʲælʲe:]
cifra (f), código (m)	šìfras (v)	['ʃʲɪfras]
conspiração (f)	konspirãcija (m)	[konspʲɪ'ra:tsʲɪjɛ]
senha (f)	slaptãžodis (v)	[slʲap'ta:ʒodʲɪs]

mina (f)	minà (m)	[mʲɪ'na]
minar (vt)	užminúoti	[ʊʒmʲɪ'nʊatʲɪ]
campo (m) minado	mìnų laũkas (v)	['mʲɪnu: 'lʲɑʊkas]

alarme (m) aéreo	óro pavõjus (v)	['orɔ pa'vo:jʊs]
alarme (m)	aliãrmas (v)	[a'lʲæ:rmas]
sinal (m)	signãlas (v)	[sʲɪg'na:lʲas]
sinalizador (m)	signãlinė raketà (m)	[sʲɪg'na:lʲɪnʲe: rake'ta]

quartel-general (m)	štābas (v)	['ʃta:bas]
reconhecimento (m)	žvalgyba (m)	[ʒvalʲ'gʲi:ba]
situação (f)	padėtis (m)	[padʲe:'tʲɪs]
relatório (m)	rāportas (v)	['ra:portas]
emboscada (f)	pasala (m)	[pasa'lʲa]
reforço (m)	pastìprinimas (v)	[pas'tʲɪprʲɪnʲɪmas]

alvo (m)	taikinỹs (v)	[tʌɪkʲɪ'nʲi:s]
campo (m) de tiro	poligònas (v)	[polʲɪ'gonas]
manobras (f pl)	karìniai mókymai (v dgs)	[ka'rʲɪnʲɛɪ 'mokʲi:mʌɪ]

pânico (m)	pānika (m)	['pa:nʲɪka]
devastação (f)	suirùtė (m)	[sʊi'rʊtʲe:]
ruínas (f pl)	griovìmai (m)	[grʲo'vʲɪmas]
destruir (vt)	griáuti	['grʲæʊtʲɪ]

sobreviver (vi)	išgyvénti	[ɪʃgʲi:'vʲentʲɪ]
desarmar (vt)	nuginklúoti	[nʊgʲɪŋ'klʲʊatʲɪ]
manusear (vt)	naudótis	[nɑʊ'dotʲɪs]

Sentido!	Ramiaĩ!	[ra'mʲɛɪ!]
Descansar!	Laisvaĩ!	[lʲʌɪs'vʌɪ!]

façanha (f)	žỹgdarbis (v)	['ʒʲi:gdarbʲɪs]
juramento (m)	príesaika (m)	['prʲiɛsʌɪka]
jurar (vi)	prisíekti	[prʲɪ'sʲiɛktʲɪ]

condecoração (f)	apdovanójimas (v)	[apdova'no:jɪmas]
condecorar (vt)	apdovanóti	[apdova'notʲɪ]
medalha (f)	medālis (v)	[mʲɛ'da:lʲɪs]
ordem (f)	òrdinas (v)	['ordʲɪnas]

vitória (f)	pérgalė (m)	['pʲɛrgalʲe:]
derrota (f)	pralaiméjimas (v)	[pralʲʌɪ'mʲɛjɪmas]
armistício (m)	paliáubos (m dgs)	[pa'lʲæʊbos]

bandeira (f)	vėliava (m)	['vʲe:lʲæva]
glória (f)	šlovė (m)	[ʃlʲo'vʲe:]
parada (f)	parādas (v)	[pa'ra:das]
marchar (vi)	žygiúoti	[ʒʲi:'gʲʊatʲɪ]

186. Armas

arma (f)	giñklas (v)	['gʲɪŋklʲas]
arma (f) de fogo	šaunamàsis giñklas (v)	[ʃɑʊna'masʲɪs 'gʲɪŋklʲas]
arma (f) branca	šaltàsis giñklas (v)	[ʃalʲ'tasʲɪs 'gʲɪŋklʲas]

arma (f) química	chèminis giñklas (v)	['xʲɛmʲɪnʲɪs 'gʲɪŋklʲas]
nuclear (adj)	branduolìnis	[brandʊa'lʲɪnʲɪs]
arma (f) nuclear	branduolìnis giñklas (v)	[brandʊa'lʲɪnʲɪs 'gʲɪŋklas]

bomba (f)	bòmba (m)	['bomba]
bomba (f) atômica	atòminė bòmba (m)	[a'tomʲɪnʲe: 'bomba]
pistola (f)	pistolètas (v)	[pʲɪsto'lʲɛtas]

rifle (m)	šáutuvas (v)	[ˈʃɑʊtʊvas]
semi-automática (f)	automãtas (v)	[ɑʊtoˈmaːtas]
metralhadora (f)	kulkósvaidis (v)	[kʊlʲˈkosvʌɪdʲɪs]
boca (f)	žiótys (m dgs)	[ˈʒʲotʲiːs]
cano (m)	vamzdis (v)	[ˈvamzdʲɪs]
calibre (m)	kalìbras (v)	[kaˈlʲɪbras]
gatilho (m)	gaidùkas (v)	[gʌɪˈdʊkas]
mira (f)	taikìklis (v)	[tʌɪˈkʲɪklʲɪs]
carregador (m)	détuvě (m)	[dʲeːtʊˈvʲe:]
coronha (f)	búožė (m)	[ˈbʊɑʒʲe:]
granada (f) de mão	granatà (m)	[granaˈta]
explosivo (m)	sprogmuõ (v)	[ˈsprogmʊɑ]
bala (f)	kulkà (m)	[kʊlʲˈka]
cartucho (m)	patrònas (v)	[patˈronas]
carga (f)	šovinỹs (v)	[ʃovʲɪˈnʲiːs]
munições (f pl)	šáudmenys (v dgs)	[ˈʃɑʊdmʲɛnʲiːs]
bombardeiro (m)	bombónešis (v)	[bomˈbonʲɛʃɪs]
avião (m) de caça	naikintùvas (v)	[nʌɪkʲɪnʲˈtʊvas]
helicóptero (m)	sraigtãsparnis (v)	[srʌɪkˈtaːsparnʲɪs]
canhão (m) antiaéreo	zenìtinis pabū̃klas (v)	[zʲɛˈnʲɪːtʲɪnʲɪs iːrʲɛngʲɪˈnʲɪːs]
tanque (m)	tánkas (v)	[ˈtaŋkas]
canhão (de um tanque)	patránka (m)	[patˈraŋka]
artilharia (f)	artilèrija (m)	[artʲɪˈlʲɛrʲɪjɛ]
fazer a pontaria	nutáikyti	[nʊˈtʌɪkʲiːtʲɪ]
projétil (m)	sviedinỹs (v)	[svʲiɛdʲɪˈnʲiːs]
granada (f) de morteiro	minà (m)	[mʲɪˈna]
morteiro (m)	minósvaidis (v)	[mʲɪˈnosvʌɪdʲɪs]
estilhaço (m)	skevéldra (m)	[skʲɛˈvʲɛlʲdra]
submarino (m)	povandenìnis laĩvas (v)	[povandʲɛˈnʲɪnʲɪs ˈlʲʌɪvas]
torpedo (m)	torpedà (m)	[torpʲɛˈda]
míssil (m)	raketà (m)	[rakʲɛˈta]
carregar (uma arma)	užtaisýti	[ʊʒtʌɪˈsʲiːtʲɪ]
disparar, atirar (vi)	šáuti	[ˈʃɑʊtʲɪ]
apontar para …	táikytis į̃ …	[ˈtʌɪkʲiːtʲɪs iː ..]
baioneta (f)	dùrtuvas (v)	[ˈdʊrtʊvas]
espada (f)	špagà (m)	[ʃpaˈga]
sabre (m)	kárdas (v)	[ˈkardas]
lança (f)	íetis (m)	[ˈɪetʲɪs]
arco (m)	lañkas (v)	[ˈlʲaŋkas]
flecha (f)	strėlė̃ (m)	[strʲe:ˈlʲe:]
mosquete (m)	muškietà (m)	[mʊʃkʲiɛˈta]
besta (f)	arbalètas (v)	[arbaˈlʲɛtas]

187. Povos da antiguidade

primitivo (adj)	pirmýkštis	[pʲɪr'mʲi:kʃtʲɪs]
pré-histórico (adj)	priešistorinis	[prʲiɛʃɪ'storʲɪnʲɪs]
antigo (adj)	senóvinis	[sʲɛ'novʲɪnʲɪs]
Idade (f) da Pedra	Akmeñs ámžius (v)	[ak'mʲɛns 'amʒʲʊs]
Idade (f) do Bronze	Žálvario ámžius (v)	['ʒalʲvarʲɔ 'amʒʲʊs]
Era (f) do Gelo	ledýnmetis (v)	[lʲɛ'dʲi:nmʲɛtʲɪs]
tribo (f)	gentìs (m)	[gʲɛn'tʲɪs]
canibal (m)	žmogédra (m)	[ʒmo'gʲe:dra]
caçador (m)	medžiótojas (v)	[mʲɛ'dʒʲoto:jɛs]
caçar (vi)	medžióti	[mʲɛ'dʒʲotʲɪ]
mamute (m)	mamùtas (v)	[ma'mʊtas]
caverna (f)	ùrvas (v)	['ʊrvas]
fogo (m)	ugnìs (v)	[ʊg'nʲɪs]
fogueira (f)	láužas (v)	['lʲaʊʒas]
pintura (f) rupestre	piešinỹs añt olõs síenos (v)	[pʲiɛʃɪ'nʲi:s ant o'lʲo:s 'sʲiɛnos]
ferramenta (f)	dárbo įrankis (v)	['darbɔ 'i:raŋkʲɪs]
lança (f)	íetis (m)	['ɪʲɛtʲɪs]
machado (m) de pedra	akmenìnis kĩrvis (v)	[akmʲɛ'nʲɪnʲɪs 'kʲɪrvʲɪs]
guerrear (vt)	kariáuti	[ka'rʲæʊtʲɪ]
domesticar (vt)	prijaukìnti	[prʲɪjɛʊ'kʲɪntʲɪ]
ídolo (m)	stãbas (v)	['sta:bas]
adorar, venerar (vt)	gárbinti	['garbʲɪntʲɪ]
superstição (f)	príetaras (v)	['prʲiɛtaras]
evolução (f)	evoliùcija (m)	[ɛvo'lʲʊtsʲɪjɛ]
desenvolvimento (m)	výstymasis (v)	['vʲi:stʲi:masʲɪs]
extinção (f)	išnykìmas (v)	[ɪʃnʲi:'kʲɪmas]
adaptar-se (vr)	prisitáikyti	[prʲɪsʲɪ'tʌɪkʲi:tʲɪ]
arqueologia (f)	archeológija (m)	[arxʲɛo'lʲogʲɪjɛ]
arqueólogo (m)	archeológas (v)	[arxʲɛo'lʲogas]
arqueológico (adj)	archeológinis	[arxʲɛo'lʲogʲɪnʲɪs]
escavação (sítio)	kasinéjimai (m dgs)	[kasʲɪ'nʲɛjɪmʌɪ]
escavações (f pl)	kasinéjimai (m dgs)	[kasʲɪ'nʲɛjɪmʌɪ]
achado (m)	radinỹs (v)	[radʲɪ'nʲi:s]
fragmento (m)	fragmeñtas (v)	[frag'mʲɛntas]

188. Idade média

povo (m)	tautà (m)	[tɑʊ'ta]
povos (m pl)	tautõs (m dgs)	[tɑʊ'to:s]
tribo (f)	gentìs (m)	[gʲɛn'tʲɪs]
tribos (f pl)	geñtys (m dgs)	['gʲɛntʲi:s]
bárbaros (pl)	bárbarai (v dgs)	['barbarʌɪ]
galeses (pl)	gãlai (v dgs)	['ga:lʲʌɪ]

godos (pl)	gòtai (v dgs)	['gotʌɪ]
eslavos (pl)	slãvai (m dgs)	['slʲa:vʌɪ]
viquingues (pl)	vìkingai (v)	['vʲɪkʲɪŋɑʌɪ]

romanos (pl)	roménas (v)	[ro'mʲe:nas]
romano (adj)	roméniškas	[ro'mʲe:nʲɪʃkas]

bizantinos (pl)	bizantiẽčiai (v dgs)	[bʲɪzan'tʲɛtʂʲɛɪ]
Bizâncio	Bizántija (m)	[bʲɪ'zantʲɪjɛ]
bizantino (adj)	bizántiškas	[bʲɪ'zantʲɪʃkas]

imperador (m)	imperãtorius (v)	[ɪmpʲɛ'ra:torʲʊs]
líder (m)	vãdas (v)	['va:das]
poderoso (adj)	galìngas	[ga'lʲɪngas]
rei (m)	karãlius (v)	[ka'ra:lʲʊs]
governante (m)	valdõvas (v)	[valʲ'do:vas]

cavaleiro (m)	rìteris (v)	['rʲɪtʲɛrʲɪs]
senhor feudal (m)	feodãlas (v)	[fʲɛo'da:lʲas]
feudal (adj)	feodãlinis	[fʲɛo'da:lʲɪnʲɪs]
vassalo (m)	vasãlas (v)	[va'sa:lʲas]

duque (m)	hèrcogas (v)	['ɣʲɛrtsogas]
conde (m)	grãfas (v)	['gra:fas]
barão (m)	barõnas (v)	[ba'ro:nas]
bispo (m)	výskupas (v)	['vʲi:skʊpas]

armadura (f)	šarvuõtė (m)	[ʃar'vʊɑtʲe:]
escudo (m)	skỹdas (v)	['skʲi:das]
espada (f)	kárdas (v)	['kardas]
viseira (f)	añtveidis (v)	['antvʲɛɪdʲɪs]
cota (f) de malha	šarvìniai marškiniaĩ (v dgs)	[ʃar'vʲɪnʲɛɪ marʃkʲɪ'nʲɛɪ]

cruzada (f)	krỹžiaus žỹgis (v)	['krʲi:ʒɛʊs 'ʒʲi:gʲɪs]
cruzado (m)	kryžiuõtis (v)	[krʲi:ʒʊ'o:tʲɪs]

território (m)	teritòrija (m)	[tʲɛrʲɪ'torʲɪjɛ]
atacar (vt)	pùlti	['pʊlʲtʲɪ]
conquistar (vt)	užkariáuti	[ʊʒka'rʲæʊtʲɪ]
ocupar, invadir (vt)	užgróbti	[ʊʒ'groptʲɪ]

assédio, sítio (m)	apgulà (m)	[apgʊ'lʲa]
sitiado (adj)	àpgultas	['apgʊlʲtas]
assediar, sitiar (vt)	apgùlti	[ap'gʊlʲtʲɪ]

inquisição (f)	inkvizìcija (m)	[ɪŋkvʲɪ'zʲɪtsʲɪjɛ]
inquisidor (m)	inkvizìtorius (v)	[ɪŋkvʲɪ'zʲɪtorʲʊs]
tortura (f)	kankìnimas (v)	[kaŋ'kʲɪnʲɪmas]
cruel (adj)	žiaurùs	[ʒʲɛʊ'rʊs]
herege (m)	erètikas (v)	[ɛ'rʲɛtʲɪkas]
heresia (f)	erèzija (m)	[ɛ'rʲɛzʲɪjɛ]

navegação (f) marítima	navigãcija (m)	[navʲɪ'ga:tsʲɪjɛ]
pirata (m)	pirãtas (v)	[pʲɪ'ra:tas]
pirataria (f)	piratãvimas (v)	[pʲɪra'ta:vʲɪmas]
abordagem (f)	abordažas (v)	[abor'daʒas]

| presa (f), butim (m) | grõbis (v) | ['gro:bʲɪs] |
| tesouros (m pl) | lõbis (v) | ['lʲo:bʲɪs] |

descobrimento (m)	atradìmas (v)	[atra'dʲɪmas]
descobrir (novas terras)	atràsti	[at'rastʲɪ]
expedição (f)	ekspedìcija (m)	[ɛkspʲɛ'dʲɪtsʲɪjɛ]

mosqueteiro (m)	muškiētininkas (v)	[muʃkʲɛtʲɪnʲɪŋkas]
cardeal (m)	kardinõlas (v)	[kardʲɪ'no:lʲas]
heráldica (f)	heráldika (m)	[ɣʲɛ'ralʲdʲɪka]
heráldico (adj)	heráldikos	[ɣʲɛ'ralʲdʲɪkos]

189. Líder. Chefe. Autoridades

rei (m)	karãlius (v)	[ka'ra:lʲʊs]
rainha (f)	karalíenė (m)	[kara'lʲiɛnʲe:]
real (adj)	karãliškas	[ka'ra:lʲɪʃkas]
reino (m)	karalы̃̃stė (m)	[kara'lʲi:stʲe:]

| príncipe (m) | prìncas (v) | ['prʲɪntsas] |
| princesa (f) | princėsė (m) | [prʲɪn'tsʲɛsʲe:] |

presidente (m)	prezideñtas (v)	[prʲɛzʲɪ'dʲɛntas]
vice-presidente (m)	viceprezideñtas (v)	[vʲɪtsʲɛprʲɛzʲɪ'dʲɛntas]
senador (m)	senãtorius (v)	[sʲɛ'na:torʲʊs]

monarca (m)	monárchas (v)	[mo'narxas]
governante (m)	valdõvas (v)	[valʲ'do:vas]
ditador (m)	diktãtorius (v)	[dʲɪk'ta:torʲʊs]
tirano (m)	tirõnas (v)	[tʲɪ'ro:nas]
magnata (m)	magnãtas (v)	[mag'na:tas]

diretor (m)	dirèktorius (v)	[dʲɪ'rʲɛktorʲʊs]
chefe (m)	šėfas (v)	['ʃɛfas]
gerente (m)	valdы̃tojas (v)	[valʲ'dʲi:to:jɛs]
patrão (m)	bõsas (v)	['bo:sas]
dono (m)	savinin̄kas (v)	[savʲɪ'nʲɪŋkas]

líder (m)	vãdas (v)	['va:das]
chefe (m)	vadõvas (v)	[va'do:vas]
autoridades (f pl)	valdžiõs òrganai (v dgs)	[valʲ'dʒʲo:s 'organʌɪ]
superiores (m pl)	vadovы̃bė (m)	[vado'vʲi:bʲe:]

governador (m)	gubernãtorius (v)	[gʊbʲɛr'na:torʲʊs]
cônsul (m)	kònsulas (v)	['konsʊlʲas]
diplomata (m)	diplomãtas (v)	[dʲɪplʲo'ma:tas]

| Presidente (m) da Câmara | mèras (v) | ['mʲɛras] |
| xerife (m) | šerìfas (v) | [ʃɛrʲɪfas] |

imperador (m)	imperãtorius (v)	[ɪmpʲɛ'ra:torʲʊs]
czar (m)	cãras (v)	['tsa:ras]
faraó (m)	faraònas (v)	[fara'onas]
cã, khan (m)	chãnas (v)	['xa:nas]

190. Estrada. Caminho. Direções

estrada (f)	kẽlias (v)	['kʲælʲæs]
via (f)	kẽlias (v)	['kʲælʲæs]
rodovia (f)	pléntas (v)	['plʲɛntas]
autoestrada (f)	automagistrãlė (m)	[ɑʊtomagʲɪs'tra:lʲe:]
estrada (f) nacional	nacionãlinis kẽlias (v)	[natsʲɪjo'na:lʲɪnʲɪs 'kʲælʲæs]
estrada (f) principal	pagrindìnis kẽlias (v)	[pagrʲɪn'dʲɪnʲɪs 'kʲælʲæs]
estrada (f) de terra	káimo kẽlias (v)	['kʌɪmɔ 'kʲælʲæs]
trilha (f)	tãkas (v)	[ta:kas]
pequena trilha (f)	takẽlis (v)	[ta'kʲælʲɪs]
Onde?	Kur̃?	['kʊr?]
Para onde?	Kur̃?	['kʊr?]
De onde?	Ìš kur̃?	[ɪʃ 'kʊr?]
direção (f)	kryptìs (m)	[krʲi:p'tʲɪs]
indicar (~ o caminho)	paródyti	[pa'rodʲi:tʲɪ]
para a esquerda	į̃ kaĩrę	[i: 'kʌɪrʲɛ:]
para a direita	į̃ dẽšinę	[i: 'dʲæʃɪnʲɛ:]
em frente	tiẽsiai	['tʲɛsʲɛɪ]
para trás	atgal̃	[at'galʲ]
curva (f)	pósūkis (v)	['posu:kʲɪs]
virar (~ para a direita)	sùkti	['sʊktʲɪ]
dar retorno	apsisùkti	[apsʲɪ'sʊktʲɪ]
estar visível	matýtis	[ma'tʲi:tʲɪs]
aparecer (vi)	pasiródyti	[pasʲɪ'rodʲi:tʲɪ]
paragem (pausa)	sustojìmas (v)	[sʊsto'jɪmas]
descansar (vi)	pailséti	[pʌɪlʲ'sʲe:tʲɪ]
descanso, repouso (m)	póilsis (m)	['poɪlʲsʲɪs]
perder-se (vr)	pasiklýsti	[pasʲɪ'klʲi:stʲɪ]
conduzir a … (caminho)	vèsti priẽ …	['vʲɛstʲɪ 'prʲɛ …]
chegar a …	išeĩti priẽ …	[ɪ'ʃɛɪtʲɪ 'prʲɛ …]
trecho (m)	atkarpà (m)	[atkar'pa]
asfalto (m)	asfáltas (v)	[as'falʲtas]
meio-fio (m)	bordiū̃ras (v)	[bor'dʲu:ras]
valeta (f)	griovỹs (v)	[grʲo'vʲi:s]
tampa (f) de esgoto	liùkas (v)	['lʲʊkas]
acostamento (m)	šalìkelė (m)	[ʃa'lʲɪkelʲe:]
buraco (m)	duobẽ (m)	[dʊɑ'bʲe:]
ir (a pé)	eĩti	['ɛɪtʲɪ]
ultrapassar (vt)	apleñkti	[ap'lʲɛŋktʲɪ]
passo (m)	žìngsnis (v)	['ʒʲɪŋgsnʲɪs]
a pé	pėsčiomìs	[pʲe:stʃʲo'mʲɪs]

bloquear (vt)	pérverti	['pʲɛrvʲɛrtʲɪ]
cancela (f)	ùžkardas (v)	['ʊʒkardas]
beco (m) sem saída	aklãgatvis (v)	[akʲlʲa:gatvʲɪs]

191. Violação da lei. Criminosos. Parte 1

bandido (m)	bandìtas (v)	[ban'dʲɪtas]
crime (m)	nusikaltìmas (v)	[nʊsʲɪkalʲi'tʲɪmas]
criminoso (m)	nusikaltėlis (v)	[nʊsʲɪ'kaltʲe:lʲɪs]

ladrão (m)	vagìs (v)	[va'gʲɪs]
roubar (vt)	võgti	['vo:ktʲɪ]
furto, roubo (m)	vagỹstė (m)	[va'gʲi:stʲe:]

raptar, sequestrar (vt)	pagróbti	[pag'roptʲɪ]
sequestro (m)	pagrobéjas (v)	[pagro'bʲe:jas]
sequestrador (m)	pagrobìmas (v)	[pagro'bʲɪmas]

resgate (m)	ìšpirka (m)	['ɪʃpʲɪrka]
pedir resgate	reikaláuti išpirkos	[rʲɛɪka'lʲaʊtʲɪ 'ɪʃpʲɪrkos]

roubar (vt)	plėšikáuti	[plʲe:ʃɪ'kaʊtʲɪ]
assalto, roubo (m)	apiplėšimas (v)	[apʲɪ'plʲe:ʃɪmas]
assaltante (m)	plėšìkas (v)	[plʲe:'ʃɪkas]

extorquir (vt)	prievartáuti	[prʲiɛvar'taʊtʲɪ]
extorsionário (m)	prievartáutojas (v)	[prʲiɛvar'taʊto:jɛs]
extorsão (f)	prievartãvimas (v)	[prʲiɛvar'ta:vʲɪmas]

matar, assassinar (vt)	nužudýti	[nʊʒʊ'dʲi:tʲɪ]
homicídio (m)	nužùdymas (v)	[nʊ'ʒʊdʲi:mas]
homicida, assassino (m)	žudìkas (v)	[ʒʊ'dʲɪkas]

tiro (m)	šūvis (v)	['ʃu:vʲɪs]
dar um tiro	iššáuti	[ɪʃʃaʊtʲɪ]
matar a tiro	nušáuti	[nʊʃaʊtʲɪ]
disparar, atirar (vi)	šáudyti	['ʃaʊdʲi:tʲɪ]
tiroteio (m)	šáudymas (v)	['ʃaʊdʲi:mas]

incidente (m)	ívykis (v)	['i:vʲɪːkʲɪs]
briga (~ de rua)	muštýnės (m dgs)	[mʊʃ'tʲi:nʲe:s]
Socorro!	Gélbėkit!	['gʲɛlʲbʲe:kʲɪt!]
vítima (f)	aukà (m)	[aʊ'ka]

danificar (vt)	sugadìnti	[sʊga'dʲɪntʲɪ]
dano (m)	núostolis (v)	['nʊastolʲɪs]
cadáver (m)	lavónas (v)	[lʲa'vonas]
grave (adj)	sunkùs	[sʊŋ'kʊs]

atacar (vt)	užpùlti	[ʊʒ'pʊlʲtʲɪ]
bater (espancar)	mùšti	['mʊʃtʲɪ]
espancar (vt)	sumùšti	[sʊ'mʊʃtʲɪ]
tirar, roubar (dinheiro)	atìmti	[a'tʲɪmtʲɪ]
esfaquear (vt)	papjáuti	[pa'pjaʊtʲɪ]

mutilar (vt)	sužalóti	[suʒa'lʲotʲɪ]
ferir (vt)	sužalóti	[suʒa'lʲotʲɪ]
chantagem (f)	šantãžas (v)	[ʃan'ta:ʒas]
chantagear (vt)	šantažúoti	[ʃanta'ʒuatʲɪ]
chantagista (m)	šantažúotojas (v)	[ʃanta'ʒuato:jɛs]
extorsão (f)	rėketas (v)	['rʲɛkʲɛtas]
extorsionário (m)	reketúotojas (v)	[rʲɛkʲɛ'tuato:jɛs]
gângster (m)	gángsteris (v)	['gangstʲɛrʲɪs]
máfia (f)	mãfija (m)	['ma:fʲɪjɛ]
punguista (m)	kišénvagis (v)	[kʲɪ'ʃɛnvagʲɪs]
assaltante, ladrão (m)	įsilaužėlis (v)	[i:sʲɪlɑʊ'ʒʲe:lʲɪs]
contrabando (m)	kontrabánda (m)	[kɔntra'banda]
contrabandista (m)	kontrabándininkas (v)	[kɔntra'bandʲɪnʲɪŋkas]
falsificação (f)	klastõtė (m)	[klʲas'to:tʲe:]
falsificar (vt)	klastóti	[klʲas'totʲɪ]
falsificado (adj)	klastõtė	[klʲas'to:tʲe:]

192. Violação da lei. Criminosos. Parte 2

estupro (m)	išprievartãvimas (v)	[ɪʃprʲiɛvar'ta:vʲɪmas]
estuprar (vt)	išprievartáuti	[ɪʃprʲiɛvar'tɑʊtʲɪ]
estuprador (m)	prievartáutojas (v)	[prʲiɛvar'tɑʊto:jɛs]
maníaco (m)	maniãkas (v)	[manʲɪ'jakas]
prostituta (f)	prostitutė (m)	[prostʲɪ'tutʲe:]
prostituição (f)	prostitúcija (m)	[prostʲɪ'tutsʲɪjɛ]
cafetão (m)	sutėneris (v)	[su'tʲɛnʲɛrʲɪs]
drogado (m)	narkomãnas (v)	[narko'ma:nas]
traficante (m)	prekiáutojas narkòtikais (v)	[prʲɛ'kʲæuto:jɛs nar'kotʲɪkʌɪs]
explodir (vt)	susprogdìnti	[susprog'dʲɪntʲɪ]
explosão (f)	sprogìmas (v)	[spro'gʲɪmas]
incendiar (vt)	padègti	[pa'dʲɛktʲɪ]
incendiário (m)	padegéjas (v)	[padʲɛ'gʲe:jas]
terrorismo (m)	terorìzmas (v)	[tʲɛro'rʲɪzmas]
terrorista (m)	terorìstas (v)	[tʲɛro'rʲɪstas]
refém (m)	įkaitas (v)	['i:kʌɪtas]
enganar (vt)	apgáuti	[ap'gɑʊtʲɪ]
engano (m)	apgavỹstė (m)	[apga'vʲi:stʲe:]
vigarista (m)	sùkčius (v)	['suktʃʲus]
subornar (vt)	papìŕkti	[pa'pʲɪrktʲɪ]
suborno (atividade)	papirkìmas (v)	[papʲɪr'kʲɪmas]
suborno (dinheiro)	kỹšis (v)	['kʲi:ʃɪs]
veneno (m)	núodas (v)	['nuadas]
envenenar (vt)	nunuõdyti	[nu'nuadʲi:tʲɪ]

envenenar-se (vr)	nusinuõdyti	[nʊsʲɪnʊɑdʲiːtʲɪ]
suicídio (m)	savižudýbė (m)	[savʲɪʒʊˈdʲiːbʲe:]
suicida (m)	savȉžudis (v)	[saˈvʲɪʒʊdʲɪs]
ameaçar (vt)	grasȉnti	[graˈsʲɪntʲɪ]
ameaça (f)	grasȉnimas (v)	[graˈsʲɪnʲɪmas]
atentar contra a vida de …	kėsȉntis	[kʲe:ˈsʲɪntʲɪs]
atentado (m)	pasikėsȉnimas (v)	[pasʲɪkʲe:ˈsʲɪnʲɪmas]
roubar (um carro)	nuvarýti	[nʊvaˈrʲiːtʲɪ]
sequestrar (um avião)	nuvarýti	[nʊvaˈrʲiːtʲɪ]
vingança (f)	keȓštas (v)	[ˈkʲɛrʃtas]
vingar (vt)	keȓšyti	[ˈkʲɛrʃiːtʲɪ]
torturar (vt)	kankȉnti	[kaŋˈkʲɪntʲɪ]
tortura (f)	kankȉnimas (v)	[kaŋˈkʲɪnʲɪmas]
atormentar (vt)	kankȉnti	[kaŋˈkʲɪntʲɪ]
pirata (m)	pirãtas (v)	[pʲɪˈraːtas]
desordeiro (m)	chuligãnas (v)	[xʊlʲɪˈgaːnas]
armado (adj)	ginklúotas	[gʲɪŋkˈlʲʊatas]
violência (f)	príevarta (m)	[ˈprʲiɛvarta]
espionagem (f)	špionãžas (v)	[ʃpʲoˈnaːʒas]
espionar (vi)	šnipinéti	[ʃnʲɪpʲɪˈnʲeːtʲɪ]

193. Polícia. Lei. Parte 1

justiça (sistema de ~)	teȉsmas (v)	[ˈtʲɛɪsmas]
tribunal (m)	teȉsmas (v)	[ˈtʲɛɪsmas]
juiz (m)	teiséjas (v)	[tʲɛɪˈsʲeːjas]
jurados (m pl)	prisíekusieji (v)	[prʲɪˈsʲiɛkʊsʲiɛji]
tribunal (m) do júri	prisíekusiujų teȉsmas (v)	[prʲɪˈsʲiɛkʊsʲuːjuː ˈtʲɛɪsmas]
julgar (vt)	teȉsti	[ˈtʲɛɪstʲɪ]
advogado (m)	advokãtas (v)	[advoˈkaːtas]
réu (m)	teisiamãsis (v)	[tʲɛɪsʲæˈmasʲɪs]
banco (m) dos réus	teisiamũjų súolas (v)	[tʲɛɪsʲæˈmuːjuː ˈsʊalʲas]
acusação (f)	káltinimai (v)	[ˈkalʲtʲɪnʲɪmʌɪ]
acusado (m)	káltinamasis (v)	[ˈkalʲtʲɪnamasʲɪs]
sentença (f)	núosprendis (v)	[ˈnʊasprʲendʲɪs]
sentenciar (vt)	nuteȉsti	[nʊˈtʲɛɪstʲɪ]
culpado (m)	kaltiniñkas (v)	[kalʲtʲɪˈnʲɪŋkas]
punir (vt)	nubaũsti	[nʊˈbaʊstʲɪ]
punição (f)	bausmė̃ (m)	[baʊsˈmʲe:]
multa (f)	baudà (m)	[baʊˈda]
prisão (f) perpétua	kalėjimas ikì gyvõs galvõs (v)	[kaˈlʲɛjɪmas ikʲɪ gʲiːˈvo:s galʲʲˈvo:s]

pena (f) de morte	mirtiễs bausmễ (m)	[mʲɪrˈtʲɛs baʊsˈmʲeː]
cadeira (f) elétrica	elèktros kėdễ (m)	[eˈlʲɛktros kʲeːˈdʲeː]
forca (f)	kártuvės (m dgs)	[ˈkartʊvʲeːs]

executar (vt)	baũsti mirtimì	[ˈbaʊstʲɪ mʲɪrtʲɪˈmʲɪ]
execução (f)	baudìmas mirtimì (v)	[baʊˈdʲɪmas mʲɪrtʲɪˈmʲɪ]

prisão (f)	kaléjimas (v)	[kaˈlʲɛjɪmas]
cela (f) de prisão	kãmera (m)	[ˈkaːmʲɛra]

escolta (f)	konvòjus (v)	[kɔnˈvojʊs]
guarda (m) prisional	prižiūrétojas (v)	[prʲɪʒʲuːˈrʲeːtoːjɛs]
preso, prisioneiro (m)	kalinỹs (v)	[kalʲɪˈnʲiːs]

algemas (f pl)	añtrankiai (v dgs)	[ˈaɲtrakʲɛɪ]
algemar (vt)	uždéti añtrankius	[ʊʒˈdʲeːtʲɪ ˈaɲtraŋkʲʊs]

fuga, evasão (f)	pabégìmas (v)	[pabʲeːˈgʲɪmas]
fugir (vi)	pabégti	[paˈbʲeːktʲɪ]
desaparecer (vi)	diñgti	[ˈdʲɪŋktʲɪ]
soltar, libertar (vt)	paléisti	[paˈlʲɛɪstʲɪ]
anistia (f)	amnèstija (m)	[amˈnʲɛstʲɪjɛ]

polícia (instituição)	policija (m)	[poˈlʲɪtsʲɪjɛ]
polícia (m)	policininkas (v)	[poˈlʲɪtsʲɪnʲɪŋkas]
delegacia (f) de polícia	policijos núovada (m)	[poˈlʲɪtsʲɪjos ˈnuavada]
cassetete (m)	gumìnis pagalỹs (v)	[gʊˈmʲɪnʲɪs pagaˈlʲiːs]
megafone (m)	garsiãkalbis (v)	[garˈsʲæækalʲbʲɪs]

carro (m) de patrulha	patrùlio mašinà (m)	[patˈrʊlʲo maʃɪˈna]
sirene (f)	sirenà (m)	[sʲɪrʲɛˈna]
ligar a sirene	ijùngti sirèną	[iːˈjʊŋktʲɪ sʲɪˈrʲɛnaː]
toque (m) da sirene	sirènos kaukìmas (v)	[sʲɪˈrʲɛnos kaʊˈkʲɪmas]

cena (f) do crime	ívykio vietà (m)	[ˈiːvʲɪkʲo vʲɪɛˈta]
testemunha (f)	liùdininkas (v)	[ˈlʲʊdʲɪnʲɪŋkas]
liberdade (f)	láisvė (m)	[ˈlʲʌɪsvʲeː]
cúmplice (m)	beñdrininkas (v)	[ˈbʲɛndrʲɪnʲɪŋkas]
escapar (vi)	pasislépti	[pasʲɪˈslʲeːptʲɪ]
traço (não deixar ~s)	pédsakas (v)	[ˈpʲeːdsakas]

194. Polícia. Lei. Parte 2

procura (f)	paieškà (m)	[paʲɪɛʃˈka]
procurar (vt)	ieškóti	[ɪɛʃˈkotʲɪ]
suspeita (f)	įtarìmas (v)	[iːtaˈrʲɪːmas]
suspeito (adj)	įtartinas	[iːˈtartʲɪnas]
parar (veículo, etc.)	sustabdýti	[sʊstabˈdʲiːtʲɪ]
deter (fazer parar)	sulaikýti	[sʊlʲʌɪˈkʲiːtʲɪ]

caso (~ criminal)	bylà (m)	[bʲiːˈlʲa]
investigação (f)	tyrìmas (v)	[tʲiːˈrʲɪmas]
detetive (m)	detektỹvas (v)	[dʲɛtʲɛkˈtʲiːvas]
investigador (m)	tyréjas (v)	[tʲiːˈrʲeːjas]

versão (f)	vèrsija (m)	['vʲɛrsʲɪjɛ]
motivo (m)	motỹvas (v)	[mo'tʲiːvas]
interrogatório (m)	apklausà (m)	[apklʲɑʊ'sa]
interrogar (vt)	apkláusti	[ap'klʲɑʊstʲɪ]
questionar (vt)	apkláusti	[ap'klʲɑʊstʲɪ]
verificação (f)	patìkrinimas (v)	[pa'tʲɪkrʲɪnʲɪmas]

batida (f) policial	gaudỹnės (m dgs)	[gɑʊ'dʲiːnʲeːs]
busca (f)	kratà (m)	[kra'ta]
perseguição (f)	vijìmasis (v)	[vʲɪ'jɪmasʲɪs]
perseguir (vt)	sèkti	['sʲɛktʲɪ]
seguir, rastrear (vt)	sèkti	['sʲɛktʲɪ]

prisão (f)	āreštas (v)	['aːrʲɛʃtas]
prender (vt)	areštúoti	[arʲɛʃ'tʊatʲɪ]
pegar, capturar (vt)	pagáuti	[pa'gɑʊtʲɪ]
captura (f)	pagavìmas (v)	[paga'vʲɪmas]

documento (m)	dokumeñtas (v)	[dokʊ'mʲɛntas]
prova (f)	įródymas (v)	[iː'rodʲɪːmas]
provar (vt)	įródyti	[iː'rodʲɪːtʲɪ]
pegada (f)	pédsakas (v)	['pʲeːdsakas]
impressões (f pl) digitais	pírštų antspaudai (v dgs)	['pʲɪrʃtuː 'antspɑʊdʌɪ]
prova (f)	įkaltis (v)	['iːkalʲtʲɪs]

álibi (m)	ālibi (v)	['aːlʲɪbʲɪ]
inocente (adj)	nekáltas	[nʲɛ'kalʲtas]
injustiça (f)	neteisingùmas (v)	[nʲɛtʲɛɪsʲɪn'gʊmas]
injusto (adj)	neteisìngas	[nʲɛtʲɛɪ'sʲɪngas]

criminal (adj)	kriminālinis	[krʲɪmʲɪ'naːlʲɪnʲɪs]
confiscar (vt)	konfiskúoti	[konfʲɪs'kʊatʲɪ]
droga (f)	narkòtikas (v)	[nar'kotʲɪkas]
arma (f)	giñklas (v)	['gʲɪŋklʲas]
desarmar (vt)	nuginklúoti	[nʊgʲɪŋ'klʲʊatʲɪ]
ordenar (vt)	įsakinéti	[iːsakʲɪ'nʲeːtʲɪ]
desaparecer (vi)	diñgti	['dʲɪŋktʲɪ]

lei (f)	įstātymas (v)	[iː'staːtiːmas]
legal (adj)	teisétas	[tʲɛɪ'sʲeːtas]
ilegal (adj)	neteisétas	[nʲɛtʲɛɪ'sʲeːtas]

| responsabilidade (f) | atsakomỹbė (m) | [atsako'mʲiːbʲeː] |
| responsável (adj) | atsakìngas | [atsa'kʲɪngas] |

NATUREZA

A Terra. Parte 1

195. Espaço sideral

espaço, cosmo (m)	kòsmosas (v)	['kosmosas]
espacial, cósmico (adj)	kòsminis	['kosmʲɪnʲɪs]
espaço (m) cósmico	kòsminė erdvė̃ (m)	['kosmʲɪnʲe: ɛrd'vʲe:]
mundo (m)	visatà (m)	[vʲɪsa'ta]
universo (m)	pasàulis (v)	[pa'sɑʊlʲɪs]
galáxia (f)	galãktika (m)	[ga'lʲa:ktʲɪka]
estrela (f)	žvaigždė̃ (m)	[ʒvʌɪg'ʒdʲe:]
constelação (f)	žvaigždýnas (v)	[ʒvʌɪgʒ'dʲi:nas]
planeta (m)	planetà (m)	[plʲanʲɛ'ta]
satélite (m)	palydõvas (v)	[palʲi:'do:vas]
meteorito (m)	meteorìtas (v)	[mʲɛtʲɛo'rʲɪtas]
cometa (m)	kometà (m)	[kɔmʲɛ'ta]
asteroide (m)	asteròidas (v)	[astʲɛ'rɔɪdas]
órbita (f)	orbità (m)	[orbʲɪ'ta]
girar (vi)	sùktis	['sʊktʲɪs]
atmosfera (f)	atmosferà (m)	[atmosfʲɛ'ra]
Sol (m)	Sáulė (m)	['sɑʊlʲe:]
Sistema (m) Solar	Sáulės sistemà (m)	['sɑʊlʲe:s sʲɪste'ma]
eclipse (m) solar	Sáulės užtemìmas (v)	['sɑʊlʲe:s ʊʒtʲɛ'mʲɪmas]
Terra (f)	Žẽmė (m)	['ʒʲæmʲe:]
Lua (f)	Mėnùlis (v)	[mʲe:'nʊlʲɪs]
Marte (m)	Mársas (v)	['marsas]
Vênus (f)	Venerà (m)	[vʲɛnʲɛ'ra]
Júpiter (m)	Jupìteris (v)	[jʊ'pʲɪtʲɛrʲɪs]
Saturno (m)	Satùrnas (v)	[sa'tʊrnas]
Mercúrio (m)	Merkùrijus (v)	[mʲɛr'kʊrʲɪjʊs]
Urano (m)	Urãnas (v)	[ʊ'ra:nas]
Netuno (m)	Neptũnas (v)	[nʲɛp'tu:nas]
Plutão (m)	Plutònas (v)	[plʲʊ'tonas]
Via Láctea (f)	Paũkščių Tãkas (v)	['pɑʊkʃʲu: 'ta:kas]
Ursa Maior (f)	Didíeji Grĩžulo Rãtai (v dgs)	[dʲɪ'dʲiɛjɪ 'grʲɪ:ʒʊlɔ 'ra:tʌɪ]
Estrela Polar (f)	Šiaurìnė žvaigždė̃ (m)	[ʃʲɛʊ'rʲɪnʲe: ʒvʌɪg'ʒdʲe:]
marciano (m)	marsiẽtis (v)	[mar'sʲɛtʲɪs]
extraterrestre (m)	ateìvis (v)	[a'tʲɛɪvʲɪs]

alienígena (m)	atėivis (v)	[a'tʲɛɪvʲɪs]
disco (m) voador	skraidanti lėkštė (m)	['skrʌɪdantʲɪ lʲe:kʃ'tʲe:]
espaçonave (f)	kosminis laivas (v)	['kosmʲɪnʲɪs 'lʲʌɪvas]
estação (f) orbital	orbitos stotis (m)	[or'bʲɪtos sto'tʲɪs]
lançamento (m)	startas (v)	['startas]
motor (m)	variklis (v)	[va'rʲɪklʲɪs]
bocal (m)	tūta (m)	[tu:'ta]
combustível (m)	kuras (v)	['kʊras]
cabine (f)	kabina (m)	[kabʲɪ'na]
antena (f)	antena (m)	[antʲɛ'na]
vigia (f)	iliuminatorius (v)	[ɪlʲʊmʲɪ'na:torʲʊs]
bateria (f) solar	saulės baterija (m)	['saʊlʲe:s ba'tʲɛrʲɪjɛ]
traje (m) espacial	skafandras (v)	[ska'fandras]
imponderabilidade (f)	nesvarumas (v)	[nʲɛsva'rumas]
oxigênio (m)	deguonis (v)	[dʲɛ'gʊɑnʲɪs]
acoplagem (f)	susijungimas (v)	[sʊsʲɪjʊn'gʲɪmas]
fazer uma acoplagem	susijungti	[sʊsʲɪ'jʊŋktʲɪ]
observatório (m)	observatorija (m)	[obsʲɛrva'torʲɪjɛ]
telescópio (m)	teleskopas (v)	[tʲɛlʲɛ'skopas]
observar (vt)	stebėti	[ste'bʲe:tʲɪ]
explorar (vt)	tyrinėti	[tʲi:rʲɪ'nʲe:tʲɪ]

196. A Terra

Terra (f)	Žemė (m)	['ʒʲæmʲe:]
globo terrestre (Terra)	žemės rutulys (v)	['ʒʲæmʲe:s rʊtʊ'lʲi:s]
planeta (m)	planeta (m)	[plʲanʲɛ'ta]
atmosfera (f)	atmosfera (m)	[atmosfʲɛ'ra]
geografia (f)	geografija (m)	[gʲɛo'gra:fʲɪjɛ]
natureza (f)	gamta (m)	[gam'ta]
globo (mapa esférico)	gaublys (v)	[gɑʊb'lʲi:s]
mapa (m)	žemėlapis (v)	[ʒe'mʲe:lʲapʲɪs]
atlas (m)	atlasas (v)	['a:tlʲasas]
Europa (f)	Europa (m)	[ɛʊro'pa]
Ásia (f)	azija (m)	['a:zʲɪjɛ]
África (f)	afrika (m)	['a:frʲɪka]
Austrália (f)	Australija (m)	[ɑʊs'tra:lʲɪjɛ]
América (f)	Amerika (m)	[a'mʲɛrʲɪka]
América (f) do Norte	Šiaurės Amerika (m)	['ʃæʊrʲe:s a'mʲɛrʲɪka]
América (f) do Sul	Pietų Amerika (m)	[pʲɪɛ'tu: a'mʲɛrʲɪka]
Antártida (f)	Antarktida (m)	[antarktʲɪ'da]
Ártico (m)	Arktika (m)	['arktʲɪka]

197. Pontos cardeais

norte (m)	šiáurė (m)	['ʃæuʳʲe:]
para norte	į šiáurę	[i: 'ʃæuʳʲɛ:]
no norte	šiáurėje	['ʃæuʳʲe:je]
do norte (adj)	šiaurìnis	[ʃɛu'ʳɪnʲɪs]

sul (m)	pietùs (v)	[pʲiɛ'tʊs]
para sul	į pietùs	[i: pʲiɛ'tʊs]
no sul	pietuose	[pʲiɛtʊɑ'sʲɛ]
do sul (adj)	pietìnis	[pʲiɛ'tʲɪnʲɪs]

oeste, ocidente (m)	vakaraĩ (v dgs)	[vaka'rʌɪ]
para oeste	į vãkarus	[i: 'va:karʊs]
no oeste	vakaruose	[vakarʊɑ'sʲɛ]
ocidental (adj)	vakariẽtiškas	[vaka'ʳɛtʲɪʃkas]

leste, oriente (m)	rytaĩ (v dgs)	[rʲi:'tʌɪ]
para leste	į rýtus	[i: 'rʲɪ:tʊs]
no leste	rytuose	[rʲi:tʊɑ'sʲɛ]
oriental (adj)	rytiẽtiškas	[rʲi:'tʲɛtʲɪʃkas]

198. Mar. Oceano

mar (m)	jū́ra (m)	['ju:ra]
oceano (m)	vandenýnas (v)	[vandʲɛ'nʲi:nas]
golfo (m)	į́lanka (m)	['i:lʲaŋka]
estreito (m)	są́siauris (v)	['sa:sʲɛuʳɪs]

continente (m)	žemýnas (v)	[ʒʲɛ'mʲi:nas]
ilha (f)	sala (m)	[sa'lʲa]
península (f)	pusiãsalis (v)	[pu'sʲæsalʲɪs]
arquipélago (m)	archipelãgas (v)	[arxʲɪpʲɛ'lʲa:gas]

baía (f)	užutekis (v)	[ʊʒutʲɛkʲɪs]
porto (f)	úostas (v)	['ʊɑstas]
lagoa (f)	lagū̃na (m)	[lʲagu:'na]
cabo (m)	iškyšulỹs (v)	[ɪʃkʲi:ʃu'lʲi:s]

atol (m)	atólas (v)	[a'tolʲas]
recife (m)	rìfas (v)	['rʲɪfas]
coral (m)	korãlas (v)	[kɔ'ra:lʲas]
recife (m) de coral	korãlų rìfas (v)	[kɔ'ra:lʲu: 'rʲɪfas]

profundo (adj)	gilùs	[gʲɪ'lʲʊs]
profundidade (f)	gýlis (v)	['gʲi:lʲɪs]
abismo (m)	bedugnė (m)	[bʲɛ'dʊgnʲe:]
fossa (f) oceânica	į́duba (m)	['i:dʊba]

corrente (f)	srovė̃ (m)	[sro'vʲe:]
banhar (vt)	skaláuti	[ska'lʲɑutʲɪ]
litoral (m)	pajūris (v)	['pajūris]
costa (f)	pakrántė (m)	[pak'rantʲe:]

maré (f) alta	añtplūdis (v)	['antplʲu:dʲɪs]
refluxo (m)	atóslūgis (v)	[a'toslʲu:gʲɪs]
restinga (f)	atábradas (v)	[a'ta:bradas]
fundo (m)	dùgnas (v)	['dʊgnas]

onda (f)	bangà (m)	[ban'ga]
crista (f) da onda	bangõs keterà (m)	[ban'go:s kʲɛtʲɛ'ra]
espuma (f)	pùtos (m dgs)	['pʊtos]

tempestade (f)	audrà (m)	[ɑʊd'ra]
furacão (m)	uragãnas (v)	[ʊra'ga:nas]
tsunami (m)	cunãmis (v)	[tsʊ'na:mʲɪs]
calmaria (f)	štiliùs (v)	[ʃtʲɪ'lʲʊs]
calmo (adj)	ramùs	[ra'mʊs]

| polo (m) | ašìgalis (v) | [a'ʃɪgalʲɪs] |
| polar (adj) | poliãrinis | [po'lʲær'ɪnʲɪs] |

latitude (f)	platumà (m)	[plʲatʊ'ma]
longitude (f)	ilgumà (m)	[ɪlʲgʊ'ma]
paralela (f)	paralèlė (m)	[para'lʲɛlʲe:]
equador (m)	ekvãtorius (v)	[ɛk'va:torʲʊs]

céu (m)	dangùs (v)	[dan'gʊs]
horizonte (m)	horizòntas (v)	[ɣorʲɪ'zontas]
ar (m)	óras (v)	['oras]

farol (m)	švyturỹs (v)	[ʃvʲi:tʊ'rʲi:s]
mergulhar (vi)	nárdyti	['nardʲi:tʲɪ]
afundar-se (vr)	nuskęsti	[nʊ'skʲɛ:stʲɪ]
tesouros (m pl)	lóbis (v)	['lʲo:bʲɪs]

199. Nomes de Mares e Oceanos

Oceano (m) Atlântico	Atlánto vandenýnas (v)	[at'lʲanto vandʲɛ'nʲi:nas]
Oceano (m) Índico	Ìndijos vandenýnas (v)	['ɪndʲɪjos vandʲɛ'nʲi:nas]
Oceano (m) Pacífico	Ramùsis vandenýnas (v)	[ra'mʊsʲɪs vandʲɛ'nʲi:nas]
Oceano (m) Ártico	Árkties vandenýnas (v)	['arktʲiɛs vandʲɛ'nʲi:nas]

Mar (m) Negro	Juodóji jũra (m)	[jʊɑ'do:jɪ 'ju:ra]
Mar (m) Vermelho	Raudonóji jũra (m)	[rɑʊdo'no:jɪ 'ju:ra]
Mar (m) Amarelo	Geltonóji jũra (m)	[gʲɛlʲ'to'no:jɪ 'ju:ra]
Mar (m) Branco	Baltóji jũra (m)	[balʲ'to:jɪ 'ju:ra]

Mar (m) Cáspio	Kãspijos jũra (m)	['ka:spʲɪjos 'ju:ra]
Mar (m) Morto	Negyvóji jũra (m)	[nʲɛgʲi:'vo:jɪ 'ju:ra]
Mar (m) Mediterrâneo	Vidùržemio jũra (m)	[vʲɪ'dʊrʒʲɛmʲo 'ju:ra]

| Mar (m) Egeu | Egéjo jũra (m) | [ɛ'gʲæjo 'ju:ra] |
| Mar (m) Adriático | ãdrijos jũra (m) | ['a:drʲɪjos 'ju:ra] |

Mar (m) Arábico	Arãbijos jũra (m)	[a'rabʲɪjos 'ju:ra]
Mar (m) do Japão	Japònijos jũra (m)	[ja'ponʲɪjos ju:ra]
Mar (m) de Bering	Bèringo jũra (m)	['bʲɛrʲɪngɔ 'ju:ra]

Mar (m) da China Meridional	Pietų Kìnijos jū́ra (m)	[pʲiɛ'tu: 'kʲɪnʲɪjɔs ' juːra]
Mar (m) de Coral	Korãlų jū́ra (m)	[kɔ'raːlʲu: 'juːra]
Mar (m) de Tasman	Tasmãnų jū́ra (m)	[tas'manu: 'juːra]
Mar (m) do Caribe	Karìbų jū́ra (m)	[ka'rʲɪbu: 'juːra]

| Mar (m) de Barents | Bãrenco jū́ra (m) | [barʲɛntsɔ 'juːra] |
| Mar (m) de Kara | Kãrsko jū́ra (m) | ['karskɔ 'juːra] |

Mar (m) do Norte	Šiáurės jū́ra (m)	['ʃæʊrʲeːs 'juːra]
Mar (m) Báltico	Bãltijos jū́ra (m)	['balʲtʲɪjɔs 'juːra]
Mar (m) da Noruega	Norvègijos jū́ra (m)	[nor'vʲɛgʲɪjɔs 'juːra]

200. Montanhas

montanha (f)	kálnas (v)	['kalʲnas]
cordilheira (f)	kalnų̃ vìrtinė (m)	[kalʲ'nu: vʲɪrtʲɪnʲe:]
serra (f)	kalnãgūbris (v)	[kalʲ'na:guːbrʲɪs]

cume (m)	viršū́nė (m)	[vʲɪr'ʃuːnʲe:]
pico (m)	pìkas (v)	['pʲɪkas]
pé (m)	papédė (m)	[pa'pʲeːdʲe:]
declive (m)	núokalnė (m)	['nʊɑkalʲnʲe:]

vulcão (m)	ugnìkalnis (v)	[ʊg'nʲɪkalʲnʲɪs]
vulcão (m) ativo	veĩkiantis ugnìkalnis (v)	['vʲɛɪkʲæntʲɪs ʊg'nʲɪkalʲnʲɪs]
vulcão (m) extinto	užgēsęs ugnìkalnis (v)	[ʊʒ'gʲæsʲɛ:s ʊg'nʲɪkalʲnʲɪs]

erupção (f)	išsiveržimas (v)	[ɪʃsʲɪvʲɛr'ʒʲɪmas]
cratera (f)	krãteris (v)	['kra:tʲɛrʲɪs]
magma (m)	magmà (m)	[mag'ma]
lava (f)	lavà (m)	[lʲa'va]
fundido (lava ~a)	įkaĩtęs	[i:'kʌɪtʲɛ:s]
cânion, desfiladeiro (m)	kanjõnas (v)	[ka'njɔ nas]
garganta (f)	tarpùkalnė (m)	[tar'pʊkalʲnʲe:]
fenda (f)	tarpēklis (m)	[tar'pʲæklʲɪs]

passo, colo (m)	kalnãkelis (m)	[kalʲ'nakʲɛlʲɪs]
planalto (m)	gulstė̃ (v)	[gʊlʲ'stʲe:]
falésia (f)	uolà (m)	[ʊɑ'lʲa]
colina (f)	kalvà (m)	[kalʲ'va]

geleira (f)	ledýnas (v)	[lʲɛ'dʲiːnas]
cachoeira (f)	krioklỹs (v)	[krʲok'lʲiːs]
gêiser (m)	geĩzeris (v)	['gʲɛɪzʲɛrʲɪs]
lago (m)	ēžeras (v)	['ɛʒʲɛras]

planície (f)	lygumà (m)	[lʲiːgʊ'ma]
paisagem (f)	peizãžas (v)	[pʲɛɪ'za:ʒas]
eco (m)	aĩdas (v)	['ʌɪdas]

alpinista (m)	alpinìstas (v)	[alʲpʲɪ'rʲnʲɪstas]
escalador (m)	uolakopỹs (v)	[ʊɑlʲako'pỹs]
conquistar (vt)	pavérgti	[pa'vʲɛrktʲɪ]
subida, escalada (f)	kopìmas (v)	[kɔ'pʲɪmas]

201. Nomes de montanhas

Alpes (m pl)	Álpės (m dgs)	['alⁱpⁱe:s]
Monte Branco (m)	Monblãnas (v)	[mon'blⁱa:nas]
Pirineus (m pl)	Pirénai (v)	[pⁱɪ'rⁱe:nʌɪ]
Cárpatos (m pl)	Karpãtai (v dgs)	[kar'pa:tʌɪ]
Urais (m pl)	Urãlo kalnaì (v dgs)	[ʊ'ra:lɔ kalⁱ'nʌɪ]
Cáucaso (m)	Kaukãzas (v)	[kɑʊ'ka:zas]
Elbrus (m)	Elbrùsas (v)	[ɛlⁱ'brʊsas]
Altai (m)	Altãjus (v)	[alⁱ'ta:jʊs]
Tian Shan (m)	Tian Šãnis (v)	[tⁱæn 'ʃa:nⁱɪs]
Pamir (m)	Pamỹras (v)	[pa'mⁱi:ras]
Himalaia (m)	Himalãjai (v dgs)	[ɣⁱɪma'lⁱa:jʌɪ]
monte Everest (m)	Everèstas (v)	[ɛvⁱɛ'rⁱɛstas]
Cordilheira (f) dos Andes	Añdai (v)	['andʌɪ]
Kilimanjaro (m)	Kilimandžãras (v)	[kⁱɪlⁱɪman'dʒa:ras]

202. Rios

rio (m)	ùpė (m)	['ʊpⁱe:]
fonte, nascente (f)	šaltìnis (v)	[ʃalⁱ'tⁱɪnⁱɪs]
leito (m) de rio	vagà (m)	[va'ga]
bacia (f)	baseìnas (v)	[ba'sⁱɛɪnas]
desaguar no ...	įtekéti į̃ ...	[i:tⁱɛ'kⁱe:tⁱɪ i: ..]
afluente (m)	añtplūdis (v)	['antplⁱu:dⁱɪs]
margem (do rio)	krañtas (v)	['krantas]
corrente (f)	srovè (m)	[sro'vⁱe:]
rio abaixo	pasroviuì	[pasro'vⁱʊɪ]
rio acima	priẽš srõvę	['prⁱɛʃ 'sro:vⁱɛ:]
inundação (f)	pótvynis (v)	['potvⁱi:nⁱɪs]
cheia (f)	póplūdis (v)	['poplⁱu:dⁱɪs]
transbordar (vi)	išsilíeti	[ɪʃsⁱɪ'lⁱiɛtⁱɪ]
inundar (vt)	tvìndyti	['tvⁱɪndⁱi:tⁱɪ]
banco (m) de areia	seklumà (m)	[sⁱɛklⁱʊ'ma]
corredeira (f)	sleñkstis (v)	['slⁱɛŋkstⁱɪs]
barragem (f)	ùžtvanka (m)	['ʊʒtvaŋka]
canal (m)	kanãlas (v)	[ka'na:lⁱas]
reservatório (m) de água	vandeñs saugyklà (m)	[van'dⁱɛns sɑʊgⁱi:k'lⁱa]
eclusa (f)	šliùzas (v)	['ʃlⁱʊzas]
corpo (m) de água	vandeñs telkinỹs (v)	[van'dⁱɛns tⁱɛlⁱkⁱɪ'nⁱi:s]
pântano (m)	pélkė (m)	['pⁱɛlⁱkⁱe:]
lamaçal (m)	liùnas (v)	['lⁱʊ:nas]
redemoinho (m)	verpẽtas (v)	[vⁱɛr'pⁱætas]
riacho (m)	upèlis (v)	[ʊ'pⁱælⁱɪs]

potável (adj)	gĕriamas	['gⁱærⁱæmas]
doce (água)	gĕlas	['gⁱe:lⁱas]

gelo (m)	lĕdas (v)	['lⁱædas]
congelar-se (vr)	užšálti	[ʊʒ'ʃalⁱtⁱɪ]

203. Nomes de rios

rio Sena (m)	Senà (m)	[sⁱɛ'na]
rio Loire (m)	Luarà (m)	[lⁱʊa'ra]

rio Tâmisa (m)	Tem̃zė (m)	['tⁱɛmzⁱe:]
rio Reno (m)	Reĩnas (v)	['rⁱɛɪnas]
rio Danúbio (m)	Dunõjus (v)	[dʊ'no:jʊs]

rio Volga (m)	Volga (m)	['volⁱga]
rio Don (m)	Dònas (v)	['donas]
rio Lena (m)	Lenà (m)	[lⁱɛ'na]

rio Amarelo (m)	Geltonóji ùpė (m)	[gⁱɛlⁱto'no:jɪ 'ʊpⁱe:]
rio Yangtzé (m)	Jangdžė (m)	[jang'dzⁱe:]
rio Mekong (m)	Mekòngas (v)	[mⁱɛ'kongas]
rio Ganges (m)	Gángas (v)	['gangas]

rio Nilo (m)	Nìlas (v)	['nⁱɪlⁱas]
rio Congo (m)	Kòngas (v)	['kongas]
rio Cubango (m)	Okavángas (v)	[oka'va ngas]
rio Zambeze (m)	Zambėzė (m)	[zam'bⁱɛzⁱe:]
rio Limpopo (m)	Limpopò (v)	[lⁱɪmpo'po]
rio Mississippi (m)	Misisìpė (m)	[mⁱɪsⁱɪ'sⁱɪpⁱe:]

204. Floresta

floresta (f), bosque (m)	mìškas (v)	['mⁱɪʃkas]
florestal (adj)	miškìnis	[mⁱɪʃ'kⁱɪnⁱɪs]

mata (f) fechada	tankumýnas (v)	[taŋkʊ'mⁱi:nas]
arvoredo (m)	giráitė (m)	[gⁱɪ'rʌɪtⁱe:]
clareira (f)	laũkas (v)	['lⁱɑʊkas]

matagal (m)	žolýnas, beržýnas (v)	[ʒo'lⁱi:nas], [bⁱɛr'ʒⁱi:nas]
mato (m), caatinga (f)	krūmýnas (v)	[kru:'mⁱi:nas]

pequena trilha (f)	takėlis (v)	[ta'kⁱælⁱɪs]
ravina (f)	griovỹs (v)	[grⁱo'vⁱi:s]

árvore (f)	mēdis (v)	['mⁱædⁱɪs]
folha (f)	lãpas (v)	['lⁱa:pas]
folhagem (f)	lapijà (m)	[lⁱapⁱɪ'ja]

queda (f) das folhas	lãpų kritìmas (v)	['lⁱa:pu: krⁱɪ'tⁱɪmas]
cair (vi)	krìsti	['krⁱɪstⁱɪ]

topo (m)	viršūnė (m)	[vʲɪrˈʃuːnʲeː]
ramo (m)	šaka (m)	[ʃaˈka]
galho (m)	šaka (m)	[ʃaˈka]
botão (m)	pumpuras (v)	[ˈpumpʊras]
agulha (f)	spyglỹs (v)	[spʲiːgˈlʲiːs]
pinha (f)	kankorėžis (v)	[kaŋˈkorʲeːʒʲɪs]
buraco (m) de árvore	úoksas (v)	[ˈʊɑksas]
ninho (m)	lìzdas (v)	[ˈlʲɪzdas]
toca (f)	olà (m)	[oˈlʲa]
tronco (m)	kamíenas (v)	[kaˈmʲiɛnas]
raiz (f)	šaknìs (m)	[ʃakˈnʲɪs]
casca (f) de árvore	žievė (m)	[ʒʲiɛˈvʲeː]
musgo (m)	sãmana (m)	[ˈsaːmana]
arrancar pela raiz	ráuti	[ˈrɑʊtʲɪ]
cortar (vt)	kírsti	[ˈkʲɪrstʲɪ]
desflorestar (vt)	iškìrsti	[ɪʃˈkʲɪrstʲɪ]
toco, cepo (m)	kélmas (v)	[ˈkʲɛlʲmas]
fogueira (f)	láužas (v)	[ˈlʲɑʊʒas]
incêndio (m) florestal	gaìsras (v)	[ˈgʌɪsras]
apagar (vt)	gesìnti	[gʲɛˈsʲɪntʲɪ]
guarda-parque (m)	mìškininkas (v)	[ˈmʲɪʃkʲɪnʲɪŋkas]
proteção (f)	apsauga (m)	[apsɑʊˈga]
proteger (a natureza)	sáugoti	[ˈsɑʊgotʲɪ]
caçador (m) furtivo	brakoniẽrius (v)	[brakoˈnʲɛrʲʊs]
armadilha (f)	spãstai (v dgs)	[ˈspaːstʌɪ]
colher (cogumelos)	grybáuti	[grʲiːˈbɑʊtʲɪ]
colher (bagas)	uogáuti	[ʊɑˈgɑʊtʲɪ]
perder-se (vr)	pasiklýsti	[pasʲɪˈklʲiːstʲɪ]

205. Recursos naturais

recursos (m pl) naturais	gamtìniai ištekliai (v dgs)	[gamˈtʲɪnʲɛɪ ˈɪʃtʲɛklʲɛɪ]
minerais (m pl)	naudìngos iškasenos (m dgs)	[nɑʊˈdʲɪngos ˈɪʃkasʲɛnos]
depósitos (m pl)	telkiniaĩ (v dgs)	[tʲɛlʲkʲɪˈnʲɛɪ]
jazida (f)	telkinỹs (v)	[tʲɛlʲkʲɪˈnʲiːs]
extrair (vt)	iškàsti	[ɪʃˈkastʲɪ]
extração (f)	laimìkis (v)	[lʲʌɪˈmʲɪkʲɪs]
minério (m)	rūdà (m)	[ruːˈda]
mina (f)	rūdýnas (v)	[ruːˈdʲiːnas]
poço (m) de mina	šachtà (m)	[ʃaxˈta]
mineiro (m)	šãchtininkas (v)	[ˈʃaːxtʲɪnʲɪŋkas]
gás (m)	dùjos (m dgs)	[ˈdʊjos]
gasoduto (m)	dujótiekis (v)	[dʊˈjotʲiɛkʲɪs]
petróleo (m)	naftà (m)	[nafˈta]
oleoduto (m)	naftótiekis (v)	[nafˈtotʲiɛkʲɪs]

poço (m) de petróleo	náftos bókštas (v)	['na:ftos 'bokʃtas]
torre (f) petrolífera	gręžimo bókštas (v)	['grʲɛ:ʒʲɪmɔ 'bokʃtas]
petroleiro (m)	tánklaivis (v)	['taŋklʲʌɪvʲɪs]

areia (f)	smělis (v)	['smʲe:lʲɪs]
calcário (m)	kálkinis akmuõ (v)	['kalʲkʲɪnʲɪs ak'mʊɑ]
cascalho (m)	žvýras (v)	['ʒvʲi:ras]
turfa (f)	durpés (m dgs)	['dʊrpʲe:s]
argila (f)	mólis (v)	['molʲɪs]
carvão (m)	anglìs (m)	[ang'lʲɪs]

ferro (m)	geležìs (v)	[gʲɛlʲɛ'ʒʲɪs]
ouro (m)	áuksas (v)	['ɑʊksas]
prata (f)	sidábras (v)	[sʲɪ'da:bras]
níquel (m)	nìkelis (v)	['nʲɪkʲɛlʲɪs]
cobre (m)	váris (v)	['va:rʲɪs]

zinco (m)	cìnkas (v)	['tsʲɪŋkas]
manganês (m)	mangãnas (v)	[man'ga:nas]
mercúrio (m)	gývsidabris (v)	['gʲi:vsʲɪdabrʲɪs]
chumbo (m)	švìnas (v)	['ʃvʲɪnas]

mineral (m)	minerãlas (v)	[mʲɪnʲɛ'ra:lʲas]
cristal (m)	kristãlas (v)	[krʲɪs'ta:lʲas]
mármore (m)	mármuras (v)	['marmʊras]
urânio (m)	urãnas (v)	[ʊ'ra:nas]

A Terra. Parte 2

206. Tempo

tempo (m)	óras (v)	['oras]
previsão (f) do tempo	óro prognòzė (m)	['orɔ prog'nozʲe:]
temperatura (f)	temperatūra (m)	[tʲɛmpʲɛratu:'ra]
termômetro (m)	termomėtras (v)	[tʲɛrmo'mʲɛtras]
barômetro (m)	baromėtras (v)	[baro'mʲɛtras]
úmido (adj)	drėgnas	['drʲe:gnas]
umidade (f)	drėgmė (m)	[drʲe:g'mʲe:]
calor (m)	kar̃štis (v)	['karʃtʲɪs]
tórrido (adj)	kárštas	['karʃtas]
está muito calor	kar̃šta	['karʃta]
está calor	šĩlta	['ʃɪlʲta]
quente (morno)	šĩltas	['ʃɪlʲtas]
está frio	šálta	['ʃalʲta]
frio (adj)	šáltas	['ʃalʲtas]
sol (m)	sáulė (m)	['saʊlʲe:]
brilhar (vi)	šviẽsti	['ʃvʲɛstʲɪ]
de sol, ensolarado	sauléta	[saʊ'lʲe:ta]
nascer (vi)	pakìlti	[pa'kʲɪlʲtʲɪ]
pôr-se (vr)	léistis	['lʲɛɪstʲɪs]
nuvem (f)	debesìs (v)	[dʲɛbʲɛ'sʲɪs]
nublado (adj)	debesúota	[dʲɛbʲɛ'sʊata]
nuvem (f) preta	debesìs (v)	[dʲɛbʲɛ'sʲɪs]
escuro, cinzento (adj)	apsiniáukę	[apsʲɪ'nʲæʊkʲɛ:]
chuva (f)	lietùs (v)	[lʲiɛ'tʊs]
está a chover	lỹja	['lʲi:ja]
chuvoso (adj)	lietìngas	[lʲiɛ'tʲɪngas]
chuviscar (vi)	lynóti	[lʲi:'notʲɪ]
chuva (f) torrencial	liū̃tis (m)	['lʲu:tʲɪs]
aguaceiro (m)	liū̃tis (m)	['lʲu:tʲɪs]
forte (chuva, etc.)	stiprùs	[stʲɪp'rʊs]
poça (f)	balà (m)	[ba'lʲa]
molhar-se (vr)	šlàpti	['ʃlʲaptʲɪ]
nevoeiro (m)	rūkas (v)	['ru:kas]
de nevoeiro	miglótas	[mʲɪg'lʲotas]
neve (f)	sniẽgas (v)	['snʲɛgas]
está nevando	sniñga	['snʲɪnga]

207. Tempo extremo. Catástrofes naturais

trovoada (f)	perkūnija (m)	[pʲɛrˈkuːnʲɪjɛ]
relâmpago (m)	žaĩbas (v)	[ˈʒʌɪbas]
relampejar (vi)	žaibúoti	[ʒʌɪˈbʊɑtʲɪ]
trovão (m)	griaustìnis (v)	[grʲɛʊsˈtʲɪnʲɪs]
trovejar (vi)	griáudėti	[ˈgrʲæʊdʲeːtʲɪ]
está trovejando	griáudėja griaustìnis	[ˈgrʲæʊdʲeːja grʲɛʊsˈtʲɪnʲɪs]
granizo (m)	krušà (m)	[krʊˈʃa]
está caindo granizo	krìnta krušà	[ˈkrʲɪnta krʊˈʃa]
inundar (vt)	užlíeti	[ʊʒˈlʲiɛtʲɪ]
inundação (f)	pótvynis (v)	[ˈpotvʲiːnʲɪs]
terremoto (m)	žẽmės drebéjimas (v)	[ˈʒʲæmʲeːs dreˈbʲɛjɪmas]
abalo, tremor (m)	smũgis (m)	[ˈsmuːgʲɪs]
epicentro (m)	epiceñtras (v)	[ɛpʲɪˈtsʲɛntras]
erupção (f)	išsiveržìmas (v)	[ɪʃʲɪvʲɛrˈʒʲɪmas]
lava (f)	lavà (m)	[lʲaˈva]
tornado (m)	víesulas (v)	[ˈvʲiɛsʊlʲas]
tornado (m)	tornãdo (v)	[torˈnaːdɔ]
tufão (m)	taifũnas (v)	[tʌɪˈfuːnas]
furacão (m)	uragãnas (v)	[ʊraˈgaːnas]
tempestade (f)	audrà (m)	[ɑʊdˈra]
tsunami (m)	cunãmis (v)	[tsʊˈnaːmʲɪs]
ciclone (m)	ciklònas (v)	[tsʲɪkˈlʲonas]
mau tempo (m)	dárgana (m)	[ˈdargana]
incêndio (m)	gaĩsras (v)	[ˈgʌɪsras]
catástrofe (f)	katastrofà (m)	[katastroˈfa]
meteorito (m)	meteorìtas (v)	[mʲɛtʲɛoˈrʲɪtas]
avalanche (f)	lavinà (m)	[lʲavʲɪˈna]
deslizamento (m) de neve	griūtìs (m)	[grʲuːˈtʲɪs]
nevasca (f)	pūgà (m)	[puːˈga]
tempestade (f) de neve	pūgà (m)	[puːˈga]

208. Ruídos. Sons

silêncio (m)	tylà (m)	[tʲiːˈlʲa]
som (m)	gaŕsas (v)	[ˈgarsas]
ruído, barulho (m)	triùkšmas (v)	[ˈtrʲʊkʃmas]
fazer barulho	triukšmáuti	[trʲʊkʃˈmɑʊtʲɪ]
ruidoso, barulhento (adj)	triukšmìngas	[trʲʊkʃˈmʲɪngas]
alto	gaŕsiai	[ˈgarsʲɛɪ]
alto (ex. voz ~a)	garsùs	[garˈsʊs]
constante (ruído, etc.)	nuolatìnis	[nʊɑlʲaˈtʲɪnʲɪs]

grito (m)	rìksmas (v)	['rʲɪksmas]
gritar (vi)	rěkti	['rʲe:ktʲɪ]
sussurro (m)	šnabždesỹs (v)	[ʃnabʒdʲɛ'sʲi:s]
sussurrar (vi, vt)	šnabždéti	[ʃnabʒ'dʲe:tʲɪ]

latido (m)	lojìmas (v)	[ɫo'jɪmas]
latir (vi)	lóti	['ɫotʲɪ]

gemido (m)	stenéjimas (v)	[stʲɛ'nʲɛjɪmas]
gemer (vi)	stenéti	[ste'nʲe:tʲɪ]
tosse (f)	kósėjimas (v)	['kosʲe:jimas]
tossir (vi)	kósėti	['kosʲe:tʲɪ]

assobio (m)	švilpesỹs (v)	[ʃvʲɪlʲpʲɛ'sʲi:s]
assobiar (vi)	švìlpti	['ʃvʲɪlʲptʲɪ]
batida (f)	stuksēnimas (v)	[stʊk'sʲænʲɪmas]
bater (à porta)	stuksénti	[stʊk'sʲɛntʲɪ]

estalar (vi)	traškéti	[traʃ'kʲe:tʲɪ]
estalido (m)	traškesỹs (v)	[traʃkʲɛ'sʲi:s]

sirene (f)	sirenà (m)	[sʲɪrʲɛ'na]
apito (m)	signãlas (v)	[sʲɪg'na:lʲas]
apitar (vi)	signalizúoti	[sʲɪgnalʲɪ'zʊɑtʲɪ]
buzina (f)	signãlas (v)	[sʲɪg'na:lʲas]
buzinar (vi)	signalizúoti	[sʲɪgnalʲɪ'zʊɑtʲɪ]

209. Inverno

inverno (m)	žiemà (m)	[ʒʲiɛ'ma]
de inverno	žiemìnis	[ʒʲiɛ'mʲɪnʲɪs]
no inverno	žiěmą	['ʒʲɛma:]

neve (f)	sniẽgas (v)	['snʲɛgas]
está nevando	sniñga	['snʲɪŋga]
queda (f) de neve	sniẽgas (v)	['snʲɛgas]
amontoado (m) de neve	pusnìs (m)	[pʊs'nʲɪs]

floco (m) de neve	sniẽgena (m)	['snʲɛgʲɛna]
bola (f) de neve	sniegēlis (m)	[snʲiɛ'gʲælʲɪs]
boneco (m) de neve	besmegēnis (v)	[bʲɛsmʲɛ'gʲænʲɪs]
sincelo (m)	varvēklis (v)	[var'vʲæklʲɪs]

dezembro (m)	grúodis (v)	['grʊɑdʲɪs]
janeiro (m)	saũsis (v)	['sɑʊsʲɪs]
fevereiro (m)	vasãris (v)	[va'sa:rʲɪs]

gelo (m)	šãltis (v)	['ʃalʲtʲɪs]
gelado (tempo ~)	šáltas	['ʃalʲtas]

abaixo de zero	žemiaũ nùlio	[ʒʲɛ'mʲɛʊ 'nʊlʲɔ]
primeira geada (f)	šalčiai (v dgs)	['ʃalʲtʂɛɪ]
geada (f) branca	šerkšnà (m)	[ʃɛrkʃ'na]
frio (m)	šãltis (v)	['ʃalʲtʲɪs]

está frio	šálta	['ʃalʲta]
casaco (m) de pele	kailiniaĩ (v dgs)	[kʌɪlʲɪ'nʲɛɪ]
mitenes (f pl)	kùmštinės (m dgs)	['kʊmʃtʲɪnʲe:s]

adoecer (vi)	susír̃gti	[sʊ'sʲɪrktʲɪ]
resfriado (m)	pér̃šalimas (v)	['pʲɛrʃalʲɪmas]
ficar resfriado	pér̃šalti	['pʲɛrʃalʲtʲɪ]

gelo (m)	lẽdas (v)	['lʲædas]
gelo (m) na estrada	plìkledis (v)	['plʲɪklʲɛdʲɪs]
congelar-se (vr)	užšálti	[ʊʒ'ʃalʲtʲɪ]
bloco (m) de gelo	ledókšnis (v)	[lʲɛ'dokʃnʲɪs]

esqui (m)	slìdės (m dgs)	['slʲɪdʲe:s]
esquiador (m)	slìdininkas (v)	['slʲɪdʲɪnʲɪŋkas]
esquiar (vi)	slidinéti	[slʲɪdʲɪ'nʲe:tʲɪ]
patinar (vi)	čiuožinéti	[tʂʲʊoʒʲɪ'nʲe:tʲɪ]

Fauna

210. Mamíferos. Predadores

predador (m)	plėšrūnas (v)	[pᶥe:ʃru:nas]
tigre (m)	tìgras (v)	['tⁱɪgras]
leão (m)	liūtas (v)	['ᶥu:tas]
lobo (m)	vìlkas (v)	['vⁱɪlⁱkas]
raposa (f)	lãpė (m)	['ᶥa:pⁱe:]

jaguar (m)	jaguãras (v)	[jagʊ'a:ras]
leopardo (m)	leopárdas (v)	[lⁱɛo'pardas]
chita (f)	gepárdas (v)	[gⁱɛ'pardas]

pantera (f)	panterà (m)	[pantⁱɛ'ra]
puma (m)	pumà (m)	[pʊ'ma]
leopardo-das-neves (m)	snieginis leopárdas (v)	[snⁱiɛ'gⁱɪnⁱɪs lⁱɛo'pardas]
lince (m)	lūšis (m)	['ᶥu:ʃɪs]

coiote (m)	kojòtas (v)	[kɔ'jɔ tas]
chacal (m)	šakãlas (v)	[ʃa'ka:ᶥas]
hiena (f)	hienà (m)	[ɣᶥiɛ'na]

211. Animais selvagens

animal (m)	gyvūnas (v)	[gⁱi:'vu:nas]
besta (f)	žvėrìs (v)	[ʒvⁱe:'rⁱɪs]

esquilo (m)	voverė̃ (m)	[vove'rⁱe:]
ouriço (m)	ežỹs (v)	[ɛʒⁱi:s]
lebre (f)	kìškis, zuĩkis (v)	['kⁱɪʃkⁱɪs], ['zʊɪkⁱɪs]
coelho (m)	triùšis (v)	['trⁱʊʃɪs]

texugo (m)	barsùkas (v)	[bar'sʊkas]
guaxinim (m)	meškė́nas (v)	[mⁱɛʃkⁱe:nas]
hamster (m)	žiurkė́nas (v)	[ʒⁱʊr'kⁱe:nas]
marmota (f)	švilpìkas (v)	[ʃvⁱɪlⁱ'pⁱɪkas]

toupeira (f)	kùrmis (v)	['kʊrmⁱɪs]
rato (m)	pelė̃ (m)	[pⁱɛ'ᶥe:]
ratazana (f)	žiùrkė (m)	['ʒⁱʊrkⁱe:]
morcego (m)	šikšnósparnis (v)	[ʃⁱɪkʃ'nosparnⁱɪs]

arminho (m)	šermuonė̃lis (v)	[ʃermʊɑ'nⁱe:ᶥɪs]
zibelina (f)	sãbalas (v)	['sa:baᶥas]
marta (f)	kiáunė (m)	['kⁱæʊnⁱe:]
doninha (f)	žebenkštìs (m)	[ʒⁱɛbⁱɛŋkʃ'tⁱɪs]
visom (m)	audìnė (m)	[ɑʊ'dⁱɪnⁱe:]

castor (m)	bébras (v)	[ˈbʲæbras]
lontra (f)	údra (m)	[ˈuːdra]

cavalo (m)	arklỹs (v)	[arkˈlʲiːs]
alce (m)	bríedis (v)	[ˈbrʲiɛdʲɪs]
veado (m)	élnias (v)	[ˈɛlʲnʲæs]
camelo (m)	kupranugãris (v)	[kʊpranʊˈgaːrʲɪs]

bisão (m)	bizónas (v)	[bʲɪˈzonas]
auroque (m)	stumbras (v)	[ˈstʊmbras]
búfalo (m)	buivolas (v)	[ˈbʊivolʲas]

zebra (f)	zébras (v)	[ˈzʲɛbras]
antílope (m)	antilópé (m)	[antʲɪˈlʲopʲeː]
corça (f)	stìrna (m)	[ˈstʲɪrna]
gamo (m)	danièlius (v)	[daˈnʲɛlʲʊs]
camurça (f)	gemzé (m)	[ˈgʲɛmzʲeː]
javali (m)	šérnas (v)	[ˈʃʲɛrnas]

baleia (f)	bangìnis (v)	[banˈgʲɪnʲɪs]
foca (f)	rúonis (v)	[ˈrʊɑnʲɪs]
morsa (f)	véplỹs (v)	[vʲeːpˈlʲiːs]
urso-marinho (m)	kotikas (v)	[ˈkotʲɪkas]
golfinho (m)	delfinas (v)	[dʲɛlʲˈfʲɪnas]

urso (m)	lokỹs (v), meška (m)	[lʲoˈkʲiːs], [mʲɛʃˈka]
urso (m) polar	baltàsis lokỹs (v)	[balʲˈtasʲɪs lʲoˈkʲiːs]
panda (m)	pánda (m)	[ˈpanda]

macaco (m)	beždžiónė (m)	[bʲɛʒˈdʒʲoːnʲeː]
chimpanzé (m)	šimpánzé (m)	[ʃʲɪmˈpanzʲeː]
orangotango (m)	orangutángas (v)	[orangʊˈtangas]
gorila (f)	gorilà (m)	[gorʲɪˈlʲa]
macaco (m)	makakà (m)	[makaˈka]
gibão (m)	gibònas (v)	[gʲɪˈbonas]

elefante (m)	dramblỹs (v)	[dramˈblʲiːs]
rinoceronte (m)	raganósis (v)	[ragaˈnoːsʲɪs]
girafa (f)	žirafà (m)	[ʒʲɪraˈfa]
hipopótamo (m)	begemòtas (v)	[bʲɛgʲɛˈmotas]

canguru (m)	kengūrà (m)	[kʲɛnˈguːˈra]
coala (m)	koalà (m)	[kɔaˈlʲa]

mangusto (m)	mangustà (m)	[mangʊsˈta]
chinchila (f)	šinšilà (f)	[ʃʲɪnʃʲɪˈlʲa]
cangambá (f)	skunkas (v)	[ˈskʊŋkas]
porco-espinho (m)	dygliuotis (v)	[dʲiːgˈlʲʊotʲɪs]

212. Animais domésticos

gata (f)	katě (m)	[kaˈtʲeː]
gato (m) macho	kãtinas (v)	[ˈkaːtʲɪnas]
cão (m)	šuõ (v)	[ˈʃʊɑ]

cavalo (m)	arklỹs (v)	[ark'lʲi:s]
garanhão (m)	eržilas (v)	['ɛrʒʲɪlʲas]
égua (f)	kumėlė (m)	[kʊ'mʲælʲe:]

vaca (f)	kárvė (m)	['karvʲe:]
touro (m)	bùlius (v)	['bʊlʲʊs]
boi (m)	jáutis (v)	['jɑʊtʲɪs]

ovelha (f)	avìs (m)	[a'vʲɪs]
carneiro (m)	ãvinas (v)	['a:vʲɪnas]
cabra (f)	ožkà (m)	[oʒ'ka]
bode (m)	ožỹs (v)	[o'ʒʲi:s]

burro (m)	ãsilas (v)	['a:sʲɪlʲas]
mula (f)	mùlas (v)	['mʊlʲas]

porco (m)	kiaũlė (m)	['kʲɛʊlʲe:]
leitão (m)	paršėlis (v)	[par'ʃælʲɪs]
coelho (m)	triùšis (v)	['trʲʊʃɪs]

galinha (f)	vištà (m)	[vʲɪʃ'ta]
galo (m)	gaidỹs (v)	[gʌɪ'dʲi:s]

pata (f), pato (m)	ántis (m)	['antʲɪs]
pato (m)	añtinas (v)	['antʲɪnas]
ganso (m)	žą̃sinas (v)	['ʒa:sʲɪnas]

peru (m)	kalakùtas (v)	[kalʲa'kʊtas]
perua (f)	kalakùtė (m)	[kalʲa'kʊtʲe:]

animais (m pl) domésticos	namìniai gyvũnai (v dgs)	[na'mʲɪnʲɛɪ gʲi:'vu:nʌɪ]
domesticado (adj)	prijaukìntas	[prʲɪʲjɛʊ'kʲɪntas]
domesticar (vt)	prijaukìnti	[prʲɪʲjɛʊ'kʲɪntʲɪ]
criar (vt)	augìnti	[ɑʊ'gʲɪntʲɪ]

fazenda (f)	fèrma (m)	['fʲɛrma]
aves (f pl) domésticas	namìnis paūkštis (v)	[na'mʲɪnʲɪs 'pɑʊkʃtʲɪs]
gado (m)	galvìjas (v)	[gal'vʲɪjɛs]
rebanho (m), manada (f)	bandȧ (m)	[ban'da]

estábulo (m)	arklìdė (m)	[ark'lʲɪdʲe:]
chiqueiro (m)	kiaulìdė (m)	[kʲɛʊ'lʲɪdʲe:]
estábulo (m)	karvìdė (m)	[kar'vʲɪdʲe:]
coelheira (f)	triušìdė (m)	[trʲʊ'ʃɪdʲe:]
galinheiro (m)	vištìdė (m)	[vʲɪʃ'tʲɪdʲe:]

213. Cães. Raças de cães

cão (m)	šuõ (v)	['ʃʊɑ]
cão pastor (m)	avìganis (v)	[a'vʲɪganʲɪs]
poodle (m)	pùdelis (v)	['pʊdʲɛlʲɪs]
linguicinha (m)	tãksas (v)	['ta:ksas]
buldogue (m)	buldògas (v)	[bʊlʲ'dogas]
boxer (m)	bòkseris (v)	['boksʲɛrʲɪs]

mastim (m)	mastìfas (v)	[mas'tɪfas]
rottweiler (m)	rotveìleris (v)	[rot'vʲɛɪlʲɛrʲɪs]
dóberman (m)	dòbermanas (v)	['dobʲɛrmanas]

basset (m)	basètas (v)	[ba'sʲɛtas]
pastor inglês (m)	bobteìlas (v)	[bop'tʲɛɪlʲas]
dálmata (m)	dalamatìnas (v)	[dalʲama'tʲɪnas]
cocker spaniel (m)	kokerspaniẽlis (v)	['kokʲɛr spa'nʲɛlʲɪs]

terra-nova (m)	niufaundleñdas (v)	[nʲufɑʊnd'lʲɛñdas]
são-bernardo (m)	senbernãras (v)	[sʲɛnbʲɛr'na:ras]

husky (m) siberiano	hãskis (v)	['ɣa:skʲɪs]
Chow-chow (m)	čiau čiau (v)	['tʂʲɛʊ 'tʂʲɛʊ]
spitz alemão (m)	špìcas (v)	['ʃpʲɪtsas]
pug (m)	mòpsas (v)	['mopsas]

214. Sons produzidos pelos animais

latido (m)	lojìmas (v)	[lʲo'jɪmas]
latir (vi)	lóti	['lʲotʲɪ]
miar (vi)	miaukséti	[mʲɛʊk'sʲe:tʲɪ]
ronronar (vi)	murkti	['mʊrktʲɪ]

mugir (vaca)	mũkti	['mu:ktʲɪ]
bramir (touro)	baũbti	['bɑʊptʲɪ]
rosnar (vi)	riaumóti	[rʲɛʊ'motʲɪ]

uivo (m)	kaukìmas (v)	[kɑʊ'kʲɪmas]
uivar (vi)	kaũkti	['kɑʊktʲɪ]
ganir (vi)	iñkšti	['ɪŋkʃtʲɪ]

balir (vi)	bliáuti	['blʲæʊtʲɪ]
grunhir (vi)	kriukséti	[krʲʊk'sʲe:tʲɪ]
guinchar (vi)	klýkauti	['klʲi:kɑʊtʲɪ]

coaxar (sapo)	kvakséti	[kvak'sʲe:tʲɪ]
zumbir (inseto)	zvimbti	['zvʲɪmptʲɪ]
ziziar (vi)	svírpti	['svʲɪrptʲɪ]

215. Animais jovens

cria (f), filhote (m)	jaunìklis (v)	[jɛʊ'nʲɪklʲɪs]
gatinho (m)	kačiùkas (v)	[ka'tʂʲʊkas]
ratinho (m)	peliùkas (v)	[pʲɛ'lʲʊkas]
cachorro (m)	šuniùkas (v)	[ʃʊ'nʲʊkas]

filhote (m) de lebre	zuikùtis (v)	[zʊɪ'kʊtʲɪs]
coelhinho (m)	triušẽlis (v)	[trʲʊ'ʃælʲɪs]
lobinho (m)	vilkiùkas (v)	[vʲɪlʲ'kʲʊkas]
filhote (m) de raposa	lapiùkas (v)	[lʲa'pʲʊkas]
filhote (m) de urso	meškiùkas (v)	[mʲɛʃ'kʲʊkas]

filhote (m) de leão	liūtùkas (v)	[lʲuːˈtʊkas]
filhote (m) de tigre	tigriùkas (v)	[tʲɪgˈrʲʊkas]
filhote (m) de elefante	drambliùkas (v)	[dramˈblʲʊkas]

leitão (m)	paršiùkas (v)	[parˈʃʊkas]
bezerro (m)	veršiùkas (v)	[vʲɛrˈʃʊkas]
cabrito (m)	ožiùkas (v)	[oˈʒʲʊkas]
cordeiro (m)	eriùkas (v)	[ɛˈrʲʊkas]
filhote (m) de veado	elniùkas (v)	[ɛlʲˈnʲʊkas]
cria (f) de camelo	kupranugariùkas (v)	[kʊpranʊgaˈrʲʊkas]

filhote (m) de serpente	gyvačiùkas (v)	[gʲiːvaˈtʂʲʊkas]
filhote (m) de rã	varliùkas (v)	[varˈlʲʊkas]

cria (f) de ave	paukščiùkas (v)	[pɑʊkʃˈtʂʲʊkas]
pinto (m)	viščiùkas (v)	[vʲɪʃˈtʂʲʊkas]
patinho (m)	ančiùkas (v)	[anˈtʂʲʊkas]

216. Pássaros

pássaro (m), ave (f)	paūkštis (v)	[ˈpɑʊkʃtʲɪs]
pombo (m)	balañdis (v)	[baˈlʲandʲɪs]
pardal (m)	žvìrblis (v)	[ˈʒvʲɪrblʲɪs]
chapim-real (m)	zylė (m)	[ˈzʲiːlʲeː]
pega-rabuda (f)	šárka (m)	[ˈʃarka]

corvo (m)	varnas (v)	[ˈvarnas]
gralha-cinzenta (f)	várna (m)	[ˈvarna]
gralha-de-nuca-cinzenta (f)	kúosa (m)	[ˈkʊɑsa]
gralha-calva (f)	kovàs (v)	[kɔˈvas]

pato (m)	ántis (m)	[ˈantʲɪs]
ganso (m)	žąsinas (v)	[ˈʒaːsʲɪnas]
faisão (m)	fazānas (v)	[faˈzaːnas]

águia (f)	erēlis (v)	[ɛˈrʲælʲɪs]
açor (m)	vānagas (v)	[ˈvaːnagas]
falcão (m)	sākalas (v)	[ˈsaːkalʲas]
abutre (m)	grìfas (v)	[ˈgrʲɪfas]
condor (m)	kondòras (v)	[kɔnˈdoras]

cisne (m)	gulbė (m)	[ˈgʊlʲbʲeː]
grou (m)	gérvė (m)	[ˈgʲɛrvʲeː]
cegonha (f)	gañdras (v)	[ˈgandras]

papagaio (m)	papūgà (m)	[papuːˈga]
beija-flor (m)	kolìbris (v)	[kɔˈlʲɪbrʲɪs]
pavão (m)	póvas (v)	[ˈpovas]

avestruz (m)	strùtis (v)	[ˈstrʊtʲɪs]
garça (f)	garnỹs (v)	[garˈnʲiːs]
flamingo (m)	flamìngas (v)	[flʲaˈmʲɪngas]
pelicano (m)	pelikānas (v)	[pʲɛlʲɪˈkaːnas]
rouxinol (m)	lakštiñgala (m)	[lʲakʃtʲɪŋgalʲa]

andorinha (f)	kregždė (m)	[krʲɛgʒ'dʲe:]
tordo-zornal (m)	strãzdas (v)	['stra:zdas]
tordo-músico (m)	strãzdas giesmininkas (v)	['stra:zdas gʲiɛsmʲɪ'nʲɪŋkas]
melro-preto (m)	juodãsis strãzdas (v)	[juɑ'dasʲɪs s'tra:zdas]

andorinhão (m)	čiurlỹs (v)	[tʂʲurʲlʲi:s]
cotovia (f)	vyturỹs, vieversỹs (v)	[vʲi:tu'rʲi:s], [vʲiɛvɛr'sʲi:s]
codorna (f)	pùtpelė (m)	['putpelʲe:]

pica-pau (m)	genỹs (v)	[gʲɛ'nʲi:s]
cuco (m)	gegutė (m)	[gʲɛ'gutʲe:]
coruja (f)	pelėda (m)	[pʲɛ'lʲe:da]
bufo-real (m)	apúokas (v)	[a'puɑkas]
tetraz-grande (m)	kurtinỹs (v)	[kurtʲɪ'nʲi:s]
tetraz-lira (m)	tẽtervinas (v)	['tʲætʲɛrvʲɪnas]
perdiz-cinzenta (f)	kurapkà (m)	[kurap'ka]

estorninho (m)	varnénas (v)	[var'nʲe:nas]
canário (m)	kanarėlė (m)	[kana'rʲe:lʲe:]
galinha-do-mato (f)	jerubė (m)	[jeru'bʲe:]
tentilhão (m)	kikìlis (v)	[kʲɪ'kʲɪlʲɪs]
dom-fafe (m)	sniẽgena (m)	['snʲɛgʲɛna]

gaivota (f)	žuvėdra (m)	[ʒu'vʲe:dra]
albatroz (m)	albatròsas (v)	[alʲba't'rosas]
pinguim (m)	pingvìnas (v)	[pʲɪng'vʲɪnas]

217. Pássaros. Canto e sons

cantar (vi)	dainúoti, giedóti	[dʌɪ'nuɑtʲɪ], [gʲiɛ'dotʲɪ]
gritar, chamar (vi)	rẽkti	['rʲe:ktʲɪ]
cantar (o galo)	giedóti	[gʲiɛ'dotʲɪ]
cocorocó (m)	kakariekū̃	[kakarʲiɛ'ku]

cacarejar (vi)	kudakóti	[kuda'kotʲɪ]
crocitar (vi)	kar̃kti	['karktʲɪ]
grasnar (vi)	kreksėti	[krʲɛk'sʲe:tʲɪ]
piar (vi)	cỹpti	['tsʲi:ptʲɪ]
chilrear, gorjear (vi)	čiulbėti	[tʂʲulʲ'bʲe:tʲɪ]

218. Peixes. Animais marinhos

brema (f)	kar̃šis (v)	['karʃɪs]
carpa (f)	kárpis (v)	['karpʲɪs]
perca (f)	ešerỹs (v)	[ɛʃɛ'rʲi:s]
siluro (m)	šãmas (v)	['ʃa:mas]
lúcio (m)	lydekà (m)	[lʲi:dʲɛ'ka]

salmão (m)	lašišà (m)	[lʲaʃɪ'ʃa]
esturjão (m)	erškétas (v)	[erʃ'kʲe:tas]
arenque (m)	sìlkė (m)	['sʲɪlʲkʲe:]
salmão (m) do Atlântico	lašišà (m)	[lʲaʃɪ'ʃa]

cavala, sarda (f)	skumbrė (m)	['skumbrʲeː]
solha (f), linguado (m)	plėkšnė (m)	['plʲækʃnʲeː]

lúcio perca (m)	starkis (v)	['starkʲɪs]
bacalhau (m)	menkė (m)	['mʲɛŋkʲeː]
atum (m)	tunas (v)	['tunas]
truta (f)	upėtakis (v)	[ʊ'pʲeːtakʲɪs]

enguia (f)	ungurỹs (v)	[ʊngʊ'rʲiːs]
raia (f) elétrica	elektrinė rajà (m)	[ɛlʲɛk'trʲɪnʲeː ra'ja]
moreia (f)	murėnà (m)	[mʊrʲɛ'na]
piranha (f)	piranija (m)	[pʲɪ'raːnʲɪjɛ]

tubarão (m)	ryklỹs (v)	[rʲɪk'lʲiːs]
golfinho (m)	delfinas (v)	[dʲɛlʲ'fʲɪnas]
baleia (f)	banginis (v)	[ban'gʲɪnʲɪs]

caranguejo (m)	krabas (v)	['kraːbas]
água-viva (f)	medūzà (m)	[mʲɛduː'za]
polvo (m)	aštuonkojis (v)	[aʃtʊɑŋ'koːjis]

estrela-do-mar (f)	juros žvaigždė (m)	['juːros ʒvʌɪgʒ'dʲeː]
ouriço-do-mar (m)	juros ežỹs (v)	['juːros ɛ'ʒʲiːs]
cavalo-marinho (m)	juros arkliukas (v)	['juːros ark'lʲʊkas]

ostra (f)	austrė (m)	['ɑʊstrʲeː]
camarão (m)	krevetė (m)	[krʲɛ'vʲɛtʲeː]
lagosta (f)	omaras (v)	[o'maːras]
lagosta (f)	langustas (v)	[lʲan'gʊstas]

219. Anfíbios. Répteis

cobra (f)	gyvatė (m)	[gʲiː'vaːtʲeː]
venenoso (adj)	nuodingas	[nʊɑ'dʲɪngas]

víbora (f)	angis (v)	[an'gʲɪs]
naja (f)	kobrà (m)	[kɔb'ra]
píton (m)	pitonas (v)	[pʲɪ'tonas]
jiboia (f)	smauglỹs (v)	[smɑʊg'lʲiːs]
cobra-de-água (f)	žaltỹs (v)	[ʒalʲ'tʲiːs]
cascavel (f)	barškuolė (m)	[barʃ'kʊalʲeː]
anaconda (f)	anakonda (m)	[ana'konda]

lagarto (m)	driežas (v)	['drʲiɛʒas]
iguana (f)	iguanà (m)	[ɪgʊa'na]
varano (m)	varanas (v)	[va'raːnas]
salamandra (f)	salamandra (m)	[salʲa'mandra]
camaleão (m)	chameleonas (v)	[xamʲɛlʲɛ'onas]
escorpião (m)	skorpionas (v)	[skorpʲɪ'ɔnas]

tartaruga (f)	vėžlỹs (v)	[vʲeːʒ'lʲiːs]
rã (f)	varlė (m)	[var'lʲeː]
sapo (m)	rupūžė (m)	['rʊpuːʒʲeː]
crocodilo (m)	krokodilas (v)	[kroko'dʲɪlʲas]

220. Insetos

inseto (m)	vabzdỹs (v)	[vabz'dʲi:s]
borboleta (f)	drugėlis (v)	[drʊ'gʲælʲɪs]
formiga (f)	skruzdėlė (m)	[skrʊz'dʲælʲeː]
mosca (f)	mùsė (m)	['mʊsʲeː]
mosquito (m)	úodas (v)	['ʊɑdas]
escaravelho (m)	vãbalas (v)	['va:balʲas]
vespa (f)	vapsvà (m)	[vaps'va]
abelha (f)	bìtė (m)	['bʲɪtʲeː]
mamangaba (f)	kamãnė (m)	[ka'ma:nʲeː]
moscardo (m)	gylỹs (v)	[gʲi:'lʲi:s]
aranha (f)	vóras (v)	['voras]
teia (f) de aranha	vorãtinklis (v)	[vo'ra:tʲɪŋklʲɪs]
libélula (f)	laŭmžirgis (v)	['lʲɑʊmʒʲɪrgʲɪs]
gafanhoto (m)	žiógas (v)	['ʒʲogas]
traça (f)	petelìškė (m)	[pʲɛtʲɛ'lʲɪʃkʲeː]
barata (f)	tarakõnas (v)	[tara'ko:nas]
carrapato (m)	érkė (m)	['ʲærkʲeː]
pulga (f)	blusà (m)	[blʲʊ'sa]
borrachudo (m)	mãšalas (v)	['ma:ʃalʲas]
gafanhoto (m)	skėrỹs (v)	[skʲeː'rʲi:s]
caracol (m)	sraĩgė (m)	['srʌɪgʲeː]
grilo (m)	svirplỹs (v)	[svʲɪrp'lʲi:s]
pirilampo, vaga-lume (m)	jõnvabalis (v)	['jɔ:nvabalʲɪs]
joaninha (f)	borùžė (m)	[bo'rʊʒʲeː]
besouro (m)	grambuolỹs (v)	[grambʊɑ'lʲi:s]
sanguessuga (f)	dėlẽ (m)	[dʲeː'lʲe:]
lagarta (f)	vìkšras (v)	['vʲɪkʃras]
minhoca (f)	slíekas (v)	['slʲiɛkas]
larva (f)	kirmelė (m)	[kʲɪrme'lʲeː]

221. Animais. Partes do corpo

bico (m)	snãpas (v)	['sna:pas]
asas (f pl)	sparnaĩ (v dgs)	[spar'nʌɪ]
pata (f)	kója (m)	['koja]
plumagem (f)	apsiplunksnãvimas (v)	[apsʲɪplʲʊŋks'na:vʲɪmas]
pena, pluma (f)	plùnksna (m)	['plʲʊŋksna]
crista (f)	skrìstukas (v)	[skrʲɪ'stʊkas]
brânquias, guelras (f pl)	žiáunos (m dgs)	['ʒʲæʊnos]
ovas (f pl)	ìkrai (v dgs)	['ɪkrʌɪ]
larva (f)	lérva (m)	['lʲɛrva]
barbatana (f)	pẽlekas (v)	['pʲælʲɛkas]
escama (f)	žvynaĩ (v dgs)	[ʒvʲi:'nʌɪ]
presa (f)	ìltis (m)	['ɪlʲtʲɪs]

pata (f)	lётена (m)	['lʲætʲɛna]
focinho (m)	snùkis (v)	['snʊkʲɪs]
boca (f)	nasraì (v)	[nas'rʌɪ]
cauda (f), rabo (m)	uodegà (m)	[ʊadʲɛ'ga]
bigodes (m pl)	ũsai (v dgs)	['u:sʌɪ]

| casco (m) | kanópa (m) | [ka'nopa] |
| corno (m) | rãgas (v) | ['ra:gas] |

carapaça (f)	šárvas (v)	['ʃarvas]
concha (f)	kriauklě (m)	[krʲɛʊk'lʲe:]
casca (f) de ovo	lùkštas (v)	['lʲʊkʃtas]

| pelo (m) | vìlna (m) | ['vʲɪlʲna] |
| pele (f), couro (m) | káilis (v) | ['kʌɪlʲɪs] |

222. Ações dos animais

voar (vi)	skraidýti	[skrʌɪ'dʲiːtʲɪ]
dar voltas	sùkti ratùs	['sʊktʲɪ ra'tʊs]
voar (para longe)	išskrìsti	[ɪʃ'skrʲɪstʲɪ]
bater as asas	plasnóti	[plʲas'notʲɪ]

bicar (vi)	lèsti	['lʲɛstʲɪ]
incubar (vt)	peréti kiaušiniùs	[pʲɛ'rʲeːtʲɪ kʲɛʊʃɪ'nʲʊs]
sair do ovo	išsirìsti	[ɪʃsʲɪ'rʲɪstʲɪ]
fazer o ninho	sùkti	['sʊktʲɪ]

rastejar (vi)	šliáužioti	['ʃlʲæʊʒʲotʲɪ]
picar (vt)	gélti	['gʲɛlʲtʲɪ]
morder (cachorro, etc.)	įkásti	[i:'ka:stʲɪ]

cheirar (vt)	úostyti	['ʊastʲiːtʲɪ]
latir (vi)	lóti	['lʲotʲɪ]
silvar (vi)	šnỹpšti	['ʃnʲiːpʃtʲɪ]
assustar (vt)	gãsdinti	['ga:sdʲɪntʲɪ]
atacar (vt)	pùlti	['pʊlʲtʲɪ]

roer (vt)	griáužti	['grʲæʊʒtʲɪ]
arranhar (vt)	draskýti	[dras'kʲiːtʲɪ]
esconder-se (vr)	slěptis	['slʲe:ptʲɪs]

brincar (vi)	žaìsti	['ʒʌɪstʲɪ]
caçar (vi)	medžióti	[mʲɛ'dʒʲotʲɪ]
hibernar (vi)	miegóti žiemõs miegù	[mʲɛ'gotʲɪ ʒʲɛ'moːs mʲɛ'gʊ]
extinguir-se (vr)	išmìrti	[ɪʃ'mʲɪrtʲɪ]

223. Animais. Habitats

hábitat (m)	gývavimo aplinkà (m)	[gʲiː'vavʲɪmɔ aplʲɪŋ'ka]
migração (f)	migrãcija (m)	[mʲɪ'graːtsʲɪjɛ]
montanha (f)	kálnas (v)	['kalʲnas]

| recife (m) | rìfas (v) | ['rɪfas] |
| falésia (f) | uolà (m) | [ʋɑ'lʲa] |

floresta (f)	mìškas (v)	['mʲɪʃkas]
selva (f)	džiùnglés (m dgs)	['dʒʲʊnglʲe:s]
savana (f)	savanà (m)	[sava'na]
tundra (f)	tùndra (m)	['tʊndra]

estepe (f)	stèpé (m)	['stʲɛpʲe:]
deserto (m)	dykumà (m)	[dʲi:kʊ'ma]
oásis (m)	oàzé (m)	[o'a:zʲe:]

mar (m)	jū́ra (m)	['ju:ra]
lago (m)	èžeras (v)	['ɛʒʲɛras]
oceano (m)	vandenýnas (v)	[vandʲɛ'nʲi:nas]

pântano (m)	pélké (m)	['pʲɛlʲkʲe:]
de água doce	gélavandénis	[gʲe:lʲavan'dʲænʲɪs]
lagoa (f)	tvenkinỹs (v)	[tvʲɛŋkʲɪ'nʲi:s]
rio (m)	ùpé (m)	['ʊpʲe:]

toca (f) do urso	irštvà (m)	[ɪrʃt'va]
ninho (m)	lìzdas (v)	['lʲɪzdas]
buraco (m) de árvore	drevě̃ (m)	[dre'vʲe:]
toca (f)	olà (m)	[o'lʲa]
formigueiro (m)	skruzdélýnas (v)	[skrʊzdʲe:'lʲi:nas]

224. Cuidados com os animais

| jardim (m) zoológico | zoològijos sõdas (v) | [zoo'lʲogʲɪjɔs 'so:das] |
| reserva (f) natural | draustìnis (v) | [drɑʊs'tʲɪnʲɪs] |

viveiro (m)	veisyklà (m)	[vʲɛɪsʲi:k'lʲa]
jaula (f) de ar livre	voljèras (v)	[vo'lʲjæras]
jaula, gaiola (f)	nárvas (v)	['narvas]
casinha (f) de cachorro	gùrbas (v)	['gʊrbas]

pombal (m)	balañdiné (m)	[ba'lʲandʲɪnʲe:]
aquário (m)	akvãriumas (v)	[ak'va:rʲʊmas]
delfinário (m)	delfinariumas (v)	[dʲɛlʲfʲɪ'narʲʊmas]

criar (vt)	veìsti	['vʲɛɪstʲɪ]
cria (f)	palikuõnys (v dgs)	[palʲɪ'kʊɑnʲi:s]
domesticar (vt)	prijaukìnti	[prʲɪ'jɛʊ'kʲɪntʲɪ]
adestrar (vt)	dresúoti	[drʲɛ'sʊɑtʲɪ]

| ração (f) | pãšaras (v) | ['pa:ʃaras] |
| alimentar (vt) | šérti | ['ʃɛrtʲɪ] |

loja (f) de animais	zològijos parduotùvé (m)	[zo'lʲogʲɪjɔs pardʊɑ'tʊvʲe:]
focinheira (m)	añtsnukis (v)	['antsnʊkʲɪs]
coleira (f)	apýkaklé (m)	[a'pʲi:kaklʲe:]
nome (do animal)	várdas (v)	['vardas]
pedigree (m)	genealògija (m)	[gʲɛnʲɛa'lʲogʲɪjɛ]

225. Animais. Diversos

alcateia (f)	gaujà (m)	[gaʊja]
bando (pássaros)	pulkas (v)	['pʊlʲkas]
cardume (peixes)	būrỹs (v)	[buːˈrʲiːs]
manada (cavalos)	tabūnas (v)	[taˈbuːnas]
macho (m)	pãtinas (v)	['paːtʲɪnas]
fêmea (f)	patẽlẽ (m)	[paˈtʲælʲeː]
faminto (adj)	álkanas	['alʲkanas]
selvagem (adj)	laukìnis	[lʲaʊˈkʲɪnʲɪs]
perigoso (adj)	pavojìngas	[pavoˈjɪŋgas]

226. Cavalos

cavalo (m)	arklỹs (v)	[arkˈlʲiːs]
raça (f)	gamtà (m)	[gamˈta]
potro (m)	eržiliùkas (v)	[ɛrʒʲɪˈlʲʊkas]
égua (f)	kumẽlẽ (m)	[kʊˈmʲælʲeː]
mustangue (m)	mustángas (v)	[mʊsˈtangas]
pônei (m)	pònis (v)	['ponʲɪs]
cavalo (m) de tiro	sunkùsis arklỹs (v)	[sʊŋˈkʊsʲɪs arkˈlʲiːs]
crina (f)	karčiaĩ (v dgs)	['kartʂʲɛɪ]
rabo (m)	uodegà (m)	[ʊadʲɛˈga]
casco (m)	kanópa (m)	[kaˈnopa]
ferradura (f)	pasagà (m)	[pasaˈga]
ferrar (vt)	pakáustyti	[paˈkaʊstʲiːtʲɪ]
ferreiro (m)	kálvis (v)	['kalʲvʲɪs]
sela (f)	balnas (v)	['balʲnas]
estribo (m)	balnãkilpẽ (m)	[balʲˈnakʲɪlʲpʲeː]
brida (f)	brìzgilas (v)	['brʲɪzgʲɪlʲas]
rédeas (f pl)	vadẽlẽs (m dgs)	[vaˈdʲælʲeːs]
chicote (m)	rimbas (v)	['rʲɪmbas]
cavaleiro (m)	jodinẽtojas (v)	[jodʲɪˈnʲeːtoːjɛs]
colocar sela	pabalnóti	[pabalʲˈnotʲɪ]
montar no cavalo	atsisẽsti į̃ balną	[atsʲɪˈsʲeːstʲɪ iː ˈbalʲnaː]
galope (m)	šuoliãvimas (v)	[ʃʊaˈlʲævʲɪmas]
galopar (vi)	jóti šuóliais	['jotʲɪ ˈʃʊalʲɛɪs]
trote (m)	riščia (m)	[rʲɪsˈtʂʲæ]
ir a trote	jóti riščià	['jotʲɪ rʲɪsˈtʂʲæ]
cavalo (m) de corrida	arklỹs šuólininkas (v)	[arkˈlʲiːs ˈʃʊalʲɪnʲɪŋkas]
corridas (f pl)	žirgų̃ lenktỹnẽs (m dgs)	[ʒʲɪrˈguː lʲɛnkˈtʲiːnʲeːs]
estábulo (m)	arklydẽ (m)	[arkˈlʲiːdʲeː]
alimentar (vt)	šẽrti	['ʃɛrtʲɪ]

feno (m)	šiēnas (v)	['ʃɪɛnas]
dar água	gìrdyti	['gʲɪrdʲi:tʲɪ]
limpar (vt)	valýti	[va'lʲi:tʲɪ]

pastar (vi)	ganýtis	[ga'nʲi:tʲɪs]
relinchar (vi)	žvéngti	['ʒvʲɛŋktʲɪ]
dar um coice	spìrti	['spʲɪrtʲɪ]

Flora

árvore (f)	mẽdis (v)	['mʲædʲɪs]
decídua (adj)	lapuõtis	[lʲapʊ'ɑtʲɪs]
conífera (adj)	spygliuõtis	[spʲi:g'lʲʊo:tʲɪs]
perene (adj)	visžalis	['vʲɪsʒalʲɪs]
macieira (f)	obelìs (m)	[obʲɛ'lʲɪs]
pereira (f)	kriáušė (m)	['krʲæʊʃʲe:]
cerejeira (f)	trẽšnė (m)	['trʲæʃnʲe:]
ginjeira (f)	vyšnià (m)	[vʲi:ʃnʲæ]
ameixeira (f)	slyvà (m)	[slʲi:'va]
bétula (f)	béržas (v)	['bʲɛrʒas]
carvalho (m)	ą̃žuolas (v)	['a:ʒʊalʲas]
tília (f)	líepa (m)	['lʲiɛpa]
choupo-tremedor (m)	drebulė̃ (m)	[drebʊ'lʲe:]
bordo (m)	klẽvas (v)	['klʲævas]
espruce (m)	ẽglė (m)	['ʲæglʲe:]
pinheiro (m)	pušìs (m)	[pʊ'ʃɪs]
alerce, lariço (m)	maũmedis (v)	['maʊmʲɛdʲɪs]
abeto (m)	kẽnis (v)	['kʲe:nʲɪs]
cedro (m)	kèdras (v)	['kʲɛdras]
choupo, álamo (m)	túopa (m)	['tʊapa]
tramazeira (f)	šermùkšnis (v)	[ʃɛr'mʊkʃnʲɪs]
salgueiro (m)	glúosnis (v)	['glʲʊasnʲɪs]
amieiro (m)	ãlksnis (v)	['alʲksnʲɪs]
faia (f)	bùkas (v)	['bʊkas]
ulmeiro, olmo (m)	gúoba (m)	['gʊaba]
freixo (m)	úosis (v)	['ʊasʲɪs]
castanheiro (m)	kaštõnas (v)	[kaʃ'to:nas]
magnólia (f)	magnòlija (m)	[mag'nolʲɪɛ]
palmeira (f)	pálmė (m)	['palʲmʲe:]
cipreste (m)	kiparìsas (v)	[kʲɪpa'rʲɪsas]
mangue (m)	mañgro mẽdis (v)	['mañgrɔ 'mʲædʲɪs]
embondeiro, baobá (m)	baobãbas (v)	[bao'ba:bas]
eucalipto (m)	eukaliptas (v)	[ɛʊka'lʲɪptas]
sequoia (f)	sekvojà (m)	[sʲɛkvo:'jɛ]

arbusto (m)	krū̃mas (v)	['kru:mas]
arbusto (m), moita (f)	krūmýnas (v)	[kru:'mʲi:nas]

| videira (f) | vynuogýnas (v) | [vʲiːnʊɑˈgʲiːnas] |
| vinhedo (m) | vynuogýnas (v) | [vʲiːnʊɑˈgʲiːnas] |

framboeseira (f)	avietė (m)	[aˈvʲɛtʲeː]
groselheira-vermelha (f)	raudonàsis serbeñtas (v)	[rɑʊdoˈnasʲɪs sʲɛrˈbʲɛntas]
groselheira (f) espinhosa	agrãstas (v)	[agˈraːstas]

acácia (f)	akãcija (m)	[aˈkaːtsʲɪjɛ]
bérberis (f)	raugerškis (m)	[rɑʊˈgʲɛrʃkʲɪs]
jasmim (m)	jazmìnas (v)	[jazˈmʲɪnas]

junípero (m)	kadagỹs (v)	[kadaˈgʲiːs]
roseira (f)	rõžių krūmas (v)	[ˈroːʒʲʊ ˈkruːmas]
roseira (f) brava	erškėtis (v)	[erʃˈkʲeːtʲɪs]

229. Cogumelos

cogumelo (m)	grỹbas (v)	[ˈgrʲiːbas]
cogumelo (m) comestível	válgomas grỹbas (v)	[ˈvalʲgomas ˈgrʲiːbas]
cogumelo (m) venenoso	nuodìngas grỹbas (v)	[nʊɑˈdʲɪngas ˈgrʲiːbas]
chapéu (m)	kepurėlė (m)	[kʲɛpʊˈrʲeːlʲe]
pé, caule (m)	kótas (v)	[ˈkotas]

boleto, porcino (m)	baravỹkas (v)	[baraˈvʲiːkas]
boleto (m) alaranjado	raudonvíršis (v)	[rɑʊdonˈvʲɪrʃɪs]
boleto (m) de bétula	lėpšis (v)	[ˈlʲæpʃɪs]
cantarelo (m)	voveráitė (m)	[voveˈrʌɪtʲeː]
rússula (f)	ūmėdė (m)	[uːmʲeˈdʲeː]

morchella (f)	briedžiùkas (v)	[brʲɪɛˈdʒʲʊkas]
agário-das-moscas (m)	mùsmirė (m)	[ˈmʊsmʲɪrʲeː]
cicuta (f) verde	šùngrybis (v)	[ˈʃungrʲiːbʲɪs]

230. Frutos. Bagas

fruta (f)	vaìsius (v)	[ˈvʌɪsʲʊs]
frutas (f pl)	vaìsiai (v dgs)	[ˈvʌɪsʲɛɪ]
maçã (f)	obuolỹs (v)	[obʊɑˈlʲiːs]
pera (f)	kriáušė (m)	[ˈkrʲæʊʃeː]
ameixa (f)	slyvà (m)	[slʲiːˈva]

morango (m)	brãškė (m)	[ˈbraːʃkʲeː]
ginja (f)	vyšnià (m)	[vʲiːʃnʲæ]
cereja (f)	trėšnė (m)	[ˈtrʲæʃnʲeː]
uva (f)	vỹnuogės (m dgs)	[ˈvʲiːnʊɑgʲeːs]

framboesa (f)	avietė (m)	[aˈvʲɛtʲeː]
groselha (f) negra	juodíeji serbeñtai (v dgs)	[jʊɑˈdʲɪɛjɪ sʲɛrˈbʲɛntʌɪ]
groselha (f) vermelha	raudoníeji serbeñtai (v dgs)	[rɑʊdoˈnʲɪɛjɪ sʲɛrˈbʲɛntʌɪ]
groselha (f) espinhosa	agrãstas (v)	[agˈraːstas]
oxicoco (m)	spañguolė (m)	[ˈspaŋgʊɑlʲeː]
laranja (f)	apelsìnas (v)	[apʲɛlʲsʲɪnas]

tangerina (f)	mandarìnas (v)	[manda'rʲɪnas]
abacaxi (m)	ananãsas (v)	[ana'na:sas]
banana (f)	banãnas (v)	[ba'na:nas]
tâmara (f)	datùlė (m)	[da'tʊlʲe:]

limão (m)	citrinà (m)	[tsʲɪtrʲɪ'na]
damasco (m)	abrikòsas (v)	[abrʲɪ'kosas]
pêssego (m)	pèrsikas (v)	['pʲɛrsʲɪkas]
quiuí (m)	kìvis (v)	['kʲɪvʲɪs]
toranja (f)	greìpfrutas (v)	['grʲɛɪpfrʊtas]

baga (f)	ùoga (m)	['ʊaga]
bagas (f pl)	ùogos (m dgs)	['ʊagos]
arando (m) vermelho	brùknės (m dgs)	['brʊknʲe:s]
morango-silvestre (m)	žėmuogės (m dgs)	['ʒʲæmʊagʲe:s]
mirtilo (m)	mėlỹnės (m dgs)	[mʲe:'lʲi:nʲe:s]

231. Flores. Plantas

| flor (f) | gėlė̃ (m) | [gʲe:'lʲe:] |
| buquê (m) de flores | pùokštė (m) | ['pʊakʃtʲe:] |

rosa (f)	rõžė (m)	['ro:ʒʲe:]
tulipa (f)	tùlpė (m)	['tʊlʲpʲe:]
cravo (m)	gvazdìkas (v)	[gvaz'dʲɪkas]
gladíolo (m)	kardėlis (v)	[kar'dʲælʲɪs]

centáurea (f)	rùgiagėlė (m)	['rʊgʲægʲe:lʲe:]
campainha (f)	varpėlis (v)	[var'pʲælʲɪs]
dente-de-leão (m)	piẽnė (m)	['pʲɛnʲe:]
camomila (f)	ramùnė (m)	[ra'mʊnʲe:]

aloé (m)	alijõšius (v)	[alʲɪ'jo:ʃʊs]
cacto (m)	kãktusas (v)	['ka:ktʊsas]
fícus (m)	fìkusas (v)	['fʲɪkʊsas]

lírio (m)	lelijà (m)	[lʲɛlʲɪ'ja]
gerânio (m)	pelargònija (m)	[pʲɛlʲar'gonʲɪjɛ]
jacinto (m)	hiacìntas (v)	[ɣʲɪja'tsʲɪntas]

mimosa (f)	mimozà (m)	[mʲɪmo'za]
narciso (m)	narcìzas (v)	[nar'tsʲɪzas]
capuchinha (f)	nastùrta (m)	[nas'tʊrta]

orquídea (f)	orchidėja (m)	[orxʲɪ'dʲe:ja]
peônia (f)	bijūnas (v)	[bʲɪ'ju:nas]
violeta (f)	našlaitė (m)	[naʃlʲɪʌɪtʲe:]

amor-perfeito (m)	darželinė našlaitė (m)	[dar'ʒʲælʲɪnʲe: naʃlʌɪtʲe:]
não-me-esqueças (m)	neužmirštuõlė (m)	[nʲɛʊʒmʲɪrʃ'tʊalʲe:]
margarida (f)	saulùtė (m)	[sɑʊ'lʲʊtʲe:]

| papoula (f) | aguonà (m) | [agʊɑ'na] |
| cânhamo (m) | kanãpė (m) | [ka'na:pʲe:] |

hortelã, menta (f)	mėtà (m)	[mʲe:'ta]
lírio-do-vale (m)	pakalnùtė (m)	[pakalʲ'nʊtʲe:]
campânula-branca (f)	sniẽgena (m)	['snʲɛɡʲɛna]
urtiga (f)	dilgėlė (m)	[dʲɪlʲ'ɡʲælʲe:]
azedinha (f)	rūgštynė (m)	[ru:ɡʃʲtʲi:nʲe:]
nenúfar (m)	vandeñs lelijà (m)	[van'dʲɛns lʲɛlʲɪ'ja]
samambaia (f)	papártis (v)	[pa'partʲɪs]
líquen (m)	kérpė (m)	['kʲɛrpʲe:]
estufa (f)	oranžèrija (m)	[oran'ʒʲɛrʲɪjɛ]
gramado (m)	gazònas (v)	[ga'zonas]
canteiro (m) de flores	klòmba (m)	['klʲomba]
planta (f)	áugalas (v)	['ɑʊɡalʲas]
grama (f)	žolė̃ (m)	[ʒo'lʲe:]
folha (f) de grama	žolẽlė (m)	[ʒo'lʲælʲe:]
folha (f)	lãpas (v)	['lʲa:pas]
pétala (f)	žíedlapis (v)	['ʒʲiɛdlʲapʲɪs]
talo (m)	stíebas (v)	['stʲiɛbas]
tubérculo (m)	gumbas (v)	['ɡʊmbas]
broto, rebento (m)	želmuõ (v)	[ʒʲɛlʲ'mʊɑ]
espinho (m)	spyglỹs (v)	[spʲi:ɡ'lʲi:s]
florescer (vi)	žydéti	[ʒʲi:'dʲe:tʲɪ]
murchar (vi)	výsti	['vʲi:stʲɪ]
cheiro (m)	kvãpas (v)	['kva:pas]
cortar (flores)	nupjáuti	[nʊ'pjɑʊtʲɪ]
colher (uma flor)	nuskìnti	[nʊ'skʲɪntʲɪ]

232. Cereais, grãos

grão (m)	grū̃das (v)	['gru:das]
cereais (plantas)	grūdìnės kultū̃ros (m dgs)	[gru:'dʲɪnʲe:s kʊlʲʲ'tu:ros]
espiga (f)	várpa (m)	['varpa]
trigo (m)	kviečiaĩ (v dgs)	[kvʲiɛ'tʂʲɛɪ]
centeio (m)	rugiaĩ (v dgs)	[rʊ'gʲɛɪ]
aveia (f)	ãvižos (m dgs)	['a:vʲɪʒos]
painço (m)	sóra (m)	['sora]
cevada (f)	miẽžiai (v dgs)	['mʲɛʒʲɛɪ]
milho (m)	kukurū̃zas (v)	[kʊkʊ'ru:zas]
arroz (m)	rýžiai (v)	['rʲi:ʒʲɛɪ]
trigo-sarraceno (m)	grìkiai (v dgs)	['grʲɪkʲɛɪ]
ervilha (f)	žìrniai (v dgs)	['ʒʲɪrnʲɛɪ]
feijão (m) roxo	pupẽlės (m dgs)	[pʊ'pʲælʲe:s]
soja (f)	sojà (m)	[so:'jɛ]
lentilha (f)	lę̃šiai (v dgs)	['lʲɛ:ʃʲɛɪ]
feijão (m)	pùpos (m dgs)	['pʊpos]

233. Vegetais. Verduras

vegetais (m pl)	daržóvés (m dgs)	[dar'ʒovʲe:s]
verdura (f)	žalumýnai (v)	[ʒalʲʊ'mʲi:nʌɪ]
tomate (m)	pomidóras (v)	[pomʲɪ'doras]
pepino (m)	agurkas (v)	[a'gʊrkas]
cenoura (f)	morkà (m)	[mor'ka]
batata (f)	bùlvé (m)	['bʊlʲvʲe:]
cebola (f)	svogũnas (v)	[svo'gu:nas]
alho (m)	česnãkas (v)	[tsʲɛs'na:kas]
couve (f)	kopũstas (v)	[kɔ'pu:stas]
couve-flor (f)	kalafióras (v)	[kalʲa'fʲoras]
couve-de-bruxelas (f)	briùselio kopũstas (v)	['brʲʊsʲɛlʲɔ kɔ'pu:stas]
brócolis (m pl)	bròkolių kopũstas (v)	['brokolʲu: kɔ'pu:stas]
beterraba (f)	ruñkelis, burõkas (v)	['rʊŋkʲɛlʲɪs], [bʊ'ro:kas]
berinjela (f)	baklažãnas (v)	[baklʲa'ʒa:nas]
abobrinha (f)	agurõtis (v)	[agʊ'ro:tʲɪs]
abóbora (f)	moliũgas (v)	[mo'lʲu:gas]
nabo (m)	rópé (m)	['ropʲe:]
salsa (f)	petrãžolé (m)	[pʲɛ'tra:ʒolʲe:]
endro, aneto (m)	krãpas (v)	['kra:pas]
alface (f)	salotà (m)	[salʲo'ta]
aipo (m)	saliéras (v)	[sa'lʲɛras]
aspargo (m)	smìdras (v)	['smʲɪdras]
espinafre (m)	špinãtas (v)	[ʃpʲɪ'na:tas]
ervilha (f)	žìrniai (v dgs)	['ʒʲɪrnʲɛɪ]
feijão (~ soja, etc.)	pùpos (m dgs)	['pʊpos]
milho (m)	kukurũzas (v)	[kʊkʊ'ru:zas]
feijão (m) roxo	pupélés (m dgs)	[pʊ'pʲælʲe:s]
pimentão (m)	pipìras (v)	[pʲɪ'pʲɪras]
rabanete (m)	ridìkas (v)	[rʲɪ'dʲɪkas]
alcachofra (f)	artišòkas (v)	[artʲɪ'ʃokas]

GEOGRAFIA REGIONAL

234. Europa Ocidental

Europa (f)	**Europà** (m)	[ɛʊro'pa]
União (f) Europeia	**europiẽtis** (v)	[ɛʊro'pʲɛtʲɪs]
europeu (m)	**europiẽtė** (m)	[eʊro'pʲɛtʲeː]
europeu (adj)	**europiẽtiškas**	[ɛʊro'pʲɛtʲɪʃkas]
Áustria (f)	**Áustrija** (m)	['aʊstrʲɪjɛ]
austríaco (m)	**áustras** (v)	['aʊstras]
austríaca (f)	**áustrė** (m)	['aʊstrʲeː]
austríaco (adj)	**áustriškas**	['aʊstrʲɪʃkas]
Grã-Bretanha (f)	**Didžióji Britãnija** (m)	[dʲɪ'dʒʲoːjɪ brʲɪ'taːnʲɪjɛ]
Inglaterra (f)	**Ánglija** (m)	['anglʲɪjɛ]
inglês (m)	**ánglas** (v)	['anglʲas]
inglesa (f)	**ánglė** (m)	['anglʲeː]
inglês (adj)	**ángliškas**	['anglʲɪʃkas]
Bélgica (f)	**Bèlgija** (m)	['bʲɛlˠgʲɪjɛ]
belga (m)	**bèlgas** (v)	['bʲɛlˠgas]
belga (f)	**bèlgė** (m)	['bʲelˠgʲeː]
belga (adj)	**bèlgiškas**	['bʲɛlˠgʲɪʃkas]
Alemanha (f)	**Vokietìja** (m)	[vokʲiɛ'tʲɪja]
alemão (m)	**vókietis** (v)	['vokʲiɛtʲɪs]
alemã (f)	**vókietė** (m)	['vokʲiɛtʲeː]
alemão (adj)	**vókiškas**	['vokʲɪʃkas]
Países Baixos (m pl)	**Nýderlandai** (v dgs)	['nʲiːdʲɛrlʲandʌɪ]
Holanda (f)	**Olándija** (m)	[o'lʲandʲɪjɛ]
holandês (m)	**olándas** (v)	[o'lʲandas]
holandesa (f)	**olándė** (m)	[o'lʲandʲeː]
holandês (adj)	**olándiškas**	[o'lʲandʲɪʃkas]
Grécia (f)	**Graĩkija** (m)	['grʌɪkʲɪjɛ]
grego (m)	**graĩkas** (v)	['grʌɪkas]
grega (f)	**graĩkė** (m)	['grʌɪkʲeː]
grego (adj)	**graĩkiškas**	['grʌɪkʲɪʃkas]
Dinamarca (f)	**Dãnija** (m)	['daːnʲɪjɛ]
dinamarquês (m)	**dãnas** (v)	['daːnas]
dinamarquesa (f)	**dãnė** (m)	['daːnʲeː]
dinamarquês (adj)	**dãniškas**	['daːnʲɪʃkas]
Irlanda (f)	**Aĩrija** (m)	['ʌɪrʲɪjɛ]
irlandês (m)	**aĩris** (v)	['ʌɪrʲɪs]
irlandesa (f)	**aĩrė** (m)	['ʌɪrʲeː]
irlandês (adj)	**aĩriškas**	['ʌɪrʲɪʃkas]

Islândia (f)	Islándija (m)	[ɪs'lʲandʲɪjɛ]
islandês (m)	islándas (v)	[ɪs'lʲandas]
islandesa (f)	islándė (m)	[ɪs'lʲandʲe:]
islandês (adj)	islándiškas	[ɪs'lʲandʲɪʃkas]
Espanha (f)	Ispānija (m)	[ɪs'pa:nʲɪjɛ]
espanhol (m)	ispānas (v)	[ɪs'pa:nas]
espanhola (f)	ispānė (m)	[ɪs'pa:nʲe:]
espanhol (adj)	ispāniškas	[ɪs'pa:nʲɪʃkas]
Itália (f)	Itālija (m)	[ɪ'ta:lʲɪjɛ]
italiano (m)	itālas (v)	[ɪ'ta:lʲas]
italiana (f)	itālė (m)	[ɪ'ta:lʲe:]
italiano (adj)	itāliškas	[ɪ'ta:lʲɪʃkas]
Chipre (m)	Kìpras (v)	['kʲɪpras]
cipriota (m)	kipriētis (v)	[kʲɪ'prʲɛtʲɪs]
cipriota (f)	kipriētė (m)	[kʲɪ'prʲɛtʲe:]
cipriota (adj)	kipriētiškas	[kʲɪp'rʲɛtʲɪʃkas]
Malta (f)	Málta (m)	['malʲta]
maltês (m)	maltiētis (v)	[malʲ'tʲɛtʲɪs]
maltesa (f)	maltiētė (m)	[malʲ'tʲɛtʲe:]
maltês (adj)	maltiētiškas	[malʲ'tʲɛtʲɪʃkas]
Noruega (f)	Norvègija (m)	[nor'vʲɛgʲɪjɛ]
norueguês (m)	norvègas (v)	[nor'vʲɛgas]
norueguesa (f)	norvègė (m)	[nor'vʲɛgʲe:]
norueguês (adj)	norvègiškas	[nor'vʲɛgʲɪʃkas]
Portugal (m)	Portugālija (m)	[portʊ'ga:lʲɪjɛ]
português (m)	portugālas (v)	[portʊ'ga:lʲas]
portuguesa (f)	portugālė (m)	[portʊ'ga:lʲe:]
português (adj)	portugāliškas	[portʊ'ga:lʲɪʃkas]
Finlândia (f)	Súomija (m)	['sʊɑmʲɪjɛ]
finlandês (m)	súomis (v)	['sʊɑmʲɪs]
finlandesa (f)	súomė (m)	['sʊɑmʲe:]
finlandês (adj)	súomiškas	['sʊɑmʲɪʃkas]
França (f)	Prancūzijà (m)	[prantsu:zʲɪ'ja]
francês (m)	prancūzas (v)	[pran'tsu:zas]
francesa (f)	prancūzė (m)	[pran'tsu:zʲe:]
francês (adj)	prancūziškas	[pran'tsu:zʲɪʃkas]
Suécia (f)	Švèdija (m)	['ʃvʲɛdʲɪjɛ]
sueco (m)	švèdas (v)	['ʃvʲɛdas]
sueca (f)	švèdė (m)	['ʃvʲɛdʲe:]
sueco (adj)	švèdiškas	['ʃvʲɛdʲɪʃkas]
Suíça (f)	Šveicārija (m)	[ʃvʲɛɪ'tsa:rʲɪjɛ]
suíço (m)	šveicāras (v)	[ʃvʲɛɪ'tsa:ras]
suíça (f)	šveicārė (m)	[ʃvʲɛɪ'tsa:rʲe:]
suíço (adj)	šveicāriškas	[ʃvʲɛɪ'tsa:rʲɪʃkas]
Escócia (f)	Škòtija (m)	['ʃkotʲɪjɛ]
escocês (m)	škòtas (v)	['ʃkotas]

| escocesa (f) | škotė (m) | ['ʃkotʲe:] |
| escocês (adj) | škotiškas | ['ʃkotʲɪʃkas] |

Vaticano (m)	Vatikãnas (v)	[vatʲɪka:nas]
Liechtenstein (m)	Lìchtenšteinas (v)	['lʲɪxtʲɛnʃtʲɛɪnas]
Luxemburgo (m)	Liùksemburgas (v)	['lʲuksʲɛmburgas]
Mônaco (m)	Mònakas (v)	['monakas]

235. Europa Central e de Leste

Albânia (f)	Albãnija (m)	[alʲ'ba:nʲɪjɛ]
albanês (m)	albãnas (v)	[alʲ'ba:nas]
albanesa (f)	albãnė (m)	[alʲ'ba:nʲe:]
albanês (adj)	albãniškas	[alʲ'ba:nʲɪʃkas]

Bulgária (f)	Bulgãrija (m)	[bulʲ'ga:rʲɪjɛ]
búlgaro (m)	bulgãras (v)	[bulʲ'ga:ras]
búlgara (f)	bulgãrė (m)	[bulʲ'ga:rʲe:]
búlgaro (adj)	bulgãriškas	[bulʲ'ga:rʲɪʃkas]

Hungria (f)	Veñgrija (m)	['vʲɛŋgrʲɪjɛ]
húngaro (m)	veñgras (v)	['vʲɛŋgras]
húngara (f)	veñgrė (m)	['vʲɛŋgrʲe:]
húngaro (adj)	veñgriškas	['vʲɛŋgrʲɪʃkas]

Letônia (f)	Lãtvija (m)	['lʲa:tvʲɪjɛ]
letão (m)	lãtvis (v)	['lʲa:tvʲɪs]
letã (f)	lãtvė (m)	['lʲa:tvʲe:]
letão (adj)	lãtviškas	['lʲa:tvʲɪʃkas]

Lituânia (f)	Lietuvà (m)	[lʲiɛtu'va]
lituano (m)	lietùvis (v)	[lʲiɛ'tuvʲɪs]
lituana (f)	lietùvė (m)	[lʲiɛ'tuvʲe:]
lituano (adj)	lietùviškas	[lʲiɛ'tuvʲɪʃkas]

Polônia (f)	Lénkija (m)	['lʲɛŋkʲɪjɛ]
polonês (m)	lénkas (v)	['lʲɛŋkas]
polonesa (f)	lénkė (m)	['lʲɛŋkʲe:]
polonês (adj)	lénkiškas	['lʲɛŋkʲɪʃkas]

Romênia (f)	Rumùnija (m)	[ru'munʲɪjɛ]
romeno (m)	rumùnas (v)	[ru'munas]
romena (f)	rumùnė (m)	[ru'munʲe:]
romeno (adj)	rumùniškas	[ru'munʲɪʃkas]

Sérvia (f)	Seřbija (m)	['sʲɛrbʲɪjɛ]
sérvio (m)	seřbas (v)	['sʲɛrbas]
sérvia (f)	seřbė (m)	['sʲɛrbʲe:]
sérvio (adj)	seřbiškas	['sʲɛrbʲɪʃkas]

Eslováquia (f)	Slovãkija (m)	[slʲo'va:kʲɪjɛ]
eslovaco (m)	slovãkas (v)	[slʲo'va:kas]
eslovaca (f)	slovãkė (m)	[slʲo'va:kʲe:]
eslovaco (adj)	slovãkiškas	[slʲo'vakʲɪʃkas]

Croácia (f)	Kroãtija (m)	[kro'a:tʲɪjɛ]
croata (m)	kroãtas (v)	[kro'a:tas]
croata (f)	kroãtė (m)	[kro'a:tʲe:]
croata (adj)	kroãtiškas	[kro'a:tʲɪʃkas]

República (f) Checa	Čėkija (m)	['tsʲɛkʲɪjɛ]
checo (m)	čėkas (v)	['tsʲɛkas]
checa (f)	čėkė (m)	['tsʲɛkʲe:]
checo (adj)	čėkiškas	['tsʲɛkʲɪʃkas]

Estônia (f)	Ėstija (m)	['ɛstʲɪjɛ]
estônio (m)	ėstas (v)	['ɛstas]
estônia (f)	ėstė (m)	['ɛstʲe:]
estônio (adj)	ėstiškas	['ɛstʲɪʃkas]

Bósnia e Herzegovina (f)	Bosnija ĩr Hercegovinà (m)	['bosnʲɪja ir yʲɛrtsʲɛgovʲɪ'na]
Macedônia (f)	Makedònija (m)	[makʲɛ'donʲɪjɛ]
Eslovênia (f)	Slovénija (m)	[slʲo'vʲe:nʲɪjɛ]
Montenegro (m)	Juodkalnijà (m)	[juɑdkalʲnʲɪ'ja]

236. Países da ex-URSS

Azerbaijão (m)	Azerbaidžãnas (v)	[azʲɛrbʌɪ'dʒa:nas]
azeri (m)	azerbaidžaniėtis (v)	[azʲɛrbʌɪ'dʒa:nʲɛtis]
azeri (f)	azerbaidžaniėtė (m)	[azʲɛrbʌɪ'dʒa:nʲɛtʲe:]
azeri, azerbaijano (adj)	azerbaidžaniėtiškas	[azʲɛrbʌɪdʒa'nʲɛtiʃkas]

Armênia (f)	Arménija (m)	[ar'mʲe:nʲɪjɛ]
armênio (m)	arménas (v)	[ar'mʲe:nas]
armênia (f)	arménė (m)	[ar'mʲe:nʲe:]
armênio (adj)	arméniškas	[ar'mʲe:nʲɪʃkas]

Belarus	Baltarùsija (m)	[balʲta'rʊsʲɪjɛ]
bielorrusso (m)	baltarùsas (v)	[balʲta'rʊsas]
bielorrussa (f)	baltarùsė (m)	[balʲta'rʊsʲe:]
bielorrusso (adj)	baltarùsiškas	[balʲta'rʊsʲɪʃkas]

Geórgia (f)	Grùzija (m)	['grʊzʲɪjɛ]
georgiano (m)	gruzìnas (v)	[grʊ'zʲɪnas]
georgiana (f)	gruzìnė (m)	[grʊ'zʲɪnʲe:]
georgiano (adj)	gruzìniškas	[grʊ'zʲɪnʲɪʃkas]

Cazaquistão (m)	Kazãchija (m)	[ka'za:xʲɪjɛ]
cazaque (m)	kazãchas (v)	[ka'za:xas]
cazaque (f)	kazãchė (m)	[ka'za:xʲe:]
cazaque (adj)	kazãchiškas	[ka'za:xiʃkas]

Quirguistão (m)	Kirgìzija (m)	[kʲɪr'gʲɪzʲɪjɛ]
quirguiz (m)	kirgìzas (v)	[kʲɪr'gʲɪzʲas]
quirguiz (f)	kirgìzė (m)	[kʲɪr'gʲɪzʲe:]
quirguiz (adj)	kirgìziškas	[kʲɪr'gʲɪzʲɪʃkas]

| Moldávia (f) | Moldãvija (m) | [molʲ'da:vʲɪjɛ] |
| moldavo (m) | moldãvas (v) | [molʲ'da:vas] |

moldava (f)	moldãvė (m)	[molʲ'da:vʲe:]
moldavo (adj)	moldãviškas	[molʲ'da:vʲɪʃkas]

Rússia (f)	Rùsija (m)	['rʊsʲɪjɛ]
russo (m)	rùsas (v)	['rʊsas]
russa (f)	rùsė (m)	['rʊsʲe:]
russo (adj)	rùsiškas	['rʊsʲɪʃkas]

Tajiquistão (m)	Tadžìkija (m)	[tad'ʒʲɪkʲɪjɛ]
tajique (m)	tadžìkas (v)	[tad'ʒʲɪkas]
tajique (f)	tadžìkė (m)	[tad'ʒʲɪkʲe:]
tajique (adj)	tadžìkiškas	[tad'ʒʲɪkʲɪʃkas]

Turquemenistão (m)	Turkménija (m)	[tʊrk'mʲe:nʲɪjɛ]
turcomeno (m)	turkménas (v)	[tʊrk'mʲe:nas]
turcomena (f)	turkménė (m)	[tʊrk'mʲe:nʲe:]
turcomeno (adj)	turkméniškas	[tʊrk'mʲe:nʲɪʃkas]

Uzbequistão (f)	Uzbèkija (m)	[ʊz'bʲɛkʲɪjɛ]
uzbeque (m)	uzbèkas (v)	[ʊz'bʲɛkas]
uzbeque (f)	uzbèkė (m)	[ʊz'bʲɛkʲe:]
uzbeque (adj)	uzbèkiškas	[ʊz'bʲɛkʲɪʃkas]

Ucrânia (f)	Ukrainà (m)	[ʊkrʌɪ'na]
ucraniano (m)	ukrainiẽtis (v)	[ʊkrʌɪ'nʲɛtʲɪs]
ucraniana (f)	ukrainiẽtė (m)	[ʊkrʌɪ'nʲɛtʲe:]
ucraniano (adj)	ukrainiẽtiškas	[ʊkrʌɪ'nʲɛtʲɪʃkas]

237. Asia

Ásia (f)	ãzija (m)	['a:zʲɪjɛ]
asiático (adj)	azijiẽtiškas	[azʲɪ'jɪɛtʲɪʃkas]

Vietnã (m)	Vietnãmas (v)	[vjɛt'na:mas]
vietnamita (m)	vietnamiẽtis (v)	[vjɛtna'mʲɛtʲɪs]
vietnamita (f)	vietnamiẽtė (m)	[vjɛtna'mʲɛtʲe:]
vietnamita (adj)	vietnamiẽtiškas	[vjɛtna'mʲɛtʲɪʃkas]

Índia (f)	Ìndija (m)	['ɪndʲɪjɛ]
indiano (m)	ìndas (v)	['ɪndas]
indiana (f)	ìndė (m)	['ɪndʲe:]
indiano (adj)	ìndiškas	['ɪndʲɪʃkas]

Israel (m)	Izraèlis (v)	[ɪzraʲ'ɛlʲɪs]
israelense (m)	izraeliẽtis (v)	[ɪzraʲɛ'lʲɛtʲɪs]
israelita (f)	izraeliẽtė (m)	[ɪzraʲɛ'lʲɛtʲe:]
israelense (adj)	izraeliẽtiškas	[ɪzraʲɛ'lʲɛtʲɪʃkas]

judeu (m)	žýdas (v)	['ʒʲi:das]
judia (f)	žýdė (m)	['ʒʲi:dʲe:]
judeu (adj)	žýdiškas	['ʒʲi:dʲɪʃkas]

China (f)	Kìnija (m)	['kʲɪnʲɪjɛ]
chinês (m)	kiniẽtis (v)	[kʲɪ'nʲɛtʲɪs]

| chinesa (f) | kinietė (m) | [kʲɪ'nʲɛtʲe:] |
| chinês (adj) | kiniėtiškas | [kʲɪ'nʲɛtʲɪʃkas] |

coreano (m)	korėjietis (v)	[korʲe:'jɛtʲɪs]
coreana (f)	korėjietė (m)	[korʲe:'jɛtʲe:]
coreano (adj)	korėjietiškas	[korʲe:'jɛtʲɪʃkas]

Líbano (m)	Libãnas (v)	[lʲɪ'banas]
libanês (m)	libietis (v)	[lʲɪ'bʲɛtʲɪs]
libanesa (f)	libietė (m)	[lʲɪ'bʲɛtʲe:]
libanês (adj)	libietiškas	[lʲɪ'bʲɛtʲɪʃkas]

Mongólia (f)	Mongòlija (m)	[mon'golʲɪjɛ]
mongol (m)	mongòlas (v)	[mon'golʲas]
mongol (f)	mongòlė (m)	[mon'golʲe:]
mongol (adj)	mongòliškas	[mon'golʲɪʃkas]

Malásia (f)	Maláizija (m)	[ma'lʲʌɪzʲɪjɛ]
malaio (m)	malaizietis (v)	[malʲʌɪ'zʲɛtʲɪs]
malaia (f)	malaizietė (m)	[malʲʌɪ'zʲɛtʲe:]
malaio (adj)	malaizietiškas	[malʲʌɪ'zʲɛtʲɪʃkas]

Paquistão (m)	Pakistãnas (v)	[pakʲɪ'sta:nas]
paquistanês (m)	pakistanietis (v)	[pakʲɪsta'nʲɛtʲɪs]
paquistanesa (f)	pakistanietė (m)	[pakʲɪsta'nʲɛtʲe:]
paquistanês (adj)	pakistãniškas	[pakʲɪ'sta:nʲɪʃkas]

Arábia (f) Saudita	Saúdo Arãbija (m)	[sa'ʊdɔ a'ra:bʲɪjɛ]
árabe (m)	arãbas (v)	[a'ra:bas]
árabe (f)	arãbė (m)	[a'ra:bʲe:]
árabe (adj)	arãbiškas	[a'ra:bʲɪʃkas]

Tailândia (f)	Tailándas (v)	[tʌɪ'lʲandas]
tailandês (m)	tailandietis (v)	[tʌɪlʲan'dʲɛtʲɪs]
tailandesa (f)	tailandietė (m)	[tʌɪlʲan'dʲɛtʲe:]
tailandês (adj)	tailandietiškas	[tʌɪlʲan'dʲɛtʲɪʃkas]

Taiwan (m)	Taivãnis (v)	[tʌɪ'vanʲɪs]
taiwanês (m)	taivanietis (v)	[tʌɪva'nʲɛtʲɪs]
taiwanesa (f)	taivanietė (m)	[tʌɪva'nʲɛtʲe:]
taiwanês (adj)	taivanietiškas	[tʌɪva'nʲɛtʲɪʃkas]

Turquia (f)	Tuŕkija (m)	['tʊrkʲɪjɛ]
turco (m)	tuŕkas (v)	['tʊrkas]
turca (f)	tuŕkė (m)	['tʊrkʲe:]
turco (adj)	tuŕkiškas	['tʊrkʲɪʃkas]

Japão (m)	Japònija (m)	[ja'ponʲɪjɛ]
japonês (m)	japònas (v)	[ja'ponas]
japonesa (f)	japònė (m)	[ja'ponʲe:]
japonês (adj)	japòniškas	[ja'ponʲɪʃkas]

Afeganistão (m)	Afganistãnas (v)	[afganʲɪ'sta:nas]
Bangladesh (m)	Bangladèšas (v)	[banglʲa'dʲɛʃas]
Indonésia (f)	Indonezijã (m)	[ɪndonʲɛzʲɪ'ja]
Jordânia (f)	Jordãnija (m)	[jor'da:nʲɪjɛ]

Iraque (m)	Irãkas (v)	[ɪ'raːkas]
Irã (m)	Irãnas (v)	[ɪ'raːnas]
Camboja (f)	Kambodžà (m)	[kambo'dʒa]
Kuwait (m)	Kuveĭtas (v)	[kʊ'vʲɛɪtas]

Laos (m)	Laòsas (v)	[lʲa'osas]
Birmânia (f)	Mianmãras (v)	[mʲæn'maːras]
Nepal (m)	Nepãlas (v)	[nʲɛ'paːlʲas]
Emirados Árabes Unidos	Jungtìniai Arãbų Emiratai (v dgs)	[jʊŋk'tʲɪnʲɛɪ a'raːbuː ɛmʲɪratʌɪ]

Síria (f)	Sìrija (m)	['sʲɪrʲɪjɛ]
Palestina (f)	Palestìna (m)	[palʲɛs'tʲɪna]
Coreia (f) do Sul	Pietų̃ Koréja (m)	[pʲiɛ'tu: ko'rʲeːja]
Coreia (f) do Norte	Šiáurės Koréja (m)	['ʃæʊrʲeːs ko'rʲeːja]

238. América do Norte

Estados Unidos da América	Jungtìnės Amèrikos Valstijos (m dgs)	[jʊŋk'tʲɪnʲeːs a'mʲɛrʲɪkos valʲs'tʲɪjɔs]
americano (m)	amerikiètis (v)	[amʲɛrʲɪ'kʲɛtʲɪs]
americana (f)	amerikiẽtė (m)	[amerʲɪ'kʲɛtʲe:]
americano (adj)	amerikiẽtiškas	[amʲɛrʲɪ'kʲɛtʲɪʃkas]

Canadá (m)	Kanadà (m)	[kana'da]
canadense (m)	kanadiètis (v)	[kana'dʲɛtʲɪs]
canadense (f)	kanadiẽtė (m)	[kana'dʲɛtʲe:]
canadense (adj)	kanadiẽtiškas	[kana'dʲɛtʲɪʃkas]

México (m)	Mèksika (m)	['mʲɛksʲɪka]
mexicano (m)	meksikiètis (v)	[mʲɛksʲɪ'kʲɛtʲɪs]
mexicana (f)	meksikiẽtė (m)	[mʲɛksʲɪ'kʲɛtʲe:]
mexicano (adj)	meksikiẽtiškas	[mʲɛksʲɪ'kʲɛtʲɪʃkas]

239. América Central do Sul

Argentina (f)	Argentinà (m)	[argʲɛntʲɪ'na]
argentino (m)	argentiniètis (v)	[argʲɛntʲɪ'nʲɛtʲɪs]
argentina (f)	argentiniẽtė (m)	[argentʲɪ'nʲɛtʲe:]
argentino (adj)	argentiniẽtiškas	[argʲɛntʲɪ'nʲɛtʲɪʃkas]

Brasil (m)	Brazìlija (m)	[bra'zʲɪlʲɪjɛ]
brasileiro (m)	brazìlas (v)	[bra'zʲɪlʲas]
brasileira (f)	brazìlė (m)	[bra'zʲɪlʲe:]
brasileiro (adj)	brazìliškas	[bra'zʲɪlʲɪʃkas]

Colômbia (f)	Kolùmbija (m)	[kɔ'lʲumbʲɪjɛ]
colombiano (m)	kolumbiètis (v)	[kɔlʲum'bʲɛtʲɪs]
colombiana (f)	kolumbiẽtė (m)	[kɔlʲum'bʲɛtʲe:]
colombiano (adj)	kolumbiẽtiškas	[kɔlʲum'bʲɛtʲɪʃkas]
Cuba (f)	Kubà (m)	[kʊ'ba]
cubano (m)	kubiètis (v)	[kʊ'bʲɛtʲɪs]

cubana (f)	kubiėtė (m)	[kʊ'bʲɛtʲeː]
cubano (adj)	kubiėtiškas	[kʊ'bʲɛtʲɪʃkas]

Chile (m)	Čilė (m)	['tʂʲɪlʲeː]
chileno (m)	čiliėtis (v)	[tʂʲɪ'lʲɛtʲɪs]
chilena (f)	čiliėtė (m)	[tʂʲɪ'lʲɛtʲeː]
chileno (adj)	čiliėtiškas	[tʂʲɪ'lʲɛtʲɪʃkas]

Bolívia (f)	Bolìvija (m)	[bo'lʲɪvʲɪjɛ]
Venezuela (f)	Venesuelà (m)	[vʲɛnʲɛsʊʲɛ'lʲa]
Paraguai (m)	Paragvãjus (v)	[parag'vaːjʊs]
Peru (m)	Perù (v)	[pʲɛ'rʊ]

Suriname (m)	Surinãmis (v)	[sʊrʲɪ'namʲɪs]
Uruguai (m)	Urugvãjus (v)	[ʊrʊg'vaːjʊs]
Equador (m)	Ekvadòras (v)	[ɛkva'doras]

Bahamas (f pl)	Bahãmų salõs (m dgs)	[ba'ɣamuː 'salʲoːs]
Haiti (m)	Haìtis (v)	[ɣʌ'ɪtʲɪs]
República Dominicana	Dominìkos Respùblika (m)	[domʲɪ'nʲɪkos rʲɛs'pʊblʲɪka]
Panamá (m)	Panamà (m)	[pana'ma]
Jamaica (f)	Jamáika (m)	[ja'mʌɪka]

240. Africa

Egito (m)	Egìptas (v)	[ɛ'gʲɪptas]
egípcio (m)	egiptiėtis (v)	[ɛgʲɪp'tʲɛtʲɪs]
egípcia (f)	egiptiėtė (m)	[egʲɪp'tʲɛtʲeː]
egípcio (adj)	egiptiėtiškas	[ɛgʲɪp'tʲɛtʲɪʃkas]

Marrocos	Maròkas (v)	[ma'rokas]
marroquino (m)	marokiėtis (v)	[maro'kʲɛtʲɪs]
marroquina (f)	marokiėtė (m)	[maro'kʲɛtʲeː]
marroquino (adj)	marokiėtiškas	[maro'kʲɛtʲɪʃkas]

Tunísia (f)	Tunìsas (v)	[tʊ'nʲɪsas]
tunisiano (m)	tunisiėtis (v)	[tʊnʲɪ'sʲɛtʲɪs]
tunisiana (f)	tunisiėtė (m)	[tʊnʲɪ'sʲɛtʲeː]
tunisiano (adj)	tunisiėtiškas	[tʊnʲɪ'sʲɛtʲɪʃkas]

Gana (f)	Ganà (m)	[ga'na]
Zanzibar (m)	Zanzibãras (v)	[zanzʲɪ'baːras]
Quênia (f)	Kènija (m)	['kʲɛnʲɪjɛ]
Líbia (f)	Lìbija (m)	['lʲɪbʲɪjɛ]
Madagascar (m)	Madagaskãras (v)	[madagas'kaːras]

Namíbia (f)	Namìbija (m)	[na'mʲɪbʲɪjɛ]
Senegal (m)	Senegãlas (v)	[sʲɛnʲɛ'gaːlas]
Tanzânia (f)	Tanzãnija (m)	[tan'zaːnʲɪjɛ]
África (f) do Sul	Pietų ãfrikos respùblika (m)	[pʲiɛ'tu: 'aːfrʲɪkos rʲɛs'pʊblʲɪka]

africano (m)	afrikiėtis (v)	[afrʲɪ'kʲɛtʲɪs]
africana (f)	afrikiėtė (m)	[afrʲɪ'kʲɛtʲeː]
africano (adj)	afrikiėtiškas	[afrʲɪ'kʲɛtʲɪʃkas]

241. Austrália. Oceania

Austrália (f)	Australija (m)	[ɑʊs'traːlʲɪjɛ]
australiano (m)	australietis (v)	[ɑʊstraˈlʲɛtʲɪs]
australiana (f)	australietė (m)	[ɑʊstraˈlʲɛtʲeː]
australiano (adj)	australiškas	[ɑʊ'straːlʲɪʃkas]
Nova Zelândia (f)	Naujoji Zelándija (m)	[nɑʊ'joːjɪ zʲɛ'lʲandʲɪjɛ]
neozelandês (m)	Naujosios Zelándijos gyventojas (v)	[nɑʊ'joːsʲos zʲɛ'lʲandʲɪjos gʲiː'vʲɛntoːjɛs]
neozelandesa (f)	Naujosios Zelándijos gyventoja (m)	[nɑʊ'joːsʲos zʲɛ'lʲandʲɪjos gʲiː'vʲɛntoːjɛ]
neozelandês (adj)	Naujosios Zelándijos	[nɑʊ'joːsʲos zʲɛ'lʲandʲɪjos]
Tasmânia (f)	Tasmānija (m)	[tas'maːnʲɪjɛ]
Polinésia (f) Francesa	Prancūzijos Polinezija (m)	[prantsuː'zʲɪjos polʲɪ'nʲɛzʲɪjɛ]

242. Cidades

Amesterdã, Amsterdã	Ámsterdamas (v)	['amstʲɛrdamas]
Ancara	Ankarà (m)	[aŋka'ra]
Atenas	Aténai (v dgs)	[a'tʲeːnʌɪ]
Bagdade	Bagdãdas (v)	[bag'daːdas]
Bancoque	Bankòkas (v)	[baŋ'kokas]
Barcelona	Barselonà (m)	[barsʲɛlʲo'na]
Beirute	Beirùtas (v)	[bʲɛɪ'rʊtas]
Berlim	Berlýnas (v)	[bʲɛr'lʲiːnas]
Bonn	Bonà (m)	[bo'na]
Bordéus	Bordò (v)	[bor'do]
Bratislava	Bratislavà (m)	[bratʲɪslʲa'va]
Bruxelas	Briùselis (v)	['brʲʊsʲɛlʲɪs]
Bucareste	Bukarèštas (v)	[bʊka'rʲɛʃtas]
Budapeste	Budapèštas (v)	[bʊda'pʲɛʃtas]
Cairo	Kaìras (v)	[kʌ'ɪras]
Calcutá	Kalkutà (m)	[kalʲkʊ'ta]
Chicago	Čikagà (m)	[tʂʲɪka'ga]
Cidade do México	Mèksikas (v)	['mʲɛksʲɪkas]
Copenhague	Kopenhagà (m)	[kopʲɛnɣa'ga]
Dar es Salaam	Dár es Salãmas (v)	['dar ɛs sa'lʲaːmas]
Deli	Dèlis (v)	['dʲɛlʲɪs]
Dubai	Dubãjus (v)	[dʊ'baːjʊs]
Dublim	Dùblinas (v)	['dʊblʲɪnas]
Düsseldorf	Diùseldorfas (v)	['dʲʊsʲɛlʲdorfas]
Estocolmo	Stòkholmas (v)	['stokɣolʲmas]
Florença	Floreñcija (m)	[flʲo'rʲɛntsʲɪjɛ]
Frankfurt	Fránkfurtas (v)	['fraŋkfʊrtas]
Genebra	Ženevà (m)	[ʒʲɛnʲɛ'va]
Haia	Hagà (m)	[ɣa'ga]
Hamburgo	Hámburgas (v)	['ɣambʊrgas]

Hanói	Hanòjus (v)	[ɣa'nojʊs]
Havana	Havanà (m)	[ɣava'na]
Helsinque	Hèlsinkis (v)	['ɣʲɛlʲsʲɪŋkʲɪs]
Hiroshima	Hirosimà (m)	[ɣʲɪrosʲɪ'ma]
Hong Kong	Honkòngas (v)	[ɣoŋ'kongas]
Istambul	Stambùlas (v)	[stam'bʊlʲas]

Jerusalém	Jerùzalė (m)	[je'rʊzalʲe:]
Kiev, Quieve	Kìjevas (v)	['kʲɪjɛvas]
Kuala Lumpur	Kvàla Lùmpuras (v)	['kvalʲa 'lʲumpʊras]
Lion	Liònas (v)	[lʲɪ'jɔnas]
Lisboa	Lisabonà (m)	[lʲɪsabo'na]

Londres	Lòndonas (v)	['lʲondonas]
Los Angeles	Lòs Ándželas (v)	[lʲo:s 'andʒʲɛlʲas]
Madrid	Madrìdas (v)	[mad'rʲɪdas]
Marselha	Marsèlis (v)	[mar'sʲɛlʲɪs]
Miami	Majàmis (v)	[ma'ja:mʲɪs]

Montreal	Monreàlis (v)	[monrʲɛ'a:lʲɪs]
Moscou	Maskvà (m)	[mask'va]
Mumbai	Bombėjus (v)	[bom'bʲe:jʊs]
Munique	Miùnchenas (v)	['mʲʊnxʲɛnas]
Nairóbi	Nairòbis (v)	[nʌɪ'robʲɪs]
Nápoles	Neàpolis (v)	[nʲɛ'a:polʲɪs]
Nice	Nicà (m)	[nʲɪ'tsa]
Nova York	Niujòrkas (v)	[nʲʊ'jɔ rkas]
Oslo	Òslas (v)	[oslʲas]
Ottawa	Otavà (m)	[ota'va]
Paris	Parỹžius (v)	[pa'rʲi:ʒʲʊs]

Pequim	Pekìnas (v)	[pʲɛ'kʲɪnas]
Praga	Prahà (m)	[praɣa]
Rio de Janeiro	Rio de Žanèiras (v)	['rʲɪjo dʲɛ ʒa'nʲɛɪras]
Roma	Romà (m)	[ro'ma]
São Petersburgo	Sankt-Peterbùrgas (v)	[saŋkt-pʲɛtʲɛr'bʊrgas]
Seul	Seùlas (v)	[sʲɛ'ʊ lʲas]

Singapura	Singapũras (v)	[sʲɪnga'pu:ras]
Sydney	Sidnéjus (v)	[sʲɪd'nʲe:jʊs]
Taipé	Taipéjus (v)	[tʌɪ'pʲe:jʊs]
Tóquio	Tòkijas (v)	['tokʲɪjas]
Toronto	Toròntas (v)	[to'rontas]

Varsóvia	Vàršuva (m)	['varʃʊva]
Veneza	Venècija (m)	[vʲɛ'nʲɛtsʲɪjɛ]
Viena	Víena (m)	['vʲiɛna]
Washington	Vàšingtonas (v)	['va:ʃɪŋktonas]
Xangai	Šanchãjus (v)	[ʃan'xa:jʊs]

243. Política. Governo. Parte 1

| política (f) | polìtika (m) | [po'lʲɪtʲɪka] |
| político (adj) | polìtinis | [po'lʲɪtʲɪnʲɪs] |

político (m)	politikas (v)	[po'lʲɪtʲɪkas]
estado (m)	valstýbė (m)	[valʲs'tʲiːbʲeː]
cidadão (m)	pilietis (v)	[pʲɪ'lʲɛtʲɪs]
cidadania (f)	pilietýbė (m)	[pʲɪlʲiɛ'tʲiːbʲeː]

| brasão (m) de armas | nacionãlinis herbas (v) | [natsʲɪjɔ'naːlʲɪnʲɪs 'yʲɛrbas] |
| hino (m) nacional | valstýbinis himnas (v) | [valʲs'tʲiːbʲɪnʲɪs 'yʲɪmnas] |

governo (m)	vyriausýbė (m)	[vʲiːrʲɛʊ'sʲiːbʲeː]
Chefe (m) de Estado	šaliẽs vadõvas (v)	[ʃa'lʲɛs va'doːvas]
parlamento (m)	parlameñtas (v)	[parlʲa'mʲɛntas]
partido (m)	pártija (m)	['partʲɪjɛ]

| capitalismo (m) | kapitalizmas (v) | [kapʲɪta'lʲɪzmas] |
| capitalista (adj) | kapitalistinis | [kapʲɪta'lʲɪstʲɪnʲɪs] |

| socialismo (m) | socializmas (v) | [sotsʲɪja'lʲɪzmas] |
| socialista (adj) | socialistinis | [sotsʲɪja'lʲɪstʲɪnʲɪs] |

comunismo (m)	komunizmas (v)	[kɔmʊ'nʲɪzmas]
comunista (adj)	komunistinis	[kɔmʊ'nʲɪstʲɪnʲɪs]
comunista (m)	komunistas (v)	[kɔmʊ'nʲɪstas]

democracia (f)	demokrãtija (m)	[dʲɛmo'kraːtʲɪjɛ]
democrata (m)	demokrãtas (v)	[dʲɛmo'kraːtas]
democrático (adj)	demokrãtinis	[dʲɛmo'kraːtʲɪnʲɪs]
Partido (m) Democrático	demokrãtinė pártija (m)	[dʲɛmo'kraːtʲɪnʲe: 'partʲɪjɛ]

| liberal (m) | liberãlas (v) | [lʲɪbʲɛ'raːlas] |
| liberal (adj) | liberalùs | [lʲɪbʲɛra'lʊs] |

| conservador (m) | konservãtorius (v) | [kɔnsʲɛr'vaːtorʲʊs] |
| conservador (adj) | konservatyvùs | [kɔnsʲɛrvatʲiː'vʊs] |

república (f)	respùblika (m)	[rʲɛs'pʊblʲɪka]
republicano (m)	respublikõnas (v)	[rʲɛspʊblʲɪ'ko:nas]
Partido (m) Republicano	respublikinė pártija (m)	[rʲɛspʊblʲɪ'kʲɪnʲe: 'partʲɪjɛ]

eleições (f pl)	rinkimai (v dgs)	[rʲɪŋ'kʲɪmʌɪ]
eleger (vt)	išriñkti	[ɪʃ'rʲɪŋktʲɪ]
eleitor (m)	rinkéjas (v)	[rʲɪŋ'kʲeːjas]
campanha (f) eleitoral	rinkimo kampãnija (m)	[rʲɪŋ'kʲɪmɔ kam'paːnʲɪjɛ]

votação (f)	balsãvimas (v)	[balʲ'saːvʲɪmas]
votar (vi)	balsùoti	[balʲ'sʊɑtʲɪ]
sufrágio (m)	balsãvimo téisė (m)	[balʲ'saːvʲɪmɔ 'tʲæisʲe:]

candidato (m)	kandidãtas (v)	[kandʲɪ'da:tas]
candidatar-se (vi)	balotiruotis	[balʲotʲɪ'rʊɑtʲɪs]
campanha (f)	kampãnija (m)	[kam'pa:nʲɪjɛ]

| da oposição | opozicinis | [opo'zʲɪtsʲɪnʲɪs] |
| oposição (f) | opozicija (m) | [opo'zʲɪtsʲɪjɛ] |

| visita (f) | vizitas (v) | [vʲɪ'zʲɪtas] |
| visita (f) oficial | oficialùs vizitas (v) | [ofʲɪtsʲɪja'lʲʊs vʲɪ'zʲɪtas] |

internacional (adj)	tarptautìnis	[tarptɑʊ'tʲɪnʲɪs]
negociações (f pl)	derýbos (m dgs)	[dʲɛ'rʲi:bos]
negociar (vi)	vèsti derýbas	['vʲɛstʲɪ dʲɛ'rʲi:bas]

244. Política. Governo. Parte 2

sociedade (f)	visúomenė (m)	[vʲɪ'sʊɑmenʲe:]
constituição (f)	konstitùcija (m)	[konstʲɪ'tʊtsʲɪjɛ]
poder (ir para o ~)	valdžià (m)	[valʲ'dʒʲæ]
corrupção (f)	korùpcija (m)	[kɔ'rʊptsʲɪjɛ]

lei (f)	įstãtymas (v)	[i:'sta:ti:mas]
legal (adj)	teisétas	[tʲɛɪ'sʲe:tas]

justeza (f)	teisingùmas (v)	[tʲɛɪsʲɪn'gʊmas]
justo (adj)	teisìngas	[tʲɛɪ'sʲɪngas]

comitê (m)	komitètas (v)	[kɔmʲɪ'tʲɛtas]
projeto-lei (m)	įstãtymo projèktas (v)	[i:'sta:ti:mɔ pro'jɛktas]
orçamento (m)	biudžètas (v)	[bʲʊ'dʒʲɛtas]
política (f)	polìtika (m)	[po'lʲɪtʲɪka]
reforma (f)	refòrma (m)	[rʲɛ'forma]
radical (adj)	radikalùs	[radʲɪka'lʲʊs]

força (f)	jėgà (m)	[je:'ga]
poderoso (adj)	galìngas	[ga'lʲɪngas]
partidário (m)	šalinińkas (v)	[ʃalʲɪ'nʲɪŋkas]
influência (f)	įtaka (m)	['i:taka]

regime (m)	režìmas (v)	[rʲɛ'ʒʲɪmas]
conflito (m)	konflìktas (v)	[kon'flʲɪktas]
conspiração (f)	sąmokslas (v)	['sa:mokslʲas]
provocação (f)	provokãcija (m)	[provo'ka:tsʲɪjɛ]

derrubar (vt)	nuvèrsti	[nʊ'vʲɛrstʲɪ]
derrube (m), queda (f)	nuvertìmas (v)	[nʊvʲɛr'tʲɪmas]
revolução (f)	revoliùcija (m)	[rʲɛvo'lʲʊtsʲɪjɛ]

golpe (m) de Estado	pérversmas (v)	['pʲɛrvʲɛrsmas]
golpe (m) militar	karìnis pérversmas (v)	[ka'rʲɪnʲɪs 'pʲɛrvʲɛrsmas]

crise (f)	krìzė (m)	['krʲɪzʲe:]
recessão (f) econômica	ekonòminis kritìmas (v)	[ɛko'nomʲɪnʲɪs krʲɪ'tʲɪmas]
manifestante (m)	demonstrántas (v)	[dʲɛmons'trantas]
manifestação (f)	demonstrãcija (m)	[dʲɛmons'tra:tsʲɪjɛ]
lei (f) marcial	kãro padėtìs (m)	['ka:rɔ padʲe:'tʲɪs]
base (f) militar	karìné bãzė (m)	[ka'rʲɪnʲe: 'ba:zʲe:]

estabilidade (f)	stabilùmas (v)	[stabʲɪ'lʲʊmas]
estável (adj)	stabilùs	[stabʲɪ'lʲʊs]

exploração (f)	eksploatãcija (m)	[ɛksplʲoa'ta:tsʲɪjɛ]
explorar (vt)	eksploatúoti	[ɛksplʲoa'tʊotʲɪ]
racismo (m)	rasìzmas (v)	[ra'sʲɪzmas]

racista (m)	rasìstas (v)	[ra's'ɪstas]
fascismo (m)	fašìzmas (v)	[fa'ʃɪzmas]
fascista (m)	fašìstas (v)	[fa'ʃɪstas]

245. Países. Diversos

estrangeiro (m)	užsieniètis (v)	[ʊʒs'iɛ'n'ɛt'ɪs]
estrangeiro (adj)	užsieniètiškas	[ʊʒs'iɛ'n'ɛt'ɪʃkas]
no estrangeiro	ùžsienyje	['ʊʒs'iɛn'i:jɛ]

emigrante (m)	emigrántas (v)	[ɛm'ɪ'grantas]
emigração (f)	emigrãcija (m)	[ɛm'ɪ'gra:ts'ɪjɛ]
emigrar (vi)	emigrúoti	[ɛm'ɪ'grʊɑt'ɪ]

Ocidente (m)	Vakaraĩ (v dgs)	[vaka'rʌɪ]
Oriente (m)	Rytaĩ (v dgs)	[r'i:'tʌɪ]
Extremo Oriente (m)	Tolimì Rytaĩ (v dgs)	[tol'ɪ'm'ɪ r'i:'tʌɪ]
civilização (f)	civilizãcija (m)	[ts'ɪv'ɪl'ɪ'za:ts'ɪjɛ]
humanidade (f)	žmonijà (m)	[ʒmon'ɪ'ja]
mundo (m)	pasáulis (v)	[pa'sɑʊl'ɪs]
paz (f)	taikà (m)	[tʌɪ'ka]
mundial (adj)	pasáulinis	[pa'sɑʊl'ɪn'ɪs]

pátria (f)	tėvỹnė (m)	[t'e:'v'i:n'e:]
povo (população)	tautà (m), liáudis (m)	[tɑʊ'ta], ['l'æʊd'ɪs]
população (f)	gyvéntojai (v)	[g'i:'v'ɛnto:jɛi]
gente (f)	žmónės (v dgs)	['ʒmo:n'e:s]
nação (f)	nãcija (m)	['na:ts'ɪjɛ]
geração (f)	kartà (m)	[kar'ta]
território (m)	teritòrija (m)	[t'ɛr'ɪ'tor'ɪjɛ]
região (f)	regiònas (v)	[r'ɛg'ɪ'jonas]
estado (m)	valstijà (m)	[val'st'ɪ'ja]
tradição (f)	tradìcija (m)	[tra'd'ɪts'ɪjɛ]
costume (m)	paprotỹs (v)	[papro't'i:s]
ecologia (f)	ekològija (m)	[ɛko'l'og'ɪjɛ]

índio (m)	indėnas (v)	[ɪn'd'e:nas]
cigano (m)	čigõnas (v)	[tʂ'ɪ'go:nas]
cigana (f)	čigõnė (m)	[tʂ'ɪ'go:n'e:]
cigano (adj)	čigõniškas	[tʂ'ɪ'go:n'ɪʃkas]

império (m)	impèrija (m)	[ɪm'p'ɛr'ɪjɛ]
colônia (f)	kolònija (m)	[kɔ'l'on'ɪjɛ]
escravidão (f)	vergija (m)	[v'ɛrg'ɪ'ja]
invasão (f)	invãzija (m)	[ɪn'va:z'ɪjɛ]
fome (f)	bãdas (v)	['ba:das]

246. Grupos religiosos mais importantes. Confissões

| religião (f) | relìgija (m) | [r'ɛ'l'ɪg'ɪjɛ] |
| religioso (adj) | relìginis | [r'ɛ'l'ɪg'ɪn'ɪs] |

crença (f)	tikėjimas (v)	[tʲɪˈkʲɛjɪmas]
crer (vt)	tikėti	[tʲɪˈkʲeːtʲɪ]
crente (m)	tìkintis (v)	[ˈtʲɪkʲɪntʲɪs]

| ateísmo (m) | atèizmas (v) | [atʲɛˈɪzmas] |
| ateu (m) | atèistas (v) | [atʲɛˈɪstas] |

cristianismo (m)	Krikščionýbė (m)	[krʲɪkʃtʂʲoˈnʲiːbʲeː]
cristão (m)	krikščióinis (v)	[krʲɪkʃˈtʂʲonʲɪs]
cristão (adj)	krikščióiniškas	[krʲɪkʃˈtʂʲonʲɪʃkas]

catolicismo (m)	Katalicìzmas (v)	[katalʲɪˈtsʲɪzmas]
católico (m)	katalìkas (v)	[kataˈlʲɪkas]
católico (adj)	katalìkiškas	[kataˈlʲɪkʲɪʃkas]

protestantismo (m)	Protestantìzmas (v)	[protʲɛstanˈtʲɪzmas]
Igreja (f) Protestante	Protestántų bažnýčia (m)	[protʲɛsˈtantu: baʒˈnʲiːtʂʲæ]
protestante (m)	protestántas (v)	[protʲɛsˈtantas]

ortodoxia (f)	Stačiatikýbė (m)	[statʂʲætʲɪˈkʲiːbʲeː]
Igreja (f) Ortodoxa	Stačiātikių bažnýčia (m)	[staˈtʂʲætʲɪkʲu: baʒˈnʲiːtʂʲæ]
ortodoxo (m)	stačiātikis	[staˈtʂʲætʲɪkʲɪs]

presbiterianismo (m)	Presbiterionìzmas (v)	[prʲɛsbʲɪtʲɛrʲɪjoˈnʲɪzmas]
Igreja (f) Presbiteriana	Presbiteriōnų bažnýčia (m)	[prʲɛsbʲɪtʲɛrʲɪˈjo:nu: baʒˈnʲiːtʂʲæ]
presbiteriano (m)	presbiteriōnas (v)	[prʲɛsbʲɪtʲɛrʲɪˈjo:nas]

| luteranismo (m) | Liuterōnų bažnýčia (m) | [lʲʊtʲɛˈro:nu: baʒˈnʲiːtʂʲæ] |
| luterano (m) | liuterōnas (v) | [lʲʊtʲɛˈro:nas] |

| Igreja (f) Batista | Baptìzmas (v) | [bapˈtʲɪzmas] |
| batista (m) | baptìstas (v) | [bapˈtʲɪstas] |

Igreja (f) Anglicana	Anglikōnų bažnýčia (m)	[anglʲɪˈko:nu: baʒˈnʲiːtʂʲæ]
anglicano (m)	anglikōnas (v)	[anglʲɪˈko:nas]
mórmon (m)	mormōnas (v)	[morˈmonas]

| Judaísmo (m) | Judaìzmas (v) | [jʊdʌˈɪzmas] |
| judeu (m) | žỹdas (v) | [ˈʒʲiːdas] |

| budismo (m) | Budìzmas (v) | [bʊˈdʲɪzmas] |
| budista (m) | budìstas (v) | [bʊˈdʲɪstas] |

| hinduísmo (m) | Induìzmas (v) | [ɪndʊˈɪzmas] |
| hindu (m) | induìstas (v) | [ɪndʊˈɪstas] |

Islã (m)	Islāmas (v)	[ɪsˈlʲʲaːmas]
muçulmano (m)	musulmōnas (v)	[mʊsʊlʲʲˈmo:nas]
muçulmano (adj)	musulmōniškas	[mʊsʊlʲʲˈmo:nʲɪʃkas]

| xiismo (m) | Šiìzmas (v) | [ʃɪˈɪzmas] |
| xiita (m) | šiìtas (v) | [ʃɪˈɪtas] |

| sunismo (m) | Sunìzmas (v) | [sʊˈnʲɪzmas] |
| sunita (m) | sunìtas (v) | [sʊˈnʲɪtas] |

247. Religiões. Padres

padre (m)	šventìkas (v)	[ʃvʲɛn'tʲɪkas]
Papa (m)	Ròmos pópiežius (v)	['romos 'popʲiɛʒʲus]
monge (m)	vienuõlis (v)	[vʲiɛ'nʊalʲɪs]
freira (f)	vienuõlė (m)	[vʲiɛ'nʊalʲe:]
pastor (m)	pãstorius (v)	['pa:storʲus]
abade (m)	abãtas (v)	[a'ba:tas]
vigário (m)	vikãras (v)	[vʲɪ'ka:ras]
bispo (m)	výskupas (v)	['vʲi:skupas]
cardeal (m)	kardinõlas (v)	[kardʲɪ'no:lʲas]
pregador (m)	pamoksláutojas (v)	[pamok'slʲauto:jɛs]
sermão (m)	pamókslas (v)	[pa'mokslʲas]
paroquianos (pl)	parapijiẽčiai (v dgs)	[parapʲɪ'jɪɛtʂʲɛɪ]
crente (m)	tìkintis (v)	['tʲɪkʲɪntʲɪs]
ateu (m)	ateìstas (v)	[atʲɛ'ɪstas]

248. Fé. Cristianismo. Islão

Adão	Adõmas (v)	[a'do:mas]
Eva	levà (m)	[ɪɛ'va]
Deus (m)	Diẽvas (v)	['dʲɛvas]
Senhor (m)	Viẽšpats (v)	['vʲɛʃpats]
Todo Poderoso (m)	Visagãlis (v)	[vʲɪsa'ga:lʲɪs]
pecado (m)	núodėmė (m)	['nʊadʲe:mʲe:]
pecar (vi)	nusidéti	[nʊsʲɪ'dʲe:tʲɪ]
pecador (m)	nuodėmìngas (v)	[nʊadʲe:'mʲɪngas]
pecadora (f)	nuodėmìngoji (m)	[nʊadʲe:'mʲɪngojɪ]
inferno (m)	prãgaras (v)	['pra:garas]
paraíso (m)	rõjus (v)	['ro:jus]
Jesus	Jézus (v)	['je:zus]
Jesus Cristo	Jézus Krìstus (v)	['je:zus 'krʲɪstus]
Espírito (m) Santo	Šventóji dvasià (m)	[ʃvʲɛn'to:jɪ dva'sʲæ]
Salvador (m)	Išganýtojas (v)	[ɪʃga'nʲi:to:jɛs]
Virgem Maria (f)	Diẽvo Mótina (m)	['dʲɛvɔ 'motʲɪna]
Diabo (m)	Vélnias (v)	['vʲɛlʲnʲæs]
diabólico (adj)	vélniškas	['vʲɛlʲnʲɪʃkas]
Satanás (m)	Šėtõnas (v)	[ʃʲe:'to:nas]
satânico (adj)	šėtõniškas	[ʃʲe:'to:nʲɪʃkas]
anjo (m)	ángelas (v)	['angʲɛlʲas]
anjo (m) da guarda	ángelas-sárgas (v)	['angʲɛlʲas-'sargas]
angelical	ángeliškas	['angʲɛlʲɪʃkas]

apóstolo (m)	apāštalas (v)	[a'pa:ʃtalʲas]
arcanjo (m)	archāngelas (v)	[ar'xangʲɛlʲas]
anticristo (m)	Antikrìstas (v)	[antʲɪ'krʲɪstas]

Igreja (f)	Bažnýčia (m)	[baʒ'nʲi:tʂʲæ]
Bíblia (f)	bìblija (m)	['bʲɪblʲɪjɛ]
bíblico (adj)	biblijìnis	[bʲɪblʲɪ'jɪnʲɪs]

Velho Testamento (m)	Senàsis Testameñtas (v)	[sʲɛ'nasʲɪs tʲɛsta'mʲɛntas]
Novo Testamento (m)	Naujàsis Testameñtas (v)	[nɑʊ'jasʲɪs tʲɛsta'mʲɛntas]
Evangelho (m)	Evangèlija (m)	[ɛvan'gʲɛlʲɪjɛ]
Sagradas Escrituras (f pl)	Šveñtas rāštas (v)	['ʃvʲɛntas 'ra:ʃtas]
Céu (sete céus)	Danguṣ (v), Dangaus Karalÿstė (m)	[dan'gʊs], [dan'gɑʊs kara'lʲi:stʲe:]

mandamento (m)	įsākymas (v)	[i:'sa:kʲɪ:mas]
profeta (m)	prānašas (v)	['pra:naʃas]
profecia (f)	pranašÿstė (m)	[prana'ʃʲɪ:stʲe:]

Alá (m)	Alāchas (v)	[a'lʲa:xas]
Maomé (m)	Magomètas (v)	[mago'mʲɛtas]
Alcorão (m)	Korānas (v)	[kɔ'ra:nas]

mesquita (f)	mečètė (m)	[mʲɛ'tʂʲɛtʲe:]
mulá (m)	mulà (m)	[mʊ'lʲa]
oração (f)	maldà (m)	[malʲda]
rezar, orar (vi)	melstis	['mʲɛlˀstʲɪs]

peregrinação (f)	maldininkÿstė (m)	[malʲdʲɪnʲɪŋ'kʲi:stʲe:]
peregrino (m)	maldinìnkas (v)	[malʲdʲɪ'nʲɪŋkas]
Meca (f)	Mekà (m)	[mʲɛ'ka]

igreja (f)	bažnýčia (m)	[baʒ'nʲi:tʂʲæ]
templo (m)	šventóvė (m)	[ʃven'tovʲe:]
catedral (f)	kātedra (m)	['ka:tʲɛdra]
gótico (adj)	gòtiškas	['gotʲɪʃkas]
sinagoga (f)	sinagogà (m)	[sʲɪnago'ga]
mesquita (f)	mečètė (m)	[mʲɛ'tʂʲɛtʲe:]

capela (f)	koplyčià (m)	[kɔplʲi:'tʂʲæ]
abadia (f)	abātija (m)	[a'ba:tʲɪjɛ]
convento (m)	vienuolýnas (v)	[vʲiɛnʊɑ'lʲi:nas]
monastério (m)	vienuolýnas (v)	[vʲiɛnʊɑ'lʲi:nas]

sino (m)	varpas (v)	['varpas]
campanário (m)	varpinė (m)	['varpʲɪnʲe:]
repicar (vi)	skambinti	['skambʲɪntʲɪ]

cruz (f)	krÿžius (v)	['krʲi:ʒʲʊs]
cúpula (f)	kùpolas (v)	['kʊpolʲas]
ícone (m)	ikonà (m)	[ɪko'na]

alma (f)	síela (m)	['sʲiɛlʲa]
destino (m)	likìmas (v)	[lʲɪ'kʲɪmas]
mal (m)	blõgis (v)	['blʲo:gʲɪs]
bem (m)	gẽris (v)	['gʲe:rʲɪs]

vampiro (m)	**vampýras** (v)	[vam'pʲiːras]
bruxa (f)	**rãgana** (m)	['raːgana]
demônio (m)	**dèmonas** (v)	['dʲɛmonas]
espírito (m)	**dvasià** (m)	[dva'sʲæ]

redenção (f)	**atpirkìmas** (v)	[atpʲɪr'kʲɪmas]
redimir (vt)	**išpíŕkti**	[ɪʃpʲɪrktʲɪ]

missa (f)	**pãmaldos** (m dgs)	['paːmalʲdos]
celebrar a missa	**tarnáuti**	[tar'nɑutʲɪ]
confissão (f)	**išpažintìs** (m)	[ɪʃpaʒʲɪn'tʲɪs]
confessar-se (vr)	**atlìkti išpažintį**	[at'lʲɪːktʲɪ 'iːʃpaʒʲɪntʲɪː]

santo (m)	**šventàsis** (v)	[ʃvʲɛn'tasʲɪs]
sagrado (adj)	**švéntintas**	['ʃvʲɛntʲɪntas]
água (f) benta	**šveñtas vanduõ** (v)	['ʃvʲɛntas van'dʊɑ]

ritual (m)	**rituãlas** (v)	[rʲɪtʊ'aːlʲas]
ritual (adj)	**rituãlinis**	[rʲɪtʊ'aːlʲɪnʲɪs]
sacrifício (m)	**aukójimas** (v)	[ɑʊ'koːjɪmas]

superstição (f)	**prietaringùmas** (v)	[prʲiɛtarʲɪn'gumas]
supersticioso (adj)	**prietariñgas**	[prʲiɛta'rʲɪngas]
vida (f) após a morte	**pomirtìnis gyvẽnimas** (v)	[pomʲɪr'tʲɪnʲɪs gʲiː'vʲænʲɪmas]
vida (f) eterna	**ámžinas gyvẽnimas** (v)	['amʒʲɪnas gʲiː'vʲænʲɪmas]

TEMAS DIVERSOS

249. Várias palavras úteis

ajuda (f)	pagálba (m)	[pa'galʲba]
barreira (f)	užtvara (m)	['ʊʒtvara]
base (f)	bãzė (m)	['ba:zʲe:]
categoria (f)	kategòrija (m)	[katʲɛ'gorʲɪjɛ]
causa (f)	priežastis (m)	[prʲiɛʒas'tʲɪs]
coincidência (f)	sutapìmas (v)	[sʊta'pʲɪmas]
coisa (f)	dáiktas (v)	['dʌɪktas]
começo, início (m)	pradžià (m)	[prad'ʒʲæ]
cômodo (ex. poltrona ~a)	patogùs	[pato'gʊs]
comparação (f)	palýginimas (v)	[pa'lʲi:gʲɪnʲɪmas]
compensação (f)	kompensãcija (m)	[kɔmpʲɛn'sa:tsʲɪjɛ]
crescimento (m)	augìmas (v)	[ɑʊ'gʲɪmas]
desenvolvimento (m)	výstymas (v)	['vʲi:stʲi:mas]
diferença (f)	skìrtumas (v)	['skʲɪrtʊmas]
efeito (m)	efėktas (v)	[ɛ'fʲɛktas]
elemento (m)	elemeñtas (v)	[ɛlʲɛ'mʲɛntas]
equilíbrio (m)	balánsas (v)	[ba'lʲansas]
erro (m)	klaidà (m)	[klʲʌɪ'da]
esforço (m)	pãstangos (m dgs)	['pa:stangos]
estilo (m)	stìlius (v)	['stʲɪlʲʊs]
exemplo (m)	pavyzdỹs (v)	[pavʲi:z'dʲi:s]
fato (m)	fãktas (v)	['fa:ktas]
fim (m)	pabaigà (m)	[pabʌɪ'ga]
forma (f)	fòrma (m)	['forma]
frequente (adj)	dãžnas	['da:ʒnas]
fundo (ex. ~ verde)	fònas (v)	['fonas]
gênero (tipo)	rū̃šis (m)	['ru:ʃɪs]
grau (m)	láipsnis (v)	['lʲʌɪpsnʲɪs]
ideal (m)	ideãlas (v)	[idʲɛ'a:lʲas]
labirinto (m)	labirìntas (v)	[lʲab'ɪ'rʲɪntas]
modo (m)	bū̃das (v)	['bu:das]
momento (m)	momeñtas (v)	[mo'mʲɛntas]
objeto (m)	objėktas (v)	[ob'jɛktas]
obstáculo (m)	kliū̃tis (m)	['klʲu:tʲɪs]
original (m)	originãlas (v)	[orʲɪgʲɪ'na:lʲas]
padrão (adj)	standártinis	[stan'dartʲɪnʲɪs]
padrão (m)	standártas (v)	[stan'dartas]
paragem (pausa)	sustojìmas (v)	[sʊsto'jɪmas]
parte (f)	dalìs (m)	[da'lʲɪs]

partícula (f)	dalelýtė (m)	[dalʲɛ'lʲi:tʲe:]
pausa (f)	páuzė (m)	['pɑuzʲe:]
posição (f)	pozìcija (m)	[po'zʲɪtsʲɪjɛ]
princípio (m)	prìncipas (v)	['prʲɪntsʲɪpas]

problema (m)	problemà (m)	[problʲɛ'ma]
processo (m)	procèsas (v)	[pro'tsʲɛsas]
progresso (m)	progrèsas (v)	[pro'grʲɛsas]
propriedade (qualidade)	savýbė (m)	[sa'vʲi:bʲe:]

reação (f)	reãkcija (m)	[rʲɛ'a:ktsʲɪjɛ]
risco (m)	rìzika (m)	['rʲɪzʲɪka]
ritmo (m)	tem̃pas (v)	['tʲɛmpas]
segredo (m)	paslaptìs (m)	[paslʲap'tʲɪs]
série (f)	sèrija (m)	['sʲɛrʲɪjɛ]

sistema (m)	sistemà (m)	[sʲɪstʲɛ'ma]
situação (f)	situãcija (m)	[sʲɪ'tʊa:tsʲɪjɛ]
solução (f)	sprendìmas (v)	[sprʲɛn'dʲɪmas]
tabela (f)	lentēlė (m)	[lʲɛn'tʲælʲe:]
termo (ex. ~ técnico)	tèrminas (v)	['tʲɛrmʲɪnas]

tipo (m)	tìpas (v)	['tʲɪpas]
urgente (adj)	skubùs	[skʊ'bʊs]
urgentemente	skubiaĩ	[skʊ'bʲɛɪ]
utilidade (f)	naudà (m)	[nɑʊ'da]

variante (f)	variántas (v)	[varʲɪ'jantas]
variedade (f)	pasirinkìmas (v)	[pasʲɪrʲɪŋ'kʲɪmas]
verdade (f)	tiesà (m)	[tʲiɛ'sa]
vez (f)	eilė̃ (m)	[ɛɪ'lʲe:]
zona (f)	zonà (m)	[zo'na]

250. Modificadores. Adjetivos. Parte 1

aberto (adj)	atidarýtas	[atʲɪda'rʲi:tas]
afetuoso (adj)	švelnùs	[ʃvʲɛlʲ'nʊs]
afiado (adj)	aštrùs	[aʃt'rʊs]
agradável (adj)	malonùs	[malʲo'nʊs]
agradecido (adj)	dėkìngas	[dʲe:'kʲɪngas]

alegre (adj)	liñksmas	['lʲɪŋksmas]
alto (ex. voz ~a)	stiprùs	[stʲɪp'rʊs]
amargo (adj)	kartùs	[kar'tʊs]
amplo (adj)	erdvùs	[ɛrd'vʊs]
antigo (adj)	senóvinis	[sʲɛ'novʲɪnʲɪs]

apropriado (adj)	tiñkamas	['tʲɪŋkamas]
arriscado (adj)	rizikìngas	[rʲɪzʲɪ'kʲɪngas]
artificial (adj)	dirbtìnis	[dʲɪrp'tʲɪnʲɪs]

azedo (adj)	rūgštùs	[ru:gʃ'tʊs]
baixo (voz ~a)	tylùs	[tʲi:'lʲʊs]
barato (adj)	pigùs	[pʲɪ'gʊs]

belo (adj)	nuostabùs	[nuɑsta'bus]
bom (adj)	gẽras	['gʲæras]
bondoso (adj)	gẽras	['gʲæras]
bonito (adj)	gražùs	[gra'ʒus]
bronzeado (adj)	įdẽgęs	[i:'dʲægʲɛ:s]
burro, estúpido (adj)	kvailas	['kvʌɪlʲas]

calmo (adj)	ramùs	[ra'mus]
cansado (adj)	pavãrgęs	[pa'vargʲɛ:s]
cansativo (adj)	várginantis	['vargʲɪnantʲɪs]
carinhoso (adj)	rūpestìngas	[ru:pʲɛs'tʲɪngas]
caro (adj)	brangùs	[bran'gus]

cego (adj)	ãklas	['a:klʲas]
central (adj)	centrìnis	[tsʲɛn'trʲɪnʲɪs]
cerrado (ex. nevoeiro ~)	tánkus	['taŋkus]
cheio (xícara ~a)	pìlnas	['pʲɪlʲnas]

civil (adj)	piliẽtinis	[pʲɪ'lʲɛtʲɪnʲɪs]
clandestino (adj)	pógrindinis	['pogrʲɪndʲɪnʲɪs]
claro (explicação ~a)	áiškus	['ʌɪʃkus]
claro (pálido)	šviesùs	[ʃvʲɪɛ'sus]

compatível (adj)	sudẽrinamas	[su'dʲærʲɪnamas]
comum, normal (adj)	pàprastas	['paprastas]
congelado (adj)	užšáldytas	[uʒ'ʃalʲdʲi:tas]
conjunto (adj)	beñdras	['bʲɛndras]
considerável (adj)	reikšmìngas	[rʲɛɪkʃ'mʲɪngas]

contente (adj)	paténkintas	[pa'tʲɛŋkʲɪntas]
contínuo (adj)	ilgalaikis	[ɪlʲga'lʌɪkʲɪs]
contrário (ex. o efeito ~)	príešingas	['prʲɪɛʃɪngas]
correto (resposta ~a)	teisìngas	[tʲɛɪ'sʲɪngas]
cru (não cozinhado)	žãlias	['ʒa:lʲæs]

curto (adj)	trumpas	['trumpas]
de curta duração	trumpalaìkis	[trumpa'lʲʌɪkʲɪs]
de sol, ensolarado	saulétas	[sɑu'lʲe:tas]
de trás	užpakalìnis	[uʒpaka'lʲɪnʲɪs]
denso (fumaça ~a)	tì̃rštas	['tʲɪrʃtas]

desanuviado (adj)	giẽdras	['gʲɛdras]
descuidado (adj)	atsainùs	[atsʌɪ'nus]
diferente (adj)	įvairùs	[i:vʌɪ'rus]
difícil (decisão)	sunkùs	[suŋ'kus]
difícil, complexo (adj)	sudẽtingas	[sudʲe:'tʲɪngas]

direito (lado ~)	dešinỹs	[dʲɛʃʲɪ'nʲi:s]
distante (adj)	tólimas	['tolʲɪmas]
diverso (adj)	skirtìngas	[skʲɪr'tʲɪngas]
doce (açucarado)	saldùs	[salʲ'dus]
doce (água)	gẽlas	['gʲe:lʲas]

doente (adj)	sergantis	['sʲɛrgantʲɪs]
duro (material ~)	kíetas	['kʲiɛtas]
educado (adj)	mandagùs	[manda'gus]

encantador (agradável)	míelas	['mʲiɛlʲas]
enigmático (adj)	paslaptìngas	[paslʲap'tʲɪngas]
enorme (adj)	vienódas	[vʲiɛ'nodas]
escuro (quarto ~)	tamsùs	[tam'sʊs]
especial (adj)	specialùs	[spʲɛtsʲɪja'lʲʊs]
esquerdo (lado ~)	kairȳs	[kʌɪ'rʲi:s]
estrangeiro (adj)	užsieniētiškas	[ʊʒsʲiɛ'nʲɛtʲɪʃkas]
estreito (adj)	siaũras	['sʲɛʊras]
exato (montante ~)	tikslùs	[tʲɪks'lʲʊs]
excelente (adj)	puikùs	[pʊi'kʊs]
excessivo (adj)	besaĩkis	[bʲɛ'sʌɪkʲɪs]
externo (adj)	išorìnis	[ɪʃo'rʲɪnʲɪs]
fácil (adj)	pàprastas	['paprastas]
faminto (adj)	álkanas	['alʲkanas]
fechado (adj)	uždarýtas, ùždaras	[ʊʒdarʲi:tas], ['ʊʒdaras]
feliz (adj)	laimìngas	[lʲʌɪ'mʲɪngas]
fértil (terreno ~)	vaisìngas	[vʌɪ'sʲɪngas]
forte (pessoa ~)	stiprùs	[stʲɪp'rʊs]
fraco (luz ~a)	blánkus	['blʲaŋkʊs]
frágil (adj)	trapùs	[tra'pʊs]
fresco (pão ~)	šviẽžias	['ʃvʲɛʒʲæs]
fresco (tempo ~)	vėsùs	[vʲe:'sʊs]
frio (adj)	šáltas	['ʃalʲtas]
gordo (alimentos ~s)	riebùs	[rʲiɛ'bʊs]
gostoso, saboroso (adj)	skanùs	[ska'nʊs]
grande (adj)	dìdelis	['dʲɪdʲɛlʲɪs]
gratuito, grátis (adj)	nemókamas	[nʲɛ'mokamas]
grosso (camada ~a)	stóras	['storas]
hostil (adj)	príešiškas	['prʲiɛʃʲɪʃkas]

251. Modificadores. Adjetivos. Parte 2

igual (adj)	didžiùlis	[dʲɪ'dʒʲʊlʲɪs]
imóvel (adj)	nėjudantis	['nʲɛjʊdantʲɪs]
importante (adj)	svarbùs	[svar'bʊs]
impossível (adj)	nejmãnomas	[nʲɛɪ'ma:nomas]
incompreensível (adj)	neaĩškus	[nʲɛ'ʌɪʃkʊs]
indigente (muito pobre)	skurdùs	[skʊr'dʊs]
indispensável (adj)	bū́tinas	['bu:tʲɪnas]
inexperiente (adj)	nepatýręs	[nʲɛpa'tʲi:rʲɛ:s]
infantil (adj)	vaĩkiškas	['vʌɪkʲɪʃkas]
ininterrupto (adj)	nepértraukiamas	[nʲɛ'pʲɛrtrɑʊkʲæmas]
insignificante (adj)	nereikšmìngas	[nʲɛrʲɛɪkʃ'mʲɪngas]
inteiro (completo)	pìlnas, vìsiškas	['pʲɪlʲnas], ['vʲɪsʲɪʃkas]
inteligente (adj)	protìngas	[pro'tʲɪngas]
interno (adj)	vidìnis	[vʲɪ'dʲɪnʲɪs]
jovem (adj)	jáunas	['jɑʊnas]

largo (caminho ~)	platùs	[plʲa'tʊs]
legal (adj)	teisétas	[tʲɛɪ'sʲe:tas]
leve (adj)	leñgvas	['lʲɛŋgvas]
limitado (adj)	ribótas	[rʲɪ'botas]
limpo (adj)	švarùs	[ʃva'rʊs]
líquido (adj)	skýstas	['skʲi:stas]
liso (adj)	lýgus	['lʲi:gʊs]
liso (superfície ~a)	lýgus	['lʲi:gʊs]
livre (adj)	laĩsvas	['lʲʌɪsvas]
longo (ex. cabelo ~)	ìlgas	['ɪlʲgas]
maduro (ex. fruto ~)	prisìrpęs	[prʲɪ'sʲɪrpʲɛ:s]
magro (adj)	plónas	['plʲonas]
mais próximo (adj)	artimiáusias	[artʲɪ'mʲæʊsʲæs]
mais recente (adj)	praèitas	['praʲɛɪtas]
mate (adj)	mãtinis	['ma:tʲɪnʲɪs]
mau (adj)	blógas	['blʲo:gas]
meticuloso (adj)	tvarkìngas	[tvar'kʲɪngas]
míope (adj)	trumparẽgis	[trʊmpa'rʲægʲɪs]
mole (adj)	mìnkštas	['mʲɪŋkʃtas]
molhado (adj)	šlãpias	['ʃlʲa:pʲæs]
moreno (adj)	tamsaũs gýmio	[tam'sɑʊs 'gʲi:mʲɔ]
morto (adj)	mìręs	['mʲɪrʲɛ:s]
muito magro (adj)	sulýsęs	[sʊ'lʲi:sʲɛ:s]
não difícil (adj)	nesunkùs	[nʲɛsʊŋ'kʊs]
não é clara (adj)	neaiškus	[nʲɛ'ʌɪʃkʊs]
não muito grande (adj)	nedìdelis	[nʲɛ'dʲɪdʲɛlʲɪs]
natal (país ~)	gim̃tas	['gʲɪmtas]
necessário (adj)	reikalìngas	[rʲɛɪka'lʲɪngas]
negativo (resposta ~a)	neĩgiamas	['nʲɛɪgʲæmas]
nervoso (adj)	nervúotas	[nʲɛr'vʊatas]
normal (adj)	normalùs	[norma'lʲʊs]
novo (adj)	naũjas	['nɑʊjas]
o mais importante (adj)	svarbiáusias	[svar'bʲæʊsʲæs]
obrigatório (adj)	privãlomas	[prʲɪ'va:lʲomas]
original (incomum)	originalùs	[orʲɪgʲɪna'lʲʊs]
passado (adj)	praẽjęs	[pra'e:jɛ:s]
pequeno (adj)	mãžas	['ma:ʒas]
perigoso (adj)	pavojìngas	[pavo'jɪngas]
permanente (adj)	nuolatìnis	[nʊalʲa'tʲɪnʲɪs]
perto (adj)	ãrtimas	['artʲɪmas]
pesado (adj)	sunkùs	[sʊŋ'kʊs]
pessoal (adj)	privatùs	[prʲɪva'tʊs]
plano (ex. ecrã ~ a)	plókščias	['plʲokʃtʃʲæs]
pobre (adj)	skurdùs	[skʊr'dʊs]
pontual (adj)	punktualùs	[pʊŋktʊa'lʲʊs]
possível (adj)	įmãnomas	[i:'ma:nomas]
pouco fundo (adj)	seklùs	[sʲɛk'lʲʊs]

presente (ex. momento ~)	tìkras	['tʲɪkras]
primeiro (principal)	pagrindìnis	[pagrʲɪn'dʲɪnʲɪs]
principal (adj)	svarbùs	[svar'bʊs]
privado (adj)	asmenìnis	[asmʲɛ'nʲɪnʲɪs]
provável (adj)	tikétinas	[tʲɪ'kʲeːtʲɪnas]
próximo (adj)	ãrtimas	['artʲɪmas]
público (adj)	visuomenìnis	[vʲɪsʊɑmʲɛ'nʲɪnʲɪs]
quente (cálido)	kárštas	['karʃtas]
quente (morno)	šìltas	['ʃɪlʲtas]
rápido (adj)	greĩtas	['grʲɛɪtas]
raro (adj)	rētas	['rʲætas]
remoto, longínquo (adj)	tólimas	['tolʲɪmas]
reto (linha ~a)	tiesùs	[tʲiɛ'sʊs]
salgado (adj)	sūrùs	[suː'rʊs]
satisfeito (adj)	paténkintas	[pa'tʲɛŋkʲɪntas]
seco (roupa ~a)	saũsas	['sɑʊsas]
seguinte (adj)	tolèsnis	[to'lʲɛsnʲɪs]
seguro (não perigoso)	saugùs	[sɑʊ'gʊs]
similar (adj)	panašùs	[pana'ʃʊs]
simples (fácil)	pàprastas	['paprastas]
soberbo, perfeito (adj)	puikùs	[pʊi'kʊs]
sólido (parede ~a)	patvarùs	[patva'rʊs]
sombrio (adj)	niūrùs	[nʲuː'rʊs]
sujo (adj)	pur̃vinas	['pʊrvʲɪnas]
superior (adj)	aukščiáusias	[ɑʊkʃ'tʲʂʲæʊsʲæs]
suplementar (adj)	papìldomas	[pa'pʲɪlʲdomas]
tranquilo (adj)	ramùs	[ra'mʊs]
transparente (adj)	skaidrùs	[skʌɪd'rʊs]
triste (pessoa)	liūdnas	['lʲuːdnas]
triste (um ar ~)	liūdnas	['lʲuːdnas]
último (adj)	paskutìnis	[paskʊ'tʲɪnʲɪs]
úmido (adj)	drégnas	['drʲeːgnas]
único (adj)	unikalùs	[ʊnʲɪka'lʲʊs]
usado (adj)	naudótas	[nɑʊ'dotas]
vazio (meio ~)	tùščias	['tʊʃtʂʲæs]
velho (adj)	sēnas	['sʲænas]
vizinho (adj)	kaimýninis	[kʌɪ'mʲiːnʲɪnʲɪs]

500 VERBOS PRINCIPAIS

abraçar (vt)	apkabìnti	[apka'bʲɪntʲɪ]
abrir (vt)	atidarýti	[atʲɪda'rʲiːtʲɪ]
acalmar (vt)	ramìnti	[ra'mʲɪntʲɪ]
acariciar (vt)	glóstyti	['glʲostʲiːtʲɪ]
acenar (com a mão)	mojúoti	[moːjʊɑtʲɪ]
acender (~ uma fogueira)	uždègti	[ʊʒ'dʲɛktʲɪ]
achar (vt)	manýti	[ma'nʲiːtʲɪ]
acompanhar (vt)	lydéti	[lʲiː'dʲeːtʲɪ]
aconselhar (vt)	patařti	[pa'tartʲɪ]
acordar, despertar (vt)	žãdinti	['ʒaːdʲɪntʲɪ]
acrescentar (vt)	papìldyti	[pa'pʲɪlʲdʲiːtʲɪ]
acusar (vt)	káltinti	['kalʲtʲɪntʲɪ]
adestrar (vt)	dresúoti	[drʲɛ'sʊɑtʲɪ]
adivinhar (vt)	spéti	['spʲeːtʲɪ]
admirar (vt)	žavétis	[ʒa'vʲeːtʲɪs]
adorar (~ fazer)	mégti	['mʲeːktʲɪ]
advertir (vt)	pérspéti	['pʲɛrspʲeːtʲɪ]
afirmar (vt)	teĩgti	['tʲɛɪktʲɪ]
afogar-se (vr)	skęsti	['skʲɛːstʲɪ]
afugentar (vt)	nuvýti	[nʊ'vʲiːtʲɪ]
agir (vi)	veĩkti	['vʲɛɪktʲɪ]
agitar, sacudir (vt)	kratýti	[kra'tʲiːtʲɪ]
agradecer (vt)	dėkóti	[dʲeː'kotʲɪ]
ajudar (vt)	padéti	[pa'dʲeːtʲɪ]
alcançar (objetivos)	síekti	['sʲiɛktʲɪ]
alimentar (dar comida)	maitìnti	[mʌɪ'tʲɪntʲɪ]
almoçar (vi)	pietáuti	[pʲiɛ'tɑʊtʲɪ]
alugar (~ o barco, etc.)	núomotis	['nʊɑmotʲɪs]
alugar (~ um apartamento)	núomotis	['nʊɑmotʲɪs]
amar (pessoa)	myléti	[mʲiː'lʲeːtʲɪ]
amarrar (vt)	surìšti	[sʊ'rʲɪʃtʲɪ]
ameaçar (vt)	grasìnti	[gra'sʲɪntʲɪ]
amputar (vt)	amputúoti	[ampʊ'tʊɑtʲɪ]
anotar (escrever)	pažyméti	[paʒʲiː'mʲeːtʲɪ]
anotar (escrever)	užrašinéti	[ʊʒraʃɪ'nʲeːtʲɪ]
anular, cancelar (vt)	atšaũkti	[at'ʃaʊktʲɪ]
apagar (com apagador, etc.)	nutrìnti	[nʊ'trʲɪntʲɪ]
apagar (um incêndio)	gesìnti	[gʲɛ'sʲɪntʲɪ]

apaixonar-se ...	įsimylėti	[i:sʲɪmʲɪ:ˈlʲe:tʲɪ]
aparecer (vi)	ródytis	[ˈrodʲi:tʲɪs]
aplaudir (vi)	plóti	[ˈplʲotʲɪ]
apoiar (vt)	palaikýti	[palʲʌɪˈkʲi:tʲɪ]
apontar para ...	táikytis į̃ ...	[ˈtʌɪkʲi:tʲɪs i: ..]
apresentar (alguém a alguém)	supažĩndinti	[sʊpaˈʒʲɪndʲɪntʲɪ]
apresentar (Gostaria de ~)	atstováuti	[atstoˈvɑʊtʲɪ]
apressar (vt)	skùbinti	[ˈskʊbʲɪntʲɪ]
apressar-se (vr)	skubėti	[skʊˈbʲe:tʲɪ]
aproximar-se (vr)	artėti	[arˈtʲe:tʲɪ]
aquecer (vt)	šĩldyti	[ˈʃʲɪlʲdʲi:tʲɪ]
arrancar (vt)	atplėšti	[atˈplʲe:ʃtʲɪ]
arranhar (vt)	draskýti	[drasˈkʲi:tʲɪ]
arrepender-se (vr)	gailėtis	[gʌɪˈlʲe:tʲɪs]
arriscar (vt)	rizikúoti	[rʲɪzʲɪˈkʊɑtʲɪ]
arrumar, limpar (vt)	tvarkýti	[tvarˈkʲi:tʲɪ]
aspirar a ...	síekti	[ˈsʲiɛktʲɪ]
assinar (vt)	pasirašýti	[pasʲɪraˈʃʲɪ:tʲɪ]
assistir (vt)	asistúoti	[asʲɪsˈtʊatʲɪ]
atacar (vt)	atakúoti	[ataˈkʊatʲɪ]
atar (vt)	pririšti	[prʲɪˈrʲɪʃtʲɪ]
atracar (vi)	švartúoti	[ʃvarˈtʊatʲɪ]
aumentar (vi)	didėti	[dʲɪdʲeːtʲɪ]
aumentar (vt)	dìdinti	[ˈdʲɪdʲɪntʲɪ]
avançar (vi)	kìlti	[ˈkʲɪlʲtʲɪ]
avistar (vt)	pamatýti	[pamaˈtʲi:tʲɪ]
baixar (guindaste, etc.)	nuléisti	[nʊˈlʲɛɪstʲɪ]
barbear-se (vr)	skùstis	[ˈskʊstʲɪs]
basear-se (vr)	bazúotis	[baˈzʊatʲɪs]
bastar (vi)	užtèks	[ʊʒˈtʲɛks]
bater (à porta)	bélsti	[ˈbʲɛlʲstʲɪ]
bater (espancar)	trankýti	[traŋˈkʲi:tʲɪ]
bater-se (vr)	mùštis	[ˈmʊʃtʲɪs]
beber, tomar (vt)	gérti	[ˈgʲɛrtʲɪ]
brilhar (vi)	žibėti	[ʒʲɪˈbʲe:tʲɪ]
brincar, jogar (vi, vt)	žaĩsti	[ˈʒʌɪstʲɪ]
buscar (vt)	ieškóti	[ɪɛʃˈkotʲɪ]

253. Verbos C-D

caçar (vi)	medžióti	[mʲɛˈdʒʲotʲɪ]
calar-se (parar de falar)	nutìlti	[nʊˈtʲɪlʲtʲɪ]
calcular (vt)	skaičiúoti	[skʌɪˈtʃʲuatʲɪ]
carregar (o caminhão, etc.)	kráuti	[ˈkrɑʊtʲɪ]
carregar (uma arma)	užtaisýti	[ʊʒtʌɪˈsʲi:tʲɪ]

casar-se (vr)	vèsti	['vʲɛstʲɪ]
causar (vt)	bū̃ti ... priežastimì	['bu:tʲɪ ... prʲiɛʒastʲɪ'mʲɪ]
cavar (vt)	ráuti	['rɑʊtʲɪ]

ceder (não resistir)	nusilèisti	[nʊsʲɪ'lʲɛɪstʲɪ]
cegar, ofuscar (vt)	apãkinti	[a'pa:kʲɪntʲɪ]
censurar (vt)	priekaištáuti	[prʲiɛkɑɪʃ'tɑʊtʲɪ]
chamar (~ por socorro)	kviẽsti	['kvʲɛstʲɪ]

chamar (alguém para ...)	pakviẽsti	[pak'vʲɛstʲɪ]
chegar (a algum lugar)	pasíekti	[pa'sʲiɛktʲɪ]
chegar (vi)	atvȳkti	[at'vʲi:ktʲɪ]
cheirar (~ uma flor)	úostyti	['ʊɑstʲi:tʲɪ]

cheirar (tem o cheiro)	kvepéti	[kve'pʲe:tʲɪ]
chorar (vi)	ver̃kti	['vʲɛrktʲɪ]
citar (vt)	cituóti	[tsʲɪ'tʊɑtʲɪ]
colher (flores)	skìnti	['skʲɪntʲɪ]

colocar (vt)	déti	['dʲe:tʲɪ]
combater (vi, vt)	káutis	['kɑʊtʲɪs]
começar (vt)	pradéti	[pra'dʲe:tʲɪ]
comer (vt)	válgyti	['valʲgʲi:tʲɪ]
comparar (vt)	lýginti	['lʲi:gʲɪntʲɪ]

compensar (vt)	kompensúoti	[kompʲɛn'sʊɑtʲɪ]
competir (vi)	konkurúoti	[kɔŋkʊ'rʊɑtʲɪ]
complicar (vt)	apsuñkinti	[ap'sʊŋkʲɪntʲɪ]
compor (~ música)	kùrti	['kʊrtʲɪ]

comportar-se (vr)	el̃gtis	['ɛlʲktʲɪs]
comprar (vt)	pir̃kti	['pʲɪrktʲɪ]
comprometer (vt)	kompromituóti	[kompromʲɪ'tʊɑtʲɪ]
concentrar-se (vr)	koncentrúotis	[kɔntsʲɛn'trʊɑtʲɪs]
concordar (dizer "sim")	sutìkti	[sʊ'tʲɪktʲɪ]

condecorar (dar medalha)	apdovanóti	[apdova'notʲɪ]
confessar-se (vr)	prisipažìnti	[prʲɪsʲɪpa'ʒʲɪntʲɪ]
confiar (vt)	pasitikéti	[pasʲɪtʲɪ'kʲe:tʲɪ]
confundir (equivocar-se)	suklýsti	[sʊk'lʲi:stʲɪ]
conhecer (vt)	pažinóti	[paʒʲɪ'notʲɪ]

conhecer-se (vr)	susipažìnti	[sʊsʲɪpa'ʒʲɪntʲɪ]
consertar (vt)	tvarkýti	[tvar'kʲi:tʲɪ]
consultar ...	konsultúotis sù ...	[kɔnsʊlʲ'tʊɑtʲɪs sʊ ...]
contagiar-se com ...	užsikrẽsti	[ʊʒsʲɪ'krʲe:stʲɪ]

contar (vt)	pãsakoti	['pa:sakotʲɪ]
contar com ...	tikétis ...	[tʲɪ'kʲe:tʲɪs ...]
continuar (vt)	tẽsti	['tʲɛ:stʲɪ]
contratar (vt)	samdýti	[sam'dʲi:tʲɪ]

controlar (vt)	kontroliúoti	[kontro'lʲʊɑtʲɪ]
convencer (vt)	įtìkinti	[i:'tʲɪːkʲɪntʲɪ]
convidar (vt)	kviẽsti	['kvʲɛstʲɪ]
cooperar (vi)	bendradarbiáuti	[bʲɛndradar'bʲæʊtʲɪ]

coordenar (vt)	koordinúoti	[koord'ɪ'nuat'ɪ]
corar (vi)	raudonúoti	[raudo'nuat'ɪ]
correr (vi)	bégti	['bʲe:kt'ɪ]
corrigir (~ um erro)	taisýti	[tʌɪ's'i:t'ɪ]

cortar (com um machado)	nukirstì	[nuk'ɪrs'rs't'ɪ]
cortar (com uma faca)	atkìrpti	[at'k'ɪrpt'ɪ]
cozinhar (vt)	gamìnti	[ga'mʲɪnt'ɪ]
crer (pensar)	manýti	[ma'nʲi:t'ɪ]

criar (vt)	sukùrti	[su'kurt'ɪ]
cultivar (~ plantas)	augìnti	[au'g'ɪnt'ɪ]
cuspir (vi)	spjáudyti	['spjaud'ʲi:t'ɪ]
custar (vt)	kainúoti	[kʌɪ'nuat'ɪ]
dar (vt)	dúoti	['duat'ɪ]

dar banho, lavar (vt)	máudyti	['maud'ʲi:t'ɪ]
datar (vi)	datúoti	[da'tuat'ɪ]
decidir (vt)	sprẹsti	['sprʲe:st'ɪ]
decorar (enfeitar)	grãžinti	['gra:ʒʲɪnt'ɪ]

dedicar (vt)	skìrti	['sk'ɪrt'ɪ]
defender (vt)	gĩti	['gʲɪnt'ɪ]
defender-se (vr)	gintìs	['gʲɪnt'ɪs]
deixar (~ a mulher)	palìkti	[pa'lʲɪkt'ɪ]

deixar (esquecer)	palìkti	[pa'lʲɪkt'ɪ]
deixar (permitir)	léisti	['lʲɛɪst'ɪ]
deixar cair (vt)	išmèsti	[ɪʃ'mʲɛst'ɪ]
denominar (vt)	vadìnti	[va'd'ɪnt'ɪ]

denunciar (vt)	pranèšti	[pra'nʲɛʃt'ɪ]
depender de ...	priklausýti nuõ ...	[pr'ɪklʲau's'i:t'ɪ nua ...]
derramar (~ líquido)	išpìlti	[ɪʃ'p'ɪlʲt'ɪ]
derramar-se (vr)	išbìrti	[ɪʃ'b'ɪrt'ɪ]

desaparecer (vi)	dĩgti	['dʲɪŋkt'ɪ]
desatar (vt)	atrýšti	[at'rʲi:ʃt'ɪ]
desatracar (vi)	išplaũkti	[ɪʃplʲaukt'ɪ]
descansar (um pouco)	ilsétis	[ɪlʲ'sʲe:t'ɪs]
descer (para baixo)	léistis	['lʲɛɪst'ɪs]

descobrir (novas terras)	atvérti	[at'vʲɛrt'ɪ]
descolar (avião)	kìlti	['k'ɪlʲt'ɪ]
desculpar (vt)	atléisti	[at'lʲɛɪst'ɪ]
desculpar-se (vr)	atsiprašinéti	[ats'ɪpraʃɪr'nʲe:t'ɪ]

desejar (vt)	noréti	[no'rʲe:t'ɪ]
desempenhar (papel)	vaidìnti	[vʌɪ'd'ɪnt'ɪ]
desligar (vt)	išjùngti	[ɪ'ʃuŋkt'ɪ]
desprezar (vt)	niẽkinti	['nʲɛk'ɪnt'ɪ]

destruir (documentos, etc.)	naikìnti	[nʌɪ'k'ɪnt'ɪ]
dever (vi)	privaléti	[pr'ɪva'lʲe:t'ɪ]
devolver (vt)	grąžinti	[gra:'ʒʲɪnt'ɪ]
direcionar (vt)	nukreĩpti	[nuk'rʲɛɪpt'ɪ]

5

dirigir (~ um carro)	vairúoti mašìną	[vʌɪˈrʊɑt⁽ʲ⁾ɪ maˈʃɪnaː]
dirigir (~ uma empresa)	vadováuti	[vadoˈvɑʊt⁽ʲ⁾ɪ]
dirigir-se (a um auditório, etc.)	krèiptis	[ˈkrʲɛɪpt⁽ʲ⁾ɪs]
discutir (notícias, etc.)	aptar̃ti	[apˈtart⁽ʲ⁾ɪ]

disparar, atirar (vi)	šáudyti	[ˈʃɑʊd⁽ʲ⁾iːt⁽ʲ⁾ɪ]
distribuir (folhetos, etc.)	plãtinti	[ˈplʲaːt⁽ʲ⁾ɪnt⁽ʲ⁾ɪ]
distribuir (vt)	išdalìnti	[ɪʃdaˈlʲɪnt⁽ʲ⁾ɪ]
divertir (vt)	smãginti	[ˈsmaːgʲɪnt⁽ʲ⁾ɪ]

divertir-se (vr)	lìnksmintis	[ˈlʲɪŋksmʲɪnt⁽ʲ⁾ɪs]
dividir (mat.)	dalìnti	[daˈlʲɪnt⁽ʲ⁾ɪ]
dizer (vt)	pasakýti	[pasaˈkʲiːt⁽ʲ⁾ɪ]
dobrar (vt)	dvìgubinti	[ˈdvʲɪgʊbʲɪnt⁽ʲ⁾ɪ]
duvidar (vt)	abejóti	[abʲɛˈjot⁽ʲ⁾ɪ]

254. Verbos E-J

elaborar (uma lista)	sudarinéti	[sʊdarʲɪˈnʲeːt⁽ʲ⁾ɪ]
elevar-se acima de ...	kýšoti	[ˈkʲiːʃot⁽ʲ⁾ɪ]
eliminar (um obstáculo)	pašãlinti	[paˈʃaːlʲɪnt⁽ʲ⁾ɪ]
embrulhar (com papel)	įvynióti	[iːvʲɪˈnʲot⁽ʲ⁾ɪ]

emergir (submarino)	išnìrti	[ɪʃˈnʲɪrt⁽ʲ⁾ɪ]
emitir (~ cheiro)	sklèisti	[ˈsklʲɛɪst⁽ʲ⁾ɪ]
empreender (vt)	im̃tis	[ˈɪmt⁽ʲ⁾ɪs]
empurrar (vt)	stùmti	[ˈstʊmt⁽ʲ⁾ɪ]

encabeçar (vt)	vadováuti	[vadoˈvɑʊt⁽ʲ⁾ɪ]
encher (~ a garrafa, etc.)	pripìldyti	[prʲɪˈpʲɪlʲd⁽ʲ⁾iːt⁽ʲ⁾ɪ]
encontrar (achar)	ràsti	[ˈrast⁽ʲ⁾ɪ]
enganar (vt)	apgáuti	[apˈgɑʊt⁽ʲ⁾ɪ]

ensinar (vt)	mokìnti	[moˈkʲɪnt⁽ʲ⁾ɪ]
entediar-se (vr)	ilgétis	[ɪlʲˈgʲeːt⁽ʲ⁾ɪs]
entender (vt)	supràsti	[sʊpˈrast⁽ʲ⁾ɪ]
entrar (na sala, etc.)	įeìti	[iːˈɛɪt⁽ʲ⁾ɪ]

enviar (uma carta)	sių̃sti	[ˈsʲuːst⁽ʲ⁾ɪ]
equipar (vt)	įrenginéti	[iːrengʲɪˈnʲeːt⁽ʲ⁾ɪ]
errar (enganar-se)	klýsti	[ˈklʲiːst⁽ʲ⁾ɪ]
escolher (vt)	išsiriñkti	[ɪʃsʲɪˈrʲɪŋkt⁽ʲ⁾ɪ]

esconder (vt)	slėpti	[ˈslʲeːpt⁽ʲ⁾ɪ]
escrever (vt)	rašýti	[raˈʃɪt⁽ʲ⁾ɪ]
escutar (vt)	klausýti	[klʲɑʊˈsʲiːt⁽ʲ⁾ɪ]
escutar atrás da porta	pasiklausýti	[pasʲɪklʲɑʊˈsʲiːt⁽ʲ⁾ɪ]
esmagar (um inseto, etc.)	sutráiškyti	[sʊtˈrʌɪʃkʲiːt⁽ʲ⁾ɪ]

esperar (aguardar)	láukti	[ˈlʲɑʊkt⁽ʲ⁾ɪ]
esperar (contar com)	láukti	[ˈlʲɑʊkt⁽ʲ⁾ɪ]
esperar (ter esperança)	tikétis	[tʲɪˈkʲeːt⁽ʲ⁾ɪs]
espreitar (vi)	stebéti	[steˈbʲeːt⁽ʲ⁾ɪ]

esquecer (vt)	užmíršti	[ʊʒ'mʲɪrʃtʲɪ]
estar	guléti	[gʊ'lʲe:tʲɪ]
estar convencido	įsitìkinti	[i:sʲɪ'tʲɪ:kʲɪntʲɪ]
estar deitado	guléti	[gʊ'lʲe:tʲɪ]
estar perplexo	nenumanýti	[nʲɛnʊma'nʲi:tʲɪ]
estar preocupado	jáudintis	['jɑʊdʲɪntʲɪs]
estar sentado	sėdéti	[sʲe:'dʲe:tʲɪ]
estremecer (vi)	krū́pčioti	['kru:ptʂʲotʲɪ]
estudar (vt)	nagrinéti	[nagrʲɪ'nʲe:tʲɪ]
evitar (~ o perigo)	véngti	['vʲɛŋktʲɪ]
examinar (~ uma proposta)	apsvarstýti	[apsvars'tʲi:tʲɪ]
exigir (vt)	reikaláuti	[rʲɛɪka'lʲɑʊtʲɪ]
existir (vi)	egzistúoti	[ɛgzʲɪs'tʊatʲɪ]
explicar (vt)	áiškinti	['ʌɪʃkʲɪntʲɪ]
expressar (vt)	išréikšti	[ɪʃʲrʲɛɪkʃtʲɪ]
expulsar (~ da escola, etc.)	šálinti	['ʃa:lʲɪntʲɪ]
facilitar (vt)	paleñgvinti	[pa'lʲɛŋgvʲɪntʲɪ]
falar com ...	kalbéti sù ...	[kalʲ'bʲe:tʲɪ 'sʊ ...]
faltar (a la escuela, etc.)	praléisti	[pra'lʲɛɪstʲɪ]
fascinar (vt)	žavéti	[ʒa'vʲe:tʲɪ]
fatigar (vt)	várginti	['vargʲɪntʲɪ]
fazer (vt)	darýti	[da'rʲi:tʲɪ]
fazer lembrar	primiñti	[prʲɪ'mʲɪntʲɪ]
fazer piadas	juokáuti	[jʊa'kɑʊtʲɪ]
fazer publicidade	reklamúoti	[rʲɛklʲa'mʊatʲɪ]
fazer uma tentativa	pabandýti	[paban'dʲi:tʲɪ]
fechar (vt)	uždarýti	[ʊʒda'rʲi:tʲɪ]
felicitar (vt)	svéikinti	['svʲɛɪkʲɪntʲɪ]
ficar cansado	pavárgti	[pa'varktʲɪ]
ficar em silêncio	tyléti	[tʲi:'lʲe:tʲɪ]
ficar pensativo	susimąstýti	[sʊsʲɪma:s'tʲi:tʲɪ]
forçar (vt)	vérsti	['vʲɛrstʲɪ]
formar (vt)	sudarinéti	[sʊdarʲɪ'nʲe:tʲɪ]
gabar-se (vr)	gìrtis	['gʲɪrtʲɪs]
garantir (vt)	garantúoti	[garan'tʊatʲɪ]
gostar (apreciar)	patìkti	[pa'tʲɪktʲɪ]
gritar (vi)	rḗkti	['rʲe:ktʲɪ]
guardar (fotos, etc.)	sáugoti	['sɑʊgotʲɪ]
guardar (no armário, etc.)	paslḗpti	[pas'lʲe:ptʲɪ]
guerrear (vt)	kariáuti	[ka'ræʊtʲɪ]
herdar (vt)	paveldéti	[pavelʲ'dʲe:tʲɪ]
iluminar (vt)	šviẽsti	['ʃvʲɛstʲɪ]
imaginar (vt)	prisistatýti	[prʲɪsʲɪsta'tʲi:tʲɪ]
imitar (vt)	imitúoti	[ɪmʲɪ'tʊatʲɪ]
implorar (vt)	maldáuti	[malʲ'dɑʊtʲɪ]
importar (vt)	importúoti	[ɪmpor'tʊatʲɪ]

indicar (~ o caminho)	nuródyti	[nʊ'rodʲiːtʲɪ]
indignar-se (vr)	pìktintis	['pɪktʲɪntʲɪs]
infetar, contagiar (vt)	užkrẽsti	[ʊʒ'krʲeːstʲɪ]
influenciar (vt)	darýti įtaką	[da'rʲiːtʲɪ 'iːtaka:]
informar (~ a policia)	pranèšti	[pra'nʲɛʃtʲɪ]
informar (vt)	informúoti	[ɪnfor'mʊatʲɪ]
informar-se (~ sobre)	sužinóti	[sʊʒʲɪ'notʲɪ]
inscrever (na lista)	įrašinéti	[iːraʃʲɪ'nʲeːtʲɪ]
inserir (vt)	įterpti	[iː'tʲɛrptʲɪ]
insinuar (vt)	užsimiñti	[ʊʒsʲɪ'mʲɪntʲɪ]
insistir (vi)	reikaláuti	[rʲɛɪka'lʲautʲɪ]
inspirar (vt)	įkvẽpti	[iːk'vʲeːptʲɪ]
instruir (ensinar)	instruktúoti	[ɪnstrʊk'tʊatʲɪ]
insultar (vt)	įžeidinéti	[iːʒʲɛɪdʲɪ'nʲeːtʲɪ]
interessar (vt)	dõminti	['doːmʲɪntʲɪ]
interessar-se (vr)	dométis	[do'mʲeːtʲɪs]
intervir (vi)	kìštis	['kʲɪʃtʲɪs]
invejar (vt)	pavydéti	[pavʲiː'dʲeːtʲɪ]
inventar (vt)	išràsti	[ɪʃ'rastʲɪ]
ir (a pé)	eìti	['ɛɪtʲɪ]
ir (de carro, etc.)	važiúoti	[va'ʒʲʊatʲɪ]
ir nadar	máudytis	['maʊdʲiːtʲɪs]
ir para a cama	gùltis miegóti	['gʊlʲtʲɪs mʲiɛ'gotʲɪ]
irritar (vt)	érzinti	['ɛrzʲɪntʲɪ]
irritar-se (vr)	ĩrzti	['ɪrztʲɪ]
isolar (vt)	izoliúoti	[ɪzo'lʲʊatʲɪ]
jantar (vi)	vakarieniáuti	[vakarʲiɛ'nʲæutʲɪ]
jogar, atirar (vt)	mèsti	['mʲɛstʲɪ]
juntar, unir (vt)	apjùngti	[a'pjʊŋktʲɪ]
juntar-se a ...	prisijùngti	[prʲɪsʲɪ'jʊŋktʲɪ]

255. Verbos L-P

lançar (novo projeto, etc.)	pradéti	[pra'dʲeːtʲɪ]
lavar (vt)	pláuti, praũsti	['plʲautʲɪ], ['praʊstʲɪ]
lavar a roupa	skaĩbti	['skalʲptʲɪ]
lavar-se (vr)	praũstis	['praʊstʲɪs]
lembrar (vt)	atmiñti	[at'mʲɪntʲɪ]
ler (vt)	skaitýti	[skʌɪ'tʲiːtʲɪ]
levantar-se (vr)	kéltis	['kʲɛlʲtʲɪs]
levar (ex. leva isso daqui)	išnèšti	[ɪʃ'nʲɛʃtʲɪ]
libertar (cidade, etc.)	išláisvinti	[ɪʃ'lʲʌɪsvʲɪntʲɪ]
ligar (~ o radio, etc.)	jjùngti	[iː'jʊŋktʲɪ]
limitar (vt)	ribóti	[rʲɪ'botʲɪ]
limpar (eliminar sujeira)	valýti	[va'lʲiːtʲɪ]
limpar (tirar o calcário, etc.)	valýti	[va'lʲiːtʲɪ]

lisonjear (vt)	meilikáuti	[mʲɛɪlʲɪ'kaʊtʲɪ]
livrar-se de ...	atsikratýti ...	[atsʲɪkra'tʲiːtʲɪ ...]
lutar (combater)	kovóti	[kɔ'votʲɪ]
lutar (esporte)	kovóti	[kɔ'votʲɪ]

marcar (com lápis, etc.)	atžyméti	[atʒʲiːˈmʲeːtʲɪ]
matar (vt)	žudýti	[ʒʊ'dʲiːtʲɪ]
memorizar (vt)	įsimiñti	[iːsʲɪˈmʲɪntʲɪ]
mencionar (vt)	paminéti	[pamʲɪ'nʲeːtʲɪ]

mentir (vi)	melúoti	[mʲɛˈlʲʊatʲɪ]
merecer (vt)	užtarnáuti	[ʊʒtar'naʊtʲɪ]
mergulhar (vi)	nárdyti	[ˈnardʲiːtʲɪ]
misturar (vt)	maišýti	[mʌɪ'ʃiːtʲɪ]

morar (vt)	gyvénti	[gʲiːˈvʲɛntʲɪ]
mostrar (vt)	ródyti	[ˈrodʲiːtʲɪ]
mover (vt)	pérstumti	[ˈpʲɛrstʊmtʲɪ]
mudar (modificar)	pakeĩsti	[pa'kʲɛɪstʲɪ]

multiplicar (mat.)	dáuginti	[ˈdaʊgʲɪntʲɪ]
nadar (vi)	plaũkti	[ˈplʲaʊktʲɪ]
negar (vt)	neigtì	[nʲɛɪk'tʲɪ]
negociar (vi)	vèsti derýbas	[ˈvʲɛstʲɪ dʲɛ'rʲiːbas]

nomear (função)	skìrti	[ˈskʲɪrtʲɪ]
obedecer (vt)	bū́ti pavaldžiám	[ˈbuːtʲɪ pavalʲˈdʒʲæm]
objetar (vt)	prieštaráuti	[prʲiɛʃta'raʊtʲɪ]
observar (vt)	stebéti	[ste'bʲeːtʲɪ]

ofender (vt)	skriaũsti	[ˈskrʲɛʊstʲɪ]
olhar (vt)	žiūréti	[ʒʲuːˈrʲeːtʲɪ]
omitir (vt)	nuléisti	[nʊ'lʲɛɪstʲɪ]
ordenar (mil.)	įsakýti	[iːsa'kʲiːtʲɪ]

organizar (evento, etc.)	sureñgti	[sʊ'rʲɛŋktʲɪ]
ousar (vt)	išdrį̃sti	[ɪʃdrʲɪːstʲɪ]
ouvir (vt)	girdéti	[gʲɪr'dʲeːtʲɪ]
pagar (vt)	mokéti	[mo'kʲeːtʲɪ]

parar (para descansar)	sustóti	[sʊs'totʲɪ]
parar, cessar (vt)	liáutis	[ˈlʲæʊtʲɪs]
parecer-se (vr)	bū́ti panašiù	[ˈbuːtʲɪ pana'ʃʊ]
participar (vi)	dalyváuti	[dalʲiːˈvaʊtʲɪ]
partir (~ para o estrangeiro)	išvažiúoti	[ɪʃva'ʒʲʊatʲɪ]

passar (vt)	pravažiúoti	[prava'ʒʲʊatʲɪ]
passar a ferro	lýginti	[ˈlʲiːgʲɪntʲɪ]
pecar (vi)	nusidéti	[nʊsʲɪ'dʲeːtʲɪ]
pedir (comida)	užsakinéti	[ʊʒsakʲɪ'nʲeːtʲɪ]

pedir (um favor, etc.)	prašýti	[pra'ʃɪːtʲɪ]
pegar (tomar com a mão)	gáudyti	[ˈgaʊdʲiːtʲɪ]
pegar (tomar)	im̃ti	[ˈɪmtʲɪ]
pendurar (cortinas, etc.)	kabìnti	[ka'bʲɪntʲɪ]
penetrar (vt)	prasiskveřbti	[prasʲɪs'kvʲɛrptʲɪ]

pensar (vi, vt)	galvóti	[galⁱ'votⁱɪ]
pentear-se (vr)	šukúotis	[ʃu'kuatⁱɪs]
perceber (ver)	pastebéti	[paste'bⁱe:tⁱɪ]
perder (o guarda-chuva, etc.)	pamèsti	[pa'mⁱɛstⁱɪ]

perdoar (vt)	atléisti	[atⁱlⁱɛɪstⁱɪ]
permitir (vt)	léisti	[ⁱlⁱɛɪstⁱɪ]
pertencer a …	priklausýti	[prⁱɪklⁱau'sⁱi:tⁱɪ]
perturbar (vt)	trukdýti	[truk'dⁱi:tⁱɪ]

pesar (ter o peso)	svérti	['svⁱɛrtⁱɪ]
pescar (vt)	gáudyti žùvį	['gaudⁱɪ:tⁱɪ 'ʒuvⁱɪ:]
planejar (vt)	planúoti	[plⁱa'nuatⁱɪ]
poder (~ fazer algo)	galéti	[ga'lⁱe:tⁱɪ]

pôr (posicionar)	išdéstyti	[ɪʃdⁱe:stⁱi:tⁱɪ]
possuir (uma casa, etc.)	turéir	[tu'rⁱe:tⁱɪ]
predominar (vi, vt)	turéti pranašùmą	[tu'rⁱe:tⁱɪ prana'ʃuma:]
preferir (vt)	labiaŭ vértinti	[lⁱa'bⁱɛu 'vⁱɛrtⁱɪntⁱɪ]

preocupar (vt)	jáudinti	['jaudⁱɪntⁱɪ]
preocupar-se (vr)	jáudintis	['jaudⁱɪntⁱɪs]
preparar (vt)	paruõšti	[pa'ruaʃtⁱɪ]
preservar (ex. ~ a paz)	sáugoti	['saugotⁱɪ]

prever (vt)	numatýti	[numa'tⁱi:tⁱɪ]
privar (vt)	atim̃ti	[a'tⁱɪmtⁱɪ]
proibir (vt)	draũsti	['drausⁱtⁱɪ]
projetar, criar (vt)	projektúoti	[projɛk'tuatⁱɪ]
prometer (vt)	žadéti	[ʒa'dⁱe:tⁱɪ]

pronunciar (vt)	tar̃ti	['tartⁱɪ]
propor (vt)	siū̃lyti	['sⁱu:lⁱi:tⁱɪ]
proteger (a natureza)	sáugoti	['saugotⁱɪ]
protestar (vi)	protestúoti	[protⁱɛs'tuatⁱɪ]

provar (~ a teoria, etc.)	įrodynèti	[i:rodⁱɪ:'nⁱe:tⁱɪ]
provocar (vt)	provokúoti	[provo'kuatⁱɪ]
punir, castigar (vt)	baũsti	['baustⁱɪ]
puxar (vt)	tem̃pti	['tⁱɛmptⁱɪ]

256. Verbos Q-Z

quebrar (vt)	láužyti	['lⁱauʒⁱi:tⁱɪ]
queimar (vt)	dèginti	['dⁱægⁱɪntⁱɪ]
queixar-se (vr)	skų̃stis	['sku:stⁱɪs]
querer (desejar)	noréti	[no'rⁱætⁱɪ]

rachar-se (vr)	skilinéti	[skⁱɪlⁱɪ'nⁱe:tⁱɪ]
ralhar, repreender (vt)	bárti	['bartⁱɪ]
realizar (vt)	įgyvéndinti	[i:gⁱɪ:'vⁱɛndⁱɪntⁱɪ]
recomendar (vt)	rekomendúoti	[rⁱɛkomⁱɛn'duatⁱɪ]
reconhecer (identificar)	atpažìnti	[atpa'ʒⁱɪntⁱɪ]
reconhecer (o erro)	pripažìnti	[prⁱɪpa'ʒⁱɪntⁱɪ]

recordar, lembrar (vt)	prisimiñti	[prʲɪsʲɪˈmʲɪntʲɪ]
recuperar-se (vr)	sveĩkti	[ˈsvʲɛɪktʲɪ]
recusar (~ alguém)	atsakýti	[atsaˈkʲiːtʲɪ]
reduzir (vt)	mãžinti	[ˈmaːʒɪntʲɪ]
refazer (vt)	pérdaryti	[ˈpʲɛrdarʲiːtʲɪ]
reforçar (vt)	tvirtinti	[ˈtvʲɪrtʲɪntʲɪ]
refrear (vt)	sulaikýti	[suˈlʲʌɪˈkʲiːtʲɪ]
regar (plantas)	láistyti	[ˈlʲʌɪstʲiːtʲɪ]
remover (~ uma mancha)	šãlinti	[ˈʃaːlʲɪntʲɪ]
reparar (vt)	taisýti	[tʌɪˈsʲiːtʲɪ]
repetir (dizer outra vez)	kartóti	[karˈtotʲɪ]
reportar (vt)	pranešinéti	[pranʲeʃɪˈnʲeːtʲɪ]
reservar (~ um quarto)	rezervúoti	[rʲezʲɛrˈvʊatʲɪ]
resolver (o conflito)	tvarkýti	[tvarˈkʲiːtʲɪ]
resolver (um problema)	sprę̃sti	[ˈsprʲeːstʲɪ]
respirar (vi)	kvėpúoti	[kvʲeːˈpʊatʲɪ]
responder (vt)	atsakinéti	[atsakʲɪˈnʲeːtʲɪ]
rezar, orar (vi)	mel̃stis	[ˈmʲɛlʲstʲɪs]
rir (vi)	juõktis	[ˈjʊaktʲɪs]
romper-se (corda, etc.)	plýšti	[ˈplʲiːʃtʲɪ]
roubar (vt)	võgti	[ˈvoːktʲɪ]
saber (vt)	žinóti	[ʒɪˈnotʲɪ]
sair (~ de casa)	išeĩti	[ɪˈʃɛɪtʲɪ]
sair (ser publicado)	išeĩti	[ɪˈʃɛɪtʲɪ]
salvar (resgatar)	gélbéti	[ˈgʲælʲbʲeːtʲɪ]
satisfazer (vt)	ténkinti	[ˈtʲɛŋkʲɪntʲɪ]
saudar (vt)	svéikinti	[ˈsvʲɛɪkʲɪntʲɪ]
secar (vt)	džiovìnti	[dʒʲoˈvʲɪntʲɪ]
seguir (~ alguém)	sèkti ...	[ˈsʲɛktʲɪ ...]
selecionar (vt)	atriñkti	[atˈrʲɪŋkʲtʲɪ]
semear (vt)	séti	[ˈsʲeːtʲɪ]
sentar-se (vr)	atsisésti	[atsʲɪˈsʲeːstʲɪ]
sentenciar (vt)	nuteĩsti	[nʊˈtʲɛɪstʲɪ]
sentir (vt)	jaũsti	[ˈjaʊstʲɪ]
ser diferente	skìrtis	[ˈskʲɪrtʲɪs]
ser indispensável	bū̃ti reikalìngu	[ˈbuːtʲɪ rʲɛɪkaˈlʲɪngʊ]
ser necessário	bū̃ti reikalìngu	[ˈbuːtʲɪ rʲɛɪkaˈlʲɪngʊ]
ser preservado	išsisáugoti	[ɪʃsʲɪˈsaʊgotʲɪ]
ser, estar	bū̃ti	[ˈbuːtʲɪ]
servir (restaurant, etc.)	aptarnáuti	[aptarˈnaʊtʲɪ]
servir (roupa, caber)	tìkti	[ˈtʲɪktʲɪ]
significar (palavra, etc.)	réikšti	[ˈrʲɛɪkʃtʲɪ]
significar (vt)	réikšti	[ˈrʲɛɪkʃtʲɪ]
simplificar (vt)	leñgvinti	[ˈlʲɛngvʲɪntʲɪ]
sofrer (vt)	kentéti	[kʲɛnˈtʲeːtʲɪ]
sonhar (~ com)	svajóti	[svaˈjotʲɪ]

sonhar (ver sonhos)	sapnúoti	[sap'nʋɑtʲɪ]
soprar (vi)	půsti	['pu:stʲɪ]
sorrir (vi)	šypsótis	[ʃɪ:p'sotʲɪs]
subestimar (vt)	neįvértinti	[nʲɛɪ:'vʲɛrtʲɪntʲɪ]
sublinhar (vt)	pabréžti	[pa'brʲe:ʒtʲɪ]
sujar-se (vr)	išsipùrvinti	[ɪʃsʲɪ'pʋrvʲɪntʲɪ]
superestimar (vt)	pérvertinti	['pʲɛrvʲɛrtʲɪntʲɪ]
supor (vt)	manýti	[ma'nʲi:tʲɪ]
suportar (as dores)	kęsti	['kʲɛ:stʲɪ]
surpreender (vt)	stēbinti	['stʲæbʲɪntʲɪ]
surpreender-se (vr)	stebétis	[ste'bʲe:tʲɪs]
suspeitar (vt)	įtar̃ti	[i:'tartʲɪ]
suspirar (vi)	įkvẽpti	[i:k'vʲe:ptʲɪ]
tentar (~ fazer)	bandýti	[ban'dʲi:tʲɪ]
ter (vt)	turéti	[tʋ'rʲe:tʲɪ]
ter medo	bijóti	[bʲɪ'jotʲɪ]
terminar (vt)	pabaĩgti	[pa'bʌɪktʲɪ]
tirar (vt)	nuiminéti	[nʋɪmʲɪ'nʲe:tʲɪ]
tirar cópias	dáuginti	['dɑʋgʲɪntʲɪ]
tirar fotos, fotografar	fotografúoti	[fotogra'fʋɑtʲɪ]
tirar uma conclusão	darýti išvadas	[da'rʲi:tʲɪ 'ɪʃvadas]
tocar (com as mãos)	liẽstis	['lʲɛstʲɪs]
tomar café da manhã	pùsryčiauti	['pʋsrʲi:tʃʲɛʋtʲɪ]
tomar emprestado	skõlintis	['sko:lʲɪntʲɪs]
tornar-se (ex. ~ conhecido)	tàpti	['taptʲɪ]
trabalhar (vi)	dìrbti	['dʲɪrptʲɪ]
traduzir (vt)	ver̃sti	['vʲɛrstʲɪ]
transformar (vt)	transformúoti	[transfor'mʋɑtʲɪ]
tratar (a doença)	gýdyti	['gʲi:dʲi:tʲɪ]
trazer (vt)	atvežti	[at'vʲɛʒtʲɪ]
treinar (vt)	trenirúoti	[trʲɛnʲɪ'rʋɑtʲɪ]
treinar-se (vr)	trenirúotis	[trʲɛnʲɪ'rʋɑtʲɪs]
tremer (de frio)	drebéti	[dre'bʲe:tʲɪ]
trocar (vt)	keĩstis	['kʲɛɪstʲɪs]
trocar, mudar (vt)	keĩsti	['kʲɛɪstʲɪ]
usar (uma palavra, etc.)	naudóti	[nɑʋ'dotʲɪ]
utilizar (vt)	naudótis	[nɑʋ'dotʲɪs]
vacinar (vt)	skiẽpyti	['skʲɛpʲi:tʲɪ]
vender (vt)	pardavinéti	[pardavʲɪ'nʲe:tʲɪ]
verter (encher)	pìlti	['pʲɪlʲtʲɪ]
vingar (vt)	ker̃šyti	['kʲɛrʃɪ:tʲɪ]
virar (~ para a direita)	sùkti	['sʋktʲɪ]
virar (pedra, etc.)	apver̃sti	[ap'vʲɛrstʲɪ]
virar as costas	nusisùkti	[nʋsʲɪ'sʋktʲɪ]
viver (vi)	egzistúoti	[ɛgzʲɪs'tʋɑtʲɪ]
voar (vi)	skraidýti	[skrʌɪ'dʲi:tʲɪ]

voltar (vi)	grįžti	['grʲɪːʒtʲɪ]
votar (vi)	balsúoti	[balʲ'sʊɑtʲɪ]
zangar (vt)	pýkdyti	['pʲiːkdʲiːtʲɪ]
zangar-se com ...	pýkti añt ...	['pʲiːktʲɪ ant ...]
zombar (vt)	týčiotis	['tʲiːtʂʲotʲɪs]